LIRE LE XVIIe SIÈCLE
sous la direction de Delphine Denis et Christian Biet
40

Série *Romans, contes et nouvelles*
dirigée par Frank Greiner
4

Le Roman au temps d'Henri IV et de Marie de Médicis

Ouvrage publié avec le soutien de l'université Charles-de-Gaulle – Lille 3 ; UdL3, Laboratoire ALITHILA, Villeneuve d'Ascq, France. Actes des journées d'études « Le roman au temps d'Henri IV » et « Le roman au temps de Marie de Médicis » organisées respectivement le 3 juin 2013 et le 2 juin 2014 à la Maison de la recherche de l'université Lille 3.

Le Roman au temps d'Henri IV et de Marie de Médicis

Sous la direction de Frank Greiner

PARIS
CLASSIQUES GARNIER
2016

Frank Greiner, professeur de littérature française du XVIIe siècle à l'université Charles-de-Gaulle – Lille 3, est l'initiateur et le coordinateur du *Fictions narratives en prose de l'âge baroque. Répertoire analytique* (Paris, 2014). Il est notamment l'auteur des *Amours romanesques de la fin des guerres de religion au temps de* L'Astrée *(1585-1628). Fictions narratives et représentations culturelles* (Paris, 2008).

ISBN 978-2-406-05724-6 (livre broché)
ISBN 978-2-406-05725-3 (livre relié)
ISSN 2108-9876

PRÉFACE

Grâce d'abord aux études pionnières consacrées au roman du XVIIe siècle par G. Reynier ou M. Magendie, puis surtout à partir des années 1970 après la publication de nombreuses éditions critiques appuyée par le remarquable travail bibliographique de Maurice Lever, notre regard sur ce genre a certainement changé. On sait depuis longtemps qu'il ne se résume plus à *L'Astrée*, au *Grand Cyrus* et à *La Princesse de Clèves* et l'histoire de son développement commence à se préciser en même temps que s'affirment de nouvelles figures littéraires aux côtés des auteurs reconnus. Ainsi on entrevoit déjà le temps où Jean-Pierre Camus, Madame de Villedieu, Charles Sorel ou Tristan l'Hermite (entrés pour les deux derniers au programme de l'agrégation) se distingueront nettement de la troupe obscure des *minores* où ils ont été longtemps tenus pour se hausser au niveau des écrivains de premier plan. On sait aussi désormais, mais il s'agit d'un savoir imparfait et pour ainsi dire toujours en progrès, que les premières décennies du XVIIe siècle furent pour notre littérature narrative un moment d'expansion (si l'on considère les statistiques) et de mutations (eu égard à la transformation des formes et des genres), un moment fort de notre littérature, peut-être même un âge d'or. De la fin des guerres de Religion à la Fronde on voit en effet se développer une prose fictionnelle luxuriante encore souvent entée sur l'héritage de la littérature renaissante mais produisant aussi une abondante floraison aux couleurs nouvelles.

Lors de la période conduisant du règne d'Henri IV à la fin de la Régence médicéenne – qui seule sera étudiée dans ce recueil – se dessinent déjà en lignes nettes les grands traits de cette évolution. La veine littéraire la plus apparente, la plus féconde aussi, avait déjà été bien repérée au temps de Gustave Lanson et de Daniel Mornet, mais, au nom du bon goût, envisagée sous un angle essentiellement négatif : il s'agit du roman romanesque réactualisant, mais aussi renouvelant profondément ces vieux romans qui continuèrent d'ailleurs à être longtemps goûtés du public comme le prouvent plusieurs éditions tardives des *Amadis*. Ce romanesque prend des visages divers. Celui d'abord du moderne « roman de chevalerie » – l'étiquette est de Sorel – tel que le réinventent Béroalde de Verville, puis Du Périer, Des Escuteaux, Nervèze, Vital d'Audiguier, Marin le Roy de Gomberville transformant les vieilles gestes chevaleresques en aventures modernes où l'on verra se conjuguer, plus souvent qu'auparavant, les armes avec les intrigues galantes.

Sous les règnes d'Henri III et d'Henri IV le goût pour la peinture des sentiments trouve à s'épanouir également et surtout dans la mode littéraire des Amours où l'on peut voir s'esquisser déjà comme les prémisses de la littérature sentimentale prenant alors souvent la forme du roman pastoral. Peut-être en réaction à la curialisation de la noblesse et comme pour exprimer sur un plan imaginaire son attachement nostalgique au terroir, – telle est la thèse de Norbert Elias[1] – s'affirme en effet la mode nouvelle des « bergeries » à partir de la parution des *Bergeries de Julliette* (1585-1598) de l'abbé de Montreux dont les cinq parties semblent préparer celles du chef d'œuvre d'Honoré d'Urfé. Ce puissant courant romanesque offre au public noble un miroir flatteur réverbérant ses habitudes et ses valeurs sous les apparences les plus flatteuses. Il est bon d'observer à cet égard qu'à quelques exceptions près tous les romanciers de cette époque sont des gentilshommes[2]. Le roman romanesque dans ses diverses variantes est fait par des nobles pour les nobles, mais aussi pour tous ceux qui, soumis à l'influence d'une puissante acculturation, rêvent de leur ressembler. Mais il est piquant d'observer aussi qu'en dépit de sa définition sociale, ce romanesque héroïque et galant continuera d'exercer son pouvoir de fascination bien au-delà de la révolution française, par exemple par le biais du roman de cape et d'épée pratiqué par Théophile Gautier ou, plus tard, par Michel Zévaco. De ce point de vue stimulant, l'étude du roman tel qu'il se constitue à l'aube du XVIIe siècle, nous permet sans doute de mieux comprendre à la lumière de ses origines modernes, l'imaginaire et les structures de

1 *La Société de Cour*, Paris, Calmann Lévy, [1969] 1974 ; rééd. : Paris, Flammarion-Champs, 1985.

2 Nous nous permettons de renvoyer sur ce point à notre ouvrage *Les Amours romanesques de la fin des guerres de Religion au temps de* L'Astrée *(1585-1628)*, Paris, Champion, 2008, p. 95-126.

nombreuses œuvres contemporaines qui, que leurs auteurs en aient ou non concience, continuent de frayer les voies d'un romanesque inventé sous l'Ancien Régime.

Mais il est un autre visage, aujourd'hui bien oublié, de ce romanesque dont seules les recherches les plus récentes nous ont donné une idée précise : celui des fictions dévotes. Les travaux de Nancy Oddo[1] et notre propre enquête bibliographique menée d'abord de manière systématique sur la littérature des années 1585-1623[2], puis plus largement sur l'ensemble du XVIIe siècle[3], ont révélé, autour de la figure de Jean-Pierre Camus, un nombre important de romanciers ayant dans leurs œuvres fait de la religion un « chemin de velours vers Dieu ». Citons pour les deux premières décennies du siècle les noms de Pierre Joulet, François de Fouet, Nicolas Baudouin, Jean Juliard, Louis de Richeome, Henry du Lisdam, Antoine de Nervèze, Jean Le Jau, Jude Serclier, Remacle Mohy, Nicolas Piloust, Guillaume de Rebreviettes, François de Ménantel, François Garasse, Antoine de Balinghem, Saint-Amour, V. Bareau, Jehan Lourdelot et Jean de Lannel. Cette pléiade d'écrivains d'obédience catholique recrute dans les rangs du clergé, mais, signe de la ferveur ambiante, compte aussi parmi ses membres plusieurs laïcs. La France à l'heure de la Réforme catholique, même si le concile de Trente déconseille formellement la lecture des livres profanes, fait donc aussi passer la reconquête pastorale par la promotion d'un imaginaire dévot paré de tous les attraits du roman. Ainsi il n'est pas rare de voir associés dans ces œuvres étranges les pèlerinages et les tribulations aventureuses, les coups de foudre et les conversions, l'amour sacré et les passions profanes.

L'univers romanesque ne s'impose pas seul dans la littérature narrative du début du XVIIe siècle, il a aussi ses coulisses, ou pour mieux le dire, son antimonde. Les rêveries héroïques, pastorales ou dévotes ont leur revers

---

1 *« Un chemin de velours vers Dieu ». Roman et dévotion en France (1557-1662).* Thèse de doctorat de l'Université Sorbonne nouvelle – Paris 3, préparée sous la direction de Marie-Madeleine Fragonard et soutenue le 22 décembre 2000. Voir également l'article ci-dessous et la bibliographie critique placée en fin de volume.

2 Voir les deux tomes du répertoire analytique des *Fictions narratives en prose de l'âge baroque* (Paris, Champion, 2007 et Paris, Classiques Garnier, 2014). Voir aussi *Roman et religion*, livraison de *Littératures classiques*, Armand Colin, n° 79-2012.

3 Voir la liste chronologique des fictions narratives en prose d'inspiration religieuse dans *Roman et religion*, *Littératures classiques*, Armand Colin, n° 79-2012.

violent et sinistre dans les histoires tragiques qui trouvent un nouveau souffle grâce à des auteurs comme Des Escuteaux, Nervèze, Laffemas ou François de Rosset. Ce dernier, le plus apprécié de ses contemporains, publie en 1613[1] la première édition des *Histoires tragiques de nostre temps*, véritable *best seller*, qui sera constamment réédité et même augmenté de récits apocryphes tout au long du XVIIe siècle. On goûte aussi les contes facétieux, les récits satiriques et le comique. Celui-ci n'est pas toujours synonyme de drôlerie et vaut pour un registre, une variante ancienne et stylisée de notre réalisme. La principale nouveauté dans ce domaine tient à la découverte du roman picaresque espagnol et des œuvres de Cervantès, particulièrement de son *Don Quichotte* et de ses *Nouvelles exemplaires*. Il reviendra à Charles Sorel d'acclimater ces œuvres à la culture et à la langue françaises en écrivant son *Histoire comique de Francion* qui jette les fondements d'un genre où excelleront après lui Scarron (*le Roman comique*, 1651-1657) et Furetière (*le Roman bourgeois*, 1666).

Reste, pour nuancer tout ce qui précède, qu'il convient de ne pas marquer d'un trait trop appuyé les frontières séparant les différentes régions de ce panorama : les fictions narratives – cette étiquette forgée par Lever le suggère bien par sa souplesse – sont multiformes, hybrides et comme prise dans le flux d'une incessante métamorphose littéraire conduisant par exemple les aventures héroïques et amoureuses vers les histoires tragiques, les hagiographies vers les romans dévots ou la narration romanesque vers le dialogue philosophique, ou plus radicalement amenant le récit à prendre la physionomie capricieuse de la fantaisie ou de la satire, « pot-pourri[2] » – si nous prenons le mot dans son sens latin de « *satura* ». Le temps n'est pas encore venu où s'imposera une taxinomie plus rigide et un partage plus rigoureux entre les genres.

Les articles réunis dans ce volume ne prétendent nullement épuiser la richesse de cette production foisonnante. Tous sont nées plutôt du désir de prolonger par la réflexion (lors de deux journées d'étude organisées à la Maison de la Recherche de Lille 3, le 3 juin 2013 et le 2 juin 2014)

1 On doit à Magda Campanini d'avoir découvert il y a peu l'édition princeps de ce recueil célèbre. Voir « Actualité et fabrication du tragique chez François de Rosset. Les variantes des deux premières éditions des *Histoires tragiques* », in *Réforme, Humanisme, Renaissance*, 2011, vol. 73, p. 143.

2 Voir par exemple les *Fantaisies amoureuses. Où sont descrites les Amours d'Alerio et Mariane*, Paris, J. Osmont, 1601 et Béroalde de Verville, *Le Moyen de parvenir*, s. l. n. d.

la vaste enquête encore en devenir dans l'élaboration du répertoire analytique *des Fictions narratives en prose de l'âge baroque*. Leurs auteurs (des spécialistes confirmés, mais aussi de jeunes chercheurs) ont été invités à exprimer leurs points de vue sur une période toujours mal connue de notre littérature. Nulle règle méthodologique, nulle problématique, nul sujet précisément définis ne sont venus orienter leur effort exploratoire dans telle ou telle direction. La seule contrainte se trouvait dans l'attention à l'Histoire, suggérée par un cadre chronologique restreint. Libre à chacun à partir de là d'entrer dans ces cadres par une porte de son choix : celles de l'histoire du livre, de l'histoire des mentalités, de la sociocritique ou de l'étude de la langue et des textes… Cette liberté dans le choix des sujets et des approches a, pour ainsi dire, bien fait les choses, puisque le recueil offert aujourd'hui au lecteur reflète assez fidèlement par sa composition la diversité de la prose narrative des deux premières décennies du XVIIe siècle.

Sa première section (*Les legs du passé et de l'étranger*) regroupe trois études consacrées, pour les deux premières à la survie des vieux romans médiévaux que l'on continue de lire en France jusqu'au milieu du siècle et, pour la troisième, à l'influence massive du roman espagnol sur notre littérature. Helwi Blom nous entraîne dans le monde des éditeurs, particulièrement à Troyes, berceau de la fameuse Bibliothèque bleue où « les vieux romans de chevalerie vont alimenter les presses après leur disparition des fonds des éditeurs parisiens. » Elle souligne le déclin, mais aussi la relative vitalité de ces rééditions souvent à peine remaniées et témoignant du goût persistant du public pour les aventures chevaleresques. L'approche de Véronique Duché revenant sur la question de la fortune de cette littérature de chevalerie s'interroge sur sa relative défaveur sous le règne d'Henri IV. Mais le déclin en l'occurrence n'est pas synonyme de disparition : de nouveaux héros s'imposent alors au public et les Amadis connaîtront un éclatant retour en 1615. Aurore Schoenecker constatant que « la plupart des romans espagnols connus des lecteurs français au XVIIe siècle paraissent […] pour la première fois sous la Régence » – notamment les deux parties du *Quichotte* et les éditions intégrales et par extraits du *Guzmán de Alfarache* – explique leur succès à la lumière du rapprochement diplomatique des deux pays, mais aussi et surtout par l'engouement des Français pour la culture et la langue de leurs voisins, ce que met en évidence le style même des traducteurs cultivant « un rapport ancillaire au texte étranger, assimilant le labeur de la traduction à une tâche d'interprétariat ».

On trouvera dans la deuxième section de ce recueil trois contributions évoquant sur des modes divers (héroïque, courtois ou galant et même initiatique dans le cas du *Voyage des Princes*) les liens du romanesque et de l'aventure. Béroalde de Verville qui, avec Vital d'Audiguier, fut le principal artisan de la transformation de la veille matière chevaleresque en romans d'un genre nouveau et mieux adapté au goût du temps, se trouve au centre des réflexions de Michel Renaud et de Véronique Adam. Deux auteurs dont les points de vue critiques convergent autour de l'idée que les textes vervilliens (en l'occurrence *La Pucelle d'Orléans* et *Le Voyage des Princes fortunés*) valent, par leur caractère problématique, comme une provocation intellectuelle lancée au lecteur. Impossible de trouver en eux un message clair et unilatéral ou une histoire simplement déroulée, non seulement du fait de leur langue archaïque ou de leur adhésion à une culture éloignée de nos habitudes de pensée, mais aussi en raison de leur construction labyrinthique et de leur ouverture à de multiples interprétations possibles (M. Renaud). Le roman tel que le conçoit Verville – peut-être faudrait-il le rattacher par là à l'art baroque – insiste sur son statut de fiction (V. Adam) et sur ses ambiguïtés, peut-être pour inviter le lecteur à entrer dans l'interminable quête d'un sens toujours fuyant. *L'Exil de Polexandre et d'Ericlée*, premier roman, inachevé, du jeune Gomberville, se caractérise aussi par sa structure compliquée, ses zones d'incertitudes, sa structure ouverte et ses énigmes. C'est vers la résolution de la plus importante d'entre elles, sans doute : la retraite de Polexandre dans un ermitage et ses retrouvailles inattendue avec sa mère, jusque là dissimulée sous l'habit religieux et la fausse identité d'Hilarion, que nous conduisent les analyses de Frédéric Briot soulignant l'idéologie chrétienne d'un auteur aussi inclassable que son héros– irrégulier jusque dans son orthodoxie religieuse.

On a rassemblé dans la troisième section trois autres études dont le dénominateur commun est de se rapporter à un genre typique de la fin du XVIe siècle et de l'époque Henri IV, celui des amours tragiques où excellèrent des auteurs comme Nervèze ou Des Escuteaux. Ces écrivains, habituellement donnés pour des emblèmes du mauvais goût littéraire (Sorel se moque déjà de leur galimatias dans son *Histoire comique de Francion*), font ici l'objet de deux approches précises permettant de nuancer leur réputation détestable. Sophie Hache, dont le propos complète utilement celui d'un article célèbre de Roger Zuber, revient, à propos des *Amours de Filandre et Marizée* et de la *Victoire de l'Amour divin*, sur la question du style Nervèze pour manifester ses liens avec la tonalité du « pathétique oratoire ». Mélanie Sag examinant deux œuvres de Des Escuteaux, *Le Ravissement de Clarinde* et Les *Jaloux desdains de Chrysis*, dévoile à la lumière d'une approche intertextuelle, les emprunts de cet auteur aux fictions romanesques de son temps. Des Escuteaux, s'il doit à d'Urfé, à Nervèze et à d'autres écrivains n'apparaît pas pour autant comme un plagiaire : il ne se contente pas de copier mais interprète et recycle de manière judicieuse et critique des éléments épars dans la culture littéraire de son temps. À ces deux romanciers à la mode lors des années 1610 et 1620, il faut joindre la fille d'alliance de Montaigne, Marie Le Jars de Gournay, dont le *Proumenoir* hésite entre les veines sentimentale et tragique, mais le plaisir de l'histoire se conjugue aussi dans ce texte avec celui d'une narration abondant en réflexions morales. C'est cette physionomie particulière de « roman discourant » que permettent de cerner les analyses de Jean-Claude Arnould.

Le roman pastoral se situe dans les parages immédiats de ces histoires romanesques puisque on y retrouve, mais transposées dans un cadre bucolique, les intrigues amoureuses dont se délectèrent les lecteurs d'un Nervèze ou d'un Gomberville. La parution des trois premières parties de *L'Astrée* en 1607, 1610 et 1619 forme l'événement littéraire majeur de ce début de siècle. Honoré d'Urfé, dès la publication du premier volume de ce long cycle romanesque, s'impose aux yeux de ses contemporains comme l'un des grands écrivains de son temps. Alexandre de Craim, à qui l'on doit une belle thèse sur « l'unité narrative de *L'Astrée* » souligne, par un biais particulier : l'examen de ses structures temporelles, l'originalité de cette œuvre qui renouvelle profondément le déroulement chronologique de la pastorale romanesque traditionnellement divisée en « chapitres-journées » en le transformant pleinement en « un élément constitutif de l'intrigue ». Le temps désormais entre dans l'action et en précipite ou en ralentit le cours pour soutenir l'intérêt du lecteur.

Après les guerres de religion et l'édit de Nantes, en une époque où la Réforme catholique constitue en France une force toujours plus puissante – particulièrement à partir de la régence de Marie de Médicis, l'inspiration religieuse marque d'une empreinte profonde jusqu'aux œuvres d'apparence profane comme *L'Astrée* ou les aventures héroïques de Polexandre. On assiste aussi alors, nous l'avons noté un peu plus haut, à l'émergence et au développement d'une littérature romanesque servant de relais efficace au prosélytisme chrétien. Pour quelles raisons et dans quelles circonstances le roman dévot connaît alors une si belle fortune ? Nancy Oddo apporte les éléments d'une réponse historique et littéraire à cette question complexe en mettant en lumière la survie féconde d'une idéologie ligueuse après le sacre d'Henri IV le 27 février 1594. Son enquête synthétique conduit de l'étude des réseaux sociaux, politiques et religieux (rapprochant les auteurs comme Nicolas de Montreux, Antoine de Nervèze, Henri du Lisdam ou François du Fouet, de leurs éditeurs et de leurs dédicataires) vers la mise en lumière d'un imaginaire romanesque où se détachent quelques thèmes et motifs typiques comme l'érémitisme, la croisade contre les Turcs, les ordres mendiants ou l'auto-flagellation. L'essor des fictions d'inspiration religieuse dans les premières décennies du siècle doit aussi beaucoup à Jean-Pierre Camus. Il était donc normal qu'il soit représenté ici. En faisant le point sur l'une de ses histoires édifiantes, celle d'Aquilin formant la seconde partie d'*Hermiante, ou les Deux hermites contraires*, notre propos a été de montrer ce que ce récit devait à un obscur prieur de l'ordre de saint Augustin, un certain saint-Amour, auteur également d'un petit roman *L'Hermite Pèlerin*, repris, copié et récrit par l'évêque de Belley. La comparaison de l'œuvre camusienne et de sa source est révélatrice de certains choix stylistiques, mais aussi idéologiques, car le sujet abordé, l'érémitisme, est une question brûlante au temps où François de Sales fait triompher l'idéal de la dévotion civile.

Il revient à quatre études centrées sur les formes brèves de la fiction narrative de compléter sur des notes diverses, sinistres et comiques, cet ensemble dédié au romanesque. Alexander Roose et Marianne Closson en faisant porter leurs réflexions sur les histoires tragiques de François de Rosset, s'accordent par des voies différentes à souligner l'engagement religieux de cet auteur, protestant converti au catholicisme, engagé de manière militante et avec ses moyens d'écrivain sous les bannières de l'Église romaine. Alexander Roose s'intéressant à l'association des histoires tragiques et des intrigues amoureuses souligne le fait qu'elle conduit l'idéologie galante vers sa mise en crise. Sous la plume de Rosset l'exaltation héroïque des sentiments est soumise en effet à une lecture d'inspiration augustinienne qui assimile la passion amoureuse à une forme d'excès condamnable conduisant inexorablement vers des débordements criminels. S'attachant aux représentations du diable, Marianne Closson montre qu'elle servent les objectifs d'une pastorale de la peur et d'un combat mené non seulement contre les sorciers et les magiciens, mais aussi contre les hérétiques et les libertins ; « en un mot contre tous ceux que l'Église dans une stratégie de reconquête agressive désigne comme des suppôts de Satan ».

Paul Pelckmans aborde les *Nouvelles françaises* de Sorel en historien des mentalités pour décrypter à travers leurs représentations de la Fortune ou de l'amour une « immémoriale *culture de la soumission*[1] », soumission devant le destin inscrit dans la nature ou devant les structures sociales héritées du passé et données comme aussi inébranlables que les lois inscrites dans l'univers. Les héros soréliens évoluent en effet dans un monde « où le droit permanent à l'initiative individuelle, qui est la pierre angulaire de nos psychologies modernes, reste largement inimaginable. »

Cette culture de la soumission imprègne également les pages du *Recueil général des Caquets de l'Accouchée* (1623), œuvre anonyme et peut-être collective parue d'abord sous forme d'entretiens séparés au cours de l'année 1622. Des femmes de la bourgeoisie parisienne tiennent salon dans la chambre d'une jeune accouchée et pour la divertir empilent les anecdotes plaisantes et les commérages. Le propos, critique et comique, entérine de nombreux préjugés misogynes, mais comme le montre Virginie Dancoisne, les *Caquets* par leur structure polyphonique se signalent aussi à maints égards par leur ambiguïté et font entendre aussi les voix d'une défense des femmes et d'une critique de l'institution du matrimoniale.

Nous avons choisi d'arrêter ces premières études sur le roman de l'âge baroque à la date de 1623, date de la parution des *Nouvelles françaises* et de la première édition du *Francion* de Sorel, date également de la parution du *Recueil général des Caquets de l'Accouchée*, mais aussi du procès intenté contre Théophile et du début de la chasse aux sorcières, aux hérétiques et aux libertins initiée par Garasse et les jésuites. Il s'agit certainement, nous en avons conscience, d'un choix arbitraire puisque la littérature

1 Le terme est repris à Mireille Laget, *Naissances. L'accouchement avant l'âge de la clinique*, Paris, Seuil, 1982, p. 125.

française ne change pas brutalement du tout au tout à partir de l'année 1623. Mais, le repère n'est pas sans intérêt, il a sa valeur heuristique, puisqu'il permet de signaler approximativement le début d'un tournant. Bientôt arrivera le temps, exactement le 13 août 1624, où Richelieu accédant au poste de chef du Conseil du Roi pourra entreprendre d'achever la mise au pas du Royaume de France. L'atmosphère sociale, politique, religieuse et aussi, peu à peu, les mentalités, les représentations, les styles commenceront à suivre d'autres règles, d'autres modes ou d'autres *habitus*. Il appartiendra bientôt à un nouveau cycle de journées d'étude consacrées au roman au temps de Louis XIII d'avancer plus loin sur ce champ de recherche pour y découvrir de nouvelles relations entre l'actualité historique et le domaine libre et foisonnant de la Romancie.

Frank GREINER

PREMIÈRE PARTIE

LES LEGS DU PASSÉ ET DE L'ÉTRANGER

« VIEUX ROMANS » AU « GRAND SIÈCLE »

Au berceau de la « Bibliothèque bleue »

Depuis une dizaine d'années, la recherche sur la littérature romanesque de l'âge baroque vit en quelque sorte un nouvel essor, entre autres grâce aux travaux de Frank Greiner et de l'équipe du répertoire des *Fictions narratives en prose de l'âge baroque*[1]. En annexe de la première partie de ce répertoire se trouve un article de Michelle Szkilnik sur la survie de la littérature médiévale à la fin du XVIe et au début du XVIIe siècle. L'auteur donne un bref aperçu des chansons de geste et des romans médiévaux qui circulaient encore à cette époque-là. Elle souligne que ces textes médiévaux avaient été remaniés et rajeunis pendant la première moitié du XVIe siècle pour passer ensuite dans le domaine de la simple réimpression. Ces réimpressions de fictions narratives du Moyen Âge ne figurent pas dans le répertoire, mais bon nombre d'entre elles sont citées dans la liste des ouvrages non retenus ou introuvables à la fin du livre.

Pour ma part, je ne peux qu'applaudir cette décision de prêter attention aux réimpressions de vieux romans dans ce répertoire consacré aux fictions narratives de l'âge baroque. Les rééditions et les réimpressions d'œuvres anciennes constituent une partie intégrante de la culture littéraire d'une époque et ne devraient donc pas être oubliées lorsque l'on étudie son histoire littéraire. Malheureusement, la plupart des manuels d'histoire littéraire et même certains répertoires bibliographiques ont tendance à négliger ce fait. Dans cet article, je voudrais examiner un peu plus avant cette question de la survie de la littérature médiévale – et notamment de sa partie « chevaleresque » – au temps d'Henri IV.

---

1 Je remercie vivement Marie-Dominique Leclerc et Alain Robert pour leur relecture minutieuse de la première version de ce texte. Voir Frank Greiner (éd.), *Fictions narratives en prose de l'âge baroque. Répertoire analytique*, Paris, H. Champion, 2007 (première partie : 1585-1610) et 2014 (1611-1623). Voir aussi Frank Greiner, *Les amours romanesques de la fin des guerres de religion au temps de l'Astrée (1585-1628) ; fictions narratives et représentations culturelles*, Paris, H. Champion, 2008.

J'utiliserai les données que j'ai rassemblées dans le cadre de la préparation de ma thèse de doctorat que j'ai soutenue en février 2012 à l'Université d'Utrecht[1].

UNE LITTÉRATURE EN PERTE DE VITESSE

Considérée sous l'angle de notre question de la survie de la littérature chevaleresque médiévale, le début du XVIIe siècle est une période particulièrement intéressante. Au tournant du siècle, les deux éditeurs les plus importants de réimpressions de vieux romans chevaleresques du dernier tiers du XVIe siècle, à savoir Benoît Rigaud à Lyon et Nicolas Bonfons à Paris, avaient quitté la scène éditoriale. En 1597, Rigaud passa de vie à trépas. Son fils aîné Pierre lui succéda. Si le nombre d'éditions de vieux romans de chevalerie imprimées par Pierre est loin d'égaler les chiffres réalisés par son père, Rigaud fils et quelques-uns de ses confrères n'en ont pas moins assuré à Lyon la survivance d'une tradition éditoriale chevaleresque, du moins pendant le premier tiers du XVIIe siècle[2].

À Paris par contre, cette tradition s'est éteinte au moment où Nicolas Bonfons décida vers 1607 d'arrêter sa production d'anciens romans. Après cette date, les éditeurs parisiens du XVIIe siècle se sont contentés de produire quelques traductions nouvelles de récits chevaleresques de la Renaissance espagnole et italienne, comme le *Chevalier du soleil* ou les traductions du *Roland furieux* et du *Roland amoureux*, ainsi que quelques imitations et adaptations contemporaines de la vieille matière chevaleresque. Cette extinction du marché parisien des réimpressions de vieux romans semble d'ailleurs avoir été précédée par un effort de la part des Bonfons pour raviver le genre. À partir des années 1580, Nicolas Bonfons avait déjà modernisé la mise en page de ces vieux textes qui étaient en quelque sorte son fonds de commerce éditorial. Les caractères

1 Voir Helwi Blom, *« Vieux romans » et « Grand Siècle » ; éditions et réceptions de la littérature chevaleresque médiévale dans la France du dix-septième siècle*, thèse de doctorat inédite, Université d'Utrecht, 2012.

2 Entre 1600 et 1650, on vit paraître un peu moins d'une cinquantaine d'éditions lyonnaises pour dix-huit titres (romans antiques non compris).

gothiques utilisés jusqu'alors pour ce genre de publications avaient été remplacés par des caractères romains et la lettrine ornée au début du titre disparut de la page de titre, de même que la mention du nombre de feuilles ou de cahiers utilisés pour la composition du livre. Mais si le langage avait aussi été modernisé ici et là, le contenu était resté quasi-inchangé. En 1586, Nicolas Bonfons, ayant signalé que beaucoup de lecteurs avaient reçu l'histoire de *La belle Hélène de Constantinople* comme une vie de saint, avait bien pris la peine de mettre les lecteurs en garde contre le caractère fictionnel de l'histoire médiévale ; mais ses hésitations ne l'avaient finalement pas empêché de réimprimer mot à mot le texte de cette histoire[1].

Après que Nicolas Bonfons se fut associé avec son fils Pierre, les Bonfons semblent avoir jeté de nouveau un œil critique sur leurs vieux succès de librairie. Entre 1595 et 1607, ils ont fait paraître (au moins) quatre romans de chevalerie qui témoignent tous d'un souci de la part des éditeurs d'adapter ces textes au goût du jour. Il s'agit de *Valentin et Orson*, *Pierre de Provence*, *Robert le diable* et *Richard sans peur*. Dans trois de ces quatre cas[2], j'ai pu constater que Bonfons père et fils ont changé le titre de ces vieux romans en mettant l'accent sur des éléments censés attirer l'attention du public de leur époque. Les deux éditeurs ont aussi ajouté un chapitre final à l'histoire de *Richard sans peur*. Ce nouveau chapitre est largement tributaire de la vogue des *Amadis*, dont Nicolas avait publié le XIVe livre en 1577. Leur édition de l'histoire de *Valentin et Orson* est précédée d'une note dans laquelle les éditeurs s'excusent des fautes de foliotage et de numérotation des chapitres, dues à « la nonchalance & imbecilité du Correcteur ». Une telle excuse est une chose remarquable dans ce genre de publications. L'histoire de *Valentin et Orson* a également été dotée d'un épisode supplémentaire constituant une partie du dernier chapitre. Ainsi a été créée la possibilité d'une suite, possibilité explicitement exclue dans les éditions antérieures. Cette suite est en effet promise à la fin de cette édition, mais elle n'a jamais vu le jour. Est-ce Pierre Bonfons qui a été responsable de ces

---

1 Voir Marie-Dominique Leclerc, « Les mères douloureuses et les innocences persécutées dans l'imaginaire populaire. Essai d'analyse iconographique. *La belle Hélène de Constantinople* ou l'impossible représentation (1re partie) », *Le Vieux Papier*, 1995, n° 336, p. 79-87.

2 Pour *Richard sans peur*, je ne connais pas d'édition de Nicolas Bonfons antérieure à celle éditée avec Pierre.

adaptations ? C'est bien possible, puisqu'il a remanié d'autres textes qu'il a publiés avec son père et qu'il a signé la traduction française de quelques œuvres italiennes et espagnoles éditées par les Bonfons. En 1607, Pierre a quitté la librairie pour devenir contrôleur du grenier à sel à Pontoise. Ce moment marque la fin de la production chevaleresque de la famille Bonfons et en même temps celle de la production parisienne de réimpressions de vieux romans de chevalerie. Nicolas Bonfons continuera ses activités éditoriales jusqu'en 1626, mais il ne publiera plus de romans de chevalerie[1].

Désormais, les réimpressions des anciens romans chevaleresques sont en effet l'affaire des imprimeurs et libraires de province. Comme je l'ai indiqué, à Lyon Pierre Rigaud et quelques-uns de ses confrères continuent pendant la première moitié du XVIIe siècle de publier de nouvelles réimpressions de romans chevaleresques dont certains avaient été présents dans l'édition lyonnaise depuis les débuts de l'imprimerie. Mais en ce début du XVIIe siècle, l'édition des vieux romans de chevalerie survit aussi dans deux autres centres éditoriaux de province. Dès la fin du XVIe siècle, plusieurs éditeurs rouennais avaient commencé à intégrer dans leurs fonds d'anciens romans chevaleresques. Comme la plupart des réimpressions rouennaises de vieux romans de la fin du XVIe siècle ne sont pas datées et comme plusieurs générations de libraires ont porté le même nom et ont exercé à la même adresse, il est impossible de décider lequel d'entre eux en a pris l'initiative. Il est cependant probable qu'un des trois Jean Crevel que nous connaissons a été parmi les premiers, parce qu'à l'opposé du reste des éditions rouennaises recensées, ses éditions sont des livres en caractères gothiques[2].

Mais c'est surtout à Troyes en Champagne que les vieux romans de chevalerie vont alimenter les presses après leur disparition des fonds des éditeurs parisiens. Ces éditions troyennes et notamment celles sorties de l'atelier de leur plus grand producteur, Nicolas [I] Oudot, actif dès le début du XVIIe siècle, sont surtout connues par leur appartenance à la fameuse « Bibliothèque bleue ».

---

1 H. Blom, *op. cit.*, p. 100 et p. 133-134.

2 *Ibidem*, p. 68-80 et p. 131-138.

LA « BIBLIOTHÈQUE BLEUE », UNE NOTION DIFFICILE À CERNER

Depuis la publication du livre initiateur de Robert Mandrou en 1964[1], le sujet de la « Bibliothèque bleue » a fait couler beaucoup d'encre, en tout cas pendant un certain temps, mais à mon avis ce concept reste toujours entouré de problèmes de définition et de datation. Généralement, on définit la « Bibliothèque bleue » comme une formule éditoriale inventée au début du XVIIe siècle par les Oudot de Troyes. Employant des caractères usés, de vieilles gravures sur bois et un papier de qualité médiocre, ils auraient produit des réimpressions bon marché de livres tombés dans le domaine public. Leurs éditions auraient été destinées à un large public qu'ils atteignaient entre autres grâce à des marchands ambulants. Le papier bleu dont on se servait pour brocher ces impressions modestes serait à l'origine du nom de la « Bibliothèque bleue ». Certains chercheurs ont apportés des nuances en indiquant que les Oudot de Troyes avaient eu des précurseurs à Paris et à Lyon et que, même à Troyes, certains de leurs prédécesseurs avaient utilisé du papier bleu pour couvrir des publications modestes. Dans cette optique les Oudot auraient seulement su employer avec un succès inégalé une stratégie éditoriale déjà connue. D'autres spécialistes ont, par contre, soutenu que les débuts de la formule datent du milieu du XVIIe siècle, époque où Nicolas [II] Oudot aurait décidé de renouveler l'aspect matériel des ouvrages à large diffusion de l'atelier paternel, qui jusqu'alors ne se seraient guère distingués du reste de la production imprimée. Toutes ces observations n'ont cependant pas abouti à une définition plus précise et mieux étayée du concept de « Bibliothèque bleue »[2]. Une des spécialistes de la première heure, Geneviève Bollème, conclut en 2003 que : « [S]es contours sont fuyants, elle paraît indéfinissable, insaisissable et elle se déclare telle au moment de son recensement [...] L'instabilité qu'on lui reconnaît nous maintient dans un inconfort conceptuel[3] ».

1 Robert Mandrou, *De la culture populaire aux 17e et 18e siècles ; la bibliothèque bleue de Troyes*, Paris, Stock, 1964.

2 Voir sur ce sujet H. Blom, *op. cit.*, p. 35-39.

3 Lise Andries et Geneviève Bollème, *La bibliothèque bleue : littérature de colportage*, Paris, R. Laffont, 2003, p. 546 et 553.

Je pense que la difficulté de saisir et de définir la « Bibliothèque bleue » est due au fait qu'il s'agit d'un phénomène qui a pris forme au cours du temps. La « Bibliothèque bleue » n'a pas eu de débuts bien marqués, mais elle s'est développée peu à peu à partir de pratiques éditoriales déjà connues et elle a continué à se transformer, aussi bien au niveau de la composition du corpus qu'au niveau de la qualité des impressions et des moyens de distribution. Pour autant que je sache, le terme *Bibliothèque bleue* lui-même n'est pas attesté avant la fin du XVIIe siècle, c'est-à-dire presqu'un siècle après que Nicolas [I] Oudot a fait paraître ses premières éditions à large diffusion. De ce XVIIe siècle finissant datent aussi deux autres expressions que l'on pourrait lier au concept de « Bibliothèque bleue », à savoir « livre bleu » et « bluet ».

Si l'on peut trouver bien des témoignages sur des livres avec des couvertures en papier bleu dans des documents de la première moitié du XVIIe siècle et même dans des documents plus anciens, il est difficile d'établir un lien direct entre ces témoignages et les livres que nous associons traditionnellement à la « Bibliothèque bleue » troyenne. Il n'en est pas ainsi pour la deuxième moitié du siècle, mais il faut pourtant attendre une lettre de l'année 1696 pour trouver dans ce contexte une attestation de l'expression « Bibliothèque bleue »[1].

En fait, c'est surtout au début du XVIIIe siècle que la « Bibliothèque bleue » s'est littéralement faite un nom. Vers 1723, Élisabeth Gaudin, l'arrière-arrière-petite-fille de Nicolas [I] Oudot, publia quelques petits catalogues de diverses sortes de livres qui se vendaient dans la boutique de sa défunte grand-mère, la veuve de Nicolas [III] Oudot à Paris. Un de ces petits catalogues enregistre des « livres récréatifs appelez communément la Bibliothèque bleue ». Il s'agissait sans doute de productions venant des ateliers familiaux à Troyes. Les deux autres catalogues contiennent des livres appartenant à d'autres genres, mais ils attirent tous les deux l'attention sur le fait que la boutique dispose de tous les livres de la « Bibliothèque bleue ». Il est frappant de constater qu'après la publication de ces catalogues, l'expression « Bibliothèque bleue » s'est rapidement intégrée dans la langue écrite. Notons encore que si cette petite-fille de la veuve de Nicolas [III] Oudot avait été autorisée à exercer le métier de libraire, c'était à condition qu'elle indique comme adresse « en la

1 Voir H. Blom, *op. cit.*, p. 35.

boutique de la veuve Oudot ». Le nom des Oudot comme producteurs de « livres bleus » était peut-être si connu à Paris que l'on a voulu le préserver. Grâce à Élisabeth Gaudin et grâce à l'ampleur des activités éditoriales de la veuve de Jacques [II] Oudot à Troyes, le nom des Oudot de Troyes était désormais indissolublement lié aux livres à grande diffusion, avec ou sans couvertures bleues, désignés par l'expression « Bibliothèque bleue[1] ».

Pourtant, si nous nous en tenons à la définition stipulant que la « Bibliothèque bleue » est avant tout une formule éditoriale visant à produire à moindre coût des livres destinés à un large public, la question se pose de savoir si on pourrait également qualifier de « livres bleus » les éditions populaires de romans de chevalerie publiés par des confrères rouennais et lyonnais des éditeurs de la « Bibliothèque bleue » troyenne. En ce qui concerne les réimpressions rouennaises de vieux romans chevaleresques publiées pendant la première moitié du XVIIe siècle, le docteur Hélot et Jean-Dominique Mellot ont fourni une réponse négative à cette question. Bien qu'ils souscrivent tous les deux à l'idée de l'existence d'une « Bibliothèque bleue » rouennaise, celle-ci ne serait née, d'après ces deux auteurs, que vers 1670, avec les productions de Jean-Baptiste [I] Besongne[2]. Les arguments qu'ils fournissent pour soutenir cette thèse nous confrontent de nouveau aux problèmes entourant la définition de la « Bibliothèque bleue » : les caractéristiques des « livres bleus » troyens qu'ils citent pour différencier les impressions troyennes des éditions rouennaises ont émergé au cours du XVIIe siècle et n'ont pas toutes été présentes dès les débuts de la « collection ». Il est vrai que les éditions rouennaises en conservant la lettrine ornée au début du titre, ainsi que la mention du nombre de feuilles ou de cahiers dont le livre se compose, donnent une impression un peu archaïque par rapport aux éditions troyennes de la même époque, parce que celles-ci ne présentent plus ces caractéristiques des vieilles éditions gothiques. Mais malgré cela, elles sont très proches des « livres bleus » troyens, non seulement sur le plan matériel, mais aussi en ce qui concerne leur contenu.

---

1 *Ibidem*, p. 156-159.

2 Voir René Hélot, *La bibliothèque bleue en Normandie*, Rouen, A. Lainé, 1928, p. XI-XII et lvij ; Jean-Dominique Mellot, *L'édition rouennaise et ses marchés* [...]. Paris, École des chartes, 1998, p. 370-371 et p. 590-593.

Quant aux romans chevaleresques réimprimés à Lyon entre 1600 et 1650, personne n'a encore relevé la question de savoir si ces productions appartiennent à la « Bibliothèque bleue ». C'est d'autant plus curieux que Benoît Rigaud est parfois regardé comme un précurseur direct de Nicolas [I] Oudot. Nous savons que pendant les dernières décennies du XVIe siècle, il passait déjà des contrats avec des colporteurs qui distribuaient ses productions dans la région. Quand on regarde de plus près ses éditions de romans de chevalerie, on voit que plusieurs d'entre elles sont d'assez petit format, c'est-à-dire parfaitement adaptées aux ballots des colporteurs et à des bourses peu garnies, comme le seront à la fin du XVIIe siècle les petits romans de chevalerie de la « Bibliothèque bleue » vendus par les « marchands de campagne ». Les fonds de certains éditeurs de vieux romans à Lyon présentent d'ailleurs beaucoup de similitudes avec ceux des éditeurs de livres populaires à Rouen et à Troyes. Bien que les éditions lyonnaises de vieux romans chevaleresques soient généralement d'une qualité un peu plus soignée que les éditions réalisées à Troyes et à Rouen, on pourrait supposer qu'elles visaient également un large public. Qui plus est, les inventaires de plusieurs libraires de la seconde moitié du XVIIe siècle citent de larges quantités de papier bleu servant à brocher des éditions de titres qui figuraient aussi dans le répertoire des éditeurs de la « Bibliothèque bleue » troyenne[1]. Il vaudrait certainement la peine de faire des recherches plus exhaustives sur cette partie généralement oubliée de la production imprimée lyonnaise du XVIIe siècle.

LES CHOIX DES ÉDITEURS

Quant au nombre de réimpressions des romans chevaleresques médiévaux publiées en France pendant la première moitié du XVIIe siècle, j'ai recensé un peu plus de 70 éditions imprimées à Troyes, une cinquantaine d'éditions rouennaises et un peu moins de 50 éditions publiées à Lyon. Il n'est pas possible de donner des chiffres exacts, parce que dans plusieurs cas l'absence d'une date de publication et des problèmes d'identification de l'éditeur gênent la datation des éditions. Ce groupe d'environ 170

1 *Cf.* H. Blom, *op. cit.*, p. 91 et p. 94-96.

éditions se répartit sur un peu moins de trente titres différents. À l'intérieur de ce groupe de romans qui formaient le segment chevaleresque et médiéval du marché du roman de la première moitié du XVIIe siècle, on pourrait diviser les titres répertoriés selon leur origine en trois ou quatre groupes distincts. Le premier groupe consiste en remaniements de chansons de geste, le deuxième en romans arthuriens et le troisième en romans d'aventures médiévaux. Les romans antiques n'ont pas fait partie de mes recherches car il n'aurait pas été possible de déterminer si telle ou telle allusion à la matière de Rome et de Grèce dans la littérature du « siècle classique » relevait de la lecture de romans médiévaux ou d'autres sources classiques. Le nombre de romans antiques médiévaux réimprimés à cette époque a d'ailleurs été relativement modeste. Je n'ai compté qu'une dizaine d'éditions pour cette période. J'ai par contre intégré dans le corpus de romans médiévaux deux « romanzi » italiens du XVe siècle. Traduits en prose française au début du XVIe siècle ceux-ci ont été reçus en France comme des romans chevaleresques au même titre que les éditions des histoires chevaleresques de la France médiévale.

Un examen plus approfondi des éditions de textes appartenant à la littérature chevaleresque médiévale, publiées dans la période qui nous intéresse, nous apprend que les éditeurs troyens, rouennais et lyonnais ont choisi des titres qui circulaient encore pendant le dernier tiers du XVIe siècle. Les textes qui avaient été délaissés par les éditeurs du milieu du XVIe siècle ne furent pas repris par les imprimeurs et libraires du XVIIe siècle. De la cinquantaine de romans chevaleresques qui furent l'objet d'une ou plusieurs éditions pendant la période de 1530 à 1564, il n'en restait qu'une bonne trentaine pendant le dernier tiers du XVIe siècle. Cette trentaine de titres a su franchir presqu'en totalité le cap du XVIIe siècle. Le corpus se composait alors d'une dizaine de romans dérivés de chansons de geste, d'un peu plus d'une dizaine de romans d'aventures, de deux romans issus de « romanzi italiens », de cinq romans antiques et de seulement deux romans arthuriens. L'absence de romans arthuriens dans la « Bibliothèque bleue » a souvent été mise en rapport avec le public modeste des « livres bleus » du XVIIe siècle, qui n'aurait pas goûté les histoires raffinées et courtoises enracinées dans une histoire et culture qui lui étaient étrangères[1]. Le sort des romans arthuriens semble

1 *Cf.* par exemple Lise Andries, *La bibliothèque bleue au dix-huitième siècle : une tradition éditoriale*, Oxford, The Voltaire foundation, 1989, p. 110.

pourtant avoir été scellé plus tôt, à savoir vers le milieu du XVIe siècle, au moment où les traductions de livres de chevalerie espagnols et de grands poèmes romanesques de la Renaissance italienne ont séduit les lecteurs nobles et mondains qui dévoraient auparavant les romans courtois. Sur le marché du livre du début du XVIIe siècle, nos modestes réimpressions d'œuvres appartenant à la littérature chevaleresque médiévale furent en effet accompagnées d'éditions généralement plus coûteuses de textes apparentés au genre, comme par exemple ces traductions anciennes et nouvelles de « *romanzi* » et de « *libros de caballerías* » du XVIe siècle ou des créations originales françaises du XVIe et du XVIIe siècle donnant des continuations et des imitations d'histoires chevaleresques médiévales.

Vu l'importance accordée, dans les études sur la « Bibliothèque bleue », à l'élargissement du public vers des groupes de lecteurs moins cultivés, j'ai été particulièrement intéressée par la question de savoir si les éditeurs des « livres bleus » ont adapté les textes dont ils fournissaient des rééditions au large public qu'ils visaient. Dans les années 90 du siècle précédent, Roger Chartier a postulé l'idée qu'en règle générale, les éditeurs de la « Bibliothèque bleue » troyenne ont fait des interventions dans les textes qu'ils publiaient, en raison des compétences culturelles supposées de leur public. Ces interventions auraient été de trois ordres. Premièrement, ils auraient multiplié chapitres et paragraphes résumant chaque fois ce qui avait précédé et ce qui allait suivre, afin de faciliter la lecture interrompue de lecteurs inexpérimentés. En deuxième lieu, les éditeurs auraient procédé à une réduction et à une simplification du texte en ôtant des passages jugés superflus et en modernisant et simplifiant les phrases. En dernier lieu, leur stratégie aurait consisté en une épuration des textes de tout ce qui appartenait au domaine de la scatologie et du blasphème. Comme les artisans travaillaient à moindre prix, ces adaptations faites à la hâte auraient souvent abouti à un texte incompréhensible plutôt qu'à un texte facilement lisible ; toutefois ce résultat contraire aux intentions n'aurait pas beaucoup dérangé les lecteurs incultes, parce que ceux-ci n'auraient lu que de façon approximative. Chartier a admis que tous les textes n'ont pas été modifiés à leur entrée dans la « Bibliothèque bleue », mais il n'en voyait pas moins dans ce travail d'adaptation la spécificité même de la stratégie éditoriale de la « Bibliothèque bleue » troyenne[1].

---

1 Voir Roger Chartier, « La bibliothèque bleue en son histoire » dans Thierry Delcourt et Élisabeth Parinet (éd.), *La bibliothèque bleue & les littératures de colportage*, Paris/Troyes,

Après avoir comparé moi-même des éditions de romans de chevalerie médiévaux publiées pendant les premières décennies du XVIIe siècle à des éditions qui avaient vu le jour dans le dernier tiers du XVIe siècle, j'ai été amenée à conclure que l'hypothèse de Chartier devrait être nuancée, en tout cas en ce qui regarde les romans chevaleresques publiés au début du XVIIe siècle. Pour ce travail de comparaison, je suis partie des suggestions d'autres chercheurs : certains ont insisté sur les correspondances entre les éditions de Nicolas [I] Oudot à Troyes et celles de Benoît Rigaud à Lyon, d'autres ont affirmé que les Bonfons à Paris avaient été les prédécesseurs directs des Oudot de Troyes. Étant donné que Nicolas [I] s'est lancé sur le marché des vieux romans chevaleresques au moment où les Bonfons ont abandonné ce genre de publications et compte tenu de la proximité relative des deux villes, j'ai été tentée par l'hypothèse des origines parisiennes. Mais il s'est vite avéré que si Nicolas [I] a en effet utilisé des publications des Bonfons comme modèles pour certaines de ses impressions, il a utilisé des modèles lyonnais de la fin du XVIe siècle pour d'autres impressions. Et, fait curieux, dans les cas où il s'est servi d'une édition parisienne, il ne s'agit pas d'une des éditions les plus récentes de l'atelier de Nicolas Bonfons, mais d'une édition parisienne plus vieille en caractères gothiques. Il semble donc que Nicolas [I] Oudot a utilisé des éditions de provenances diverses comme modèles, peut-être celles sur lesquelles il pouvait aisément mettre la main. Ici encore il reste beaucoup de travail à faire avant que nous puissions avancer des hypothèses solides sur les matrices des premières éditions chevaleresques publiées dans la « Bibliothèque bleue » troyenne.

Pour ce qui est des modèles des éditions de romans chevaleresques médiévaux parues à Lyon au début du XVIIe siècle, il paraît logique d'en chercher les matrices dans les ateliers des devanciers directs des éditeurs concernés. Pierre Rigaud a évidemment eu recours à des éditions publiées par son père Benoît qu'il a parfois repris mot à mot, même s'il a changé dans certains cas le format bibliographique du texte. Jean Didier a également calqué certaines de ses éditions sur des exemplaires sortis de l'atelier de son père. Les éditions de vieux romans de chevalerie publiées à Rouen n'ont guère reçu d'attention de la part des chercheurs. Elles ont parfois été considérées comme de simples imitations des éditions

École des chartes / Maison du boulanger, 2000, p. 16.

troyennes, mais en fait on n'en sait presque rien. Les quelques sondages que j'ai pu effectuer ont en tout cas montré clairement qu'il existe des différences notables entre les éditions rouennaises et les éditions troyennes de certains titres. Par exemple, dans le cas de l'histoire de *Doolin de Mayence*, Nicolas [I] Oudot, en 1623, a préservé le prologue, qui se trouve aussi dans l'édition de Nicolas Bonfons, mais qui est absent dans les éditions rouennaises contemporaines de Pierre Mullot et de Louis [I] Costé et son fils Louis [II]. J'ai pu faire la même observation pour le roman de *Florent et Lyon*. Dans les éditions rouennaises, il manque le prologue et les deux derniers chapitres tels qu'ils se trouvent dans les éditions de Nicolas Bonfons et de Nicolas [I] Oudot.

En dépit de certaines différences qui invitent à distinguer les unes des autres les réimpressions réalisées dans les trois centres éditoriaux de province et qui permettent de les différencier aussi de leurs modèles, ces réimpressions des vieux romans au temps d'Henri IV et de Louis XIII reproduisent en général très fidèlement le texte des éditions du dernier tiers du XVIe siècle. L'observation de Nicole Cazauran à propos de l'édition d'*Artus de Bretaigne* réalisée en 1628 par Nicolas [I] disant qu'elle a repris « jusque dans ses absurdités » le texte de l'édition publiée en 1584 par Nicolas Bonfons[1] est sans doute valable pour la majeure partie des éditions de romans chevaleresques médiévaux ayant vu le jour au début du XVIIe siècle. Si l'on trouve bien des traces de rajeunissements de la langue et de retranchements de passages jugés surabondants, il ne s'agit certainement pas d'opérations systématiques en vue d'un public peu cultivé. Les chapitres et même les avant-propos savants pleins de citations latines, dont les écrivains et les éditeurs du XVIe siècle avaient pourvu les vieilles histoires « chevaleresques » pour défendre le genre contre ses détracteurs, ont généralement été laissés intacts au début du XVIIe siècle. Les premiers signes d'un travail d'adaptation plus rigoureux ne datent que du dernier tiers du XVIIe siècle. Et d'après ce que j'ai pu établir il s'agissait alors surtout d'interventions visant à réduire les coûts de la production et non pas d'un essai sérieux de tenir compte des compétences culturelles du public. Si on assiste au début du XVIIIe siècle à une épuration des vieux romans, ce n'était pas le résultat d'une sorte d'autocensure de la part des éditeurs de la « Bibliothèque bleue », comme

1 Nicole Cazauran, « *Artus de Bretaigne* : un succès de librairie au XVIe siècle », dans Christine de Buzon (éd.), *Le roman à la Renaissance* [...], Lyon, RHR, 2012, p. 3.

le voulait Roger Chartier, mais une conséquence de l'élargissement du groupe de livres soumis à la censure préventive. À partir de 1701, les éditeurs de livres appartenant au domaine public ne pouvaient plus réimprimer ces textes sans une autorisation préalable du pouvoir. Et ils n'ont pu obtenir les permissions nécessaires qu'à force de faire les corrections imposées par les censeurs royaux[1].

LA QUESTION DU PUBLIC

Quant à la survie de la littérature chevaleresque médiévale sur le marché du livre du XVIIe siècle, on pourrait donc parler d'une continuité remarquable par rapport au dernier tiers du XVIe siècle. Se pose alors la question de savoir qui ont été les acheteurs et les lecteurs de ces éditions à large diffusion. Est-ce que le public s'est effectivement élargi par rapport au dernier tiers du XVIe siècle ? S'agit-il vraiment de ce monde de demi-lettrés citadins – bourgeois, marchands, maîtres artisans – où l'on cherche aujourd'hui le public de la « Bibliothèque bleue » de la première moitié du XVIIe siècle[2] ? Il est très difficile sinon impossible de le dire avec certitude.

Cependant, les témoignages sur les lecteurs et possesseurs de vieux romans de chevalerie que j'ai puisés dans la littérature et dans d'autres documents du XVIIe siècle semblent indiquer que pendant les premières décennies du XVIIe siècle, les jeunes et les dames des milieux aisés se trouvaient encore parmi les lecteurs assidus des romans chevaleresques médiévaux, comme cela avait aussi été le cas au XVIe siècle. Ils avaient non seulement recours aux vieilles éditions qui se trouvaient dans les bibliothèques familiales ou chez des marchands de livres d'occasion, mais aussi aux éditions diffusées par les éditeurs de la « Bibliothèque bleue ». Ces deux groupes de lecteurs mélangeaient cette lecture de romans issus de la littérature chevaleresque médiévale avec d'autres lectures de textes apparentés au genre, mais n'appartenant pas à la « Bibliothèque bleue ». Il s'agit ici des traductions de romans de chevalerie espagnols

1 Voir J.-D. Mellot, *op. cit.*, p. 484-514.
2 Voir L. Andries et G. Bollème, *op. cit.*, p. 27-28.

du XVIe siècle, tels qu'*Amadis*, *Primaléon de Grèce*, *Palmerin d'Olive*, *Dom Bélianis de Grèce* et même de *Don Quichotte*, ainsi que des traductions de « *romanzi* » italiens du Boiarde, de l'Arioste et du Tasse. S'y ajoutent des romans contemporains développant cette matière, comme par exemple les romans de Gilbert Saulnier ou les nombreux romans d'amour et d'aventures chevaleresques cités dans le répertoire des fictions narratives en prose qui empruntent des éléments à la littérature chevaleresque nationale ou étrangère. Ces titres plus récents, dont les éditions étaient généralement plus volumineuses, plus soignées et plus chères que les « livres bleus », étaient également lus par la noblesse d'épée et par les courtisans des premières décennies du XVIIe siècle.

Cette interférence entre les vieux romans chevaleresques français et la lignée plus moderne des traductions de la littérature chevaleresque de la Renaissance italienne et espagnole ainsi que ses avatars se retrouve également au niveau de l'illustration des « livres bleus ». C'est que les éditions des vieux romans qui ont vu le jour par les soins des Oudot de Troyes et des Costé à Rouen fourmillent de bois gravés qui reproduisent des images conçues ou en tout cas utilisées dans les années quarante du XVIe siècle pour l'illustration de la prestigieuse édition in-folio de la traduction des cinq premiers livres de l'*Amadis* par Nicolas Herberay des Essarts. Après leur apparition dans cette édition réalisée par l'imprimeur-libraire parisien Denis Janot, les bois avaient été utilisés par le successeur de Janot et par quelques-uns de ses confrères dans d'autres projets d'éditions luxueuses de traductions et imitations contemporaines de romans de chevalerie étrangers, comme le *Roland amoureux* (1549/1550), *Gérard d'Euphrate* (1549) et *Dom Flores de Grèce* (1552). Au début du XVIIe siècle, ces images des *Amadis* se retrouvent donc dans des « livres bleus » troyens et rouennais, créant ainsi un lien inattendu entre la « Bibliothèque bleue » et une littérature chevaleresque appartenant à d'autres milieux.

Pour revenir au public, malgré la critique littéraire et moraliste des vieux romans et en dépit du développement socio-culturel des lecteurs, les anciens romans chevaleresques ont probablement continué au début du XVIIe siècle à captiver surtout un public « traditionnel », composé de jeunes, de femmes, de courtisans et d'hommes d'épée, c'est-à-dire un public aisé, mais sans la culture humaniste du collège. Le théâtre et les divertissements de l'époque témoignent d'ailleurs aussi, sur des tons divers, de ce goût persistant pour les anciens romans dans les milieux privilégiés. C'est après 1630 que le public traditionnel du genre a plus rigoureusement tourné le dos aux vieux romans ; ceux-ci devinrent dès lors de plus en plus l'apanage de lecteurs plus modestes, du moins pour un certain temps[1].

Terminons en exprimant le souhait que ce riche matériel que représentent les modestes éditions « chevaleresques » du XVIe et du XVIIe siècle trouvera des chercheurs patients qui essaieront de reconstituer, entre autres, la filiation des éditions repérées. De cette manière, ils pourront jeter un peu plus de lumière sur les stratégies éditoriales de l'époque et sur une partie de ce que je me permets d'appeler le secret de la survie de la littérature chevaleresque médiévale dans la France du Grand Siècle.

Helwi BLOM
Université d'Utrecht

1 H. Blom, *op. cit.*, p. 201.

LE ROMAN DE CHEVALERIE ESPAGNOL SOUS HENRI IV (1589-1610)

En 1605, alors qu'en France Henri IV est au pouvoir, Cervantès publie la première partie des aventures de *Don Quichotte*[1]. Dans son Prologue, le « parâtre » de Don Quichotte avoue la difficulté qu'il a eue à écrire sa préface, et rapporte les conseils que lui a prodigués « un ami à [lui], homme d'esprit et d'entendement[2] ».

L'ami de l'auteur souligne la particularité de ce livre qui « est tout entier une invective contre les livres de chevalerie, desquels Aristote ne s'est jamais souvenu, dont saint Basile n'a rien dit, dont Cicéron pas été informé[3] ». Ces « fabuleuses et extravagantes inventions » n'ont donc pas besoin de notes, de citations ni de commentaires. « [...] votre écrit ne vise à rien d'autre qu'à ruiner l'autorité et le crédit qu'ont les livres de chevalerie dans le monde et dans le public », rappelle le conseiller. « En somme, visez continuellement à renverser ce machin mal fichu des livres de chevalerie, haïs de beaucoup, et loués d'un plus grand nombre encore : si vous y réussissiez, vous n'auriez pas peu réussi[4]. »

Le récit des aventures du « fameux Don Quichotte, lumière et miroir et de toute la chevalerie errante[5] », vise donc à sonner le glas du roman de chevalerie. Le monarque français Henri IV n'a malheureusement pas eu la possibilité de lire la traduction que donna en 1614 César Oudin, son « Secretaire Interprete [...] és langues Germanique, Italienne, et Espagnole », de la Première partie de l'œuvre de Cervantès. On peut toutefois rêver qu'Oudin, en charge de nombreuses missions tant

---

1 Miguel de Cervantes Saavedra, *El Ingenioso Hidalgo Don Quixote De la Mancha*, Madrid, Juan de la Cuesta, 1605.

2 Cervantès, *Don Quichotte*, trad. Jean-Raymond Fanlo, Paris, Le Livre de Poche, 2008, La Pochothèque, Prologue, p. 128.

3 *Idem*, p. 133.

4 *Ibid.*

5 *Idem*, p. 130.

diplomatiques que linguistiques, avait eu l'occasion d'évoquer avec le roi son projet de traduction… D'autant que deux épisodes du *Quichotte* avaient paru peu avant le régicide, celui d'Anselmo et de Camilla – nouvelle intercalée dans les chapitres 33 à 35 de la Première partie –, traduit et publié par Nicolas Baudoin en 1608[1], ainsi que, l'année suivante, celui de Marcela et Grisóstomo (1re partie, chapitres 12-14), suivi de l'éloquent parallèle (situé 15 chapitres plus loin) où Don Quichotte oppose les armes et les lettres[2].

Mais qu'en est-il de la « troupe des vains livres de chevalerie[3] » en France sous le règne d'Henri IV ? Sont-ils encore en faveur, réprouvés ou vantés ? Sont-ils même encore publiés ? De façon à dresser un état des lieux, cet article reviendra brièvement sur le roman de chevalerie[4] à la Renaissance avant d'en étudier la situation dans les années 1589-1610.

1 *Le curieux impertinent. El curioso impertinente, traduict d'espagnol en français par Ni. Baudouin*, Paris, Jean Richer, 1608. Cet épisode figure également à la suite de *La silva curiosa* de Julian de Medrano (Paris, Marc Orry, 1608), éditée et « corrigée » par Oudin (p. 274-328).

2 *Homicidio de la fidelidad y defensa del honor. Le meurtre de la Fidélité, et la Défense de l'Honneur. Où est racontée la triste, et pitoyable avanture du Berger Philidon, et les raisons de la belle et chaste Marcelle accusée de sa mort. Avec un discours de Don Quixote, De l'excellence des armes sur les lettres*, Paris, J. Richer, 1609. L'auteur anonyme opère de nombreuses modifications dans le texte de Cervantès.

3 Cervantès, *Don Quichotte*, *op. cit.*, p. 134.

4 Par « romans de chevalerie », nous entendons ce que le XVIIe siècle qualifiera de « vieux romans » – voir par exemple l'entrée « Roman » du dictionnaire de Furetière, citée plus loin. Ce type de récit se caractérise par la *conjointure* complexe d'éléments épiques et courtois, arthuriens et antiques, dont témoigne par exemple *Le Roman de Perceforest*. Nous excluons donc de notre étude les traités de chevalerie, les biographies chevaleresques, les ouvrages d'héraldique, pour ne considérer que les romans en prose dont les héros sont des chevaliers accomplissant des prouesses, qu'il s'agisse de romans arthuriens, de romans d'Antiquité, de romans traduits de l'espagnol ou de l'italien (Montalvo, Boaiardo, Arioste, Pulci etc.), ou de créations (Maugin, Herberay, Maisonneuve etc.). (cf F. Vielliard « Qu'est-ce que le "roman de chevalerie"? Préhistoire et histoire d'une formule », *Mémoire des chevaliers. Édition, diffusion et réception des romans de chevalerie du XVIIe au XXe siècle*, ét. réunies par I. Diu, É. Parinet et F. Vielliard, Paris, École des chartes, 2007.)

AMADIS, PALMERIN, LANCELOT ET LES AUTRES

Loin de rompre avec leurs ancêtres en matière de goût littéraire, les lecteurs de la Renaissance apprécient encore les romans de chevalerie. Plusieurs études récentes se sont intéressées à la fortune de ce genre à l'aube du XVIe siècle[1]. Mais peu ont examiné sa situation sous le règne de Henri IV[2].

Le livre que l'on tient pour « la mère-source et comme le cheval de Troie de tous les romans » de chevalerie, selon le mot de Jean-Pierre Camus, est *Amadis de Gaule*[3]. C'est « le premier roman de chevalerie

1 On citera notamment Jane H. M. Taylor, *Rewriting Arthurian Romance in Renaissance France : From Manuscript to Printed Book*, Cambridge, Boydell & Brewer, 2014 ; *Via Lyon : Parcours de romans et mutations éditoriales au XVIe siècle. Partie I. L'étape lyonnaise*, dir. P. Mounier et A. Réach-Ngo, Carte Romanze 2/2 (2014) ; Francesco Montorsi, *Lectures croisées. Étude sur les traductions de récits chevaleresques entre Italie et France autour de 1500*, thèse dirigée par J. Cerquiglini-Toulet et R. Trachsler, Universités de Paris-Sorbonne et Göttingen, 2012 ; Sergio Cappello, « L'édition des romans médiévaux à Lyon dans la première moitié du XVIe siècle », *RHR* 71 (2011), p. 55-71 ; *Du Roman courtois au roman baroque*, dir. É. Bury et F. Mora, Paris, Les Belles Lettres, 2004.

2 On trouvera des éléments dans les travaux suivants : C. E. Pickford, « Les éditions imprimées de romans arthuriens en prose antérieures à 1600 », *Bulletin Bibliographique de la Société Internationale Arthurienne*, n° 13, 1961, p. 99-109 ; R. Cooper, « Outline bibliography of works on Chivalry published in France before 1600 », in *Renaissance Chivalry*, ed. S. Anglo, Woodbridge 1990, p. 193-238 ; *Dictionnaire des fictions narratives en prose de l'âge baroque (1585-1640)*, dir. Fr. Greiner, Paris, Champion, 2007 ; J. Losada-Goya, *Bibliographie critique de la littérature espagnole en France au XVIIe siècle. Présence et influence*, Genève, Droz, 1999 ; Sergio Cappello, « Répertoire chronologique des premières éditions des romans médiévaux français aux XVe et XVIe siècles », dans *Studi in ricordo di Guido Barbina : Est Ovest. Lingue, Stili, Società*, (vol. II), a cura di Giampaolo Borghello, Udine, Forum, 2001, p. 167-186.

3 J.-P. Camus, *Pétronille, accident pitoyable de nos jours, cause d'une vocation religieuse*, Paris, Fiacre Dehors, 1632 (1re éd. Lyon, J. Gaudion, 1626), Dilude, p. 463. Une « grande Dame » montre à « un sçavant et devot Religieux, et d'un Ordre extremement reformé » (p. 457) le « Cabinet particulier de [s]es livres, où elle « passe les heures que [elle est] sans conversation » (p. 459). Le narrateur fait alors l'inventaire de cette bibliothèque d'un château de Guyenne : elle lui montre « ceste horrible pile d'Amadis, que l'on tient aller jusques à vingt et deux, ou vingt et quatre Volumes en trois langues, Espagnole, Italienne, et Françoise, et ce Livre est, à ce qu'on tient, la Mere source, et comme le cheval de Troye de tous les Romans. [...] Apres elle luy fit voir une grande liste de ces vieux Romans, qui ont eu tant de vogue du temps de nos Peres. Comme celui de la Rose, Lancelot du Lac, Tristant l'Hermite, les quatre fils Aimon, Oger le Danois, Pierre de Provence, Guerin

qui s'imprima en Espagne, et tous les autres ont pris de lui naissance et origine[1] », affirmait déjà le curé au chapitre 6 du *Quichotte.*

Ce n'est toutefois qu'à partir de 1540 que les prouesses d'Amadis de Gaule ont fait les délices des lecteurs français. Certes, les aventures extraordinaires de ce chevalier étaient déjà bien connues et circulaient depuis un certain temps déjà lorsque l'imprimerie s'en est emparée[2]. En effet, lorsqu'en 1508 Garcia Rodríguez de Montalvo publie *Los cuatro libros de Amadís de Gaula*, il se présente comme le « *refundidor* », le compilateur et « remanieur » d'une matière qui existait déjà[3]. Dans le prologue qu'il compose en 1492 pour ces quatre premiers livres, Montalvo déclare qu'il a corrigé les trois premiers, en ajouté un quatrième, et qu'il se dispose à en écrire un cinquième, dont le héros sera le fils d'Amadis[4]. Le traducteur français, Nicolas Herberay des Essarts, a sans doute découvert l'œuvre alors qu'il partageait la captivité du roi François 1er à Madrid. Avaient déjà paru en 1525, outre les cinq premiers volumes de Montalvo, les livres 6 et 7[5], dont le succès a vraisemblablement dû inciter le « commissaire ordinaire de l'artillerie du Roy » à faire connaître l'ouvrage en France.

Car bien vite, les descendants d'Amadis sont venus grossir les rangs des héros amadisiens et multiplier les occasions de lecture. C'est d'abord

---

Mesquin, Melusine, Feuri et Blanchefleur, Palmerin d'Olive, et ceux de ceste volée là. Ensuit venoit le Chevalier du Soleil en trois langues, Espagnole, Italienne, Françoise. Apres estoit le Boccace, Bandel, Perceforest, les Histoires Tragiques de Belleforest, le Printemps d'Hyver, Roland le Furieux et l'Amoureux, la Hierusalem du Tasse, les Nuicts de Straparole, les Nouvelles de Gyraldi Ferrarois, celle de Cervante et d'Agreda, le Pelerin en son païs de Lope de Vega [...]. » (p. 462-463)

1 Cervantès, *Don Quichotte*, *op. cit.*, p. 175.

2 On a pu croire que l'auteur de l'*Amadis* primitif était le Portugais Vasco de Lobeira, qui vivait, selon Nicolas Antonio, à la fin du treizième siècle, ou encore, selon Clemencin, à la fin du quatorzième siècle. Mais cela reste très peu sûr. On a gardé quelques fragments manuscrits des versions espagnoles qui circulèrent au quinzième siècle – les chapitres LXV, LXVIII, LXX et LXXII de l'actuel Livre 3.

3 Voir sur ce sujet V. Cirlot, « L'Amadís de Gaula espagnol », *Amadis de Gaule. Livre I*, éd. M. Bideaux, Paris, Champion, 2006, p. 10-41.

4 « [...] *corrigiendo estos tres libros de Amadis, que por falta de los malos scriptores o componedores, muy corruptos y viciosos se leyan, y transladando enmendando el libro quarto con las Sergas de Esplandión su hijo, que hasta aquí no es en memoria de ninguno ser visto* [...]. » *Prólogo* de Montalvo (Zaragoza, Jorge Coci, 1508).

5 *Florisando*, Paez de Ribera et *Lisuarte de Grecia*, Feliciano de Silva ; le livre 8 paraîtra en 1526 (Juan Diaz) ; le livre 9 en 1530 (Feliciano de Silva) ; le livre 10 en 1532 (Feliciano de Silva) ; le livre 11 en 1535 (Feliciano de Silva) enfin le livre 12 en 1551 (Feliciano de Silva).

Esplandian, fils d'Amadis, dont Montalvo avait publié les aventures en 1508 en une première « continuation ». Puis vinrent Lisuart de Grèce (fils d'Esplandian), Amadis de Grèce (Chevalier de l'ardente épée, fils de Lisuart de Grèce), Florisel de Niquée (fils d'Amadis de Grèce), Silves de la Silve (autre fils d'Amadis de Grèce), Agesilan de Colchos (petit-fils d'Amadis de Grèce), Rogel de Grèce (fils de Florisel de Niquée), Sferamonde (fils de Rogel de Grèce), et Amadis d'Astre (fils d'Agesilan de Colchos), au fil des « séquelles » écrites par les successeurs de Montalvo – Paez de Ribeira, Juan Diaz, Pedro de Lujan et surtout Feliciano de Silva. On compte ainsi douze *Amadis* espagnols, auxquels s'ajoutent les sept suites italiennes, inspirées du *Sferamundi* de Mambrino Roseo, ainsi que les trois ultimes suites allemandes, pour un total de vingt-quatre livres d'*Amadis* traduits en français[1].

Si Herberay des Essarts est le traducteur des livres 1 à 8, ce sont ensuite Gilles Boileau de Bullion (Livre 9), Claude Colet (Livre 9), Jacques Gohory (Livres 10-11, 13), Guillaume Aubert (Livre 12), Antoine Tyron (Livre 14), Gabriel Chappuys (Livres 15, 17-21) Jean Charlot (Livre 19), Nicolas de Montreux (Livre 16), Jean Boyron (Livre 20) qui régalèrent, entre 1540 et 1572, les amateurs de ces traductions[2]. L'on ignore toutefois le nom du ou des traducteurs des livres 22 à 24, les derniers de la série amadisienne.

Amadis est donc bien le « dogmatiseur d'une secte si mauvaise », comme l'affirme le curé du *Quichotte*. Mais il a également fait des émules. D'autres chevaliers sont venus rejoindre la troupe amadisienne, pour le plus grand plaisir des lecteurs de la Renaissance. Ce sont successivement *Palmerin d'Olive* (1546, trad. Jean Maugin), *Primaléon de Grèce*, fils du précédent (1550, trad. François de Vernassal, puis G. Chappuys), et *Palmerin d'Angleterre* (1553, trad. Jacques Vincent). Traduits du castillan, ou bien nés de la plume d'Herberay des Essarts (*Florès de Grèce*[3]), ces « nouveaux romans » inondent le marché français de nouvelles aventures chevaleresques.

1 Si les Livres VI, VIII et XI, 2 des *Amadís* espagnols n'ont jamais été traduits en français, en revanche les Livres X et XII ont fourni chacun la matière à deux *Amadis* français.

2 On notera que les Livres IX, XIX et XX ont fait chacun l'objet de deux traductions différentes.

3 *Le premier livre de la cronique du tres vaillant et redouté dom Florès de Grèce, surnommé le Chevalier des Cignes, second filz d'Esplandian, empereur de Constantinople. Histoire non encore ouye, mais belle entre les plus recommandées* [...], Paris, Étienne Groulleau, Jean Longis et Vincent Sertenas, 1552.

Mais Amadis avait également des **ancêtres, ou des frères**. Les *libros de caballería* sont en effet à rapprocher de la *novela sentimental y caballeresca*. Avant Amadis, les chevaliers Leriano, Arnalte, Grimalte, Grisel (héros de Diego de San Pedro ou de Juan de Flores), avaient, parmi d'autres, raconté leurs aventures – malheureuses toutefois. Les versions françaises de ces récits publiées à partir des années 1525 avaient donc déjà familiarisé les lecteurs avec l'univers chevaleresque espagnol et ravivé le goût pour les aventures d'armes et d'amour[1].

Enfin Amadis avait des **rivaux**. En effet, si selon Michel Bideaux *Amadis* avoue « sa dette envers les grands cycles romanesques (ou épico-romanesques) de l'âge précédent[2] », c'est-à-dire de la période médiévale, les chevaliers de la Table ronde poursuivent leur destin individuel, tout comme les héros des chansons de geste. Montaigne lui-même associe Amadis aux héros arthuriens dans un passage souvent cité du chapitre 26 des *Essais* : « Car des Lancelots du Lac, des Amadis, des Huons de Bordeaus, et tel fatras de livres à quoy l'enfance s'amuse, je n'en connoissois pas seulement le nom[3]. » Toutefois *Amadis* est le seul ouvrage espagnol de sa bibliothèque (héritage, peut-être de Pierre Eyquem[4]).

Tristan continue donc vaillamment ses combats romanesques à la Renaissance, tout comme Ogier le Dannois, Geoffroy à la Grande dent (sixième fils de Mélusine) ou le jeune « *tres noble, victorieux et excellentissime roy* » Perceforest[5]. Rabelais lui-même s'engouffre dans la voie chevaleresque avec ses héros issus des Grandes Chroniques[6]. Romans courtois,

1 Voir à ce sujet V. Duché, *Si du mont Pyrenée / N'eussent passé le haut fais … Les romans sentimentaux traduits de l'espagnol en France au* XVI*e siècle*, Paris, Champion, 2008, coll. Textes de la Renaissance, n° 76.

2 M. Bideaux, « La topique des lieux dans les premiers livres des *Amadis* », *Locus in fabula. La topique de l'espace dans les fictions d'Ancien-Régime*, N. Ferrand (dir.), Louvain, Paris, Dudley, MA, Éditions Peeters, 2004, p. 76.

3 Michel de Montaigne, *Essais*, éd. J. Balsamo, M. Magnien et C. Magnien-Simonin, Paris, Gallimard, 2007 [Bibliothèque de la Pléiade], L. I, ch. XXV, De l'institution des enfans, p. 182.

4 *Dõ Silves dela selva. Comiẽça la dozena parte del invencible Cavallero Amadis de Gaula. Que tracta delos grandes hechos en Armas del esforçado Cavallero D'n Silves dela Selva…*, Sevilla, ẽ casa d' Diminico d' Robertis… M. D. y XLIX. [1549]. Je remercie Alain Legros de m'avoir communiqué cette référence.

5 On date ce roman de la première moitié du XIVe siècle. *La tres elegante, delicieuse, melliflue et tres plaisante hystoire du tres noble, victorieux et excellentissime roy Perceforest, roy de la Grande Bretaigne* […], Paris, Cousteau pour Galliot du Pré, 1528.

6 Après avoir édité les *Grandes chroniques*, Rabelais publie sa propre chronique gargantuine dès 1532.

connus grâce aux dérimages du XVe siècle, adaptations, comme *Le nouveau Tristan* de Jean Maugin, ou nouveautés, comme l'*Alector* de Barthélémy Aneau ou le *Gériléon d'Angleterre* d'Étienne de la Maisonneufve figurent encore aux catalogues des libraires[1].

Mais outre ces rivaux franco-gaulois, Amadis a également des rivaux italiens – qui s'avèrent être en réalité des cousins éloignés. Le poème de l'Arioste, *Orlando Furioso*, publié en 1516 puis en 1532 dans sa version définitive[2], s'inscrit en effet dans le cycle carolingien comme un lointain descendant de la *Chanson de Roland*, et fait suite à *l'Orlando Innamorato* de Boiardo[3]. Les aventures de Roland, Roger et Bradamante sont rapidement données à lire en français dès 1544 par un traducteur mystérieux[4]. Roland représente en tout cas un rival sérieux, comme en témoigne le célèbre avis au Lecteur figurant en tête de la traduction :

> Si d'Amadis la tres plaisante histoire
> Vers les François a eu nouvellement
> Tant de faveur, de credit, et de gloire
> Parce qu'elle est traduicte doctement.
> Le Furieus, qui dit si proprement
> D'Armes, d'Amours, et de ses passions
> Surpassera, en ce totallement
> Avilissant toutes traductions[5].

En somme, les héros (super héros) chevaleresques foisonnent dans la première moitié du seizième siècle. Mais qu'en est-il exactement de cette « troupe de vains livres de chevalerie » sous le règne d'Henri IV ? Le « Furieux » est-il parvenu à « avili[r] toutes traductions » ?

---

1 J. Maugin, *Le nouveau Tristan*, Paris, Veuve Maurice de La Porte, 1544 ; É. de la Maisonneufve, *Gériléon d'Angleterre*, Paris, Jean Borel, 1572.

2 Lodovico Ariosto, *Orlando Furioso*, Ferrara, Giovanni Mazzocchi, 1516 ; Francesco II Rossi, 1532.

3 Matteo Maria Boiardo, *Orlando Innamorato*, 1483. *Le premier (- troisieme) livre de Roland amoureux*, trad. J. Vincent du Crest Arnaud, Paris, Vivant Gaultherot, 1549, 3 vol.

4 Le nom du « translateur » ou « traducteur » n'est pas donné par l'éditeur, Jean des Gouttes, qui signe pour sa part l'épître dédicatoire et l'adresse « Au lecteur benivole ». On a avancé plusieurs noms pour l'identifier : Jean Martin, Denis Sauvage, Des Gouttes lui-même, Charles Fontaine, Maurice Scève. Certains critiques penchent pour une équipe de traducteurs.

5 *Roland Furieux*, Lyon, Sulpice Sabon pour Jean Thellusson, 1544 [page de titre]. Herberay des Essarts ne manquera pas de réagir à ce huitain dans sa dédicace du livre VI de 1545.

ÉTAT DES LIEUX DU ROMAN DE CHEVALERIE SOUS HENRI IV

Alors que débute le règne des Bourbons, la « disgrâce d'Amadis[1] » a-t-elle sonné ? À l'heure où la *Devise des armes des chevaliers de la table ronde* se vend encore chez Benoist Rigaud (1590), assiste-t-on à un épuisement de la matière chevaleresque ?

LES PUBLICATIONS

On constatera tout d'abord qu'aucun livre d'Amadis n'est publié sous le règne de Henri IV. Aucune réédition ni nouveauté n'apparaît dans les catalogues des libraires – le filon semble s'être épuisé depuis 1581, date de parution du *Vingt unieme et dernier livre d'Amadis de Gaule.* Ce qui permet à Camus d'affirmer en 1620 dans *Agathonphile* que l'*Amadis* « a eu jadis autant de vogue qu'il est maintenant decredité ». La vogue toutefois des *Thresors* se prolonge, dont le premier volume, paru en 1559, retenait des douze premiers livres d'Amadis les « Harengues, Concions, Epistres, Complaintes et autres choses les plus excellentes et dignes du lecteur François[2] ». On recense en effet deux éditions du *Thresor*, parues en 1605 et 1606 chez l'imprimeur lyonnais Huguetan, qui collectionnent les meilleures pages de « tous les livres d'Amadis de Gaule ». Sont donc retenus non les prouesses d'Amadis, mais ses discours, martiaux ou amoureux, « très utile[s] pour instruire la noblesse à l'éloquence, grâce, vertu et générosité ».

En revanche, les épigones d'Amadis sont toujours actifs et se livrent vaillamment au fracas des armes, comme en témoignent les inventaires des libraires[3]. Ainsi de Palmerin d'Olive et de son fils Primaléon,

---

1 M. Simonin, « La disgrâce d'*Amadis* », *Studi Francese* 28, 1 (1984), p. 1-35. Repris in *L'encre & la lumière*, Genève, Droz, 2004, p. 189-234.

2 *Le Thresor des douze livres D'amadis de Gaule*, Paris, Estienne Groulleau, 1559.

3 Un correspondant de Camus affirmera cependant en 1626 qu'il « ne voi[t] plus guères à la Cour d'Amadis ny de Palmerins ». Selon lui, ce sont les ouvrages édifiants de l'évêque de Belley qui leur ont succédé : « vos histoires passent glorieusement jusques dans les Cabinets de nos Grands qui sont les Dieux de la terre. » (*Le Cléoreste de monseigneur de Belley, histoire françoise espagnolle représentant le tableau d'une parfaitte amitié*, Lyon, A. Chard, 1626, *Deffense*, II, p. 675).

nouvellement arrivés sur le marché. Le Lyonnais Benoist Rigaud fait également paraître en 1589 le deuxième volume du *Gériléon d'Angleterre*, la suite du nouveau roman composé par Étienne De Maisonneufve[1]. De même, les romans sentimentalo-chevaleresques connaissent un regain de faveur : certaines traductions sont révisées ou publiées en édition multilingue. Ainsi d'*Aurelio et Isabelle* de Juan de Flores, de la *Prison d'amour* de Diego de San Pedro et de *Flores et Blanchefleur*, cette dernière étant tirée de la version espagnole du vieux roman médiéval *Floire et Blanchefleur*[2].

Enfin la « matière de France » et celle de Bretagne sont toujours d'actualité. Les prouesses « et faicts du tres preux, noble et vaillant Huon de Bordeaux », celles de Mabrian, de Geoffroy à la Grand Dent et bien sûr des chevaliers de la Table ronde ravissent encore les lecteurs. La critique s'est arrêtée sur le *Lancelot* commandé et publié par Rigaud en 1591[3]. À la suite de C. Pickford, J. Taylor[4] s'est penchée sur ce condensé de roman de chevalerie, qui concentre en cent soixante six pages l'ensemble du cycle du Lancelot-Graal[5]. Si la composition en trois livres reprend celle instaurée par les Le Bourgeois (1488) et Vérard (1494), le découpage interne de chaque volume est remanié, le texte et l'intrigue simplifiés : Rigaud ouvre ainsi la voie à la littérature de colportage.

La geste pantagruéline pour sa part connaît plusieurs éditions tardives. *Les Œuvres de M. François Rabelais,... contenans la vie, faicts et dicts héroïques de Gargantua, et de son filz Pantagruel. Avec la Prognostication pantagrueline* sont publiées à Lyon ou à Anvers.

Cependant si l'on compare aux décennies précédentes, dans l'ensemble peu de titres sont au catalogue des libraires et rares sont les sorties d'une édition *princeps*. Le déclin du roman de chevalerie se signale en outre par la dégradation de la qualité matérielle des ouvrages. Si les aventures des

1 B. Rigaud a acheté le privilège au libraire parisien Jean Houzé, chez qui le roman avait paru trois ans auparavant (F. Montorsi, « La production éditoriale de Benoist Rigaud », *Via Lyon : Parcours de romans*, *op. cit.*, p. 381).

2 *La Historia de dos enamorados Flores y Blancaflor, rey y reina de España y emperadores de Roma*, Alcalá de Henares, Arnao Guillem de Brocar, 1512.

3 J. Chapelain placera Lancelot au cœur de son *Dialogue de la lecture des vieux romans* (1647).

4 C. Pickford, « Benoist Rigaud et le *Lancelot du Lac* de 1591 » dans *Mélanges J. Frappier*, Genève, 1970, t. II, p. 903-911.

5 Voir à ce sujet C. Pickford 1970, art. cité, p. 908-909 ; J. Taylor, *Rewriting Arthurian Romance*, *op. cit.*, p. 204-205 ; Mary Beth Winn, *Anthoine Vérard, Parisian publisher (1485-1512), prologues, poems and presentations*, Genève, Droz, 1997.

chevaliers de la Table ronde étaient au tournant du siècle contenues dans de superbes in-folio imprimés sur vélin et enluminés[1], vers la fin du siècle, comme le note M. Bideaux, avec le choix d'un petit format in-16 non illustré au détriment de l'in-8, voire des premiers in-folio, « les signes s'accumulent d'une dégradation du statut éditorial des *Amadis*[2] ». Le nombre de libraires se faisant une spécialité du roman de chevalerie est également en nette diminution. Aux Le Bourgeois à Rouen, Vérard, Jean puis Galliot du Pré, Janot et ses confrères Sertenas ou Longis à Paris, ont succédé à la fin du siècle Nicolas Bonfons à Paris, Raphaël du Petit Val à Rouen, Benoist Rigaud à Lyon[3]. Les romans de chevalerie passent alors des échoppes des libraires du Palais aux étals des marchands du Pont Neuf[4].

UNE DÉFAVEUR ?

Pourquoi une telle raréfaction du roman de chevalerie sous Henri IV ? Le roman de chevalerie, naguère « entre exemple et récréation », comme l'avait situé Nicole Cazauran[5], ne remplirait-il plus aucune fonction ?

On sait pourtant qu'Henri IV s'y plaisait, tout comme le jeune François Ier avant lui. Le compilateur des *Perroniana* en témoigne, qui fait dire au cardinal Du Perron :

> Les *Amadis* ne sont point de mauvais stile, ceux qui sont traduicts par des Essars. Un jour le feu Roy [Henri IV] voulût que je les luy leusse pour l'endormir, et apres avoir leu deux heures, je luy dis, Sire, si l'on sçavoit à Rome que je vous leusse les Amadis, on diroit que nous sommes empeschez apres de grandes choses[6].

1 Par exemple le *Lancelot* de Vérard (1494) en trois épais volumes offerts à Charles VIII.

2 *Amadis. Livre Premier*, éd. M. Bideaux, *op. cit.*, Introduction générale, p. 52. On se rappelle la publicité qui en était faite par le « Petit Angevin » (=Jean Maugin) auprès des « Dames Françoyses » au seuil du livre Premier dans l'édition in-8 de 1548 : « Or avez-vous, Dames de cueur humain / Vostre Amadis en si petit volume / Que le pourrez porter dedans la main / Plus aysement beaucoup que de coutume. »

3 Les presses lyonnaises semblent alors l'emporter en matière de publication de romans médiévaux, comme en témoigne la base ELR *Éditions Lyonnaises de Romans* (http://www.rhr16.fr/base-elr/liste). Sur ces éditeurs, voir l'article de Helwi Blom dans le présent volume : « "Vieux romans" au "Grand Siècle" ; au berceau de la "Bibliothèque bleue" ».

4 Voir Ch. Sorel, *Le Libraire du Pont Neuf*, 1627.

5 N. Cazauran, « Les Romans de chevalerie en France : entre exemple et récréation », *in* *Le Roman de chevalerie au temps de la Renaissance*, dir. M.-T. Hones-Davies, Paris, Touzot, 1987, p. 29-48.

6 *Perroniana*, sive excerpta. Ex ore Cardinalis de Perron. Per Fratres Putaneos, Genève, Petrum Columesium, 1669, p. 9-10.

C'est ce que Pierre de L'Estoile ne manque pas de noter perfidement dans ses *Mémoires-Journaux*, à l'entrée « Septembre 1608 », qualifiant l'*Amadis* de « Bible du Roy » :

> La Bible du Roy, Amadis de Gaule, ce (disent les mesdisans) qu'il se fait lire pour s'endormir par Du Laurens, son premier medecin[1].

Le roman de chevalerie semble donc toujours remplir sa fonction de divertissement. On se rappelle la définition que donnera Furetière du roman à la fin du siècle : Ce sont des

> livres fabuleux qui contiennent des histoires d'amour et de chevaleries, inventées pour divertir et occuper des fainéants. Héliodore a fait autrefois le Roman de Théagène et Cariclée. Depuis on a fait divers romans de chevalerie comme Amadis des Gaules en XXIV volumes, de Palmerin d'Olive, de Palmerin d'Angleterre, de Charlemagne, des douze pairs, du Roy Artus et autres dont il y a une agréable critique dans Don Quichot. [...] Nos modernes ont fait des romans polis et instructifs, comme l'Astrée de d'Urfé[2].

Loin de classer ses lecteurs parmi les « fainéants », Jacques Gohory pour sa part souligne dans sa préface au dixième livre d'*Amadis* l'utilité de « ce fabuleux vulgaire des faitz et dictz insignes de ces gentilles Dames, et des gestes merveilleux de maintz vaillans Chevaliers » (f° a iii) pour l'éducation des« Gentilzhommes et Damoyselles qui n'ont pas estomac à digerer plus grave et forte lecture » (f° a iiv)[3]. *Amadis* sert à « leur former un exemple et patron de chevalerie, courtoisie, et discretion, qui leur elevast le cueur à la vertu, enseignant les actes qu'ilz doivent ensuyvre ou eviter », les « apast des comptes joyeux d'aventures estranges, et amourettes semez parmy telles histoires » contribuant à rendre moins amère la « plaine instruction morale » (f° a iii). Le chevalier médiéval ou renaissant se substitue ainsi au héros de l'épopée antique pour l'"Institution" du prince, notamment son éducation sentimentale. On a vu le rôle de manuel épistolaire, corroboré par l'existence même des *Thresors*. De nombreuses études ont par ailleurs souligné le rôle qu'a

---

1 P. de L'Estoile, *Mémoires-Journaux*, *in* M. Petitot, *Mémoires relatifs à l'Histoire de France*, Paris, Foucault, 1825, vol. 4, p. 169.

2 A. Furetière, *Dictionnaire universel contenant généralement tous les mots françois tans vieux que modernes et les termes de toutes les sciences et des arts*, tome III, La Haye/Rotterdam, Arnout et Reynier Leers, 1690, entrée « Roman ».

3 *Le Dixiesme livre d'Amadis de Gaule*, trad J. Gohory, Paris, V. Sertenas, 1552.

pu jouer *Amadis* en tant que manuel du courtisan[1]. On sait également que c'est grâce aux romans de chevalerie que nombre d'écoliers apprenaient à lire[2]. En témoigne la préface que rédige Plantin en tête de son édition du *Premier livre d'Amadis de Gaule*, s'adressant « À tous ceus qui font profession d'enseigner la langue francoise en la ville d'Anvers » et se proposant de diffuser des histoires « elegantement écrittes » pour les substituer aux « tas de quatre fils Aimont, Fierabras, Ogier le Dannois et tous tels vieus Romans de langage mal poli [...] continués en [les] écoles[3]. » Ces romans servent encore à l'apprentissage des langues, comme en témoignent les titres des éditions plurilingues[4]. Enfin, plus généralement, on sait que les romans de chevalerie (notamment ceux issus de la « matière de France »), sont à la Renaissance encore considérés comme des sources historiques.

Sans doute le contexte historique et politique a-t-il joué un rôle majeur dans le déclin du genre sous Henri IV. *Amadis* était utile en temps de paix, lorsque Mars s'était « eslongné d'entre les princes Chrestiens, contrainct laisser enrouiller ses armes & instrumens belliqueux[5] », ou bien lors des Guerres d'Italie, pour encourager les instincts chevaleresques de ses lecteurs. Les huit guerres civiles qui se sont succédé de 1562 à 1598, la constitution de la Ligue après la mort de François d'Alençon (1584), l'assassinat du roi Henri III en 1589 par le moine ligueur Jacques Clément, la déclaration de guerre à l'Espagne en 1595, enfin le traité de Vervins en 1598 et le départ des troupes espagnoles : tout cela de surcroît n'incitait pas au goût pour la littérature chevaleresque d'origine espagnole[6].

En outre il est vrai que le roman, et tout particulièrement *Amadis*, prête le flanc à la critique, et est parfois condamné au nom de la morale

1 Voir par exemple L. Guillerm, qui situe l'*Amadis* « à mi-chemin entre le traité d'éloquence et le manuel de civilité » (*Sujet de l'écriture et traduction autour de 1540*, Paris, Aux amateurs de livres, 1988, p. 80).

2 Voir à ce sujet F. Montorsi, « Un fatras de livres auquel l'enfance s'amuse : Lectures de jeunesse et romans de chevalerie », *Camenulae* n° 4 – février 2010 (http://www.paris-sorbonne.fr/IMG/pdf/Montorsi.pdf consulté le 23 avril 2015).

3 *Premier livre d'Amadis de Gaule*, Anvers, Plantin, 1561.

4 Ainsi de *La prison d'amour, en deux langages, espaignol et françois, pour ceux qui voudront apprendre l'un par l'autre* (Paris, Nicolas Bonfons, 1594).

5 *Amadis de Gaule*. Livre I, éd. M. Bideaux, *op. cit.*, Prologue, p. 165.

6 Le retour de l'hispanophilie sous Louis XIII renouvellera l'intérêt pour la langue et la littérature espagnoles.

chrétienne. Si Montaigne propose malicieusement d'aller « à cette heure estudier des frases d'Amadis et des registres de Boccace et de l'Aretin pour faire les habiles[1] », La Noue dans ses *Discours politiques et militaires* se fait l'écho des moralistes et dénonce « le poison qui est caché dans les fruits qui sont és vergers d'Amadis[2] » et l'immoralité de bien des pages des *Amadis*[3]. Le siècle classique accentuera encore ces jugements dépréciatifs envers le roman de chevalerie. Ainsi François Grandin, « curé de l'Eglise collegiale monsieur S. Jean Baptiste d'Angers » dresse-t-il dans sa *Destruction de l'orgueil mondain* la liste des « livres réprouvés » (*Lancelot du Lac*, *Tristan*, *Fierabras*, *Artus de Bretagne* et *Ogier le Danois* parmi d'autres) qu'il compare à des « allumettes de Sathan[4]. » Charles Sorel lui emboîtera le pas pour dénoncer le danger des romans : leur lecture peut être nuisible et détourner les jeunes lecteurs « de faire choix de quelque profession utile[5]. » Le siècle classique multipliera ces jugements dépréciatifs envers le roman de chevalerie.

Mais peut-être cette disqualification du roman de chevalerie coïncide-t-elle avec l'apparition d'une nouvelle mode littéraire et artistique. La *Gerusalemma liberata* est en effet publiée en 1581 dans une contrefaçon de l'édition de Parme (Lyon, Alessandro Marsili). Traduite en la même année 1595 en vers par Du Vigneau et en prose par Vigenère, elle emprunte à l'Arioste comme à Homère ou Virgile. Le récit des exploits des chevaliers menés par Godefroy de Bouillon et combattant les Musulmans

1 M. de Montaigne, *Essais*, Ed. P. Villey et Saulnier, Verdun L., Paris, Presses Universitaires de France, 1965. III, 5, « Sur des vers de Virgile », p. 857.

2 F. de La Noue, *Discours politiques et militaires* (1588), éd. par F. E. Sutcliffe, Genève, Droz, 1967. Sixieme Discours « Que la lecture des livres d'Amadis n'est moins pernicieuse aux jeunes gens, que celle des livres de Machiavel aux vieux. », p. 160 176.

3 Le discours médical associe parfois l'*Art d'aimer* d'Ovide et *Amadis* (voir M. Simonin, art. cité, note 142 p. 226).

4 « … des livres reprouvés comme un Lancelot du Lac, le Roman de la Rose, Tristan, Fierabras, Merlin, Florimond, Paris et Vienne, Pierre de Provence et Maguelonne, Melusine […], Artus de Bretagne, Ogier le Danois […]. Somme toutes ces choses sont allumettes de Sathan. » (F. Grandin, *Destruction de l'orgueil mondain, ambition des habitz et autres inventions nouvelles*, Paris, Claude Fremy, 1558).

5 « plusieurs jeunes Hommes sont prests de perdre l'Esprit par cette lecture : Non seulement elle nuyt à leurs estudes, mais elle les destourne encore de faire choix de quelque profession utile, leur faisant croire que la plus belle vie est celle des Chevaliers Errans. Nous en avons veu en plus d'un lieu, qui vouloient faire revivre ces belles coustumes, et qui nous donnoient à croire que l'Histoire du fameux Dom Quichot, n'est pas entierement fabuleuse » (Ch. Sorel, *De la connoissance des bons livres*, Paris, A. Pralard, 1671, p. 96-97.)

pour lever le siège de Jérusalem semble avoir été propre à réactiver le sentiment national, la croisade religieuse, la poésie et l'épique.

LE ROMAN DE CHEVALERIE À TRAVERS LES GENRES

Il reste qu'*Amadis* et les romans de chevalerie sont encore bien vivants sous le règne d'Henri IV, mais à la suite d'une mutation générique. En effet, les héros des contes chevaleresques deviennent des personnages de ballet ou d'opéra, de mascarade ou d'entrée royale. En témoigne le fameux Carrousel de 1612, festivités organisées à l'occasion de l'alliance matrimoniale entre la France et l'Espagne. Dans son *Romant des chevaliers de la Gloire*[1], François de Rosset en fait une relation romancée et s'attarde sur la description de l'entrée de deux Amadis qui figurent parmi la troupe des chevaliers. Le ballet de *La délivrance de Renaud* (1617) et celui de *Tancrède* (1619) sont tous deux inspirés du Tasse. Michel de Marolles dans ses *Mémoires* évoque le « Ballet du Mariage de Pierre de Provence et de la belle Maguelonne », dansé en 1638 par les « meilleurs danseurs de France[2] ». *Le Libraire du Pont-Neuf ou les Romans*, ballet dansé vers 1643, fait défiler, entre autres personnages romanesques, Don Quichotte et Sancho Panza, Amadis, les chevaliers du soleil et ceux de la Table ronde. *L'Entrée en France de Don Quichotte de la Manche* pour sa part est une mascarade où Amadis, Roland, Les quatre fils Aymon et les chevaliers de la Table ronde côtoient Don Quichotte.

Le roman de chevalerie reste enfin profondément ancré dans la langue, même si la mémoire des livres où elle puise ses expressions est perdue. En témoigne sans doute … Amadis Jamyn, disciple de Ronsard. Des expressions comme « la gloire de Niquée[3] », « le beau ténébreux », le verbe « amadiser » l'attestent encore. Une anecdote de Tallemant des Réaux (II, 499), sur

1 F. de Rosset, *Le romant des chevaliers de la gloire contenant plusieurs hautes et fameuses adventures des princes, et des chevaliers qui parurent aux courses faites à la Place Royale pour la feste des alliances de France et d'Espagne*, Paris, Veuve de Pierre Bertaud, 1612 (rééd. 1513, F. Huby et 1516 sous le titre *Le Palais de la Felicité*). Voir à ce sujet M. Baudière, « La fortune gravée et imprimée du Carrousel de 1612 », in D. Morelon (dir.), *Chroniques de l'éphémère*, Paris, INHA, 2010, [En ligne], mis en ligne le 21 sept. 2010, consulté le 21 avril 2015. URL : http://inha.revues.org/2806

2 « Ballet de Monsieurs à Tours » (M. de Marolles, *Mémoires*, Paris, 1656, p. 216).

3 Selon Littré « expression très usitée au XVIIe et au XVIIIe siècle pour dire une gloire immense, et qu'on croit ne devoir pas finir. »

Zirfée, princesse hypocrite qui enchante Lisuart de Grèce et Gradafilée (*Amadis* VIII, ch. 25 et VIII, ch. 18). Les personnages d'*Amadis* servent encore de référence. Ainsi de M. de Marolles évoquant « la plus ravissante Demoiselle du monde » et suggérant de la nommer « la grande geante, comme celle que les livres d'Amadis rendent si celebre[1]. »

CONCLUSION

Le règne de Henri IV aurait-il donc constitué une sorte de trou noir dans la vogue du roman de chevalerie ? E. Pasquier notait au sujet d'*Amadis* dans ses *Recherches* en 1611 :

> Jamais livre ne fut embrassé avecq' tant de faveur que cestuy, l'espace de vingt ans ou environ : Et neantmoins la memoire en semble estre aujourd'huy esvanoüie[2].

Il convient toutefois de nuancer le propos de Pasquier : en 1611, les *Amadis* sont loin d'avoir jeté leurs derniers feux. Certes, Henri IV monte sur le trône après la publication des *Thrésors* ; mais viendra, après le régicide, la dernière vague des *Amadis* allemands (1615), et la traduction du *Quichotte*[3]. On continuera à traduire des romans de chevalerie sous la régence d'Anne d'Autriche : ainsi de François de Rosset et de *L'Admirable histoire du chevalier du Soleil*. En témoigne encore la riche collection d'un amateur, le peintre Daniel Dumonstier[4], ou encore celle de Michel de Marolles signalant parmi les livres de sa bibliothèque « les deux premiers livres d'Amadis de Gaule » dont il se souvenoi[t] assez bien de ce qu'il avoi[t] leu[5] ».

1 *Idem*, p. 62-63.

2 E. Pasquier, *Recherches*, VI, 5, éd. 1611, p. 737.

3 La première partie est traduite par César Oudin (1614). La seconde partie sera livrée au public français par François de Rosset en 1618, trois ans seulement après la parution espagnole. Cette double version du *Quichotte* fera longtemps autorité.

4 Voir à ce sujet I. de Conihout, « Les premiers amateurs de romans de chevalerie : le peintre Daniel Dumonstier (1574-1646) et quelques autres », p. 231-261. La liste présente notamment « Les Amadis et leurs 'séquelles' » (n° 1 à 8) et « les romans médiévaux » (n° 9 à 29).

5 M. de Marolles, *Mémoires*, *op. cit.*, p. 9.

De surcroît, le goût pour la littérature chevaleresque ne faiblira pas durant tout le siècle classique. L'opéra de Lully, sur un livret de Quinault (1684), en marquera peut-être l'apogée, avant celui de Jean-Chrétien Bach au siècle suivant, et la création par le marquis de Paulmy de la *Bibliothèque universelle des romans*.

Véronique DUCHÉ
The University of Melbourne

ANNEXE[1]

1589	*Gériléon d'Angleterre* (2e livre)	Lyon, Benoist Rigaud
1590	*Valentin et Orson*	Lyon, Benoist Rigaud
	Alexandre le grand	Paris, Nicolas Bonfons
	Clamadès	Lyon, Jacques Guichard
	Quatre fils Aymon	Louvain, Jean Bogard, [*ca* 1590]
	Richard sans peur	Paris, Nicolas et Pierre Bonfons, *ca* 1590
1591	*Lancelot du Lac*	Lyon, Benoist Rigaud
	Valentin et Orson	Lyon, s. n.
1593	*Palmerin d'Olive*	Lyon, Benoist Rigaud
	Belle Helene de Constantinople	Lyon, Benoist Rigaud
	Œuvres de M. François Rabelais	Lyon, Jean Martin
1594	*Prison d'amour* (bilingue espagnol)	Paris, Nicolas Bonfons
	Flores et Blanchefleur	Rouen, Raphaël du Petit Val
1595	*Prison d'amour* (bilingue espagnol)	Paris, Galliot Corrozet

1 Pour notre étude, nous utilisons, avec prudence, le répertoire en ligne de USTC pour les livres publiés jusqu'en 1600 inclus, ainsi que les catalogues des grandes bibliothèques, les catalogues d'édition du XVIe siècle et autres répertoires et bases de données spécialisés (H. Baudrier, *Bibliographie lyonnaise. Recherches sur les imprimeurs, relieurs et fondeurs de lettres de Lyon au XVIe siècle* (Lyon-Paris, 12 vol., 1895-1921, réimpr. 1963, Tables par G. Tricou, Paris, 1965) ; S. von Gültingen, *Bibliographie des livres imprimés à Lyon au XVIe siècle*, 9 vol. Baden-Baden Bouxwiller, V. Koerner, 1992-2004 ; B. Moreau, *Inventaire chronologique des éditions parisiennes du XVIe siècle*, Paris, Imprimerie Municipale, 1972-1992 ; *Fictions narratives en prose de l'âge baroque : répertoire analytique*, dir. F. Greiner, Paris, Champion, 2007 ; *Fictions narratives en prose de l'âge baroque – Répertoire analytique (1611-1623)*, dir. F. Greiner, Paris, Garnier, 2014 ; *Nouveau Répertoire de mises en prose (XIVe-XVIe siècles)*, Paris, Classiques Garnier, 2014 ; *Universal Short Title Catalogue* ustc.ac.uk ; *Éditions lyonnaises de romans* rhr16.fr ; *La Vie en proses*, users2.unimi.it). Voir également supra note 2, p. 37.

1596	*Œuvres de M. François Rabelais*	Lyon, Jean Martin
	Œuvres de M. François Rabelais	Lyon, P. Estiart (=Montbéliard, Jacques Follet)
	Œuvres de M. François Rabelais	Lyon, Jean Martin
	Œuvres de M. François Rabelais	Lyon, Jean Martin et Jacques Foillet
	Paris et la Belle Vienne	Lyon, Benoist Rigaud
	Robert le Diable	Lyon, Benoist Rigaud
	Morgant le Géant	Lyon, Benoist Rigaud
	Flores et Blanchefleur	Lyon, Benoist Rigaud
	Valentin et Orson	Louvain, Jean Bogard
	L'histoire d'Aurelio et Isabelle (bilingue espagnol)	Bruxelles, Rutger Velpius
1597	*Primaléon* livre III	Lyon, héritiers de Benoist Rigaud
	Primaléon livre IV	Lyon, héritiers de Benoist Rigaud
	Geoffroy à la grand' dent	Lyon, Benoist Rigaud
	L'histoire de Melusine	Lyon, Benoist Rigaud
	Pierre de Provence et la Belle Maguelonne	Montpellier, Jean Gilet
	L'histoire de Melusine, fille du roy d'Albanie, et de Madame Pressine	Lyon, [s. n.]
	La fleur des batailles de Doolin de Mayence	Lyon, Benoist Rigaud
	Flores et Blanchefleur	Rouen, Raphaël du Petit Val
1598	*Aventures amoureuses de Luzman ?*	Rouen, Theodore Reinsart
1599	*Œuvres de M. François Rabelais*	Lyon, Jean Martin
	Œuvres de M. François Rabelais	Lyon, héritiers de Simon Jean
	Ogier le Danois	Lyon, héritiers de Benoît Rigaud

1600	*Œuvres de M. François Rabelais*	Lyon, Jean Martin
	Gargantua (second-Quart Livre) « 1547 »	Valence [=Genève ?], Claude La Ville
	Huon de Bordeaux	Rouen, veuve Louis Costé
	Mabrian	Rouen, Théodore Reinsart
	(La conqueste du grand roy Charlemaigne) Fierabras	Rouen, Louis Costé
	Valentin et Orson	Paris, Nicolas Bonfons et Pierre Bonfons s. d. [c. 1595-1600]
	Primaléon de Grèce livre I	Lyon, héritiers de Benoist Rigaud
	Primaléon de Grèce livre II	Lyon, héritiers de Benoist Rigaud
	Primaléon de Grèce livre III	Lyon, héritiers de Benoist Rigaud
	Primaléon de Grèce livre IV	Lyon, héritiers de Benoist Rigaud
	Robert le diable	Sl, sn
	L'histoire de Florent et Lyon	Rouen, Louis Costé
	Renaud de Montauban	Rouen, Théodore Rinsar, s. d. [1600]
1601	*Richard sans peur*	Lyon, Barthelemy Ancelin, 1601
1602	*Gérileon d'Angleterre*	Lyon, P. Rigaud
	Miles et Amys	Troyes, Nicolas Oudot
	Œuvres de M. François Rabelais	Anvers, Jean Fuet
1603	*Roland Furieux* (extraits)	Lyon, Thibaud Ancelin
	Angelique delivree à l'imitation d'Arioste	Paris, Thomas de La Ruelle
1604	*Roland Furieux*	Lyon, Pierre Rigaud
	Doolin de Mayence	Rotterdam, Jean Waesbergue

1605	*Œuvres de M. François Rabelais*	Anvers, Jean Fuet
	Trésor de tous les livres d'Amadis	Lyon, Pierre Rigaud et Jean Huguetan
	Primaléon	Lyon, Pierre Rigaud
	Valentin et Orson	Lyon, Pierre Rigaud
	Roland Furieux (extraits)	Paris, P. Metayer
1606	*Trésor de tous les livres d'Amadis*	Lyon, Jean Huguetan
	Histoire amoureuse de Flores et Blanchefleur	Rouen. R. du Petit-Val
	Galien le Restauré	Troyes, Nicolas Oudot
	Huon de Bordeaux	Lyon, Pierre Rigaud
	Ogier le Danois	Troyes, Nicolas I Oudot, 1606
1608	*Œuvres de M. François Rabelais*	Lyon, Jean Martin
	Rabelais, Ve livre	Lyon, Jean Martin (s. d.)
	Rabelais, Ve livre	Anvers, J. Martin
	L'histoire d'Aurelio et Isabelle	Bruxelles
	Roland Furieux	Lyon, P. Rigaud
	La Suite de Roland Furieux	Lyon, P. Rigaud
	Roland Furieux (Lydie)	Paris, Olivier de Varennes
	L'histoire d'Aurelio et Isabelle (quadrilingue italien, espagnol, anglais)	Bruxelles, J. Mommart et J. Reyns
1609	*Palmerin*	Lyon, P. Rigaud
	Primaléon (3e livre)	Lyon, Pierre Rigaud
1610	*Roland Furieux*	Rouen, Cl. Le Villain
	Roland Furieux	Rouen, N. Loyselet
	La Suite de Roland Furieux	Rouen, Cl. Le Villain
	La Suite de Roland Furieux	Rouen, N. Loyselet
	La Suite de Roland Furieux	Lyon, P. Rigaud

	L'Arioste imité	Paris, Toussaint Du Bray
	Ogier le Danois	Troyes, Nicolas I Oudot, 1606
1611	*Huon de Bordeaux*	Lyon, Pierre Rigaud
	Roland Furieux (Joconde)	Paris
1613	*Quatre fils Aymon*	Lyon, Jonas Gauthe
	Ogier le Danois	Paris, Pierre de Face
	Œuvres de M. François Rabelais	Troyes, Loys qui ne se meurt point
	Roland Furieux (Alceste)	Saumur, Thomas Portau
1614	*Valentin et Orson*	Troyes, Nicolas I Oudot
	Roland l'amoureux	Lyon, Pierre Rigaud
	L'Ingénieux don Quixote de la Manche	
1615	*Valentin et Orson*	Lyon, Jean Huguetan
	Amadis livre 22	Paris, Claude Rigaud, Olivier de Varennes et Gilles Robinot
	Amadis livre 23	Paris, Claude Rigaud, Olivier de Varennes et Gilles Robinot
	Amadis livre 24	Paris, Claude Rigaud, Olivier de Varennes et Gilles Robinot
	Roland Furieux	Paris, Robert Foüet
	La Suite de Roland Furieux	Paris, Robert Foüet
1616	*Prison d'amour* (bilingue espagnol)	Lyon, J. Bessin
1617	*L'Admirable histoire du chevalier du Soleil*	Paris, J. Fouet
	Roland Furieux (1er chant)	Paris, veuve L'Angelier
1618	*Roland Furieux*	Rouen, Cl. Le Villain
	La Suite de Roland Furieux	Rouen, Cl. Le Villain
	Seconde partie du Don Quichot	

1619	*Roland l'amoureux*	Paris, Robert Foüet
1620	*Clamadès*	Lyon, Cl. Chastelard
	Maugis	Troyes, Nicolas Oudot,
	Guillaume de Palerne	Rouen, Veuve Louys Costé, s. d. [*ca* 1620]
	Mabrian	Rouen, Louys Costé, s. d. [*ca* 1620]
	Miles et Amys	Rouen, Veuve Louys Costé, s. d. [*ca* 1620]
	Valentin et Orson	Rouen, Veuve Louys Costé, s. d. [*ca* 1620]
	Quatre fils Aymon	Rouen, Abraham Couturier, [*ca* 1620]
	Quatre fils Aymon	Rouen, Veuve Louys Costé, [*ca* 1620]
s. d.	*Huon de Bordeaux*	Rouen, Louis Costé
s. d.	*Valentin et Orson*	Nicolas et Pierre Bonfons
	Valentin et Orson	Rouen, Pierre Mulot, s. d.
	Richard sans peur	Troyes, Nicolas I Oudot ?
	Richard sans peur	Rouen, Veuve Louys Costé
	Robert le diable	Troyes, Parre Piot, s. d. [1609-1633]
1620	*Le Renaud amoureux*	Paris, Toussaint Du Bray

LES SUCCÈS DU ROMAN ESPAGNOL EN FRANCE ET L'ATTRAIT POUR LA LANGUE ESPAGNOLE DANS LES ANNÉES 1610

À l'échelle du dix-septième siècle, le temps de la Régence apparaît comme un moment-charnière dans la diffusion de la fiction narrative espagnole en France, au cours duquel les romans venus d'Espagne connaissent une faveur inégalée, qu'ils semblent tirer, comme de droit, de leur origine. Tandis qu'en amont, la première décennie a, en célébrant les premières heures de gloire de Cervantès, lentement vu s'enrichir le corpus de textes connus depuis le XVIe, tels le *Lazarillo de Tormes* ou la *Diane* de Montemayor ; en aval, les vingt dernières années de l'âge baroque ne font que confirmer des succès antérieurs, sans leur adjoindre un nombre significatif de titres nouveaux[1]. Ainsi la plupart des romans espagnols connus des lecteurs français au XVIIe siècle paraissent-ils pour la première fois sous la Régence. Évoquons la traduction des deux parties du *Quichotte*, les éditions intégrales et extraits du *Guzmán de Alfarache*, la multiplication des suites ou révisions de la *Diane* et du *Lazarillo*, ainsi que, dans leur sillage, la parution de nombreuses nouveautés, qu'il s'agisse de fictions pastorales et sentimentales (*La Galatea* de Cervantès, la *Diana enamorada* de Gil Polo, l'*Arcadia* de Lope de Vega, *La Constante Amarilis* de Suárez de Figueroa), ou de romans picaresques et d'aventures (*Persiles y Sigismunda* de Cervantès, *Las Relaciones de Marcos de Obregón* de Vicente Espinel, *L'Antiquité des larrons* de García, les *Engaños deste siglo* de Loubayssin de la Marca, un extrait du *Peregrino en su patria* de Lope de Vega). Ce pic d'activité autour de la production romanesque d'outre-Pyrénées semble partiellement redevable à l'engouement du

1 À l'exception de quelques textes à succès comme *La Narquoise Justine* de López de Úbeda ou le *Buscón* de Quevedo.

temps pour la langue espagnole, attrait qui constitue un facteur favorable à l'édition de ces romans et modèle les formes d'intérêt dont ils faisaient l'objet.

L'ÉDITION DES ROMANS ESPAGNOLS ET L'APPRENTISSAGE DE LA LANGUE

La faveur grandissante que rencontre le roman espagnol au cours de la décennie 1610 coïncide avec deux orientations spécifiques du marché du livre hispanique en France : d'une part, la parution de ces textes étrangers dans leur langue d'origine (en version unilingue ou bilingue français-espagnol) et, d'autre part, la publication d'ouvrages didactiques de cette langue, qui atteint alors son apogée. Alors que le dix-septième siècle connaît surtout les textes espagnols à travers des traductions, ces deux phénomènes sont à considérer en étroite corrélation.

À côté des traductions en français, qui concernent le *Quichotte* (trad. César Oudin, 1614[1]), un extrait du *Pèlerin en son pays* de Lope de Vega intitulé *Les diverses Fortunes de Panfile et de Nise* (trad. Vital d'Audiguier, 1614), les *Travaux de Persilès et de Sigismonde* de Cervantès (trad. François de Rosset, 1618 ; d'Audiguier, 1618), *Les Relations de Marc d'Obregon* de Vicente Espinel (trad. d'Audiguier, 1618), *Le Gueux, ou la vie de Guzman de Alfarache* de Mateo Alemán (trad. Jean Chapelain, 1re partie : 1619, 2e partie : 1620), seront publiés trois romans en éditions bilingues juxtalinéaires : en 1611, *Los Siete libros de la Diana de Montemayor... conferez ès deux langues* (trad. par Bertranet qui rév. la trad. de Pavillon publiée en 1603), en 1614, *La Constante Amarilis de Cristoval Suarez de Figueroa...* (trad. Nicolas Lancelot), en 1616, *La Vida de Lazarillo de Tormes, y de sus fortunas y adversidades... Nouvelle traduction... conferee avec l'Espagnol* (trad. Paul Baudouin) ; et trois textes seront publiés en espagnol seulement ; deux en 1611 : la *Galatea* de Cervantès éditée par Oudin et la *Primera parte de Diana enamorada*, une suite de la *Diana* que son auteur espagnol, Gil Polo, fait publier à Paris en le dédiant à une Française ; et un en 1620, la révision du *Lazarillo* par Juan de Luna. Même si deux de ces textes

1 Nous donnons à chaque fois la date de première parution de la traduction française.

(le *Lazarillo* et la *Diana*) existaient antérieurement en version bilingue, cette concentration de publications en espagnol sur une brève période, et le fait qu'elles disparaissent complètement après 1620, les constitue en un phénomène original, inédit et unique au dix-septième siècle.

Parallèlement, la didactique de la langue profite de l'attention nouvelle que prête à l'espagnol un public curial prompt à imiter la personne royale et son entourage, qui s'y intéressent dans le cadre de la politique hispanophile menée par Marie de Médicis. Quand débute la Régence, la mode est déjà lancée : en effet, depuis la parution en 1596 de la première méthode d'espagnol destinée aux Français[1], la didactique de cette langue s'est dotée d'outils d'apprentissage variés, tels que grammaires, dictionnaires ou livres de conversation. Le secrétaire-interprète du roi, César Oudin, en a notamment fourni tout un panel : une *Grammaire espagnolle expliquée en françois* (1re éd. : 1597, puis 1606) ; des *Refranes o proverbios espanoles traduzidos en lengua francesa* en version bilingue (1605) ; le *Thresor des deux langues françoise et espagnolle : auquel est contenue l'explication de toutes les deux respectivement l'une par l'autre* (1607) et des *Dialogues fort plaisans, escrits en langue espagnolle et traduits en françois, avec des annotations françoises és lieux necessaires pour l'explication de quelques difficultez espagnolles, le tout fort utile à ceux qui desirent entendre ladite langue...* (1608). Le phénomène s'amplifie sous la Régence, qui voit repasser sous les presses les ouvrages pionniers de Oudin (sa grammaire est réimprimée en 1610, 1612, 1619 ; son dictionnaire en 1621) et se multiplier sur le marché les contributions de ses confrères ou concurrents, comme Lorenzo Robles (*Advertencias y breve methodo para saber leer, escrivir y pronunciar la lengua española*, 1615), Juan de Luna (*Diálogos familiares*, 1re éd. en 1619, rééd. dès 1621), et surtout Ambrosio de Salazar, un Murcien installé en France, qui gagne sa vie en donnant des cours de langue et en publiant des ouvrages variés en espagnol. Ses guides de voyage, miscellanées ou livres de piété, assortis ou non d'une traduction, familiarisent les Français avec l'espagnol et le Murcien est également l'auteur d'un grand ouvrage didactique destiné à concurrencer la production de Oudin, le *Miroir général de la grammaire en dialogues, pour sçavoir la parfaite et naturelle prononciation de la langue espagnolle. Servira aussi de dictionnaires... Il y a aussi aucunes histoires... et*

1 Nicolas Charpentier, *Parfaicte méthode pour entendre parler et escrire la langue espagnole* (Paris, Guillemot/Breyel, 1596).

sentences notables. Dédié en 1614 à Louis XIII dans l'espoir de susciter la bienveillance royale puis régulièrement réimprimé en 1615, 1622, 1623, il constitue avec les livres de Oudin une ressource didactique reconnue, dans laquelle peut puiser le curieux de la langue espagnole.

Gens de plume et gens du livre ont alors pleinement conscience des opportunités qu'ouvre la sensibilité hispanophile des grands de ce monde. Comme Oudin et Salazar se disputent la faveur du roi pour lui dispenser des leçons de langue, traducteurs et libraires essayent d'attirer la bienveillance de prestigieux dédicataires au seuil des romans espagnols. On sait d'ailleurs que c'est en vue d'emporter le marché des leçons de langue royales qu'Oudin dédie le *Quichotte* à Louis XIII en 1614. Quand, à la même date, Vital d'Audiguier adresse sa traduction du *Pèlerin en son pays* à Madame, la sœur du roi sur le point de devenir souveraine d'Espagne, et tient dans la dédicace des propos d'actualité, regrettant le départ de la princesse et la glorifiant de son titre prochain, il fait un choix stratégique. Et Rigaud publiant en 1615 les 22e, 23e et 24e livres d'*Amadis*[1] en fait une série unifiée par l'emploi d'un frontispice gravé sur cuivre commun sur lequel seul varie le nom des trois personnalités de premier plan à qui il les destine, déclinés comme il se doit dans l'ordre hiérarchique : le roi, la régente puis Louise de Lorraine, princesse de Conti, une proche de la reine mère qui se voir régulièrement offrir des textes espagnols[2], et dont le frère aîné n'est autre que le prince de Guise chargé de conduire les ambassadeurs d'Espagne à l'audience des mariages. Ces livres s'inscrivent comme l'apprentissage de la langue dans une culture nobiliaire raffinée, ce qui explique peut-être qu'un nombre important de fictions sentimentales, qui plus est dédiées à des femmes[3], compose ce corpus de romans espagnols. Les dédicaces les offrent comme les ornements d'une culture élitaire, autant semble-t-il en vertu de leur origine culturelle que de leurs caractéristiques génériques,

1 Certes traduits de l'italien, ils sont présentés comme étant d'origine espagnole.

2 Elle reçoit, outre cette suite d'*Amadis* (1615), *La Diana enamorada* de Gil Polo (1611), *El Juizio de Pâris*, une traduction en espagnol de Oudin (1611), les *Nouvelles* de Cervantès traduites par Rosset (1614).

3 En 1611, la *Diana enamorada* de Gil Polo à Louise de Lorraine et *La Galatea* de Cervantès « a las dames francesas » ; en 1614, les *Diverses fortunes de Panfile et de Nise* offertes à Élisabeth de Bourbon, fille de France, et *La Constante Amarilis* de Suárez de Figueroa à Madame de Maugiron ; en 1620 *La Palme de la fidélité* à Mademoiselle de Chazelles, dame de Nueil ; en 1622, *L'Arcadia* de Lope de Vega à la même Madame de Maugiron et en 1623, *La Diane* de Montemayor à Mademoiselle de Villemontée, Philippe de la Barre.

la connaissance des choses d'Espagne étant inscrite au programme des connaissances de « l'honnête fille » comme de « l'honnête garçon[1]. »

En outre, comme la lecture de fictions en langue étrangère appartient au programme d'apprentissage des vernaculaires, que les plus avancés étudient dans le texte original ou une édition bilingue[2], quelques grammairiens se font naturellement traducteurs ou éditeurs de romans. Juan de Luna, auteur d'un manuel de conversation en 1619, révise le *Lazarillo de Tormes* en 1620. César Oudin édite plusieurs textes romanesques, qu'il s'agisse de versions bilingues, d'œuvres en espagnol, ou de traductions en français. La postérité retient surtout sa traduction de la première partie du *Quichotte* (1614) mais tend à oublier l'édition en espagnol qu'il donna en 1611 de *La Galatea* du même, pourtant significativement dédiée *« a los curiosos y amadores de las lenguas estrangeras »*. Cet intitulé en espagnol n'est que la version de la dédicace française « Aux studieux et amateurs des langues » placée au seuil de sa *Grammaire*, ce qui désigne bien un public commun : l'œuvre fictionnelle est publiée à l'attention de lecteurs engagés dans l'apprentissage de l'espagnol. Rappelons d'ailleurs que le secrétaire-interprète a poussé sa recherche d'outils didactiques jusqu'à traduire en espagnol des lettres de Nervèze, publiées en édition bilingue, et un épisode des *Métamorphoses* d'Ovide mis en espagnol sur la base d'une traduction française antérieure[3]. C'est dire si la multiplication de textes en espagnol est liée au contexte favorable à l'apprentissage de la langue. De fait, nombreux sont les romans qui saisissent l'argument didactique, si attractif qu'il incite à produire des outils spécialisés en dehors du champ restreint des manuels de langue. Par exemple, quand le libraire Claude Morillon donne *La Constante Amarilis* en version bilingue, il explique l'avoir imprimée en deux langues sur le conseil d'« un personnage de mérites, & expérimenté en la cognoissance des langues », qui « pour leur donner plus de grâces [à ces Bergeries], [lui] conseilla d'i joindre la Version Espagnole, en faveur de ceux qui desirent de s'y perfectionner[4] ». Sans réduire les romans à de

1 Pour reprendre le titre des traités de civilité de François de Grenaille (respectivement 1639-1640 et 1642), qui inscrivent la connaissance de l'espagnol au registre de l'honnêteté.

2 Voir Cioranescu, *Le Masque et le Visage*, Genève : Droz, 1983, p. 125-126.

3 Respectivement : *Cartas morales y consolatorias del señor de Narveza. Traduzidas en lengua castellana…* (1610) et *El Juyzio de Pâris, hecho en frances por N. Renouard. Y traduzido en Español…* (1612).

4 « Le libraire au lecteur, sur le sujet de ce livre », éd. Lyon : Cl. Morillon, 1614, f. *5v°.

simples outils fonctionnels, il faut reconnaître que l'engouement pour l'espagnol était tout prêt à leur offrir le succès.

Il semble que l'argument didactique puisse même influencer le travail de traduction, car il s'accompagne souvent d'un scrupule accru de fidélité à l'original. Plusieurs romans font en effet l'objet d'une révision censée fournir une version adaptée à l'apprentissage. Quand Luna entreprend de corriger le *Lazarillo*, il confirme ainsi : « [...] *ay tanta gente que lo lee, y estudia por el la lengua Española* [...] », que le texte servait déjà à apprendre l'espagnol. C'est pour ces amateurs exigeants que Luna a voulu rendre son « intégrité [à] la langue Castillane[1] ». En outre, se disant « castellaño » et « interprete de la lengua española », il se pare des qualités d'un maître de langue : les étrangers, porteurs du « naturel » du pays, étaient très appréciés pour cet office. Même justification, et même revendication de compétence linguistique, dans la révision de la *Diana* par Bertranet, qui entend « soulager le travail du lecteur », « importun[é] des fautes qui se trouvoient en la version[2] » antérieure, en même temps qu'il assigne nouvellement au livre une utilité didactique[3]. Voici comment il justifie le bien-fondé de son entreprise et fonde son autorité linguistique sur un long séjour en Espagne :

> [...] le profit que j'ay creu faire au public, & *principallement à ceux qui desirent employer partie de leur temps pour tirer quelque cognoissance de la langue espagnolle*, m'a faict passer par-dessus toutes autres considerations [Bertranet a signalé combien il était délicat de traduire une langue si élégante], croyant qu'il ne me serait point malseant, *ayant passé la plupart de mon jeune aage en la Cour d'Espagne, & aux villes, d'icelle, ausquelles selon le jugement des mieux disans, la langue est en son plus haut degré & perfection.* Joint außi que *faisant continuelle profeßion de cette langue des il y a longtemps*, j'ay leu familierement ce livre à plusieurs, qui [...] m'ont prié beaucoup de fois & instamment d'en entreprendre la correction[4] [...]

Bertranet recourt à l'un des arguments majeurs des maîtres de langue français pour asseoir leur compétence : l'acquisition de l'espagnol par immersion dans le pays. De fait, l'objectif didactique innerve son

1 P. : R. Boutonné, 1620, « Advertencia al lector », f. ã3 r°.

2 P. : Du Breuil/Du Bray, 1611, « Au Lecteur », f. ã2 r°-v°.

3 Les propos liminaires du traducteur précédent, Pavillon, laissent entendre qu'il publiait en 1603 le roman en version bilingue pour élargir son public, afin qu'il puisse être lu tant par des Français que par des Espagnols.

4 *Ibid.* Nous soulignons.

entreprise de révision, qui reproduit fidèlement la syntaxe de la phrase espagnole dans la traduction. Cela facilite l'usage de l'édition bilingue juxtalinéaire puisque le lecteur peut dès lors aisément lire, en face d'un terme espagnol, sa traduction française. De plus, s'efforçant de traduire chaque mot que son prédécesseur avait laissés en espagnol (ne leur trouvant pas d'équivalent, celui-ci leur adjoignait une note explicative glosant leur sens[1]), il montre combien l'intraduisibilité est inenvisageable pour un bon maître de langue, qui ne peut laisser son élève face à un problème non résolu.

PRESTIGE DE L'ORIGINE ESPAGNOLE ET INTÉRÊT POUR LE TEXTE ORIGINAL

Au-delà de l'utilisation strictement didactique, l'attrait pour la langue semble rehausser le prestige des romans espagnols. Les termes de « curieux » et d'« amateurs » employés par Oudin pour qualifier son lectorat reflètent bien l'esprit dans lequel celui-ci s'adonne à la lecture. Porté par un imaginaire du voyage, le lecteur se divertit d'autant mieux de la fiction que son extranéité la nimbe d'une réelle *étrangeté.* Entre 1611 et 1614, un auteur, Gil Polo, un éditeur, César Oudin, et un traducteur, Nicolas Lancelot, le manifestent singulièrement en déléguant la parole au personnage romanesque dans l'épître dédicatoire.

Les discours paratextuels des trois textes en question, la *Diana enamorada*, la *Galatea* de Cervantès et *La constante Amarilis* de Suárez de Figueroa, soulignent que les personnages romanesques ont accompli un long trajet pour se présenter au lecteur français, convoquant ainsi l'imaginaire du voyage qui sous-tend leur réception. Les discours d'escorte de la *Galatea* sont notamment explicites à ce sujet, et d'autant plus significatifs que ce sont ces paratextes adaptant le livre au goût français qui distinguent cette impression parisienne des éditions espagnoles connues en France[2]. Deux des pièces liminaires, l'une du fait de

1 Voir l'annexe intitulée « Annotations sur ce qui peut estre obscur en cette traduction [...] », P. : Du Breuil, 1603, f. Gg5 v° *sq.*

2 J.-M. Losada Goya indique que des éditions espagnoles circulaient en France avant celle de Oudin (*Bibliographie critique de la littérature espagnole en France au* XVII*e* *siècle*, Genève :

Oudin, l'autre attribuée à Galatée, retracent la recherche du livre en Espagne et sa venue en France. Dans l'une, Oudin explique s'être rendu personnellement en Espagne puis, n'y ayant trouvé aucun exemplaire de la *Galatée*, avoir poussé son voyage jusqu'à Evora, ville portugaise retirée, où il a enfin déniché une médiocre impression lisbonnaise. Cet exceptionnel degré de précision, que le bibliographe appréciera à la mesure de sa rareté, contribue à romancer la recherche du livre, l'investit d'une valeur particulière et le constitue en objet de prix, gagné au péril d'un aventureux périple. Les mains élégantes des dames françaises auxquelles il est destiné ne l'ouvriront qu'avec plus de curiosité ! Quant à la bergère, elle expose les rudesses de son voyage et dit qu'elle n'aurait pas entrepris de franchir de « si abruptes montagnes » sans y avoir été incitée par « un étudiant grand amateur de sa langue » qu'elle couvre d'éloges et dont la lecture du texte suivant révèle qu'il n'est autre que César Oudin. L'effet de découvrement que permet l'ordre concerté des paratextes (Galatée s'adressant d'abord « *a las damas francesas* » puis Oudin « *a los curiosos, y amatores de las lenguas* ») attire d'autant mieux l'attention sur le voyage du livre du Portugal en France, métaphoriquement figuré à travers l'itinéraire de Galatée et de sa troupe de bergers. Ce parcours particulier rehausse la qualité intrinsèque de l'œuvre, en faisant du livre le témoin et l'aboutissement d'une expérience culturelle. C'est cette valeur particulière qui distingue l'édition de Oudin des autres éditions de la *Galatea* qui passaient entre les mains des Français, ou du moins est-ce ce que le maître de langue cherche à suggérer, certain que son lecteur y sera sensible.

Lorsqu'ils prennent la parole (souvent en espagnol) au seuil des romans, les personnages se présentent à leur dédicataire français en qualité d'étrangers, exhibant leur origine comme si le prestige dont elle les auréolait facilitait leur entrée dans les cercles cultivés. Dans la *Primera parte de Diana enamorada* de Gil Polo et *La constante Amarilis* traduite par Lancelot, les deux espagnoles, Diane et Amarilis, recherchent la protection de deux femmes influentes, Louise de Lorraine et Madame de Maugiron, susceptibles de les lancer dans la vie mondaine française. C'est ainsi qu'on entend Diane prier fort civilement Louise de Lorraine de la protéger des médisants en lui accordant sa protection. La prise de parole s'inscrit donc dans une mise en scène sociale. Dans l'épître dédicatoire

Droz, 1999, notice 179).

de Lancelot à sa commanditaire[1], le même procédé est à l'œuvre, bien que le traducteur n'y délègue que progressivement la parole à Amarilis. Le rituel de présentation s'ouvre sur un geste de désignation, Lancelot disant : « Ainsi, traversant l'opposé de ces escadrons envenimez, voici (MADAME) Amarilis [...] », avant d'exposer la « passionee ambition » d'Amarilis « de treuver grace en [ses] yeus » pour susciter la bienveillance de la dédicataire. Madame de Maugiron est censée répondre par un geste d'accueil, en lui « tend[ant] [sa] belle main, & par son lustre, guide[r] cette Étrangère, par tout où [elle] la jugere[ra] digne d'avoir entrée [...] ». La dédicace mime bien le rituel de la présentation d'une jeune femme (dont on note qu'elle est explicitement identifiée comme une « étrangère ») sur le point de faire son entrée dans le monde, dont Lancelot espère que « les plus belles compagnies [...] luy donneront le Tabouret ». L'emploi de cette expression, qui désigne le « droit de s'asseoir sur un tabouret en présence de la reine » (*Académie*, 1694), est à entendre à la fois comme une flatterie à l'égard de la dédicataire, dont le haut rangest subtilement rappelé, et comme l'expression des hautes espérances de Lancelot, qui escompte toucher les plus hautes sphères de la société. Ce n'est qu'au terme de cette présentation en règle qu'Amarilis prend en personne la parole pour remercier Madame de Maugiron de ses bonnes grâces par un chant de louange, comme s'il aurait été malséant qu'elle le fît avant qu'on ne l'eût présentée. Les usages ayant été respectés, Amarilis peut enfin mêler sa voix à celle de Lancelot qui achève ainsi la dédicace : « Madame, (avec AMARILIS) son fidel interprete, Vostre tres-humble, & tres-obeyssant serviteur, N. LANCELOT », formule qui souligne d'ailleurs, en tête d'une édition bilingue, que le livre donne à entendre une voix espagnole à travers celle de son « interprète » français.

Ces ingénieuses micro-fictions en marge de la fiction font du personnel des romans espagnols une assemblée de convives étrangers de qualité reçus par la meilleure société française et disent combien le succès de ces romans se nourrit d'un imaginaire du voyage. C'est tout naturellement que le lecteur qui aime à recevoir ces livres comme des objets porteurs d'une identité et d'une histoire accorde un intérêt supérieur au texte original de l'œuvre, y compris dans le cas d'une traduction. Lancelot par exemple, recourant à la traditionnelle métaphore vestimentaire pour

1 Éd. citée, « À la tres-haute, et tres-vertueuse dame, Madame de Maugiron », f. 2r°-3v°. *Idem* pour les citations qui suivent.

qualifier la traduction, accorde à travers elle une valeur toute particulière au texte espagnol, identifié comme le vêtement premier de la bergère. Présentant Amarilis « vestuë à la françoise » et envisageant l'hypothèse qu'elle ne rencontre pas ainsi la faveur du public, il déclare

> que si l'ingratitude de son sort, permet à l'insolente & surveillante envie de luy déchirer son vêtement François (encores que l'on puisse faire peu de profit, des pieces d'un habit Pastoral) aussi ne pourra-il interdire à cette Bergere, de reprendre le sien naturel, dont elle est toujours pourveuë pour la nécessité [...]

Contrairement à l'utilisation la plus courante de la métaphore vestimentaire, qui vise fréquemment à affirmer que la traduction embellit une œuvre et l'adapte au goût français, la métaphore suppose ici que le texte espagnol constitue une valeur sûre, à laquelle le lecteur pourra recourir s'il mésestime le texte français. La traduction n'occupe pas une fonction prépondérante à l'égard de l'original, ce que souligne également le dispositif visuel du livre bilingue juxtalinéaire[1], qui dispose les deux textes, espagnol et français, selon un rapport géométrique supposant une égalité. Il se trouve d'ailleurs que ce dispositif a déjà été investi d'une signification symbolique, dans *L'opposition et conjonction des deux grands luminaires de la terre* de Carlos García notamment[2], toujours publié sous une forme bilingue juxtalinéaire particulièrement cohérente avec le projet du livre, ce traité ayant pour but de démontrer, au-delà des apparentes « oposicion[es] » des deux nations, leur profonde « *conjunción* », bref d'effacer la rivalité au profit d'un rapport égalitaire au temps des unions franco-espagnoles. Il semble que la mise en livre de *La Constante Amarilis* participe d'un même état d'esprit, la traduction cherchant non pas à supplanter le texte espagnol mais seulement à se tenir avec lui sur un pied d'égalité.

Ce rapport égalitaire au texte espagnol constitue une originalité des années 1610, contraire à l'esthétique des « belles infidèles » qui revendiqueront liberté et supériorité esthétiques à l'égard du texte original. Bien que la traduction ne puisse alors, bien sûr, se résumer à un travail de mot à mot, il semble que la conception d'une fidélité littérale au texte soit alors répandue. Les traducteurs la mettent en avant comme une qualité,

1 À distinguer d'autres formes de livres bilingues, qui placent parfois les deux langues l'une à la suite de l'autre.

2 1re éd. : P. : Fr. Huby, 1617.

alors que cet argument sera ensuite complètement rejeté. L'évolution est significative si l'on compare les déclarations d'intention d'un même traducteur à quelques années d'intervalle. Par exemple, Lancelot exprime en 1614 son désir d'être le plus fidèle possible à *La constante Amarilis* de Suárez de Figueroa, en s'attaquant notamment au problème épineux de la longueur des vers. Tout en refusant une traduction strictement littérale, il manifeste le respect qu'il voue à la forme autant qu'au sens de la poésie espagnole quand il précise « [avoir] conduit ses rimes selon l'ordre de la Poësie Espagnole, observant la mesme quantité de vers, & longueurs de lignes que les couplets des Stances en contiennent[1] ». En 1622 en revanche, le mérite que l'on reconnaît à Lancelot dans sa traduction de l'*Arcadia* de Lope de Vega[2] est d'avoir embelli l'œuvre des richesses de la langue française en en retranchant les excès de l'auteur. Le libraire prie le lecteur

> d'admirer l'excellence de cette Traduction, & de satisfaire [...] aux loüanges éternelles que merite l'Auteur d'icelle, d'ont l'ingenieuse industrie, a meslé fort artistiquement, les fleurs & les couleurs de la Rhetorique françoise avec celles de l'Espagnol, qui veritablement ornent cette peinture parlante, d'un lustre bien eclatant : En laquelle aussi, il a tresprudemment moderé les superfluités, que l'on peut avoir remarquees en l'Arcadie [...] qui interrompent souvent la suytte necessaire, & le droit fil de son suget.

À la recherche d'une distance tempérée à l'égard de l'original dans la traduction de *La Constante Amarilis*, guidée par l'idée que le respect du texte premier permettait d'exprimer les qualités de l'œuvre, succède une position légèrement moins pondérée vis-à-vis du texte espagnol, qui n'envisage plus l'éloignement que dans la perspective d'une amélioration. Même un auteur plus prompt au rejet du texte original, Vital d'Audiguier, déjà convaincu en 1614 que « qui s'amusera à suivre fidèlement leur Espagnol trouvera le moyen de faire le sot en françois », prévoit les reproches de ses censeurs pour défendre sa position et « s'excus[e], si voulant monstrer la grande raison qu['il a eu] de ne suyvre point partout cet Autheur, [il est] contraint de descouvrir quelques siennes fautes qui [l]'ont empesché de le faire[3] ». Ces précautions modérant la mauvaise estime dans laquelle d'Audiguier tient les Espagnols doivent alors

1 Éd. citée, « Au lecteur », f. 4 v°-5 r°.

2 Lyon : P. Rigaud, 1622. La cit. est extraite de d'épître du « libraire, aus lecteurs », f. ã7 r°.

3 *Les diverses fortunes de Panfile et de Nise* (P. : T. du Bray, 1614). Les cit. sont extraites de la « Préface », f. ẽ1 r°-ĩ2 v°.

beaucoup au contexte : il était délicat de se lancer dans une attaque en règle alors même que la traduction est dédiée à la future reine d'Espagne. En 1618[1] en revanche, plus de scrupules : d'Audiguier attaquera sans nuances le texte espagnol et revendiquera alors pleinement d'avoir pris ses distances avec l'original. Il déclare péremptoirement :

> [...] je t'eusse faict un mauvais present de ce livre, si je te l'eusse donné de la mesme façon que je l'ay receu. Mais tout au rebours de la Lune, qui nous rend la clarté qu'elle emprunte du Soleil plus sombre qu'elle ne la reçoit, je t'ose promettre de te le donner beaucoup plus net, & plus clair qu'en sa propre langue.

Et, en forme de provocation, il demande au lecteur de choisir la meilleure traduction entre la sienne et une autre, concurrente, de Rosset, dont il dit : « Je ne sçay pas s'il aura mieux rencontré, mais je sçay bien qu'il n'a pû faire que mal, s'il l'a voulu bien traduire ». Le glas donc a sonné de la « bonne traduction », c'est-à-dire de la traduction littérale, non seulement dans les faits, ce qui n'est « point nouveau » nous dit d'Audiguier, mais dans son principe même. Si les convictions personnelles du traducteur n'ont pas évolué, elles ne s'exprimaient pas avec la même acrimonie en 1610 car le contexte imposait alors de les tempérer.

L'ambition des traducteurs de supplanter l'original est encore très minoritaire au début de la Régence, alors qu'elle dominera ensuite l'activité de traduction. Témoin, à la fin de la Régence, ce compliment d'« A. C. » à l'égard d'Antoine Vitray « sur [s]a nouvelle traduction de la Diane de Montemayor », quand il s'extasie : « Tu l'imites si bien, qu'il semble que l'Autheur / Pour aimer le françois, dedaigne son la[n]gage[2] ». Dans les années 1610, il n'était pas question qu'un auteur espagnol « dédaigne son langage » et la prétention des traducteurs s'arrêtait à l'idée d'un service rendu à l'œuvre originale. Loin de décrier le *Quichotte* en espagnol, Oudin[3] déclarait au contraire se sentir peu pourvu pour rendre les grâces d'une si grande œuvre, « confess[ait] librement qu['il] lui ôt[ait] beaucoup » et souhaitait que le dédicataire « peu lire & entendre ce Chevalier errant dans sa propre langue ». La traduction doit faire découvrir le roman de

1 Cervantès, *Persilès* (P. : Vve M. Guillemot, 1618). Les cit. sont extraites de l'« Advertissement », f. ã5 r°-ã8 r°.
2 P. : R. Fouet, 1623, f. ã4 r°.
3 Éd. citée : P. : R. Fouet, 1620 [1re éd. : 1614], « Au roi », f. ã2 r°-v°.

Cervantès mais ne constitue qu'un premier stade de la lecture de l'œuvre, censé donner au souverain l'« envie de goûter sa langue originelle, en laquelle il a meilleure grace qu'en la nostre ». C'est sans doute ce même sentiment que partageait Lancelot quand il offrait au lecteur la possibilité de lire le texte original, au cas où la traduction française lui déplairait. Il semble que l'intérêt du lecteur d'alors pour la langue espagnole instaurait un rapport privilégié à l'œuvre originale, qui se défait à la fin de la Régence à mesure que l'intérêt pour la langue espagnole décroît. Autour de 1620, les précautions prises par Jean Chapelain dans sa traduction du *Guzmán* montrent que les traducteurs sont encore tributaires d'une fidélité littérale qui prouve leur compétence en langue espagnole, mais cherchent alors à s'en affranchir. Dans la première partie (1619), Chapelain prend le soin de porter en marge de sa traduction les extraits du texte espagnol chaque fois qu'il s'en écarte, ce qui démontre au lecteur (compétent, donc, en espagnol) qu'il ne s'éloigne pas du texte original par ignorance. Dans la seconde partie (1620), il demande désormais au lecteur de le croire sur parole et explique qu'il a dû renoncer à ce procédé, s'étant tellement éloigné du texte espagnol qu'il aurait fallu mettre un nombre trop important de notes[1] !

Mais avant qu'on ambitionne de lire les textes espagnols sous leur meilleur jour, c'est-à-dire embellie par une traduction en langue française, il fut un temps, bref mais singulier, où l'intérêt pour la langue espagnole encourageait les lecteurs à découvrir les romans dans leur « naturel ». On pourrait finalement dire que, contre l'esthétique des « belles infidèles » qui regarde vers la réécriture, la traduction des années 1610 est informée par le modèle de l'interprétariat. Certains propos de nos traducteurs sont à cet égard éclairants. En 1614, César Oudin dit au sujet du *Quichotte* que « des livres semblables se doivent plutôt interpréter de vive voix, que non pas traduire[2] », quand Nicolas Lancelot se déclare, la même année, « le fidel interprete » d'Amarilis. Et c'est sans doute pour cela que la traduction écrite semble à Bertranet le prolongement logique de l'interprétariat oral. En 1620 en revanche, signe d'une évolution dans la conception de la traduction, Jean Chapelain, dont les propos sont restés célèbres pour avoir affirmé que « traduire est une chose vile », déclare en tête de la deuxième

1 Respectivement *Guzman de Alfarache*, 1re et 2e partie, épîtres « Au lecteur » (P. : P. Billaine, 1619, f. ã3 vº-ē5vº ; P. : T. du Bray, 1620, f. ã6 vº-ē7 vº).

2 Éd. citée, f. ã2 rº.

partie du *Guzmán* en français qu'il « ne [s'est] pas attaché à rendre mot pour mot, en miserable co[n]struisant, ou *en importun interprete*[1] ». Il semble qu'à mesure que le prestige de la langue espagnole décroît et que le traducteur s'efforce de faire œuvre d'auteur, le traducteur rejette sa qualité d'interprète, et le roman sa langue originale. Ce faisant, s'efface un rapport sincère à l'œuvre étrangère qui, au lieu d'en faire une simple ressource, la regardait comme un véritable horizon esthétique.

La manière dont le lectorat français s'intéressa aux romans espagnols montre combien il est utile d'inscrire les pratiques de traductions dans un mouvement d'intérêt plus large pour les textes étrangers et la culture des peuples voisins. Traduire n'est en effet qu'un moyen parmi d'autres de diffuser un texte étranger, alors que la traduction ne constitue pas un choix unique comme ce sera ultérieurement le cas. La diffusion des romans espagnols sous la Régence constitue aussi un exemple révélateur de l'évolution du travail des traducteurs avant que ne s'ouvre l'ère des « belles infidèles » : elle montre qu'un temps, les traducteurs privilégièrent, à l'extrême opposé de la tentation de la réécriture, un rapport ancillaire au texte étranger, assimilant le labeur de la traduction à une tâche d'interprétariat. Peut-être peut-on dire que la réception française du roman espagnol suit fidèlement le cours des relations diplomatiques franco-espagnoles : à l'heure des mariages d'Espagne, l'édition de textes espagnols est investi d'un imaginaire du voyage, et l'on met alors un point d'honneur à placer les deux langues sur un pied d'égalité tandis que, l'effervescence des unions royales retombée, et la princesse espagnole devenue reine de France, les traducteurs du règne de Louis XIII considèrent les textes espagnols comme une ressource culturelle à assimiler, à *naturaliser* – et, ce faisant, il semble qu'on ne concevra plus l'acte de traduire sous le manteau symbolique d'un voyage nuptial, mais plutôt comme une stratégie matrimoniale répondant au modèle du rapt.

Aurore SCHOENECKER
Université Sorbonne nouvelle –
Paris 3
Bibliothèque nationale de France

1 Éd. citée, *ibid.*

DEUXIÈME PARTIE

UN GENRE NOUVEAU D'AVENTURES

LA FICTION DANS *LE VOYAGE DES PRINCES FORTUNÉS*, DE BÉROALDE DE VERVILLE

Le Voyage des Princes Fortunés[1] publié en 1610, est le dernier roman de Béroalde avant le Moyen de Parvenir (1617) mentionné comme une « satire universelle » dès 1612 dans le *Palais des curieux*[2]. Ce calendrier confère au *Voyage* une place ambivalente dans l'œuvre de l'auteur. Alors qu'il dénigre Paracelse dans son *Moyen*, roman comique, le *Voyage* se rapproche du roman alchimique[3] et d'une synthèse des publications précédentes de l'auteur : il relie la forme alchimique du *Tableau des riches inventions*, les machines du *Théâtre des instruments* ou enfin les histoires romanesques et allégoriques des écrits mêlant allusions historiques, mentions alchimiques et évocations imaginaires, comme *La Pucelle d'Orléans*. L'aboutissement et le croisement de ces trois formes génériques dans le *Voyage* en fait leur chambre d'écho. La nature diverse de ce roman s'achevant à cause de la mort d'Henri IV est amplifiée par la variété d'histoires allégoriques et alchimiques, annoncées par le titre comme « véritables ». Le contexte interne, fictionnel et véritable, et externe, historique et littéraire, convoquent des cadres de références ambigus : la fiction se réfère au réel, à d'autres mondes possibles, à des univers empruntés[4], portés par des voix narratives, précieuses pour définir un genre[5], mais

1 *Le Voyage des Princes fortunés*, Albi, « Passages Nord/Ouest », 2005. Ce roman est divisé en Entreprises (I-IV) contenant des desseins (1-22). Les références des ouvrages sont données dans les éditions modernes quand elles existent.

2 *Le Palais des curieux, auquel sont assemblés plusieurs diversitez pour le plaisir des doctes, et le bien de ceux qui désirent scavoir* [1612], éd. V. Luzel, Genève, Droz, 2012, objet LXI, p. 374.

3 Fr. Greiner, *Les Métamorphoses d'Hermès. Tradition alchimique et esthétique littéraire dans la France de l'âge baroque (1583-1646)*, Paris, Champion, 2000, p. 505-540.

4 C'est aussi un trait des pastorales. F. Lavocat, *Arcadies malheureuses, aux origines du roman moderne*, Paris, Champion, 2000.

5 J. M. Schaeffer (*Qu'est-ce qu'un genre littéraire ?* Paris, Seuil, « Poétique », 1985) propose de définir le genre en s'interrogeant sur les instances d'énonciation : *qui dit quoi à qui par quel canal ?*

elles-mêmes duelles. Notre propos sera d'étudier le fonctionnement de la fiction induite par ces cadres.

Les paratextes et intertextes disposent des cadres de référence menant à un brouillage des effets mimétiques et à une réversibilité de l'univers fictionnel. Les voix narratives au lieu d'authentifier le roman, l'entraînent vers la fiction, contredisent les choix génériques de l'auteur et inversent la tonalité du *Voyage*. L'énigme, modalité évidente de la fiction, contamine les différents niveaux de la création romanesque qu'elle révèle.

CADRES DE RÉFÉRENCE

La matérialité du roman signale les strates formées par les différents cadres de référence qu'ils soient constitués par le réel, par d'autres histoires et lieux imaginés dans des œuvres antérieures écrites par l'auteur ou ses modèles. Ce roman partagé entre *mimesis* et *imitatio*, construit une fiction qui se réfléchit elle-même.

Les sources identifiées du *Voyage* sont nombreuses, avec des incidences sur ses événements et sa structure : le rapprochement avec les *Éthiopiques* explique son *ordo artificialis* et sa proximité avec le roman baroque[1]. L'emprunt à des contes médiévaux et orientaux, diffusés par Armeno, sous un titre déjà fort proche, *Le Voyage des trois fils du roi de Serendip*[2], servira à comprendre la modalité de la fiction. Béroalde reprend l'histoire de trois princes envoyés en exil par leur père[3], en bouleversant l'ordre narratif original : l'*incipit* du roman vervilien les présente d'emblée comme des exilés, retardant à la seconde partie, l'origine de leur départ mentionnée dès l'exposition dans la légende persane. L'intertexte souligne la bivalence des cadres de références, interne et externe : le roi persan servant de modèle est analogique des autres rois du roman soumis à des leurres, placés symétriquement dans chaque partie : un roi trompé par

1 T. Cave, « Béroalde de Verville : le sujet au pays de l'anamorphose », *Pré-histoires : textes troublés au seuil de la modernité*, Genève, Droz, 1999, p. 155.

2 C. Armeno, *Voyage des trois fils du roi de Serendip*, Venise, Michele Tramezzino, 1557 : reprise de Niẓāmī Ganjavī, *Haft Pakyar (Le pavillon des sept princesses)* et Amir Khusrau, *Hasht Behest (les huit paradis).*

3 *Le Voyage des Princes fortunés*, *op. cit.*, II, 1-2, p. 205-222.

son mignon ; un autre par la duplicité d'une Dame[1]. Le *Voyage* s'apparente à un miroir aux Princes. Derrière ce double cadre oriental et politique, un second monde, plus alchimique et encore politique, apparaît : les Princes et leur père illustrent la séparation nécessaire du savoir et du pouvoir alors que le texte oriental imaginait des rois philosophes. Les fils refusent la *potestas* offerte par le père, tandis que ce roi a recours à des savants pour inciter ses fils à refuser le pouvoir. La séparation du puissant et du savant se répète : un autre roi a recours à la poupée d'un marchand pour connaître la vérité[2]. Cette distinction roi/savant se retrouve dans les traités alchimiques[3]. Si ce *topos* est atténué dans le roman – le roi n'est pas cupide –, il conduit l'alchimiste comme les Princes, à l'exil. Le croisement de deux intertextes, oriental et alchimique, permet la construction d'un nouveau modèle de personnage, le roi faible tout en atténuant la rupture entre savoir et pouvoir. La transposition des contes persans est occidentalisée, soumise à un monde marqué par une sociabilité héritée de la courtoisie et une logique du mécénat sensible dès la dédicace à la reine. L'univers de la cour omniprésent n'est ainsi pas mis à distance, mais imité au contraire des romans pastoraux[4]. Les mondes sociaux et politiques relient ainsi référence au réel et mondes narrativisés.

Ce premier cadre de référence dédoublé donne au roman une dimension politico-symbolique, densifiée, préparée par ses seuils. Le frontispice surexpose ainsi la figure royale visible trois fois : on reconnaît le roi capturé par le dragon dès l'*incipit*, transformé en perroquet[5] ou sauvé par la reine[6]. L'image se réfère au texte, le précise : des *topoï* alchimiques médiévaux[7] apparaissent telles la rencontre du roi et de la reine (hermaphrodite, union des contraires) ou la mort du roi (transmutation). Le roi rassemble ainsi plusieurs cadres de référence, monde alchimique ou

1 *Ibid.*, II, 19, p. 370 *sqq.* ; I, 19, p. 176 *sq.*

2 *Ibid.*, p. 176 *sqq.*

3 Voir par exemple Albert le Grand, *Libellus de Alchimia*, in *Theatrum Chemicum*, Strasbourg, Setzner, 1613, vol II, ou D. Zecaire, *Opuscule tres-excellent, de la vraye philosophie naturelle des metaux*, Lyon, Rigaud, 1612. Sur cet aspect voir V. Adam, « Portraits de l'alchimiste en savant : (dé)figurations d'un savoir (1588-1648) » *in* P. Alexandre, *Savoirs et savants*, Paris, Garnier, 2010.

4 Voir L. Giavarini, *La distance pastorale*, Paris, Vrin, 2010.

5 *Le Voyage des Princes fortunés*, *op. cit.*, II, 19, p. 370.

6 *Ibid.*, II, 21, p. 386 *sq.*

7 « Allégorie de Duenech », *Theatrum chemicum*, Ursel, 1602, p. 756-757.

univers romanesque du *Voyage* et de ses sources. Texte et image instaurent un jeu réflexif entre eux toutefois limité à des fragments du récit et à certains motifs de l'image : ils annoncent quelques histoires du *Voyage* tout en reflétant un détail d'un roman précédent. La préface du roman incite d'ailleurs à prêter attention au « détail ». Le dragon et la branche végétale reliant deux figures, signalant une continuité naturelle et une métamorphose, se trouvaient dans le frontispice du *Tableau des riches inventions*. Ce dernier introduisait le *Songe de Poliphile*, parcours d'un jardin architecturé justement reproduit dans le dessin géométrique du jardin du frontispice du *Voyage*. Le graveur comme l'auteur se réfèrent au corpus vervillien et alchimique, en le dispersant sous forme de signes et d'objets dans le *Voyage*.

Le cadre fixé par le corpus vervilien s'ajoute au temps vécu de l'auteur. La dédicace « À la reine », Marie de Médicis, répond symétriquement à la mort d'Henri IV, dénouement du récit :

> À la fin se rendent au terme désiré, venant en cette Cour, qui est la plus magnifique de l'Univers : car à la lumière de vos vertus, l'ombre du vice est tellement dissipée[1].

Cette *captatio* de la reine vertueuse la désigne comme point d'aboutissement de la quête que n'ont pas commencée les personnages. Elle contraste avec l'enterrement inaugural dans un cénotaphe symbolique d'un roi disparu et le dénouement provoqué par la mort réelle d'Henri IV. Un autre roi du *Voyage* transformé en animal ne devra son salut qu'à sa reine. Le roman est ainsi tendu entre le roi et la reine, mimétiques ou non, encadrant de part et d'autre le roman, les paratextes et l'image. Placés dans une posture actantielle contraire, capables de croiser plusieurs niveaux de réalité et cadres de référence, ils finissent chacun la quête. Le frontispice désigne bien la structure du roman puisque roi et reine, réels ou symboliques, dessinés ou représentés, encadrent l'histoire fictionnelle comme figures tutélaires et dramatiques. Ce frontispice est donc un nouveau cadre du roman, limitant en un sens la diversité des fils diégétiques du roman.

Béroalde en choisissant ces modèles et en juxtaposant des cadres issus d'univers distincts, précise le genre romanesque et la nature de

---

1 « À la Reine », *Le Voyage des Princes fortunés*, *op. cit.*, p. 25.

sa fiction : ce genre polygraphe convoque plusieurs genres qu'il manipule et déforme tout en offrant une logique à sa fiction qu'on pourrait qualifier de compilatoire.

Ainsi d'un point de vue générique, au-delà de l'usage de l'illustration sur lequel je reviendrai, le roi, comme dans la tragédie, figure un *deus ex machina* qui achève l'histoire, non en usant de son pouvoir, mais en le perdant. Cette faiblesse du roi est récurrente dans le roman. Ce dernier retient le cadre du dénouement de la tragédie, homogénéise le caractère du roi pour respecter une vraisemblance psychologique mais il inverse le sens de la figure politique. Cette vraisemblance est complétée par l'auteur, lui-même frappé de douleur et donc rendu incapable d'écrire. Ces éléments mimétiques semblent partagés entre une référentialité immédiate (Henri IV et l'auteur), l'intertexte oriental exposant un roi faible, et une référence plus universelle : le roman, en s'achevant sur la mort et les larmes, semble suivre la règle de la fable terminant sur une morale portant sur l'humaine condition, faible et sensible. Un même événement, la mort du roi, relève de la vraisemblance, de la feintise[1], de la fable allégorique. Le mélange des genres dans le roman aboutit donc à une *mimesis* complexe voire contradictoire. En effet cette mort expose aussi le roman à un double arbitraire : l'injustice du destin, la brutalité de la fin. On songe au roman comique et aux contes : l'effet de réel y expose l'invraisemblance des choix et l'arbitraire de l'auteur. Néanmoins, le *continuum* roi/reine liant frontispice, récits, paratextes et armature du roman, fait aussi coïncider les deux cadres principaux alchimique et historique : l'opération alchimique passe par la mort puis la résurrection du roi afin d'aboutir à la création de la pierre, autant d'étapes de la transmutation[2]. Le roman les met en scène dès *l'incipit* et fait de cette métamorphose du roi, une matrice de plusieurs diégèses. Si la mort d'Henri IV, d'un point de vue social, est privée de sa résurrection symbolique, au profit de la figure de la reine, d'un point de vue romanesque, on multiplie les figures royales suggérant la pérennité de la présence du souverain. Le seul corps symbolique laissé au roi est dispersé entre les personnages romanesques qui le figurent ou les images du frontispice. Ceux-ci, par

1 Dans la théorie moderne de la fiction, on désigne comme « feintise », le roman qui se construit en relation avec le réel, et comme « fiction », le récit qui peut construire son propre univers de référence selon une logique interne. T. Pavel, *Univers de la fiction*, Paris, Seuil, « Poétique », 1988.

2 P. Bonus, *Pretiosa margarita novella* [*1330*], Giano Lacinio, Venise, 1557.

le danger qui les guettent, préparent la mort du roi. L'effet de réel est surdéterminé par cette conversion tragique de la figure royale. Si la fin paraît moins invraisemblable, c'est donc autant par la référence au réel, véritable, que grâce à la logique romanesque, vraisemblable et motivée.

Cet empilement des modes de fiction (vraisemblance, effet de réel, motivation) relègue à la fin de l'ouvrage l'effet de réel. D'autres textes alchimiques[1] ont recours aux effets de réel pour marquer une entrée dans la fiction et préparer la transition de la réalité à la fiction. Béroalde opte pour un choix inverse dès sa *Pucelle*, bouleversant ces « vecteurs d'immersion mimétique[2] ». Il y raconte l'histoire de Jeanne d'Arc avec comme repère, la guerre contre les Anglais. Néanmoins, pour partir au combat et quitter son île de naissance, lieu déjà utopique, Jeanne prend une galère céleste. Ce sont ainsi des éléments fictionnels qui préparent l'entrée dans le monde réel et historique. Ce détournement de l'allusion historique a une incidence sur le *Voyage* puisque Béroalde reprend l'île de Jeanne. Les voyageurs entre dans Sympsiquée et ses « coutumes [...] connues de ceux qui ont fréquenté la *Pucelle d'Orléans*[3] ». L'allusion explicite à ce roman signale ce que D. Mauri appelle une « narration spéculaire[4] », poursuivie par d'autres mondes possibles vervilliens convoqués dans le *Voyage*, grâce à la fée Romande venue des *Aventures de Floride*[5] ou la belle Juive de l'*Histoire d'Hérodias*[6]. Cette narration spéculaire peut être précisée puisqu'à cette mise en abyme s'ajoutent des allusions signifiantes. La fée est assimilée à un « singe », la belle Juive à « la belle figure », remise « en son état naturel ». Elles soulignent une préoccupation mimétique généralisée dans un discours, reflétant des œuvres entre elles et la forme d'une écriture qui singe, imite, représente. Béroalde en est coutumier[7].

1 Voir par exemple le *Discours d'autheur incertain sur la pierre des philosophes*, s. l. n. d., 1590. Il s'ouvre et se ferme sur le siège de Paris du 12 mai au 1er juin 1588 pour raconter un songe allégorique.

2 J. M. Schaeffer, *Pourquoi la fiction ?* Paris, Seuil, 1999, p. 244 désigne ainsi les éléments mimétiques (temps, espace, effets de réel) préparant à accepter l'entrée dans un songe ou une fiction.

3 *Le Voyage des Princes fortunés*, *op. cit.*, I, 1, p. 48.

4 D. Mauri, « *La Pucelle d'Orléans* et *le Voyage des Princes fortunés* : deux miroirs à facette », *Béroalde de Verville*, Cahiers, V. L. Saulnier n° 13, P. ENS, 1996, p. 141-155.

5 *Les Aventures de Floride*, Tours, Mettayer, 1592. *Le Voyage des Princes fortunés*, *op. cit.*, I, 5, p. 77.

6 *Histoire d'Hérodias*, Tours, Moulin, 1600. *Le Voyage des Princes fortunés*, *op. cit.*, I, 6, p. 81.

7 G. Polizzi, « Les machines de la fée Romande : esthétique du roman vervilien », *Le Roman français au XVIe siècle*, dir. M. Clément et P. Mounier, P. U. Strasbourg, 2005, p. 93-120.

Ces analogies sont néanmoins faussement symétriques et en tout cas réversibles : Sympsiquée était une île utopique où s'aimaient les parents de Jeanne d'Arc. Les Fortunés en entrant dans cette île apprennent la disparition du roi et assistent à son enterrement tout en s'imprégnant de l'ambiance courtoise et amoureuse de l'île. La galère de Jeanne est remplacée par le cénotaphe. Le même lieu passe de l'utopie à la dystopie, tout en imitant la société de cour contemporaine de l'auteur au moins jusqu'à la disparition du roi chez le dragon.

La référence à d'autres mondes possibles entraîne l'auto-référentialité de la fiction, qui joue de sa réversibilité et d'une distance prise avec ses modèles génériques initiaux, tragédie, fable ou conte : l'inversion de polarité du lieu dans le *Voyage*, le recours à un corpus qui se ferme sur lui-même permet au roman, à rebours, de contaminer les écrits verviliens antérieurs. La carte du *Voyage* [Fig. 1] fait croire à des espaces localisables. Avec retard, elle situe ainsi la Sympsiquée de *La Pucelle*. À l'instar du frontispice du *Voyage* renvoyant au *Tableau*, elle illustre hors de son cadre la *Pucelle*. Le cadre mimétique géographique est néanmoins convoqué trop tardivement pour consolider la part de réalité du roman de Jeanne ou du moins être réduit à cette fonction, à l'instar de l'effet de réel de la mort d'Henri IV repoussé à la fin du *Voyage*. Les îles parcourues par les Fortunés disposent d'une position par rapport à l'Équateur, sans toutefois être rapprochées d'un pays connu, comme la France vers laquelle partait Jeanne. Si la carte semble géographique, elle est privée de figures humaines : le graveur ne choisit pas de représenter le bateau des voyageurs, comme le fait Holbein pour authentifier *l'Utopie* de Thomas More en 1516 ou Besson en dessinant des humains pour indiquer l'échelle de ses machines. Les noms des lieux sont des anagrammes désignant des motifs alchimiques basiques (Glanbicée/alambic), des figures allégoriques (Filoé/Folie), des noms calqués sur des toponymes (Amérimnie/minerai ; Triscovie/Victoires). Ce jeu ludique et énigmatique sur la langue, croisant les niveaux de réel, suggère un emprunt à la Pastorale et sa casuistique[1], mais aussi à l'alchimie. Le *Voarchadumia*[2], réédité en 1602, est publié avec une carte de Venise. Il propose de réorganiser plusieurs alphabets pour décrire les opérations

1 C'est la lecture qu'en propose en partie F. Greiner, *op. cit.*

2 *Ars et theoria transmutationis metallicae cum Voarchadumia proportionibus, numeris, & iconibus rei accomodis illustrata* [1530], Paris, Vivant Gautherot, 1566 [1re éd. avec cartes].

chimiques autour d'un système complexe de lettres construisant la légende de ses figures : une même lettre désigne plusieurs éléments. La carte de Béroalde reprend ce format de légende : des lieux géographiques (îles), des habitations (palais) ou des frontières sont reliées à des lettres aléatoires : la mer calme est désignée par une lettre (I) tandis que le nom de « la mer dangereuse » apparaît en toutes lettres sur la carte. Les *marginalia* des légendes décentrent l'organisation physique des espaces terrestres et la séparent en trois zones : à gauche (A-M), les îles dessinées, à droite, (N-Y), des lieux marginaux, intégrés dans ces îles, invisibles et hétérogènes, similaires à des *hétérotopies*[1] : grotte sauvage, fontaine magique, palais en ruine, forêt reculée. Le Z, désignant l'équateur, est détaché, placé sous le titre. Si la carte délimite le parcours des Fortunés à l'instar d'une table des matières qu'elle redouble, elle révèle aussi l'absence de logique topographique du cheminement des voyageurs visitant des lieux discontinus et éloignés, selon une route différente pour les trois groupes constitués (Fortunés, pèlerins, empereur). N. Kenny[2] a dessiné ces parcours fragmentés parfois convergents. Dispersée entre sa légende et ses zones maritimes ou terrestres, la carte tente d'organiser des lieux dont le *Voyage* bouleverse l'ordre et le niveau de réalité. Un roman humaniste[3], y suggérerait une forme de vraisemblance marquant une proximité entre le monde divers du lecteur et celui des personnages. Toutefois, la carte fonctionne avec la même ambiguïté que l'effet de réel du dénouement : elle localise le parcours imaginaire narratif, assure par sa nature scientifique et son usage des codes et repères géographiques, un cadre apparemment référentiel, mais elle fixe des lieux tout en les dispersant sur ses marges et en révélant une logique fictionnelle, hasardeuse plus que maritime. Sa participation à l'élaboration d'une réalité fiable ou vraisemblable vacille avec l'inversion arbitraire de l'utopie en dystopie de Sympsiquée, que le dessin de l'île n'a pas révélé, au contraire des noms de lieux des marges plus évocateurs (« l'étang malheureux »). Le code décrypté des anagrammes annonce l'écriture du nom des lieux et des personnages. La carte rassemble donc des zones en creux (espaces, noms, signes) auxquels le roman doit donner du sens. Comme la mort

1 M. Foucault, « Des espaces autres », *Dits et écrits*, Paris, Gallimard, 1984, t. IV, p. 752-762.

2 N. Kenny, *The Palace of secrets*, Oxford, Clarendon Press, 1991, p. 194-195.

3 P. Mounier, *Le Roman humaniste : un genre novateur français, 1532-1564*, Paris, Champion, 2007, p. 184-185.

du roi, la carte tangible a besoin de l'histoire fictionnelle pour que sa réalité ne paraisse pas arbitraire.

L'effet de réel, loin d'authentifier l'histoire en lui offrant un cadre de référence fiable, exposerait la logique plus fictionnelle des parcours romanesques. Béroalde détourne donc les fragments qu'il emprunte à la réalité pour les obliger à se tourner vers son univers de fiction.

Les renvois explicites à ses ouvrages plus scientifiques comme le *Théâtre des instruments mathématiques* complètent cette méthode : l'auteur y commentait les figures de machines inventées par Besson et notamment d'automates[1]. Si cet intertexte assure une part de rationalité, il est déjà paradoxal puisque ce théâtre représente des machines non fabriquées et virtuelles. Le commentaire de Béroalde en imaginait le sens et le fonctionnement. Cette allusion invite à prêter attention à plusieurs objets du roman similaires à ces machines : le miroir de Justice ou la figure articulée[2] font penser aux automates, telle cette tête parlante évoquée par Naudé[3], utilisée par Albert Le Grand ou le poète médiéval John Gower « comme un oracle ». Ces merveilles, tout en désignant le progrès scientifique réel de l'optique, des mathématiques et de la mécanique induisent une part de rationalité dans un climat de fiction et contribuent à cette étrange réalité fondée sur la fiction.

En effet, replacée dans le cadre d'un roman miroir des autres œuvres de son auteur, exposant en filigrane des modes de représentation (figure, singe), ce visage articulé est d'autant plus intéressant qu'il reflète la pensée intérieure d'une dame par l'entremise d'une bague, de ses yeux et de son sourire : muet, il expose cependant au travers de signes de sensibilité, la dissimulation d'une dame infidèle, Promustée. Ces miroirs de l'âme, les yeux, deviennent littéralement des reflets d'une autre âme : l'automate rit si la dame ment, et reste impassible sinon. L'apparition est préparée par plusieurs allusions aux « contes » propagés sur la dame ou au piège que lui tend le roi en « fai[sant] semblant[4] ». Ces premiers modes de dissimulation relèvent du discours, exposant ceux qui la révèlent (conteurs et roi) et l'objet de leur dénonciation (la dame infidèle). L'objet ajoute une

---

1 *Le Voyage des Princes fortunés*, *op. cit.*, I, 7, p. 85.

2 *Ibid.*, I, 19, p. 176 *sq.*

3 G. Naudé, *Apologie pour tous les grands hommes qui ont été accusés de magie* [1625], La Haye, Adrian Viac, 1653, p. 514 *sq.*

4 *Le Voyage des Princes fortunés*, *op. cit.*, I, 19, p. 178.

modalité, plus visuelle et silencieuse : le roi interroge du regard la figure, la dame révèle à son insu son mensonge, la poupée rit avec sa bouche. L'objet inscrit dans ces voiles d'illusion, matérialise à plusieurs titres le travail même du romancier : au moment où le roi sait qu'on lui ment, le narrateur retranscrit au discours direct ses pensées intérieures : « ce n'est pas tout, il faut savoir ce qui est et si la figure dit vrai[1] ». Ce discours inaudible pour les autres personnages et l'objet mimétique se rédupliquent puisqu'ils ne sont perceptibles que pour le roi et désignent deux formes de transparence intérieure. Si, au cœur de la pensée de l'automate, les savants se demandent comment reproduire le fonctionnement du corps humain[2], Béroalde se sert de cet objet mécanique sensible pour dévoiler l'âme humaine. Ce déplacement permet à l'objet de refléter ce qui est invisible et tu : d'une part, Dorrit Cohn a montré que cette quête de la transparence intérieure était au cœur de la préoccupation du romancier[3], d'autre part, le secret fait aussi partie de l'écriture du roman, puisque Béroalde nous le signifiait dans sa préface. L'exposition d'éléments invisibles de la nature est une caractéristique du travail de l'alchimiste comme du romancier. La poupée assure le recours à des cadres de référence hétérogènes : extérieurs au roman (l'automate, le corps humain qu'elle miniaturise, l'écriture de l'énigmatique), internes à l'œuvre de Béroalde (les instruments mathématiques) et internes au roman (reflet de l'âme d'un personnage, reflet de l'écriture, reflet du mensonge généralisé). L'objet, réflexif littéralement et métaphoriquement, évoque un miroir tangible d'une écriture, de personnages, et des œuvres de l'auteur : une manifestation sensible d'un univers esthétique. Il fait aussi partie intégrante de l'histoire en provoquant par ses révélations, *suspense* et péripéties. Béroalde invente bien un objet mimétique, romanesque et métalinguistique capable de condenser effet de réel, effet de vérité et effet de fiction. Sans surprise, d'autres objets mécaniques et phénomènes chimiques ou physiques se greffent sur les mêmes fonctions, tels le miroir de justice, ou Mirepont vitrifié, buvant une « liqueur d'apparence[4] » et laissant voir ses pensées.

1 *Ibid.*, p. 179.
2 V. Adam, « L'automate des alchimistes, une machine naturelle », in V. Adam, A. Caiozzo (dir.), *La Fabrique du corps humain : la machine modèle du vivant*, Presses de la MSH-Alpes, 2010.
3 D. Cohn, *La transparence intérieure*, Paris, Seuil, 1981.
4 *Le Voyage des Princes fortunés*, *op. cit.*, II, 13, p. 304.

Les cadres de référence du roman convergent vers une même finalité : réfléchir l'écriture du roman, le refermer sur son propre univers de création au point de soumettre la vraisemblance du monde réel et des détails qu'on lui emprunte, à la logique de la fiction voire de faire passer pour un leurre, ce qui révèle de la réalité. Cette inversion de la réalité ou de la *mimesis*, cette mobilité vertigineuse de miroirs et de faux semblants, pourraient faire qualifier de baroque ce roman s'il n'inventait pas des objets plus novateurs que les miroirs et fontaines des baroques, moins naturels et plus scientifiques, toutefois clairement mimétiques.

LA VOIX NARRATIVE

Selon Dorrit Cohn, le narrateur assurerait l'authenticité et l'autorité du texte dans les romans à la première personne. L'identification implicite entre le narrateur et l'auteur crée distance et sentiment de fiction. Dans le *Voyage*, la voix narrative précise la nature générique de sa fiction. Elle construit d'autres références du roman. À l'instar des objets, elle est un seuil de fiction et une interrogation sur l'écriture mimétique.

L'auteur Béroalde – contrairement au Mo*yen de Parvenir*, il ne dément pas cette fonction –, devient un personnage[1], après avoir multiplié les effets de signature et la revendication de son œuvre, en lieu et place d'autres autorités savantes. Cette individualisation de l'auteur continuerait le jeu maniériste, d'une manière singulière : alors que la plupart des personnages ont un prénom anagrammatique, il est désigné sous le nom de « Verville », inscrit dans un « récit véritable[2] », directement relié par son adjectif au titre du roman. Cette absence de dissimulation, en dehors du « secret de l'amitié » qui le lie à Mélisse, est amplifiée par les qualités du personnages, « fidèle », « stable ». Présenté comme un amoureux finalement éconduit, auteur de vers relatant ses sentiments, il s'en prend à ceux dont les « dits et faits ne sont que du vent et du fard[3] ». L'assimilation de l'auteur et du personnage est apparente et finalement

1 *Ibid.*, III, 8, p. 478-490.
2 *Ibid.*, p. 484.
3 *Ibid.*, p. 490.

paradoxale : les énigmes récurrentes du roman, revendiquées comme un mode d'écriture dès la préface rapprochent plus l'auteur du premier narrateur homodiégétique, écrivant aussi des vers amoureux mais préférant toutefois « chante[r] l'honneur sous des feintes véritables[1] ». Les textes liminaires confortent Béroalde dans ce rôle : il est celui qui « fonde les artifices[2] ». Le personnage Verville paraît presque contraire à l'auteur Béroalde d'autant que Verville ne s'exprime à la première personne que dans des discours oralisés, dialogue avec Mélisse ou vers, échappant au récit. L'effet de réel du nom propre se dissipe dans la distance notable entre personnage et auteur : le narrateur pèlerin homodiégétique paraît beaucoup plus référentiel que Verville. Le signifiant du nom propre est trompeur et l'auteur est relié à un autre référent non-mimétique, le personnage de fiction du pèlerin sans nom et fictionnel.

Ce premier narrateur introduit une seconde concurrence auctoriale et narrative de deux groupes : les Fortunés et les voyageurs désignés par un « nous » ; puis une troisième instance variable, qui les concurrence à son tour. Plusieurs narrateurs, rattachés ou non à ces groupes, relatent à la première personne leurs aventures, tel le roi qu'on croyait mort, exposant sa rencontre avec un dragon. Ces épisodes narrativisés sont entrecoupés de dialogues et de conversations rapprochant le roman du fonctionnement de l'*Heptaméron* ou du *Décameron*. Néanmoins, les dialogues de l'histoire cadre servent autant à interpréter les récits intercalés qu'ils redoublent, qu'à se commenter eux-mêmes : après le récit de leur histoire familiale, les Princes discutent entre eux, écoutés à leur insu par l'empereur qui, à l'instar de leur père, désire connaître leur âme[3]. On les écoute ainsi témoigner « en leur privé » et dans leurs discours, des qualités qu'on nous a déjà exposées dans le récit de leurs actions face à leur père. Le pavillon que leur offre l'empereur comme le palais d'éducation édifié chez leur père, sont deux lieux panoptiques qui révèlent les vertus des Princes et l'omniprésence du roi. Par ailleurs, le narrateur à la première personne opère plusieurs brouillages du cadre narratif du *Décaméron* : la nature de son lieu d'expression, son énonciation comme la forme de son énoncé sont modifiées. Boccace contraignait ses narrateurs successifs à demeurer ensemble par peur

1 *Ibid.*, I, p. 38.
2 N. Le Digne, « Stances », *Le Voyage des Princes fortunés*, *op. cit.*, p. 30-31.
3 *Ibid.* II, 6 et 7, p. 249 *sq.*

de la peste, les Fortunés comme les conteurs formés par les autres voyageurs sont contraints à la mobilité et ils ne racontent pas toujours eux-mêmes leurs propres histoires. La seconde entreprise s'ouvre ainsi sur un désir de l'empereur de connaître « la nation et la condition » du premier groupe de narrateurs[1] mais une ellipse empêche qu'on nous relate ces détails. Le récit attendu est remplacé par des vers encomiastiques à l'empereur puis par l'histoire des Princes : « par une diligence enquête nous apprîmes l'origine, les conditions et les aventures depuis leur enfance[2] ». Néanmoins les Princes ne prennent pas en charge leur histoire : le narrateur du premier groupe relate à la troisième personne du pluriel leur destin. Les Fortunés quant à eux s'exprimeront ensuite, en vers à l'unisson, à l'instar d'un chœur tragique, mais à la première personne du singulier[3]. Ce renvoi au *Décaméron* révèle un dysfonctionnement, un désordre des voix et des formes narratives, notamment entre l'histoire cadre et les récits intermédiaires. L'interversion des voix narratives introduit un échange brouillé des récits personnels et des formes de discours. Cet échange est d'autant plus notable qu'il a lieu au moment où les voyageurs comprennent que l'empereur les aidera à poursuivre leur route s'ils le divertissent : le récit personnel est à la fois un moyen de faire progresser le roman mais aussi, plus littéralement, les voyageurs. L'influence orientale sur le roman rappelle la stratégie narrative des *Mille et une nuits*, dans laquelle la narratrice doit multiplier les contes afin d'éviter d'être tuée[4]. Les modalités de la narration du récit ont elles-mêmes une fonction romanesque : le récit est nécessaire à la poursuite du voyage, il assure une mobilité entre les voix narratives et souligne une progression et un mouvement entre les œuvres narratives. Comme la poupée, il a une fonction dramatique dans le roman par ses révélations, et il suggère la nature du genre romanesque. La cohérence entre la diégèse et ses modalités narratives, assure une véritable logique de la fiction qui ne s'appuie pas sur une stratégie d'authentification. L'authenticité qu'aurait conférée l'usage de la première personne, est brisée, les récits personnels sont racontés de seconde main, et le roman

1 *Ibid.*, II, p. 205.

2 *Ibid.*, II, 1, p. 210.

3 *Ibid.*, II, 3, p. 235-238.

4 Ces contes, traduits par Galland, vers 1704, disposent de plusieurs manuscrits circulant dès la fin du XVe siècle. Voir sur la diffusion des contes et les éditions successives, J. C. Garcin, *Pour une lecture historique des Mille et une nuits*, Actes Sud, 2013, p. 15-25.

condense des citations d'anciens récits de l'auteur, des voyageurs répétant un conte entendu mais étranger à leur propre histoire. La voix narrative conjugue paradoxalement un choix hétérodiégétique et des pronoms de première personne. L'authentification du « je » est caduque. La fiction se construit en bouleversant les codes du roman référentiel.

Ce partage du récit en plusieurs voix, cette contrainte posée par l'empereur soulignent la différence entre les narrateurs n'adoptant pas tous le même chemin, touchés à leur tour par la contradiction. L'incertitude de la voix narrative prolonge ce phénomène : le dessein 13[1] affiche dans l'en-tête, des thèmes hétérogènes (vitrification, ange de la mort, amour), des formulations imprécises (« vrai amour, quoi ? »). Ce coq-à-l'âne arbitraire, proche de la fatrasie du *Moyen de Parvenir*, s'ouvre sur la vitrification fantastique d'un personnage qui expose aux spectateurs l'intérieur de son corps et surtout « les secrets en ce que nature a fait de beau dans ces lieux occultes[2] », secrets ici cachés au lecteur mais déjà découverts dans le *Cabinet de Minerve*… ce que se garde bien de rappeler Béroalde. Le narrateur avoue simplement : « j'abîmais presque mon esprit[3] ». Cette narration à la fois déceptive et hésitante s'amplifie *via* les récits à la première personne : d'une manière récurrente le mensonge ou l'illusion frappe le narrateur homodiégétique, tels le roi « perdu[4] » ou Asfaléan[5]. Le narrateur ignorerait le sens du chemin suivi. Le pacte narratif est faussé : la voix narrative renvoie à plusieurs personnages et personnes, néanmoins qualifiés à l'identique par les pronoms, leurs activités (voyager), leur doute. L'*incipit* rejetait le lecteur ignorant en choisissant un discours énigmatique, ignorance finalement partagée par le narrateur ou ces rois bien distingués des savants. Cet aveu d'ignorance rend instable l'authentification par la voix personnelle du roman et ses autorités. Il conduit à le rapprocher d'autres romans alchimiques contemporains, comme les *Noces chimiques de Christian Rosenkreutz* traduites en français en 1600, retraçant l'histoire homodiégétique du narrateur ignorant puis initié à l'alchimie[6].

1 *Le Voyage des Princes fortunés*, *op. cit.*, II, 13, p. 304 *sqq.*
2 *Ibid.*, p. 307.
3 *Ibid.*, p. 310.
4 *Ibid.*, I, 3 p. 62.
5 *Ibid.*, II, 3, p. 225.
6 J. V. Andreae, *Chymische Hochzeit Christiani Rosencreutz* [1459-fr-1600], Strasbourg, Zetzner, 1616.

Le caractère boiteux de la voix narrative ne permet pas de désigner ce roman comme un roman homodiégétique ou hétérodiégétique, mais il instaure une relation analogique entre les voix modifiant le fonction de l'écriture mimétique repliée sur elle-même, sur ses jeux symétriques, et sur un *continuum* voilé d'allusions à cette *mimesis*, comme on l'a vu. Ces figures de narrateur précisent le discours métalinguistique de la préface qui hésitait entre plusieurs genres : des « mémoires », un « voyage », un « vrai sentier d'amour » ou « une histoire véritable » – et dont on sait dès la Renaissance, qu'elle annonce souvent un conte. Elles contredisent toutefois certains choix génériques : Béroalde dans la préface, refuse l'épopée et les vers héroïques mais rois et princes surgissent dans le roman, comme figures des passages narratifs ou des pièces en vers. L'auteur annonce aux rois qu'ils verront « la gloire de leurs magnificences[1] » alors que les narrateurs en exposent les faiblesses. Les « passions légitimes » promises aux Dames lectrices, décrites dans les fragments en vers, sont dépassées par l'abondance des histoires adultérines des récits en prose. Les références explicites à l'alchimie (lion vert, alambic de Caliambe), sont problématiques : Lofnis s'en prend au sorcier, déceveur et charlatans[2] avec le même lexique retenu dans le *Moyen de Parvenir* pour dénigrer les alchimistes. Le discours auctorial ouvertement herméneutique, les genres qu'il suggère comme modèle sont des cadres de référence trompeurs que les narrateurs renversent dans une logique carnavalesque comme la Sympsiquée de Jeanne.

D'une manière générale, au-delà de l'auteur, les instances d'autorité apparaissent en partie caduques : soit il s'agit de figures douteuses, comme des marchands qui dans les sources orientales obtiennent leur pouvoir par l'argent et la ruse, soit des femmes, savantes[3], également rusées et menteuses à tel point que le roi se trompe sur leur éthique ou qu'elles remettent en question les Fortunés eux-mêmes : « les artifices des Fortunés ne vous sont pas encore manifestes[4] ? ». Avides de pouvoir et soucieuses de se venger, elles sont aussi les seules capables de sauver le roi et contredisent l'idée que « les sceptres ne tombent point en quenouille[5] ». La dédicace à Marie de Médicis prend un autre sens,

1 *Le Voyage des Princes fortunés*, *op. cit.*, I, p. 37.
2 *Ibid.*, III, 2, p. 423.
3 *Ibid.*, III, 14, p. 548-549.
4 *Ibid.*, I, 12, p. 129.
5 *Ibid.*, I, 4, p. 67.

d'autant que des rumeurs accusent la reine d'avoir fomenté la mort d'Henri IV. Si cette adresse à la dame et cette puissance conférée aux figures féminines inscrivent le roman dans la littérature courtoise et le monde pastoral, le caractère éphémère du corps du roi et le mensonge généralisé rattachent le *Voyage* au baroque voire à la contestation. Le roman permet en tout cas de faire échapper ses personnages à leur marque générique et à leur auteur.

LA VOCATION NARRATIVE DE L'ÉNIGME

À la différence des voix narratives détachées de leurs modalités attendues d'énonciation, Béroalde est maintenu comme auteur puisque son roman, en regroupant et citant ses œuvres antérieures, relie bien sa voix et son identité. En dehors des genres contestés par ses narrateurs, la modalité d'écriture qu'il souhaite imposer est toutefois acceptée : l'énigme, comme thème et langage, est omniprésente. Elle est aussi une procédé évident de la fiction d'autant que les personnages-narrateurs doivent l'incarner et l'élucider, assurant par leur discours et leur quête la « vocation narrative[1] » de l'énigme.

Trois formes d'énigmes se manifestent dans le roman : le signe et la langue en particulier (anagramme, lettres grecques du palais, formulation allusive et cabalistique qui donne une solution en la voilant[2]) ; les objets cachant ou révélant une vérité intérieure (table de fée, poupée, bague, bouquet, talisman). Ces formes se croisent : des objets comportent des signes ou devises, telles des lames d'or aux lettres hébraïques[3]. Une troisième forme plus incarnée et sociale, est l'identité de personnages. Masquée à plusieurs niveaux – histoire, origine sociale, et même genre (homme/femme, humain/animal) –, elle se résorbe en partie. Cette énigme est soit liée à une censure ou une ellipse de l'auteur, soit créée par le personnage, tels Cavalirée capable de « muer l'apparence et

1 P. Galland, F. Gallyn, *Poétiques de la Renaissance*, Genève, Droz, 2001, II, ch. III, p. 159-218 (à propos d'une nouvelle de Aubigné, le *baron de Faeneste*).

2 *Le Voyage des Princes fortunés*, *op. cit.*, III, 7, p. 464-466.

3 *Ibid.*, II, 19, p. 369.

déguiser » visage, sexe, corps[1], le Fortuné Fonsteland déguisé[2] ou le roi métamorphosé[3]. L'artifice narratif réduplique la ruse magique.

En combinant ces trois formes, le roman fait perdre le point de repère original, le moment où le voile se lève et où l'énigme disparaît, comme la source imaginaire, possible ou auctoriale de l'énigme. Non seulement les cadres de référence sont multiples, mais l'énigme peut à tout moment passer pour non-énigmatique. Certains récits accusent la présence d'un voile si parfait qu'il est invisible. Le cénotaphe du début du roman laisse croire à la mort du roi, retarde l'explication sur l'identité des Fortunés fraîchement rencontrés. De retour de sa mort symbolique, le roi raconte son enlèvement par une fée, ses tentatives de comprendre le monde étrange qui l'entoure. Son récit s'inscrit dans une succession de voiles : jeu auquel il fait participer sa cour, songe, poison, ombre, labyrinthe visité, grotte ombrée et personnages chimériques. Sa disparition inexplicable est élucidée par un récit brumeux. Les derniers mots laissés à sa cour, pourtant non-énigmatiques, paraissent des signes à interpréter : le roi invitait ses convives à « combattre la barrière[4] » (participer à un tournoi). En son absence, les courtisans s'imaginent trompés par « une joyeuse feinte » pour « les faire débattre[5] ». L'énigme verbale et ludique pour la cour contraste avec les énigmes tragiques et fantastiques vécues par le roi. Le renversement des ambiances touche aussi les personnages du conte royal : la fée apparaît comme dangereuse, le dragon bienveillant.

Si l'énigme a comme le récit *supra*, une fonction temporelle (faire durer le récit) et assure une forme de *copia* dans le roman, elle participe aussi à l'élaboration de la fiction réversible : en créant de multiples filtres sur la langue, le monde représenté, les points de vue inverses des personnages et tous les signes ou objets aux sens doubles, elle définit la fiction et sa lecture : comme le disent les narrateurs, « nous étions comme ceux qui ont une lunette à facettes qui ne savent choisir le vrai d'entre plusieurs interprétations[6] ». Cet instrument d'optique réflexif matérialise l'énigme dans sa réversibilité. En inversant les polarités, en empilant les énigmes par strates, l'auteur signale à la fois une volonté de

1 *Ibid.*, I, 18, p. 168.
2 *Ibid.*, I, 21, p. 189 ; III, 10, p. 503.
3 *Ibid.*, II, 19, p. 369.
4 *Ibid.*, I, 1, p. 50.
5 *Ibid.*, p. 51.
6 *Ibid.*, I, 7, p. 84.

construire un roman mimétique de lui-même, renouvelant les modèles qu'il a édifiés ou choisis. Il écrit à la manière de ses sources, mais dans une logique fictionnelle carnavalesque comme ses narrateurs.

Le *Voyage* construit des modalités de la fiction littéraire qu'on peut qualifier de moderne : il montre la relation nécessaire entre feintise et fiction, il rend possible le nivellement de plusieurs mondes possibles et tout en posant la question de la transparence intérieure, offre une résolution possible de cette interrogation sur les moyens de la *mimesis* : il choisit des cadres de référence, des objets, des voix narratives et des récits énigmatiques. Capables d'assurer l'ambiance fictionnelle du roman en interrogeant en sourdine les modes de représentation à l'œuvre, en exposant l'auteur comme ses écrits, ces cadres manifestent une forme de réversibilité qui invitent le lecteur à les comprendre à l'opposé du sens qu'ils énoncent, de la direction qu'ils montrent ou de la qualité qu'ils exposent. Le carnaval de la fiction trouverait son aboutissement logique dans le *Moyen de Parvenir* dont les narrateurs du *Voyage* ont déjà préparé le renversement.

Véronique ADAM
Université Toulouse – Jean-Jaurès

ANNEXE

FIG. 1 – Carte incluse dans *Histoire véritable, ou Le Voyage des Princes Fortunez.* Paris, Claude de La Tour, 1610.

LA PUCELLE D'ORLÉANS À LA BILLEBAUDE

Glanes, errements, lectures de l'illisible

> Référé à des lecteurs que le texte ne postule pas et qu'il ne contribue pas à produire, le texte devient illisible (plus qu'il ne l'est) ou alors cela devient un autre livre.
> Umberto ECO

> Il m'a semblé pourtant que cette littérature oubliée avait eu son importance et son rôle et qu'on pouvait encore trouver quelque intérêt dans ces vieilles histoires d'amour.
> Gustave REYNIER

C'est une idée communément admise, du moins dans le large public cultivé : les romans baroques, héroïques, pastoraux ou précieux, plus ou moins confondus dans un même flou chronologique et terminologique, sont amphigouriques et verbeux – pour tout dire, impraticables au lecteur d'aujourd'hui. Si les études savantes, les exégèses érudites et les approches théoriques de tout ordre se sont multipliées depuis les travaux fondateurs de Gustave Reynier[1], l'immense majorité des œuvres romanesques du premier XVIIe siècle restent – comme la plupart de leurs auteurs – à peu près inconnues du profane. La quasi totalité des volumes édités durant les années du règne d'Henri IV – et l'on sait

1 G. Reynier, *Le Roman sentimental avant* L'Astrée, Paris, 1908.

qu'il s'agit d'une production particulièrement nombreuse[1] – est reléguée dans l'ombre et la poussière des bibliothèques, titres n'ayant connu, le plus souvent, qu'une seule édition, très tôt dédaignés, sévèrement jugés par les littérateurs, à peine mentionnés aujourd'hui dans les manuels scolaires ou les ouvrages de vulgarisation. Les universitaires qui se sont intéressés à cette période ne sont pas forcément plus indulgents et Reynier, constatant que « tous les embellissements » de la prose romanesque « nous paraissent [...] insupportables », déplore que « toute la littérature mondaine » du temps soit « envahie presque subitement par le mauvais goût[2] ».

Nous avons affaire, il est vrai, à des textes dont la lecture se révèle presque toujours fastidieuse, pénibles à déchiffrer – à défricher, ne serait-ce qu'en raison de la forme sous laquelle ils nous sont parvenus, des singularités typographiques de ces livres, dont beaucoup semblent n'avoir jamais bénéficié de l'attention d'un correcteur un tant soit peu scrupuleux. Le curieux qui peut aujourd'hui, grâce aux ressources qu'offrent les bibliothèques numériques, les découvrir tels que le lecteur du temps les a eus sous les yeux – prodige paradoxal des « nouvelles technologies » –, s'épuise vite à parcourir ces feuillets dont le méchant papier a buvardé le texte, à deviner les mots oblitérés, à résoudre les abréviations, les ambiguïtés, à se repérer dans une succession de pages dépourvues d'alinéas, mal balisées par une ponctuation obéissant à une logique déconcertante. Les moins oubliables de ces romans, objectera-t-on, ont fait l'objet d'éditions modernes, annotées, dont l'orthographe et la ponctuation harmonisées, mises aux normes actuelles facilitent grandement la lisibilité – sinon l'intelligibilité. Certes, mais il s'agit en général d'éditions savantes, dans lesquelles le poids corollaire de l'apparat critique, les gloses et les renvois freinent ou découragent la progression du lecteur de bonne volonté. La difficulté intrinsèque du texte s'aggrave

1 « Ce qui nous frappe d'abord dans la littérature romanesque du règne de Henri IV, c'est son abondance », note G. Reynier, qui recense une centaine de titres pour la période 1593-1610. *Op. cit.*, tableau chronologique p. 383-387. R. C. Williams en dénombre cent vingt-quatre pour les années 1600-1610 (*A Bibliography of the Seventeenth-Century Novel in France*, New York, 1931, cité par H. Coulet, *Le Roman jusqu'à la Révolution*, Paris, 1991, p. 138). H.-J. Martin, parle de « près d'un demi-millier de titres différents entre 1601 et 1640 » (*Livre, pouvoirs et société à Paris au XVIIe siècle*, Genève, 1999, tome 1, p. 293).

2 *Op. cit.*, p. 321.

d'une « complexité [...] liée à des caractères trop savants imprimés en caractères trop petits », selon la formule d'Audiberti[1]. Il est parfois bon de rappeler cette évidence : « Jamais aucun texte n'a été écrit pour être lu et interprété philologiquement par des philologues[2] ». Mais, sans les scolies des « philologues », l'œuvre à laquelle nous voudrions nous intéresser ici – *La Pucelle d'Orléans* de Béroalde de Verville – semble bien vouée à l'illisibilité et à l'oubli. Or, « qu'est-ce qu'un livre qu'on ne lit pas ? demandait Blanchot. – Un livre qui n'existe pas. » Seconde évidence, qui nous met au rouet...

Imaginons un lecteur d'aujourd'hui, raisonnablement cultivé, qui, à l'exemple de Montaigne, ne cherche aux livres qu'à s'y donner un « honnête amusement ». Imaginons que cet hypothétique anagnoste, souhaitant, par simple curiosité, se faire une idée de ce qu'est un roman vervillien, décide – pourquoi pas ? d'entreprendre la lecture de la *Pucelle*, qu'il sait pouvoir trouver au catalogue des œuvres numérisées de la B.N.F.[3] Devra-t-il, pour cela, réunir toutes les conditions nécessaires à la conduite d'une « lecture bien faite », telles que définies par George Steiner[4] ; toutes les compétences et les savoirs que l'on peut s'attendre à trouver chez les « maistres du mestier », mais que l'on peut difficilement exiger de l'honnête homme – à supposer que cette notion ait encore un sens à notre époque ?

« Une lecture bien faite, déclare Steiner, commence par le lexique[5]. » Dans le cas qui nous intéresse, ce n'est sans doute pas à ce niveau que gisent les principales difficultés : maints textes de la Renaissance ou de l'âge classique sont autrement redoutables, soit qu'ils relèvent d'un idiolecte hérissé de dialectalismes, de mots forgés, d'énigmatiques hapax, soit, au contraire, que l'apparente familiarité d'une langue limpide expose le demi-habile au contresens ou au fourvoiement. Les rares archaïsmes ou termes techniques que l'on rencontre dans notre roman posent rarement problème, même s'ils sont absents des dictionnaires d'usage courant. Le lecteur pressé ou peu curieux ne se laissera

1 J. Audiberti, *Dimanche m'attend*, Paris, 1993, p. 140.

2 Walther Bulst, cité par H. R. Jauss, *Pour une esthétique de la réception*, Paris, 1990, p. 48.

3 *La Pucelle d'Orléans restituée par Béroalde de Verville. Sous le sujet de cette magnanime pucelle est représentée une fille vaillante, chaste, sçavante et belle*, Paris, 1599 – NUMM 52279.

4 G. Steiner, « Une lecture bien faite », *Passions impunies*, Paris, 2001, p. 143-163.

5 *Ibid.*, p. 149.

pas désarçonner par une « belle duite aux armes[1] » ou une troupe de « bandouilliers[2] », ne s'arrêtera guère aux « importuns ceps[3] », « diverses bricolles[4] » et autres « escourgées[5] », se satisfaisant de ce qu'il peut déduire du contexte. Plus scrupuleux – et pourvu qu'il dispose du Littré ou du T. L. F. –, il pourra vérifier sans trop de peine ses conjectures. Les choses se compliquent un peu avec les pages évoquant des pratiques ésotériques ou des manipulations « mechaniques » qui, en raison de leur singularité même, peuvent retenir l'attention, même si, là encore, la signification exacte de tel ou tel terme n'est pas indispensable à la compréhension globale du passage. On n'est pas vraiment plus avancé lorsque l'on sait que le « suc d'hipericon », qui entre dans la préparation du « talisman de connaissance[6] », est obtenu à partir du millepertuis – d'autant que les divers traités botaniques dispensaires et pharmacopées anciennes prêtent d'innombrables vertus à ce vulnéraire – ou que le « samis incarnadin » est une étoffe précieuse. Bien faites encore pour nous laisser perplexes, à la même page, ces proscriptions alimentaires de caractère rituel, associées à l'usage du talisman : « Il ne falloit manger aucunes legumes ny boire Vin barbare durant trois jours… » L'interdit par lui-même n'a rien de surprenant et s'inscrit dans la logique des observances, jeûnes ou mortifications préalables aux opérations divinatoires – la prohibition de certains « legumes » peut faire songer à la défense faite aux pythagoriciens de manger des fèves, aux recommandations de saint Jérôme qui en déconseillait la consommation aux religieuses –, cependant on comprend mal la précision concernant le « vin barbare ». L'épithète, inusitée dans cet emploi, pourrait qualifier

1 Discours II, « Filion se trouve au Tournoy de Biselte où la Pucelle vint au lieu de Grifisol. Elle emporta le pris », 10 r°. Toutes les citations renvoient à l'édition ancienne (Paris, Mathieu Guillemot, 1599) dont les graphies, l'accentuation et la ponctuation sont conservées. Les interventions sur le texte se limitent aux dissimilations habituelles et à la résolution des abréviations typographiques, tildes ou esperluettes.

2 Discours VI, « L'avanture de Clotosilde, pour l'espée de Fierbois. Hugues de Tours fait punir les deux qui furent cause de la mort de sa fille. On les nomme le Roy Hugon », 52 r°.

3 Discours II, 11 r°.

4 Discours III, « Filion rencontre la Pucelle à la chasse. Il veut tirer une Tourterelle et elle l'empesche. Le songe de la Pucelle. », 20 v°.

5 Discours VI, 56 r°.

6 Discours V, « La venue de la Pucelle vers le Roy. Le secret du Talisman de cognoissance. La Pucelle ayant conferé avec la Roy luy demande une espée qui estoit à Sainte Katerine de Fierbois », 36 r°.

un vin particulièrement âpre, le « gros vin noir » mentionné dans de nombreux « thresors » de recettes et antidotaires[1], mais on doute qu'un tel breuvage, essentiellement utilisé comme « vin de teinte » ou comme base de médications diverses soit susceptible d'affriander de délicates pucelles ! Il est plus satisfaisant de penser que, dans ce contexte, le « vin barbare » ne serait que la traduction littérale du *vinum barbarum* des botanistes, c'est-à-dire l'épine-vinette, l'expression désignant alors par métonymie la boisson aigrelette obtenue à partir des baies de l'arbuste.

Ainsi, certains termes qui ne semblent pas présenter d'intérêt particulier du strict point de vue de l'économie narrative peuvent-ils retenir l'attention du « lecteur paranoïaque[2] », donner prétexte à une approche biaisée, à une utilisation digressive et discontinue du texte, renchérissant sur la fragmentation, s'attachant au détail infime d'une pièce isolée, plutôt qu'à l'agencement de l'ensemble du puzzle.

L'apparente étrangeté, le saugrenu de tel ou tel mot qui accroche l'œil pourrait bien, dans quelques cas précis, être purement accidentel, résulter du hasard – ou de la négligence de l'imprimeur. Les coquilles évidentes sont suffisamment nombreuses dans le livre pour autoriser, en l'absence d'autre solution, l'hypothèse de la cacographie – ce qui d'ailleurs ne règle pas toujours la question du sens, ni celle de l'intention de l'auteur. Un exemple simple de cela nous est donné au discours XXVIII, dans lequel on apprend que le « bon Hermite », hébergeant dans sa grotte le chevalier Brochard, « le traitoit bien, et son cheval aussi en l'aveine duquel il mesloit de la poudre de cocus, ce qui luy causoit une longueur d'aleine beaucoup de fois redoublée, et une vigueur extresme[3] ». On peut raisonnablement supposer qu'il faut lire « poudre de *crocus* », plutôt que d'entendre « cocu » au sens de « primevère[4] ». Si la poudre de primevère a des propriétés sternutatoires, elle ne

1 Voir, par exemple, *L'Agriculture et Maison rustique* de Ch. Estienne et J. Liébault, Paris, 1586, p. 44 et 534.

2 Nous ne croyons pas utile de signaler, dans les pages suivantes, tous les emprunts ponctuels à la terminologie d'Umberto Eco (lecteur paranoïaque, fabula, *intentio auctoris*, encyclopédie, etc.). *Cf.* en particulier « L'étrange cas de la rue Servandoni » in *Six promenades dans les bois du roman et d'ailleurs*, Paris, 1996, p. 129-154 et *Lector in fabula*, Paris, 1985, *passim*.

3 Discours XXVIII, « Le Chevalier Brochard trouve un Hermite qui le console et conseille d'estre Hermite guerrier », 296 r° et v°.

4 La désignation « cocu » ou « brayes de cocu » pour désigner la primevère est attestée par les traités botaniques de l'époque. Voir par exemple G. Linocier, *L'Histoire des plantes*,

présente pas un grand intérêt thérapeutique et ne semble pas avoir été utilisée en hippiatrie. Nous avons donc affaire ici à une autre drogue qui ne doit qu'à sa couleur son appellation de « safran des métaux » ou *crocus metallorum*[1] : il s'agit d'une préparation d'antimoine dont les traités de maréchalerie mentionnent l'utilisation dans le traitement de la *pousse* et de la « courte-haleine[2] ».

D'autres cas sont d'autant plus problématiques que les conjectures du lecteur, confronté à des bizarreries qu'il juge irrecevables, postule une corruption accidentelle du texte, s'écarte dangereusement de la lettre, privilégie l'explication à tout prix, au risque de réduire l'étrangeté consubstantielle de tel ou tel passage, d'opérer une substitution de sens à laquelle il y a peu à gagner. S'il semble bien que le « miroir de bronze Skiptique » – aggravé d'une majuscule – du discours XXXII[3] soit tout simplement un miroir *elliptique*, dont les propriétés de réfringence particulières permettent d'illuminer la grotte « plus de neuf heures en esté », les « rastons grandets » du discours XV ont de quoi dérouter, même dans un récit dont la vraisemblance n'est pas la caractéristique essentielle.

Alors que Filion et la vieille Noustée se dirigent vers l'ermitage de « la belle Douloureuse », ils rencontrent « une Biche blanche mignonne qui fuyoit suyvie de six ratons grandets, deux tous ras deux à demy poil et deux ayant des houppes semées çà et là[4] ». Cette curieuse apparition demeure d'autant plus énigmatique qu'elle ne suscite, de la part du narrateur, qu'un commentaire laconique, comme s'il s'agissait là d'une scène parfaitement banale : « … ces animaux

Paris, 1587.

1 « Les Chymistes appellent l'Antimoine preparé *Crocus Metallorum*, Safran des metaux, à cause que sa couleur rougeastre, tirant sur le jaune, est la couleur du safran, et que l'Antimoine est mis au rang des metaux. On l'appelle aussi vulgairement Foye d'Antimoine, parce qu'avant qu'on le mette en poudre, il a une couleur qui approche de celle du foye. » (T. Corneille, *Dictionnaire des Arts et des Sciences*, Paris, 1694)

2 Voir, par exemple, F.-A. de Garsault, *Le Nouveau Parfait Maréchal*, Paris, 1741, p. 450 ou J. de Solleysel, *Le Parfait Mareschal*, Paris, 1723 : « Si la Medecine universelle des Chevaux est dans quelque remede, elle est dans celui-ci. » (p. 348) Il est amusant de noter que Solleysel prétend être le premier à avoir signalé l'intérêt de ce traitement !

3 « Ce que l'Hermitte guerrier trouva en sa grotte », 309 r°.

4 Discours XV, « La Pucelle reçoit Chevalerie par le Prince d'Orleans lequel quelque temps apres se trouve és Ardennes en l'Hermitage de la belle Douloureuse, de laquelle il entend la vie et les fortunes », 171 v°.

s'exerçoyent ainsi ensemble quelques fois le jour selon que l'humeur leur en prenoit[1] ». Le symbolisme – ou l'allégorisme – de la biche est à la fois complexe – en raison de sa polysémie – et relativement attendu, qu'il renvoie à des concepts d'ordre moral ou spirituel, alchimiques ou religieux. Selon Louis Charbonneau-Lassay, la biche « princesse timide et pacifique dont on a fait l'emblème profane de l'élégance féminine dans sa grâce la plus parfaite, au temps du plus bel âge » est aussi « l'une des images du Christ combattant, en tant qu'adversaire et vainqueur de l'infernal Serpent[2] ». L'auteur du *Bestiaire du Christ* ajoute un peu plus loin que « les traditions hagiographiques, seigneuriales ou populaires d'Europe ont bien souvent caché la Personne du Seigneur Jésus-Christ sous les apparences de la biche, de la biche blanche surtout, car cette couleur exceptionnelle en montre mieux le caractère merveilleux[3] ». Il rappelle également la tradition poitevine selon laquelle c'est une biche blanche « qui montra au roi Clovis le gué de la Vienne quand, au cours de l'an 507, il marchait contre l'hérétique Alaric et ses Wisigoths » et conclut : « Ne sait-on pas que nos pères ont vu, dans cette Biche secourable, le Christ lui-même, conduisant à la victoire de Vouillé, les guerriers chrétiens[4] ! » La biche blanche se trouve à l'intersection de plusieurs réseaux isotopiques qui traversent et structurent le texte, établissent sous la « surface phénoménale de l'œuvre » – ce « puzzle à pièces erratiques[5] » – une cohérence thématique relevant d'une sorte d'art scripturaire de la fugue. On peut supposer que notre lecteur naïf, même s'il ne dispose pas de ce genre de références, saisit intuitivement les connotations attachées à l'image de la biche blanche, porteuse de sèmes euphoriques : grâce, vulnérabilité, pudicité, virginité… Les « ratons » qui la suivent n'en sont pas moins fort énigmatiques. Si l'on veut bien faire abstraction de la loufoquerie du tableau, on peut voir dans ces animaux une représentation des vices, des désirs coupables qui menacent la vertu féminine, que le livre prétend célébrer :

---

1 *Ibid.*, 172 r°.

2 L. Charbonneau-Lassay, *Le Bestiaire du Christ*, Paris, 2006, p. 258.

3 *Ibid.*, p. 259.

4 *Ibid.*

5 Voir l'article d'A. Tournon : « Des puzzles à pièces erratiques », in *Béroalde de Verville. 1556-1626*. Cahiers V.-L. Saulnier n° 13, Paris, 1996, p. 201-212.

> Le rat, parasite et larron, représente, dans son langage, le sensualité cupide, la soif déréglée des délices mondaines et des raffinements du bien-être, la ruse et l'indélicatesse qui les font conquérir frauduleusement aux dépens d'autrui[1].

Cette interprétation allégorique, confortée par l'idée que le nombre six aurait « dans l'Apocalypse [...] une signification nettement péjorative » et « serait le nombre du péché[2] », semble pourtant simpliste et hasardeuse à la fois. On notera, en relisant ce passage, que, si la biche *fuit*, elle est « suyvie » – et non *poursuivie* : le détail n'est pas indifférent, d'autant que nos curieux animaux sont désignés par un double diminutif, une expression quasi hypocoristique, bien peu idoine pour désigner des créatures « emblèmes des vices qui saccagent les âmes[3] ». En outre, la fin de la phrase présente les évolutions de « ces animaux » comme une sorte de jeu dont ils sont coutumiers, auquel ils se livrent quand la fantaisie leur en prend. On est tenté, devant tant d'incohérence et de cocasserie, d'avancer une explication beaucoup plus triviale : les mystérieux « ratons » pourraient bien être nés de la désinvolture – ou de la perplexité – de l'imprimeur, confronté à un manuscrit peu lisible ou raturé dans lequel il n'aurait pas su déchiffrer le mot *faon* – ou aurait fait, dans le doute, le choix d'une *lectio difficilior* passablement saugrenue.

La scène, dès lors qu'on admet l'hypothèse d'une aussi grossière cacolexie, perd de son incongruité et ne fait que décrire un comportement animal signalé par les traités cynégétiques du temps, qui reprennent presque mot pour mot une phrase de l'*Histoire naturelle* de Pline : « Apres que son Faon est grand, [la Biche] luy apprend à courir, à saillir, et le pays qu'il faut qu'il tienne pour se sauver des chiens[4]. »

Si cette explication expédiente ne résout pas totalement les contradictions et les bizarreries du tableau, ni l'énigme que représentent

---

1 F. d'Ayzac, *De la zoologie hybride dans la statuaire chrétienne*, Paris, 1847, p. 101. L'auteur de cette étude cite à ce propos Raban Maur : « *Mystice* [...] *mures significant homines cupiditate terrena inhiantes et prædam de aliena substantia surripientes.* » (*De universo*, I, VIII, 2)

2 J. Chevalier et A. Gheerbrant, *Dictionnaire des Symboles*, Paris, 1982, p. 888.

3 L. Charbonneau-Lassay, *op. cit. supra*, p. 321. Voir également A. Duchalais, « Le Rat employé comme symbole dans la sculpture du Moyen-Âge » in *Bibliothèque de l'École des Chartes*, tome IV, 2ᵉ série, Paris, 1847-1848, p. 229-243.

4 J. Du Fouilloux, *La Venerie*, Paris, 1561. Nous citons d'après l'édition de 1614, 16 vº. *Cf.* Pline : « *Editos partus exercent cursu, et fugam meditari docent : ad prærupta ducunt, saltumque demonstrant.* » (*Histoire naturelle*, VIII, 50)

les six animaux « grandets » appariés selon leur pelage, du moins réintroduit-elle un peu de logique interne dans ce qu'on peut supposer être une allégorie – pourquoi pas alchimique, puisque la *Pucelle* est, d'ores et déjà, paradoxe typiquement vervillien, en relation intertextuelle explicite avec le futur *Voyage des Princes fortunés* ?

Autre assertion de l'auteur de *Passions impunies* : « La syntaxe est la nervure du sens[1] ». La belle formule de Steiner ne trouve guère, ici, de justification, tant le *sens* se perd dans les détours d'une phraséologie filandreuse, d'un discours précisément *énervé*, dont les laborieuses élégances indisposent par leur balourdise ou leur mièvrerie. « Où la syntaxe est violée [...] où la phrase de travers se construit, là combien de fois le lecteur frémit[2]. » Si le lecteur frémit en déroulant l'écheveau des fastidieuses parabases qui encombrent le texte de *La Pucelle*, en survolant apostrophes au lecteur, exhortations, considérations moralisatrices, parenthèses oiseuses, qui farcissent le roman, c'est d'impatience ou d'irritation. L'amateur d'étiquettes rhétoriques, seul, trouvera matière à jouissance dans cette prose profuse, où il pourra faire ample moisson de métaphores alambiquée, d'hyperhypotaxes ou de polysyndètes, de synchises, de pures verbigérations. Il est difficile, eu égard au volume du roman, de s'imposer « une ingestion exhaustive du matériau[3] » – en dehors même des pauses narratives ou des digressions. Qu'on en juge par tel passage, pris à peu près au hasard :

> Ces deux Chevaliers devisant profondement et considerant la façon de cette Majesté tresbuchée sous le pouvoir d'Amour en parloient selon leur passion, et la pitié qu'ils en avoient, et le mal que tous en recevoient souspirans en eux mesmes de l'indignité que c'estoit de voir Charles envelopé en ses mortelles delices qui l'empeschoyent de sentir sa douleur et cognoistre ses infortunes, regardant souvent par compassion ce Roy et sa maistresse laquelle comme toutes femmes qui font l'amour sont soupçonneuses, estoit en suspens troublée d'une humeur curieuse pour le geste de ces deux Chevaliers qui tenoient son cœur en alarmes, parquoy les considerans plus attentivement et ayant en opinion qu'ils la remuoyent en leurs discours eut envie de sçavoir leur conseil pour oster son cœur de peine, pour aquoy parvenir elle avisa le Roy de leur donner response le requerant quant et quant d'une petite faveur, cette requeste eut tout pouvoir d'oster le Roy de sa tranchée amoureuse qui l'emportoit, partant

1 G. Steiner, *loc. cit. supra*, p. 150.

2 Aragon, « *Arma virumque cano* », préface aux *Yeux d'Elsa* (1942), Paris, 1964, p. 9.

3 R. Barthes, « Littérature littérale » in *Essais critiques*, Paris, 1981, p. 63.

> comme revenu à soy et obeyssant à ce que demandoit la princesse de son âme fit approcher les deux Chevaliers ausquels apres avoir comme satis-faict a ce qu'ils demandoyent (adjousta) je vous prie mes compagnons de m'esclaircir d'une doute, et me respondre à une demande que je vous feray[1].

Si de tels empilements de périodes chaotiques ne manquent pas dans le livre, il est un peu plus difficile d'y repérer, au détour d'une page, une formule heureuse – ou qui nous paraît telle après tant d'indigestes divagations –, comme cet « Amour qui est le Prince de toutes les puissances errantes[2] » Il n'y a pas grand-chose à sauver du point de vue du *style*, affecté et sententieux, qui se déploie dans les vides d'une *écriture*[3] exhibant jusqu'à la caricature les tics et les poncifs du genre.

Il n'en va pas autrement de la « fabula », de l'histoire ou plutôt des histoires qu'on nous raconte à des fins d'exemplarité. On nous a appris – mais sans doute le savait-on depuis toujours – que ce n'est pas avec les bons sentiments (comme nous dirions aujourd'hui le « politiquement correct ») que l'on fait de la bonne littérature. Ni avec des protestations de véridicité. Le récit des exploits héroïques de la Pucelle d'Orléans, nous intéresse moins – car nous les connaissons déjà dans les grandes lignes – que leur réécriture fictionnelle, les libertés prises avec la légende officielle. Mais cette allégorisation fantasque, qui nous invite à reconnaître sous les masques et les identités multiples de la Pucelle une mystérieuse dédicataire parée de toutes les vertus[4], offre la possibilité d'une lecture. On lit dans les *Mélanges tirés d'une grande bibliothèque* :

> Dans un Discours placé à la tête de cet Ouvrage, l'Auteur nous prémunit contre l'idée que nous pourrions avoir qu'il a cherché à y faire entrer du fabuleux, et il prie ses lecteurs de croire qu'il a pris la vérité pour guide. Il ne faut pas s'en rapporter à sa parole. Les principaux faits concernant la Pucelle, sont puisés, sans doute, dans nos Histoires avouées ; mais tout ce

1 Discours IV, « Le Bastard d'Orleans ayant rencontré Filion luy raconte le malheur d'un Seigneur pour une Dame impudique. Ils discourent sur l'entreprise de la Pucelle qu'ils amenent à Chinon. Discours de la belle Agnez au Roy », p. 30 r° et v°.

2 Discours III, p. 16 r°.

3 Sur la distinction, désormais canonique *style/écriture*, voir R. Barthes, « Qu'est-ce que l'écriture ? » in *Le Degré zéro de l'écriture*, Paris, 1972, p. 15-20.

4 Sous titre de l'œuvre : « Sous le sujet de cette magnanime Pucelle est représentée une fille vaillante, chaste, sçavante et belle ».

qu'il a jugé à propos d'y ajouter est controuvé, et tient plus au Roman qu'à la vérité historique[1].

Si le dédain manifesté par les premiers commentateurs à l'endroit des romans de Béroalde prend la plupart du temps pour argument la médiocrité du style et l'obscurité du propos[2], on lui fait en outre grief, dans le cas particulier de la *Pucelle*, du mélange des genres, comme si les protestations de véridicité de l'auteur pouvaient réellement faire illusion. Mais la *vérité* est chez Verville un concept euphorique – comme la vertu ou l'honneur –, qu'il invoque volontiers, soulignant, à l'intention du lecteur, ses intentions didactiques ou édifiantes, et personne n'aurait l'idée saugrenue de lire l'ouvrage pour se documenter sur la personnalité de Jeanne d'Arc ou ses exploits guerriers. Alors, si la dimension historique, ou plutôt pseudo-historique, est sans grand intérêt (sauf à s'intéresser aux procédés et aux éléments mis en œuvre dans le processus de réécriture des événements), si le discours romanesque et les aventures sentimentales donnent lieu à des développements oiseux, que reste-t-il à sauver ?

Il nous semble que, si l'on prend le parti de passer assez rapidement sur les pages les plus verbeuses, on peut encore, aujourd'hui, tirer quelque plaisir de séquences isolées, de tableaux ou de parenthèses curieuses. La démarche naturelle du lecteur de romans s'inverse : nous ne sommes guère pressés de suivre le parcours picaresque de l'héroïne, le déploiement du thème narratif principal à travers l'espace et le temps

---

1 A. R. de Voyer, marquis de Paulmy d'Argenson et A. G. Contant d'Orville, *Mélanges tirés d'une grande bibliothèque* (1779-1788). [*La Pucelle*] XXII, vol. Y. « De la lecture des livres français » Septième suite de la huitième partie. « Romans du seizième siècle », section XV, Paris, 1781, p. 183.

2 *Cf.* Bayle : « [Béroalde] fit [...] plusieurs manieres de Roman, fort capables d'ennuier, et qui ne valent gueres mieux que les Écrits de Nerveze, et du sieur des Escuteaux. Il eût mieux fait peut-être de continuër à s'exercer sur les matieres par où il se mit au monde. » (*Dictionnaire historique et critique*, V[e] édition, Amsterdam, 1740, tome premier, première partie, article Béroalde, p. 538) – Paulmy d'Argenson, à propos de *La Pucelle* : « Cette production, dont le style est d'ailleurs fort diffus, très-obscur, et qui, presque toujours auroit besoin d'un Commentaire pour en expliquer le sens. » (*Loc. cit. supra*, p. 183) – Ch. Sorel : « Béroalde de Verville qui avoit l'esprit fertile en beaucoup de choses, avoit composé plusieurs Tomes des *Avantures de Floride*, avec son *Cabinet de Minerve*, en suite sa *Pucelle d'Orléans*, son *Histoire d'Herodias* et d'autres Ouvrages où il introduisait des Seigneurs et des Dames qui couroient diverses fortunes. Mais leurs entretiens n'estoient pas fort subtils. » (*La Bibliothèque françoise*, 2e édition, Paris, 1667, « Des Romans vray-semblables et des nouvelles », p. 177)

du « monde narré[1] ». Ce sont, paradoxalement, les passages que l'on sauterait « impunément » dans un texte passionnant[2] qui retiennent ici notre attention : pauses narratives, stases, digressions, récits enchâssés, descriptions qui peuvent présenter un charme particulier – ce qui est tout de même assez rare ! – ou nous retiennent par leur côté insolite, voire cocasse.

L'épisode de la tourterelle, au discours III, n'est pas dépourvu d'une certaine grâce, que ne gâchent pas les gloses amphigouriques auxquelles aurait pu se laisser aller l'auteur, toujours prompt à manifester son zèle pédagogique, s'il avait jugé bon d'en éclairer les éléments symboliques[3]. Le récit occupe moins de deux pages (le roman en compte plus de six cents) et se lit sans trop d'effort, en dépit d'une ponctuation réduite, comme ailleurs, à sa plus simple expression :

> Or [Filion] estoit il tant a droict qu'il tiroit mieux de l'arc que le meilleur Archer de son temps, et en faisoit gloire s'y exerçant continuellement, ayant avisé une dolente Tourterelle sur la branche seche perchée avec ses ennuis, prenant l'arc en main dit à la belle je vay faire un beau coup pour l'amour de vous, luy monstrant l'innocent oiseau qu'il s'asseuroit de tenir, tant il se fioit à son adresse accoutumée, ainsi couchant la fleche il ordonnoit son coup, la Pucelle autant prompte qu'adroicte eust assez tost choisi une fleche,

1 Terme emprunté à Jaap Lintvelt, *Essai de typologie narrative. « Le point de vue ». Théorie et analyse.* Paris, 1981.

2 *Cf.* les remarques de R. Barthes sur les « deux régimes de lecture » : « Nous ne lisons pas tout avec la même intensité de lecture ; un rythme s'établit, désinvolte, peu respectueux à l'égard de l'*intégrité* du texte ; l'avidité même de la connaissance nous entraîne à survoler ou à enjamber certains passages (pressentis « ennuyeux ») pour retrouver au plus vite les lieux brûlants de l'anecdote (qui sont toujours ses articulations : ce qui fait avancer le dévoilement de l'énigme ou du destin) : nous sautons impunément (personne ne nous voit) les descriptions, les explications, les considérations, les conversations ; nous sommes alors semblables à un spectateur de cabaret qui monterait sur la scène et hâterait le strip-tease de la danseuse, en lui ôtant prestement ses vêtements, *mais dans l'ordre*, c'est-à-dire : en respectant d'une part et en précipitant de l'autre les épisodes du rite (tel un prêtre qui *avalerait* sa messe). (*Le Plaisir du texte*, Paris, 1973, p. 14)

3 « La tourterelle [...] ne se réaccouple pas après un premier veuvage ; et cet oiseau que les Grecs consacrèrent jadis à Déméter et les Latins à Cérès, peut, tout aussi parfaitement que la colombe, symboliser la Chasteté, dans la symbolique chrétienne, que ce soit en célibat, en mariage ou en viduité. Saint Cyrille a chanté son intégrale pureté dans un petit poème où il célèbre aussi, d'après Elien, l'intégrité des mœurs d'une sorte de variété de tourterelle, le *Porphyrion* qui a, dit-il, si grande horreur de l'adultère qu'il se laisse mourir de faim, s'il en est l'involontaire témoin. » (Louis Charbonneau-Lassay, *op. cit. supra*, p. 497). Sur la symbolique particulièrement riche et complexe de la flèche, on se reportera au *Dictionnaire des symboles* de J. Chevalier et A. Gheerbrant, *op. cit. supra*, p. 445-447.

> et Filion n'eust pas l'oisir d'enforcer l'arc quelle n'en eust faict autant si que prenant justement le temps et suyvant d'une pointe vive celle du Prince elle l'attrape en l'air ayant si vistement descoché qu'avant que la fleche de Filion fut à l'oyseau elle en fut emportée à costé, ainsi les deux fleches croisées par cette brave attainte furent portéese l'autre costé du champ, c'est la première fois que le Prince à veu un si merveilleuxcoup, et à son desavantage qui pourtant lui plaist pource qu'il vient de si belle main : Quoy Belle luy dit-il vous avez fraudé mes dessins, pourquoy avez vous destourné le bien de mon esperance ne voulant pas que je vous face service ? Elle lui respondit modestement, Monsieur, mon intention n'a point esté contre la vostre que pour rien je ne vouderois destourner quand ja le pourrois, mais je desirois garentir de mal cet animal incoupable et vous monstrer que les Dames sont plus entieres en leurs entreprises que les Chevaliers qui cherchent en toutes leurs parties occasion de destruire, et nous desirons conserver, joinct que le pauvre Amour ne meritoit pas d'estre blessé encor qu'il residast en un cœur triste[1].

La scène est assurément desservie par la morbidesse de la syntaxe et le débraillé typographique, mais, quoique flirtant avec la mièvrerie, elle séduit par son maniérisme naïf et une indéniable fraîcheur. À la fin du même discours on s'arrêtera encore au songe de la Pucelle, dans lequel apparaît la « galère céleste », dont l'origine nous sera expliquée par une tardive analepse, au chapitre XIII[2]. Entre le vaisseau emporté dans les airs de l'*Histoire véritable* et les procédés ascensionnels imaginés, un peu plus tard, par Cyrano de Bergerac, la galère, conçue à partir des « memoires d'Heracleon », évoquera pour les modernes amateurs de science-fiction certains spationefs dont la structure, les dimensions ou les techniques de propulsion relèvent plus de la rêverie poétique que de l'anticipation – tels les immenses vaisseaux de Cordwainer Smith, dans le cycle des *Seigneurs de l'Instrumentalité*[3]. Pour le lecteur de l'époque, on peut supposer que la galère « admirable et magnifique » par l'aide de laquelle « on pouvoit s'eslever sur l'espois des aers plus solides au haut ainsi que sur les mers » n'était pas moins merveilleuse que les « vaisseaux planoformes » qui se jouent du temps et des distances interstellaires, les secrets d'Héracléon pas moins fascinants que les « chatons de la mère

1 Discours III, 14 v° et r°.

2 Discours XIII, « Le depart de la Pucelle pour venir en France et son arrivée és Ardennes », 142 v°.

3 C. Smith [Paul Linebarger], *Les Seigneurs de l'Instrumentalité*, Paris, 1980. Voir, par exemple, « La Dame aux étoiles » et « Le vaisseau d'or », tome 1, p. 8-38 et 127-139.

Hitton[1] ». Le rapprochement n'est sans doute pas très académique, mais, *mutatis mutandis*, l'horizon d'attente du lecteur en quête de livres « simplement plaisans », à quatre siècles d'intervalle, n'est pas si différent qu'on serait tenté de le croire : « Étonnez-moi, faites-moi rêver… »

L'auteur sait que son public n'est pas dupe, que les protestations vertueuses, l'intention moralisante ou allégorique sont de l'ordre du prétexte et cautionnent l'exhibition d'un savoir ludique associant les pratiques relevant de la magie, les « arts mechaniques » et les « technologies » futuristes. Sans doute le recul biaise-t-il notre perspective : telle médication ou rituel divinatoire qui nous paraissent surprenants sont en tout point conformes aux traités du temps. Ainsi de la réalisation du « talisman de connaissance[2] », qui s'inspire de « la science des ægyptiens, [des] preceptes des Kaldeans, et [des] pratiques des Arabes » : si « la figure du songe », « le simbole de verité » et « le carractere de souvenance » recouvrent des signifiés mal définis – ou admettent diverses interprétations hasardeuses –, la mention des « trois lettres radicales profetiques[3] » renvoie possiblement à Blaise de Vigenère[4] qui, dans son *Traicté des chiffres* expose longuement les principes de la *Zairagia* et fait observer que « les lettres sont apropriees au monde intelligible, où est le fondement, source et racine de toutes choses ; et les predictions qui s'en forment, plus certaines et infaillibles que celles des figures et nombres[5] ». Le talisman s'inscrit donc dans une isotopie où se combinent les thématiques de la connaissance, de l'initiation, de la révélation ou de l'élection. La lecture que nous faisons de ce passage trahit inévitablement l'*intentio auctoris* – et la trahison prend des formes diverses, en fonction

1 *Id.*, « La mère Hitton et ses chatons », tome 3, p. 6-38. Les « chatons » désignent, par euphémisme, des animaux d'une cruauté démentielle, utilisés comme armes télépathiques.

2 Discours V, 35 r°-36 r°.

3 Discours V, 35 v°.

4 « [Les] trois lettres meres, les Principes de toutes choses, Aleph, Mem, et Shin ; dont la premiere représente la *Paternité*, et l'unité des nombres simples lineaires ; la terre des vivants aussi : la seconde qui est au beau milieu de l'alphabet, et la quatriesme des dixaines, la filiation ou premier progrez ; et l'eau salutaire. Et la troisiesme qui est vers la fin, et la seconde des centaines, l'esprit et le feu qui anime tout l'univers et le maintient en son reel estre, comme fort elegamment le descrit le Poëte au 6. de l'Eneide. » « En ces trois lettres Hebraïques א *Aleph*, מ *Mem*, et ש *Shin*, qui s'appellent meres, sont contenus de fort grands mysteres. » B. de Vigenère, *Traicté des chiffres ou secretes manieres d'escrire*, Paris, 1587, 80 v° et 163 v°.

5 *Id.*, 161 r°.

de l'encyclopédie de chaque lecteur : détricotage érudit du secret de fabrication ou lecture ludique, plus ou moins décalée, de l'amateur de merveilleux, qui réinterprète le passage à la lumière anachronique de codes familiers, ou encore approche iconoclaste, irrévérencieuse du demi-habile. L'universitaire, rompu à l'exégèse, décèlera des sources ou des références inaccessibles au profane, sur quoi fonder de fragiles – et assez vaines – connivences ; le curieux, le lecteur de hasard, au gré d'un feuilletement désinvolte, s'amusera de formules de grimoire qu'il ne prendra guère plus au sérieux que les puérils enchantements d'*Harry Potter* ou les mystères du *Da Vinci Code*. Les anciens savoirs, les méthodes empiriques relégués au cabinet des curiosités, au catalogue des erreurs pré-scientifiques, ne subsistent que cocasses dînettes de sorcières, mirifiques alexipharmaques ou vénéfices pour grand-guignol. Le champ des savoirs – comme celui du sentiment, de la casuistique amoureuse, comme ceux de l'éthique ou de l'esthétique – est ouvert au saccage du temps, à l'incompréhension, à l'oubli. Là où l'auteur nous donne à entrevoir la puissance et le prix de « cognoissances necessaires », nous ne voyons que ridicules gadgets ou ésotérisme de bazar.

Faute de gloses ou d'annotations, on renoncera à en savoir plus sur le « grand Talisman qui lioit les Crocodiles à sept lieües à la ronde[1] » ou les « cancres des « sables dorez » qui, tirés de l'eau, « sentent avec l'air une soudaine transformation » et « se congellent en pierre rouge conservant leur entiere figure en toutes leurs parties[2] » ; on se découragera de chercher quels principes chimiques ou alchimiques dictent le choix des substances mises en œuvre dans le processus de trempe du harnois de l'Hermite guerrier[3]. Il suffit que l'on comprenne que le secret de l'artisan fait appel à un savoir réservé aux initiés, au rang

1 Discours IX, « Situation de l'Isle Simpsiquée en laquelle apres plusieurs voyages arrive Borandor Chevalier François », 87 r°. Voir, à ce propos, l'article de C. Mayeur-Jaouen, « Crocodiles et saints du Nil : du talisman au miracle », *Revue de l'histoire des Religions*, tome 17, n°4, 2000, p. 733-760.

2 *Id.*, 87 v°. Ces crabes qui se pétrifient dès qu'ils se trouvent exposés à l'air, souvent assimilés à des crustacés fossilisés, sont signalés dans de nombreux ouvrages scientifiques ultérieurs, reprenant à leur compte le témoignage de voyageurs ou de missionnaires ayant séjourné en Extrême-Orient.

3 Discours XXVIII, « Le Chevalier Brochard trouve un Hermite qui le console et conseille d'estre Hermite guerrier », 295 v°-296 r°. Sur la trempe des armes du chevalier, voir la relation du combat opposant Jacques de Lalain et Jean de Bonniface au Pas de Plours, dans les *Memoires* d'Olivier de La Marche : « Et disoit-on que ledit de Bonniface avoit

desquels se trouve promu le lecteur. L'instauration de cette connivence – qui participe du « pacte de lecture » – relève du jeu : la recette nous est confiée avec des précisions de détails extrêmes, alors même que les propriétés supposées des principaux ingrédients sont moins importantes que les connotations qui s'y attachent. Si nous ignorons que l'obtention du « sel de genevre » passe par une succession d'opérations complexes, que le millepertuis, « comme toutes les plantes à corolles jaunes, à racine jaune, à suc jaune » représentait « l'or, ou le soleil, symbole de l'or[1] », nous savons du moins que la mandragore est associée à diverses pratiques de caractère magique. Aurions-nous tort de penser que, sous tant de déclarations vertueuses, de bonnes intentions affichées en maintes occasions, se dissimule à peine une constante fascination pour un merveilleux non dépourvu d'ambiguïté ? L'ange du bizarre n'est jamais très loin et le saugrenu – souvent proche, à nos yeux, du ridicule – touche parfois à l'inquiétante étrangeté, voire à une baroque barbarie. De celle-ci, le châtiment de Sticourt et Samatond par la fée Astolerne[2] offre un exemple troublant, comme, de celle-là, le ravissement de Gizolée[3]. Dans ce dernier cas, l'anecdote, à quoi se résume l'un des nombreux récits secondaires inscrits dans les lacunes ou les blancs de la trame narrative, vaut par le tableau sur lequel se clôt l'un des plus brefs chapitres du roman, second volet d'un diptyque dont le premier serait constitué, au discours précédent, par le portrait d'Armoisin en « homme des bois » :

> Ce personnage avoit pour robbe une tunique faicte de natte tissuë mignonnement sur un reply de tresses d'ozier, son accoustrement pour la teste estoit de rayons de jonc entrelassé de cannes mollettes, sa chaussure se trouva estre de premier liege encor tendre, estofee pour assiette de lames de bois, le lit où il s'allongeoit en son sommeil estoit d'une paillasse de couty faicte d'escorce de peuplier empl des vollettantes papillottes cotenneuses qui sortant de la dent de Lion vont errant par les aers[4].

---

trempé son harnois d'une eaue, qui le tenoit si bon, que fer ne pouvoit prendre sus. » (*Les Memoires de Messire Olivier de La Marche*, Gand, 1567, p. 303)

1 Ferdinand Hoefer, *Histoire de la chimie. Depuis les temps les plus reculés jusqu'à notre époque*, Paris, 1842, tome premier, p. 231.

2 Discours VI, « L'avanture de Clotosilde, pour l'espée de Fierbois. Hugues de Tours fait punir les deux qui furent cause de la mort de sa fille. On [le] nomme le roy Hugon », 55 r°-57 v°.

3 Discours XXXIII, « La fortune d'Armoisin et de Gizolée », 313 v°.

4 Discours XXXII, « Ce que l'Hermitte guerrier trouva en sa grotte », 310 v° 311 r°.

À cette silhouette de clochard végétal, Cyparissus grotesque façon Arcimboldo, répond une quasi surréaliste allégorie de la perte. Il ne reste de l'épouse évanouie qu'un vêtement vide, abandonné au lieu même où se trouvait agenouillée l'instant d'avant cette autre Eurydice :

> À l'instant de l'air que ma mauvaise langue avança, elle s'esvanouit avec ses enfans ; J'allay pour voir ce qu'elle faisoit : Helas ô avanture unique et triste sur toutes, je ne trouvé plus ce corps aymé, ains seulement ses robes courbées au coffre : malheureux moy d'avoir proferé l'interdit[1].

Une fois encore nous nous trouvons en un « point d'accumulation » du texte, foyer de convergences isotopiques, « attracteur étrange » où interfèrent divers systèmes symboliques, autorisant autant d'approches, d'interprétations ou d'utilisations non exclusives les unes des autres. Faute de disposer des références érudites requises, on s'exposerait, à de dangereuses dérives herméneutiques, à des rapprochements d'ordre anecdotique avec, une fois encore, l'alchimie. Mais cela ne nous avancerait guère de convoquer ici Fulcanelli, Canseliet ou de voir dans l'irascible reclus un Démogorgon de fantaisie : déceler de possibles correspondances avec des codes alchimiques ne nous livre pas pour autant accès à un hypothétique « plus hault sens », ni même, plus modestement, à l'*intentio auctoris*. Rien n'interdit cependant d'apprécier le charme étrange de ce tableau, la vacuité mélancolique d'un souvenir de soie, suscitant l'émergence d'anamnèses, d'images tirées de notre propre encyclopédie : la « femme dans le coffre » de la *Vénus d'Urbin*[2] *ou Les Cornes du désir* de Magritte[3].

Le châtiment de Sticourt et Samatond se présente comme une mise en scène de la cruauté, une longue hypotypose d'un raffinement sombre et morbide, dont le sadisme méticuleux oblitère la médiocrité stylistique du passage. Les deux odieux suborneurs sont confiés à Astolerne, « la bonne vieille », qui les soumet à un supplice combinant l'enfermement, la souffrance physique, la solitude, les tourments

1 *Loc. cit. supra*, note 52.

2 Voir l'essai de D. Arasse : « La femme dans le coffre » in *On n'y voit rien – Descriptions*, Paris, 2000, p. 107-152.

3 Nous avons déjà fait état de ces apparentements dans une communication : « Notes sur l'esthétique romanesque de Béroalde de Verville » in *Mateo Alemán et les voies du roman au tournant des* XVI*e et* XVII*e siècles* (actes du colloque CÉRES XVI-XVII, Poitiers 27-29 janvier 2000), Université de Poitiers, 2001.

de l'attente et l'angoisse. Relégués dans une « tour quarrée », isolés « chaqu'un à part soy » dans une « petite chambrette », enchaînés de surcroît dans une cage de fer, « les deux misérables » ne reçoivent de l'extérieur qu'un peu de jour, le bruit des échafauds qu'on dresse sur la place toute proche, les échos des conversations supputant leur exécution prochaine : « Ainsi outre leur mal et douleur criminelle, ils attendoyent souvent la mort. » À cette torture fondée sur la réclusion et les affres de l'appréhension, s'ajoutent les meurtrissures et les plaies, la douleur constamment renouvelée, le poids du dispositif complexe qui les entrave, décrit avec un luxe de précisions qu'on peut rapprocher des images atroces du *Théâtre des cruautés*[1], aussi bien que des noires scénographies du roman gothique :

> Ils avoyent les jambes percées au dessus de la cheville des pieds ou passoyent des anneaux de fer avec des chaisnes [...] ces perduz avoyent à chasque fesse une boucle de fer de demy pied de diamettre, autour du col portoyent colliers à clous comme dogues, et estoyent un peu offencez des pointes se baissans trop leurs mains estoyent limitées par les chesnes qui tenoyent aux cuisses : En tous les endroits musculeux du corps ils avoyent des annelets qui estoyent chargez de boules de fer selon le poids proportionnel que le lieu pouvoit en porter [...] Ils avoyent aussi la peau de la teste bouclée et garnie de boulettes en cinq endroits, et les gras des jambes percés en deux lieux [...] et pour couverture au bas du ventre portoyent une forte maille rivée aux boucles du ventre pendante jusques prez les genoux.

Tirés de temps à autre de leurs cachots, les deux « perfides banqueroutiers d'honneur » sont conduits par les couloirs de leur bastille, comme pour s'entendre signifier leur arrêt de mort et, sur le trajet de de cette déambulation, « sanglez de foüets où [pendent] des aiguillons acerrez ». Une fois ou deux la semaine, « selon le mandement de la Dame », ils sont encore « punis d'escourgées sur le ventre et par tout », puis roulés « sans esgard tout du long du grand escalier » avant de regagner leur cellule. Afin que le châtiment se prolonge, on ajoute à leur pain quotidien « l'aesurin mistique », « extrait de l'essence nourrissante du vegetant universel[2] » et

1 R. Verstegan, *Theatre des cruautez des hereticques de nostre temps*, Anvers, 1588.

2 Il serait sans doute aussi vain de rechercher, dans les traités de médecine spagyrique ou le corpus paracelsien, la nature exacte de ces substances mirifiques que de s'obstiner à identifier les signes cabalistiques gravés au « talisman de vérité ».

> ce qui sans qu'ils y prissent garde estoit leur plus deplorable condition, est que dans leur pain estoit aussi meslée l'essence anodine extraite de la racine du safran breton, a l'ocasion dequoy ayant repeu ils s'entoyent une douceur d'intervalle de leurs peines, et cependant aussi cette viande collait de plus en plus le corps à l'esprit et l'esprit au corps.

Comme les grands suppliciés du Tartare, Sticourt et Samatond ne voient jamais le bout de leur peine ; la médication de longue vie qu'on leur administre les voue à une expiation qui ne connaît pas de fin et à l'abandon de toute espérance. Après que, lassée de vivre, Astolerne aura « donné voye à son âme », les deux misérables, « pource que ceux qui les pensoyent les negligeoyent », demeureront

> dessechez en leurs corps sans nourriture et les tours antiques se ruynans sur eux, les ont couverts et enfonçez en leurs grottes, où les esprits collez aux vains sceletes, sont devenuz ombres legeres attachées à leurs chaines, et tels les void on comme inportuns fantausmes tracer par fois és lieux designés à leur penitence errans tout nuit par les endroicts divers où ils avoyent accoustumé d'estre chassez en leur misere qu'ils trainent encor avec leurs liens pour peine eternelle de leur meschanceté[1].

Ce pathos macabre, qu'il conviendrait de replacer dans son contexte pour en apprécier l'originalité, appelle évidemment divers rapprochements plus ou moins légitimes. Les « maistres du mestier » jugeront sans doute superficiels ou iconoclastes certains apparentements insoucieux des chronologies littéraires ou des catégories esthétiques. Cela n'empêchera pas le cinéphile de songer au troisième meurtre de *Seven*[2] – dans le film, les antibiotiques ont remplacé « l'aesurin mistique » ! – ou le mélomane au *Requiem* de Thierry Lancino. En fin de compte, si le roman de Béroalde présente aujourd'hui encore un certain intérêt – en dehors des investigations académiques –, c'est en raison de ces quelques tableaux ou épisodes relevant d'une invention baroque, voire saugrenue.

L'anecdote n'échappe d'ailleurs pas toujours au ridicule ou au mauvais goût, du moins tels que définis selon nos propres critères. Le badinage

1 Toutes les expressions ou citations guillemetées dans ce passage renvoient aux dernières pages du discours VI, indiquées *supra*, note 56.
2 Film de David Fincher (États-Unis, 1995).

galant d'Arcosandre et les minauderies de la Pucelle, au discours XII, sont d'une parfaite niaiserie :

> Ces deux heureux, Elle pour estre honoree du plus parfaict des amants, luy pour avoir le plus digne subject entre les mortelles, devisant le hoquet prit à la Pucelle laquelle prompte et gentille en ses petites boutades luy dit, m'aymez vous bien je vous donne mon hoquet. ARCOSANDRE. Je vous ayme comme ma vie, je le reçoy. LA PUCELLE. Le hoquet m'a repris c'est signe que vous ne m'aymez guere, voyla comment les affections humaines sont propos que l'air emporte, et qui s'y pourra fier? Arcosandre coulant ce petit deplaisir en son ame se retira de la troupe sitost que ce subjet debatu ne tint plus la compagnie[1].

Ces enfantillages amoureux autour d'un malencontreux hoquet siéent assez mal à « une si parfaicte guerrière », appelée à un destin hors du commun, même s'il est vrai – nous y reviendrons – que les personnages, à commencer par l'héroïne, ne présentent pas un haut degré de consistance. Le discours XXVI nous offre encore un exemple qui nous laisse perplexes quant aux intentions de l'auteur, dont on se demande une fois de plus si c'est involontairement qu'il fait rimer galantise et balourdise – ou s'il y met quelque finauderie. Il s'agit de l'anecdote relatant l'institution, par Philippe le Bon, de l'ordre de la Toison d'or en l'honneur d'Isabelle de Portugal, suite à « une des plus notables rencontres et plus chastement gouvernée qui ait onques esté remarquée ». La future épouse du duc, se trouvant dans ses appartements en compagnie de ses suivantes,

> fut advisée par les autres et pour la première fois de lever la delicatesse du poil mignard qui douillettement croist és lieux plus recellez, et que par honneur on destourne des yeux de peur de profaner le centre de perfection, ainsi ayant osté cette mignonne superfluité elle l'envelopa dans un papier pour puis apres le commettre aux flames. Or comme on ne s'avise pas tousjours exactement de ce qu'on faict sans artifice, ce petit paquet demeura sur la table, et le Duc ayant pris oportunité d'entrer apres que la bonne femme gouvernante luy eut permis, desja les filles estans presque remises en leur estat de sortir, vint seul en la chambre, ou il surprit les belles, arrivant tout deliberé et encor plus de les trouver joyeuses, et en gayeté nouvelle, s'aprochant de sa maistresse, il va mettre la main sur le papier destiné au feu. Ysabel aperçevant ce hazard se leve pour empescher le Prince d'ouvrir ce petit secret, les autres

1 Discours XII, « Les Amours de Arcosandre pour le subject de la Pucelle », 124 v°.

> luy donnent secours, luy qui void tant de delicatz effortz, estime que ce peu est de consequence, doncq'il se determine à le voir, et l'ouvrant vit la petite toison follette n'agueres separee de son subject[1].

On devine la confusion de la belle, qui fond en larmes, et celle, non moins grande du fiancé trop curieux, qui, en manière d'excuses, se confond en élégances amphigouriques. Après quoi,

> cette petite querelle appaisée le Duc retourna chez soy, ou s'employant particulièrement à l'invention d'un ordre dont il vouloit honorer ses bons Chevaliers et l'ayant assez premedité, il choisit la Toison d'or pour deux raisons, l'une affin d'apaiser sa maistresse luy donnant à entendre que ce qu'il prenoit estoit pour la cause qui n'estoit cogneuë que d'elle et de ses familieres, l'autre qui est seul motif de son intention, pour inciter les gens de bien à ce que meritans ils eussent un pris notable de leurs valleurs, et ce à l'envy et imitation de ces laborieux Argaunautes qui ouvrans le chemin à la vertu, ont tiré apres eux tous ceux qui depuis ont faict vœu de s'adonner aux actes magnanimes[2].

Ce qu'il y a ici de singulier, c'est la réévaluation euphorique d'un motif traditionnellement associé à des situations dégradantes ou cocasses, relevant d'un comique gaulois des plus frustes[3], dont le *Moyen de parvenir* offre au moins deux exemples[4]. Verville adapte et reprend à son compte, dans ce passage, une anecdote rapportée par plusieurs auteurs avec quelques variantes et plus ou moins de précision. Selon Prosper de Barante,

> on racontait [que Philippe] aimait beaucoup une dame de Bruges ; et ce fut en son honneur, selon un bruit populaire, qu'il institua ce fameux ordre de la Toison d'Or, le plus grand ornement sans doute de la fête de son mariage, et qui lui sembla toujours depuis un des plus beaux signes de sa gloire et de sa puissance. On disait qu'il avait voulu venger cette dame des moqueries de quelques seigneurs de sa cour, et leur proposer pour objet d'ambition et d'envie un souvenir de cette couleur dorée qu'ils avaient indiscrètement raillée[5]. »

1 Discours XXVI, « Le combat de la Pucelle et d'Ormodonte qui la recognoissant fut cause du bien des affaires de Sclavorette. L'institution de la Toison d'or », 279 r° et v°.

2 *Ibid.*, 280 v°-281 r°.

3 Voir par exemple, à propos du « barbier de maujoinct », A. Tissier, *Recueil de farces (1450-1550)*, Genève, 1986, tome I, p. 378, note.

4 « Avarice des avocats reprise par le conte d'une femme dont on n'avait fait le poil que d'un côté » et « Le marinier de Quillebœuf [*sic*] ne reconnaît plus sa femme, parce qu'elle se l'était fait tondre », chapitre 42, « Diète » (d'après la table analytique des chapitres, éd. Garnier, s. d.).

5 P. de Barante, *Histoire des ducs de Bourgogne*, tome V, Paris, 1837, p. 230.

Le baron de Barante, qui n'indique pas ses sources, a pu s'inspirer du dictionnaire de Bayle, un peu moins euphémique :

> Voici un fait plus curieux qu'honnête, que l'on trouve dans les *Recueils* du Sieur Colomiés. « J'ay ouï dire à M. Vossius, qu'il se souvenoit d'avoir lû dans une Chronique Flamande, que Philippe Duc de Bourgogne, surnommé le *Bon*, avait institué l'Ordre de la Toison d'or, sur la rencontre qu'il avoit faite d'un poil de sa Maîtresse, qui estoit de couleur jaune. Ce que j'ay trouvé confirmé par André Favin, au commencement du second volume de son Théatre d'honneur[1]. »

Mais c'est la mention d'André Favyn qui, dans cet article, est particulièrement intéressante, dans la mesure où la version qu'il donne de cette affaire, d'une truculente concision, est très proche du scénario repris dans *La Pucelle* :

> Ledict Duc Philippes gouvernant avec beaucoup de privauté, une Dame de Bruges doüee d'une exquise beauté, et entrant du matin en sa Chambre, trouva sur sa Toilette de la Toison de son Païs d'Embas, dont ceste Dame mal soigneuse donna suject de rire aux Gentils-hommes suivants dudict Duc, qui pour couvrir ce mystere, fit serment que tel s'estoit moqué de telle Toison, qui n'avoit pas l'honneur de porter un Collier d'un ordre de la Toison qu'il designoit d'establir pour l'Amour de sa Dame[2].

Tous ces textes, postérieurs au roman de Béroalde, ne permettent pas de déterminer à coup sûr l'origine de l'anecdote – la mystérieuse « chronique flamande » –, ni la façon dont l'auteur en aurait eu connaissance : lecture directe ou, plus vraisemblablement, récit de seconde main. Problèmes d'érudits. L'important pour nous n'est pas là, mais bien dans la réinterprétation qui en est faite. Le « fait plus curieux qu'honnête », selon la formule de Bayle est présenté ici comme « rencontre » piquante, prétexte

1 P. Bayle, *Dictionnaire historique et critique*, V^e édition, Amsterdam, 1740, tome I, p. 639. Anecdote reprise, à quelques variantes près, par divers auteurs des XVIIe et XVIIIe siècles. Voir par exemple M. Misson, *Nouveau voyage d'Italie*, 3e édition, La Haye, 1698, tome 3, p. 137.

2 A. Favyn, *Le Theatre d'Honneur et de Chevalerie*, Paris, 1620, p. 944. On trouve encore une version sensiblement différente dans l'*Histoire de l'ordre de la Toison d'or* de F. de Reiffenberg : « Philippe [...] avait eu vingt-quatre maîtresses, et de leurs cheveux avait fait tresser un lac [*sic*] d'amour, au milieu duquel une mèche dorée de Marie Crombrugge, en attirant les regards, provoquait les railleries des courtisans. Le prince, instruit de leurs malignes observations, promit que tel qui se moquait de cette *toison* la tiendrait bientôt à grand honneur. » (F. A. F. T. de Reiffenberg, *Histoire de l'ordre de la Toison d'or*, Bruxelles, 1830, p. XXIV-XXV.

à madrigaliser ; les sous-entendus scabreux sont évacués, l'incident, d'une certaine manière, moralisé, puisque la « dame gouvernée avec beaucoup de privauté » de Favyn se mue en chaste « maîtresse », promise à de proches épousailles.

Cet exemple est significatif de la transposition des données historiques, légendaires ou anecdotiques dans un registre relevant du *kitsch* romanesque avant la lettre – entendons par là une catégorie esthétique associant la fioriture et la médiocrité, la surcharge ornementale, l'outrance rhétorique, le phébus et l'indigence du propos, la bien-pensance ou la banalité du discours moral[1].

La plupart des observations d'Abraham Moles sur la littérature kitsch[2] sont parfaitement applicables à la *Pucelle*, qu'elles portent sur les personnages – codes onomastiques et traits constitutifs –, les paradigmes narratifs ou l'écriture même.

Pour ce qui concerne les personnages, nous passerons rapidement sur les problèmes d'identification qui peuvent tracasser notre lecteur paranoïaque. Nos souvenirs scolaires ne nous permettront pas toujours de reconnaître pour tels certains personnages historiques, dont le nom, de surcroît, se présente sous des graphies incertaines. Si Charles VII, Agnès Sorel ou Jacques Cœur ne présentent guère de difficulté, Gaucourt, Hongrefort ou Perrinet nous arrêteront peut-être un peu plus longtemps, tout comme Glacidas, « Sclales », « Fastol », « la belle Pariseulte de Bunduic » ou « le chevalier Brochard » ; pour ces derniers, la seule question qui se pose est celle de savoir s'ils ont ou non existé, s'ils sont homonymes de personnes ayant vécu en leur temps dans notre monde empirique – et nous serions tenté de dire que cela n'a pas toujours beaucoup d'intérêt.

Plus intéressant est le statut de quelques personnages « flottants » ou « hybrides », affublés de noms faisant office de masques, conférant un semblant d'existence à des entités sans visages, personnages à la Chirico égarés dans les bois du roman ou les méandres de l'intertexte. Quel est le « statut ontologique » de cet Hugues de Tours, père de

1 A. Moles : « Le kitsch est éternel [...] Le Kitsch est [...] un phénomène social universel, permanent, de grande envergure. » (*Psychologie du kitsch. L'art du bonheur*, Paris, 1977)

2 Voir notamment le chapitre 7 de l'ouvrage cité : « Vie et litérature kitsch », p. 99-111.

Clotosilde et ancien « roi de Fèz », que l'on appelle aussi « le roy Hugon », improbable collage de traits empruntés à l'histoire, à la légende, à la tradition littéraire[1] ? Et celui, de la Pucelle, qui multiplie hétéronymes et hypostases ? Tout nous ramène au « kitsch » évoqué plus haut, des codes les plus évidents de la littérature romanesque et galante, de la dénomination des personnages – certains n'ayant d'ailleurs d'autre fonction dans le dispositif textuel que de s'y trouver nommés – à leur constitution en tant que tels. Si nous laissons de côté la question de possibles anagrammes et les références intertextuelles – qui réclament une collaboration plus étroite du lecteur –, les noms renvoyant à des êtres de fiction fonctionnent d'abord comme des *schibboleth*, de discrets signes de connivence rassurant le consommateur de romans, qui les reconnaît comme éléments d'un code familier. Dans la « littérature pour classes moyennes et petit-bourgeois, pour bonnes et petits employés, pour midinettes et pour rêver », note Abraham Moles, l'héroïne « ne s'appelle pas Mado, mais Magdalena, non Brigitte, mais Brunehilde[2] ». C'est, à peu de chose près, ce que nous observons dans la *Pucelle*, comme dans beaucoup d'autres productions du moment : noms à l'antique, noms exotiques ou moyenâgeux répondent à l'horizon d'attente de l'amateur, qui se retrouve en étrange pays dans son pays lui-même par la seule vertu de combinaisons consonantiques scabreuses : Zmielbe, Blepte, Glibelte, Barzife ou de ricochets onomastiques se répondant de chapitre en chapitre : Melgonde, Artalonde, Tarondale, Salmonde, Marcondor… Il en va différemment pour les « actants » qui jouent un rôle moins accessoire, moins ponctuel, qui ont une « histoire », une existence antérieure, dans le monde réel ou dans l'univers fabulatif, une fonction moins convenue, moins stéréotypée. Nous avons suggéré plus haut le côté hybride, composite ou protéiforme de quelques-uns, notamment du « roi Hugues », évoqué dans la longue analepse du discours VI, relatant les tribulations de Clotosilde. Si l'Histoire a connu un Hugues de Tours contemporain de Charlemagne, qui l'aurait envoyé en

1 V.-L. Saulnier faisait déjà observer que, dans le *Moyen de parvenir*, Béroalde, à propos des personnages et des événements, se fonde sur des « notes historiques, exacte chacune mais combinées de telle sorte que l'enchevêtrement et les liaisons fallacieuses les confondent (« Étude sur Béroalde de Verville. Introduction à la lecture du *Moyen de parvenir* », *Bibliothèque d'Humanisme et Renaissance*, V, 1944, p. 309).

2 *Op. cit.*, p. 100-101.

mission à Constantinople, il semblerait qu'il ait surtout vécu en Alsace ; ses filles s'appelaient Ermengarde, Adélaïde et Berthe, il n'a jamais été « roi de Fez ». Mais on apprend que la belle Clotosilde « demeuroit avec son Pere lequel se tenoit encor au viel Chasteau qui de present en ruyne est appellée la Tour du feu Roy Hugon ». Le roi Hugon, « empereur de Constantinople » est le père de Jacqueline, qui donnera le jour à Galien, héros éponyme de *Galien Restauré*, geste populaire où l'on retrouve Charlemagne, instigateur malgré lui, dans le récit de Béroalde, des menées criminelles de Sticourt et Samatond[1]... Ainsi se télescopent histoire, légende et littérature. Le personnage-protée finit pas se dissiper comme un phantasme, se confondant avec les spectres errants de ceux qu'il a fait justement châtier. Relisons le titre du chapitre : « [...] Hugues de Tours fait punir les deux qui furent cause de la mort de sa fille. On *les* nomme le Roy Hugon ». L'histoire tragique de Galeron et Clotosilde peut ainsi être lue comme une sorte de récit étiologique révélant l'origine d'une superstition locale, histoire de farfadets ou de revenants, dont la chasse nocturne aurait été conduite par un mystérieux Hugon[2]. La construction du personnage procède du double principe de cumulation et de synesthésie, observé par Moles[3] : traits redondants et/ou contradictoires, qui finissent par s'annuler d'eux-mêmes, la superfétation conduisant à l'effondrement du sens.

Si le personnage de la Pucelle survit et conserve une certaine cohérence en dépit de ses nombreux avatars ou métamorphoses, c'est précisément par cette démultiplication des rôles et des identités que l'héroïne assume successivement. À chacune de ses hypostases, correspond un hétéronyme, purement circonstanciel et périphrastique dans certains cas – « le chevalier au Chérubin », « le chevalier Séparé » ; renvoyant dans d'autres à telle ou telle qualité particulière de la Pucelle – « Foydamante », « la belle Delite ». « Janne » et « Méroflée » sont les deux identités « historiques » du personnage, celles sous lesquelles il se manifeste dans le récit de fiction, aussi bien que dans les annales et chroniques[4]. Au-dessus

---

1 *Histoire des nobles prouesses et vaillances de Galien Restauré, Fils du Noble Olivier le Marquis et de la belle Jacqueline fille du Roy Hugon Empereur de Constantinople*, Lyon, 1575.

2 Voir à ce sujet le *Grand Dictionnaire géographique, historique et critique* d'A. Bruzen de La Martinière, Paris, 1768, tome 6, p. 1002.

3 *Op. cit.*, chapitre 6, « Les principes du kitsch », p. 59-74.

4 On notera à ce propos que « Méroflée » est un nom emprunté aux chroniques mérovingiennes et non une simple forgerie verbale : « Cherebert autrement nommé Aribert l'aisné

du jeu des travestissements, des substitutions et des métamorphoses, la Pucelle apparaît comme une figure archétypale, voire allégorique, d'une féminité idéale parée de toutes les vertus. Au même titre que la vierge guerrière d'Orléans (« Jeanne » pour le lecteur et pour l'Histoire, « Méroflée » pour le romancier et la réécriture fictive), la Pucelle s'incarne au présent, c'est-à-dire dans le temps de l'écriture, en la personne de l'inspiratrice anonyme – et apparemment peu sensible à l'hommage qui lui est rendu. Le jeu des métamorphoses tourne à la mascarade, le réel déboule dans l'écriture. Le chevalier Brochard[1] est pris dans la mêlée d'un ultime combat, la belle indifférente quitte le champ de bataille sans tambour ni trompette, l'auteur jette l'éponge…

« La dilatation kitsch, l'extrême dans le sentiment se révèlent dans l'inadéquation au réel. Il s'agit bien ici d'une littérature d'évasion[2]. » C'est en raison même de cette *inadéquation au réel* que le roman est voué à l'inachèvement : dans la mesure où l'héroïne-gigogne n'assume ses différents rôles que par dévolutions successives, la confrontation à son modèle – l'incarnation – la piège dans un temps et un espace empiriques où elle ne peut exister. Le roman fonctionne selon un mécanisme comparable – quoique antisymétrique – à celui de la boîte du chat de Schrödinger. À la fin de l'expérience, le chat est mort : il ne faut pas ouvrir la boîte, il ne faut pas refermer le livre. Le retour au réel dissipe les spectres, effarouche les fantoches, les « vivants sans entrailles ». L'histoire est *nécessairement* une histoire sans fin, ce que ne pouvait guère admettre le lecteur de romans, qui, s'il n'acceptait pas la feinte excuse de l'auteur, faisait effort d'imagination pour trouver une conclusion acceptable – c'est-à-dire heureuse – aux aventures de la Pucelle :

> S'il est possible de renchérir sur les traits de la folle imagination de Béroalde de Verville, on peut supposer qu'Aldonze et Colizerpe furent chercher à Karantière le fameux vaisseau qui les avoit portées dans la forêt d'Ardennes, qu'elles le conduisirent sur la place du vieux Marché à Rouen, et qu'au moment où la

de tous les freres espousa une femme nommee Ingobergue, laquelle avoit avec elle pour l'accompagner et servir, deux jeunes pucelles de grande beauté, qui estoient filles d'un povre laboureur, l'une nommee Marcovese, l'autre Meroflee. » (Du Haillan, *L'Histoire de France*, Paris, 1576, p. 57).

1 Sur Pierre Brochard, sieur de Marigny, « liberal Mœcene », voir notre édition de *L'Histoire des vers qui filent la soye*, Paris, 2001, p. 112, note 1.

2 A. Moles, *op. cit.*, p. 106.

> Pucelle alloit être attachée au bûcher, elles l'enleverent, et l'ayant placée au milieu d'elles, elles prirent, à travers les airs, la route de l'Isle de Sympsiquée[1].

Mais nous ne sommes pas chez Diderot ni Queneau. Ceci n'est pas « un conte à votre façon ». Il ne nous est pas demandé de nous substituer à l'auteur défaillant, d'entrer dans le jeu… Cet inachèvement du texte, dont l'auteur voudrait nous faire croire qu'il se ramène à une cause anecdotique – brouille ou dépit, « effet du dédain » – est un élément indispensable au fonctionnement du dispositif, à la mise en place d'un chronotope évoquant les structures aberrantes de certains univers topologiques. Le début *in medias res*, comme les nombreuses parenthèses déchronologiques et la troncature du récit font du livre un objet déconcertant, dont les singularités peuvent être réévaluées, aujourd'hui, à la lumière d'autres lectures. Il faudrait citer ici, une fois encore, Barthes : « Une œuvre est éternelle non parce qu'elle impose un sens unique à des hommes différents, mais parce qu'elle suggère des sens différents à un homme unique […] l'œuvre propose, l'homme dispose[2]. » Ou, mieux, le romancier Theodor Kallifatides, qui prête à l'un de ses personnages la réflexion suivante : « Pour l'essentiel, je pense que ce qu'il y a dans les livres soit ne signifie rien du tout, soit signifie autre chose[3]. »

C'est sur cette métamorphose du roman, adultéré par le temps, que le lecteur « naïf » peut fonder une approche sans doute quelque peu irrévérencieuse, voire ludique, relevant de l'*utilisation* plus que de l'*interprétation*, une lecture « désirante », à la billebaude, privilégiant les apparentements anachroniques, la recherche de l'insolite ou la traque du « plagiat par anticipation » plutôt que l'investigation érudite. Après Roussel et Perec, Joyce ou Guyotat, *Finnegan's Wake* ou *Grabinoulor*, ayant connu l'ère du soupçon, le temps du bricolage, les pastiches et les détournements, les dispositifs textuels délirants, les livres-monstres de Stefano d'Arrigo ou Mark Z. Danielewski, le lecteur post-moderne, confronté à l'illisible sauve l'œuvre en y inscrivant, indéfiniment, les traces de ses enquêtes, de ses errements. « L'histoire sans fin » est celle, aussi, de ces lectures toujours recommencées, anachroniques, irrévérencieuses

1 Marquis de Paulmy, *loc. cit. supra*, note 39, p. 183-210.
2 R. Barthes, *Critique et vérité*, Paris, 1966, p. 51-52.
3 Theodor Kallifatides, *Juste un crime*, Paris, 2011, p. 261.

ou béotiennes, qui, indifférentes aux modes, aux diktats de la critique et aux critères du bon goût, assurent au livre, malgré tout, une forme d'immortalité. Celle, peut-être, que souhaitait inconsciemment l'auteur laissant son récit en suspens, faisant ainsi « quelque chose » pour rester dans la mémoire de ceux qui ne l'auraient pas connu[1]...

Michel RENAUD
Université Charles-de-Gaulle – Lille 3

1 Nous paraphrasons, bien sûr, Kundera. *Cf. L'Immortalité*, Paris, 1993, p. 248.

GOMBERVILLE, *L'EXIL DE POLEXANDRE ET D'ERICLÉE* (1619), OU POURQUOI SURESNES ?

On pourrait commencer par une citation de Gomberville, consacrée à ce qu'il nomme une « furieuse passion », et qui sied bien au polygraphe qu'il fut :

> La passion d'écrire n'est pas autre, ny aux Roys, ny en leurs sugets, sinon qu'elle est un peu plus glorieuse, et plus louäble, qu'est celle de baiser un chien tout haletant & tout baveux, apres la prise de quelque beste ; qu'est celle de se jecter à genoux devant une femme, pour l'obliger à nous permettre que nous luy baisions la main ; ou qu'est celle de regretter la mort d'un Singe ou d'un Oyseau, mesme avecques les larmes, comme ont faict autres-fois de très-sages et de très-vaillants Monarques[1].

C'est sous le signe de cette passion que l'on placera *L'Exil de Polexandre et d'Ericlée*, paru en 1619. La date est importante, outre le fait qu'elle correspond à l'objet de la journée d'étude. Le roman, d'environ sept cent pages[2], est l'œuvre d'un jeune auteur, puisque Gomberville naît en 1600 ou 1601. La tentation (chez le critique…) peut alors être forte de voir dans cette première apparition d'une figure, Polexandre, appelée à constituer et à consacrer, sous ses diverses variations textuelles,

---

1 *Discours des vertus et des vices de l'Histoire et la masniere de la bien escrire*, Paris, Toussainct du Bray, 1620, p. 157-158.

2 On a consulté l'exemplaire qui se trouve à la bibliothèque de l'Arsenal à Paris, et qui est semble-t-il le seul exemplaire consultable dans une bibliothèque européenne. Il nous faut également souligner que cet exemplaire contient des problèmes de pagination, et de pages manquantes, ce dont nous n'avons pas pu ici tenir compte ; signalons encore que par principe nous avons essayé – mais d'une façon pas toujours satisfaisante, de respecter et la graphie et la ponctuation du texte. Pour en savoir plus sur toutes ces questions, et avoir une vision générale du roman, on consultera avec profit la notice que lui consacre Bernard Teyssandier dans *Fictions narratives en prose de l'âge baroque – Répertoire analytique (1611-1623)*, sous la direction de Frank Greiner, Paris, Classiques Garnier, 2014, p. 486-495.

Gomberville comme auteur, et, partant, à désigner par synecdoque le roman et/ou le romanesque de toute cette période, comme un *Urtext*, mais juvénile, un essai, une première ébauche[1] : et ainsi de tenir les caractéristiques de ce roman, notamment les effets perpétuels d'inachèvement des diverses histoires enchâssées, pour des éléments encore inaboutis mais qu'éclaireraient, comme à rebours, les Polexandres ultérieurs[2]. Ce ne serait pas le « tout est déjà là », *in nucleo*, mais au contraire une œuvre incomplète que les suites permettraient de comprendre, donc comme dans un effet d'intertextualité rétrospective. Ce danger interprétatif en cache un autre (comme les ermites, et aussi les pèlerins…) : cet *Exil…* n'est pas du tout une œuvre solitaire, isolée. Elle est notamment précédée en 1614 d'un *Tableau du bonheur de la vieillesse opposée au malheur de la jeunesse, composé en quatrains* (à coup sûr une œuvre de jeunesse mais pas une œuvre autobiographique…), de divers poèmes et elle est suivie en 1620 d'un *Discours des vertus et des vices de l'Histoire et la masniere de la bien escrire* (d'où est tirée notre citation inaugurale), discours sur lequel nous reviendrons ultérieurement. Dans l'œuvre même de Gomberville, il paraît de ce fait judicieux de contextualiser l'*Exil de Polexandre et d'Ericlée* d'une autre façon que la tradition critique, donc ici en le considérant comme abouti dans son inaboutissement même : en 1619, précisément, et tout particulièrement dans cette double perspective moraliste et historienne, donc, clairement, *politique*, dans un contexte historique qui l'est tout autant, marqué notamment, on le sait, par les applications parfois conflictuelles de l'édit de Nantes, par le conflit entre Louis XIII et Marie de Médicis, par l'ascension de Luynes….

Le récit-cadre du roman se situe géographiquement en Méditerranée occidentale, en mer et sur terre, principalement en Italie et dans l'actuelle Afrique du Nord. Un seul petit élément, mentionné comme par inadvertance, mais qui va avoir son importance, permet de dater historiquement les aventures de deux couples, Aligénor et Eolinde, ainsi que Séphize et Euridice : la mort d'Henri II, survenue le 10 juillet 1559[3]. Voici un très bref résumé de l'histoire, au sens de Gérard Genette – parce

1 Dans le souci de rendre justice à ce roman, on ne se réfèrera ici nullement aux « versions » postérieures.

2 Voici cette suite : *L'Exil de Polexandre*, Paris, T. du Bray, 1629 ; *Polexandre*, T. du Bray, 1632 ; *Polexandre*, T. du Bray, 1641 ; *La Jeune Alcidiane*, Paris, A. Courbé, 1651.

3 *Op. cit.*, p. 200.

que forcément le récit est beaucoup plus compliqué.... : séparations, déguisements et travestissements, emprisonnements, fausses morts, et diverses autres méprises n'empêcheront pas ces quatre amants de se trouver enfin heureusement réunis, près de Naples, au château du cap d'Ange.

Il est heureux du reste, pour leur santé mentale, que ce quatuor du cap d'Ange, à la différence des personnages de la seconde partie du Don Quichotte, ignore qu'il se trouve dans un roman intitulé l'*Exil de Polexandre et d'Ericlée*. En effet vers la fin du récit, alors que leurs aventures semblent avoir pris fin (mais au XVIIe siècle on ne saurait jamais le jurer avant la dernière page...), ils vont en effet se trouver possesseurs d'un livret intitulé, précisément, l'*Exil de Polexandre et d'Ericlée*... Mise en abyme ? Effet de metalepse ? Tout se passe en effet comme si le titre du roman ne renvoyait pas au contenu thématique du roman (jusqu'ici, nul Polexandre, nulle Ericlée, et encore moins leur exil) mais à cet objet manuscrit trouvé à la fin, et donc comme si ce dernier était l'objet même d'une quête, pourtant bien involontaire, du quatuor dont nous suivons les aventures depuis environ 500 pages. C'est donc en toute logique sur ce livret, et son insertion dans le roman, que va porter notre interrogation.

Dans ce livret, rassurons tout de suite tout le monde, il sera bel et bien (et enfin !) question de Polexandre et d'Ericlée, surtout de Polexandre en fait[1]. Il y a quelques différences notables avec le reste du roman. Le cadre historique et le cadre géographique y sont très extrêmement précis, et fort proches, voire très familiers, des lecteurs (qu'on imagine surtout parisiens) de 1619. Tout comme l'est une préoccupation massivement présente : celle de la religion, et pour être encore plus précis, celle des *pratiques* religieuses. En revanche la forte mortalité du personnel romanesque secondaire, les actes de cruauté et de violence, et les interruptions brutales des récits (celles-ci étant souvent expliqués par ceux-là) perdurent, à ceci près qu'elles apparaissent moins comme conventions d'un genre que comme souvenirs encore présents d'un passé très proche.

Le père de Polexandre, qui a des charges militaires importantes, meurt en Piémont, d'un coup d'arquebuse lors du siège de Carignano (Carignan), soit en 1544, et sa mère conséquemment meurt de chagrin.

1 Même si le nom de Polexandre était déjà apparu précédemment, p 388, réveillant ainsi sans doute l'attente, ou ravivant l'amusement, c'est selon, du lecteur...

De ce fait placé sous la protection du Roi, et du Dauphin[1], le fort jeune et fort orphelin Polexandre arrive à la cour. L'action principale est donc parisienne : le Louvre, les faubourgs Saint-Honoré, le bois de Boulogne, et pour finir Suresnes, et le Mont-Valérien. Il y aura bien deux histoires enchâssées pour nous faire voyager, l'une dans les Alpes, l'autre à Rome et à Jérusalem – mais au moins dans ce second cas avec un grand souci de réalisme. Presque fatalement à la cour Polexandre tombe amoureux (et réciproquement) de la jeune, vertueuse et belle, forcément belle, et forcément vertueuse, et forcément jeune, Ericlée. Bravant un interdit royal il participe, sous une identité masquée, à un tournoi. Il remporte le tournoi, et avec cette victoire s'ouvre la promesse du mariage avec Ericlée, et la succession de son père aux armées. Un rival (de gloire ? d'amour ? le récit n'est guère précis sur ce point) lui envoie un cartel, Polexandre remporte le duel, tue son adversaire mystérieux, et comme il s'agit d'un favori du Roi, nommé Ménandre, il est recherché, pour avoir la tête tranchée.

Ce qui est lu du livret – car un élément extérieur va interrompre cette lecture, et mettre du même coup fin au roman lui-même – pourrait se résumer ainsi : une ascension, puis une chute. Comme le récit promet, au moins thématiquement, un troisième temps, celui de l'exil, on comprend qu'il est dans la suite logique de cette lecture. Autant le dire clairement, la logique – ou disons peut-être le vraisemblable – comme la lecture du texte, s'arrête là. Au-delà, ce vont être bien des questions. Ou, pour le dire peut-être autrement, on rentre alors dans un roman aux sentiers qui bifurquent… Ou des chemins qui ne mènent nulle part. Nulle part ? Peut-être pas, mais, dans une géométrie/spatialisation singulière, en points (plus ou moins diamétralement) opposés…

Cependant il serait injuste de dissimuler plus longtemps l'élément le plus frappant, le plus extra-ordinaire, ou en reprenant une terminologie plus proche du roman, le plus *rare* et le plus *admirable* du livret, et en fait de tout le roman. Polexandre, après le duel, sa vie menacée, erre dans le bois de Boulogne, et aperçoit le Mont-Valérien (donc Suresnes), où se trouvent, ce qui est historiquement attesté, des ermites. Dans sa logique de héros amoureux lui vient une idée :

1 Donc vraisemblablement François Ier et le futur Henri II. Signalons cependant qu'à regarder de plus près les différents fils chronologiques du roman, tout ne s'ajuste pas toujours aussi parfaitement.

> Il n'est pas possible de vous dire le trouble extraordinaire que les fantaisies de Polexandre luy fesoient en l'ame, il se laisse emporter au caprice de son cheval, & n'a point d'autre obiect deuant les yeux que la mort du grand Menandre, la perte des bonnes graces de son Roy, & la cruelle separatiō de sa maistresse. Comme il erre entre ses violentes passions, il se trouve au pied du Mont Valériẽ assez pres de Surenne, ceste veüe, qui luy osta de la pensée tout ce qu'il s'y figuroit, le fit resoudre de visiter les hermites qui viuent sur le sommet de cette montagne, & l'amour qui luy remettoit tousiours sa maistresse devãt les yeux, luy donne l'inuention de se reuetir en hermite, & d'aller auecques cest habit visiter Ericlée[1].

En code proaïrétique, on dirait : « se-déguiser[2] ». Mais une bifurcation se produit : Polexandre a aussi des remords de la mort de Ménandre. Il va donc se confesser auprès du « Général » (*sic*) des ermites, nommé Hilarion, ce qui est au XVIIe siècle une véritable antonomase pour désigner un ermite. C'est donc moins à *un* ermite que se confesse Polexandre, qu'à l'Ermite même. Et tout en lui apportant le pardon après cette confession, Hilarion lui déclare, en un geste encore plus surprenant que Dark Vador devant le jeune Luke Skywalker : *je suis ta mère*[3]. Et non seulement il le dit, mais il, c'est-à-dire elle, le prouve… Le récit emprunte alors de ce fait une nouvelle bifurcation, d'autant qu'une analepse va suivre, de la fausse mort de la mère jusqu'à son arrivée au Mont Valérien, et qui contient elle-même une histoire enchâssée, celle d'une certaine Clorice.

On est donc ici dans un cas de figure bien connu, dûment typologisé par Aristote et ô combien plus par ses commentateurs, la *scène de reconnaissance*. Mais cette scène est ici aussi étonnante qu'apparemment gratuite. Polexandre n'y apprend rien sur son identité (modèle Œdipe), sa situation malheureuse ne change pas d'un iota (modèle Ulysse). Tout ce qu'il apprend, c'est que sa mère vit encore, contrairement à ce qu'il croyait, mais qu'elle est retirée au monde. Beaucoup de bruit pour rien ? Peut-être pas, à condition d'examiner les preuves que fournit Hilarion. Là, pour reprendre encore *S/Z* de Roland Barthes, c'est le code herméneutique qui va nous donner du fil à tordre et à retordre, d'autant que cette *reconnaissance* se joue en deux temps.

---

1 *Op. cit.*, p. 581-582.

2 Ce qui arrive dans toutes les histoires contenues dans ce roman, avec une prédilection très marquée pour l'habit de pèlerin.

3 *Op. cit.*, p. 586.

Dans un premier temps Hilarion va produire trois objets : deux portraits (l'un du père de Polexandre, l'un de Polexandre tout jeune), et le certificat de baptême de Polexandre. Ce dernier est pratiquement convaincu, à un détail près :

> Toutes ces merueilles adioustant admirations sur admirations, forcerent Polexandre de dire à cest hermite, encore que tous mes sens & ma raison me deffendent de croire à mes yeux, & à mes oreilles, toutefois si vous estes femme, ie seray cõntraint de croire que vous estes indubitablement ma mere. Helas mon cher fils, respond ceste bonne dame, s'il ne tient qu'à cela que vous ne doutiez plus de la verité, voyez ce Sein, qui malgré la honteuse delicatesse des grandes de ce temps (*sic*), a pris autrefois un incomparable plaisir à vous donner la premiere nourriture. Disant cela, elle luy monstroit vne poitrine, à qui les rides de la viellesse, ny l'austerité de sa vie n'auoient pas encore osté les marques d'vne fraîche et admirable blancheur : alors Polexandre vaincu par tant de tesmoignages [...][1].

Mais si l'on joue ici les Hercule Poirot, on ne peut avoir qu'une seule certitude : cet ermite est une femme, et encore, ce serait un Hercule Poirot bien innocent, et qui ne connaîtrait rien aux théories *queer.* puisqu'on n'aura en effet tout au plus vu la partie supérieure d'un corps de femme, un sein, comme si c'était une sirène par exemple. Or la possession des objets ne vaut pas pour identité. Et quant au sein, que prouve-t-il ? *Ton sein n'est pas flétri, donc tu es ma mère ?* Ce serait là un bien curieux syllogisme, et qui ferait certainement ricaner plus d'un psychanalyste.

La reconnaissance se joue alors peut-être sur un autre plan. Hilarion a peut-être été la mère de Polexandre, mais il/elle n'est plus de ce monde. Sur son sein, le temps n'a pas de prise, car il/elle est atemporel(le). Il a donné la première nourriture, parce qu'il la donne encore, il la donnera toujours. Car *première* peut s'entendre ici comme supérieure, comme on peut le lire dans le dictionnaire de Furetière : « **PREMIER**, se dit aussi pour marquer la qualité, une distinction de rang. Dieu est le ***premier*** des estres, la cause *premiere.* Le ***premier*** Prince du sang. [...]. Virgile est le ***premier*** Poëte des Latins ; Ciceron le ***premier*** de leurs Orateurs. Socrate estoit le ***premier*** homme de son siecle pour la Morale ».

Hilarion est donc, en même temps que la mère de Polexandre (et l'on peut repenser ici à la théorie des deux corps de Jésus, et de l'Eglise,

1 *Op. cit.*, p. 590.

qui servirent de modèle selon Ernst Kantorowicz aux monarchies européennes), une figuration mariale de l'Eglise. D'où sans doute, la production du certificat de baptême, cette vraie naissance pour un catholique, car tel est le contexte, profondément catholique, on y reviendra, du roman. Et s'étonnera-t-on alors dans ces conditions que soient aussi produits le portrait du père et le portrait du fils ? On ajoutera même, à l'adresse de Polexandre : bienheureux ceux qui croiront sans avoir vu[1]. La scène de reconnaissance ici, ce n'est donc pas que Polexandre retrouve sa maman, piètre événement au regard de tout ce qui lui arrive, et qui ne change rien à rien, mais qu'il renoue avec son origine (le baptême), qu'il retrouve à Suresnes son vrai lieu, la foi catholique, la communauté des fidèles, « nôtre Mere Sainte Eglise », comme disent alors les catholiques.

On trouvera peut-être ici que cette analyse exagère ; c'est peut-être qu'on ne connaît pas la suite du récit. Après avoir raconté sa vie depuis sa fausse mort (sa ré-surrection, donc, en un sens…), et s'être fait reconnaître des autres ermites, Hilarion meurt comme le meilleur des ermites possibles, c'est-à-dire en odeur de sainteté, en un passage un peu long, mais essentiel :

> Polexandre cependant bruslant d'une passion aussi ardante pour Dieu, qu'il avoit autrefois esté pour Ericlee, ne songe plus qu'à sa saincte mere, la baise un million de fois, & supplie ces hermittes de luy donner un de leurs habits : celuy qui avoit deux luy en donna un, si bien que voyla nostre Polexandre, de favory, Amoureux, d'Amoureux, guerrier, de guerrier, exilé, & d'exilé hermite. Dés la poincte du iour, Polexandre estant demeuré avec un autre hermite, autour du corps de sa mere, les autres descendent aux villages prochains, & publient cette merveille : Un d'entreux qui preschoit parfaitemēt bien, & qui pour lors avoit une des premieres chaires de Paris, y fut prescher ce iour-là, pource que c'estoit durant les Avants de Noël, & apres mille belles paroles fit tout son sermon de la mort de cette saincte Dame. Ces miracles estonnent & ravissent tous les auditeurs, à peine ont-ils le loisir d'attendre que le sermon soit finy pour aller voir cette nouveauté, en moins de six heures tout le Mont-Valeriē fut si couvert de monde, qu'il fallut rompre la Chapelle ou ce S. corps estoit à genoux, tant l'ardeur de voir ce miracle y faisoit aborder du peuple. Mille differantes personnes, atteintes de plusieurs maux incurables, furent gueries, pour auoir seulement touché à la robbe de ceste saincte, l'Evesque de Paris & tout son Clergé y fut, en procession, & ordonna que ce sainct corps seroit transferé dans l'Eglise nostre dame : douze des hermites furent

1 Hilarion semble en effet présenter la preuve par les yeux comme secondaire du point de vue de la vérité.

> choisis pour le porter : mais ny eux, ny tous ceux qui essayerent de la lever, ne furent pas seulement capables de l'esbranler. En fin l'Evesque cognoissant par ce miracle que ce sainct corps vouloit demeurer là, s'en retourne, & passe par le Louvre pour en advertir leurs Majestez, & toute la Cour, et en mesme temps dépesche un Courier devers le sainct Père, pour luy donner ioye de ce nouueau enrichissement de l'Eglise. Le Roy ayant appris que cette saincte estoit mere de Polexandre, oublia aussi tost tout le mal qu'il luy vouloit, & commanda a un exempt de sçauoir de ses gens ou il s'estoit retiré ; cependant nostre hermite mit un de ses compagnons en sa place, & descend a regret de ce Mont où il avoit vû tant de merueilles, & vient trouver le Roy qui estoit alors aux tournelles. Le commandement que le Roy luy auoit faict faire de ne se trouver d'un an dans la Cour, encore qu'il le menace, s'il est recognu d'une peine extraordinaire, ne peut toutefois le retenir, qu'il n'entre iusques dedans la chãmbre de la Reyne ou le Roy estoit, il supplie l'Huissier du cabinet d'advertir le Roy, qu'un hermite du Mont Valerië desire tres humblement de parler à sa Majesté[1].

Or le récit contenu dans le livret s'arrête là, sa lecture est interrompue, et partant le roman lui-même[2].

Rassemblons donc quelques fils.

La bifurcation de destin de Polexandre est clairement soulignée : favori, amoureux, guerrier, exilé, ermite… Et on pourrait ajouter d'orphelin à … orphelin[3]. Seulement ce destin n'est pas clos. L'entrevue avec le Roi sera-t-elle celle d'un ermite, qui vient renoncer au monde, ou d'un amoureux qui en reviendrait à son premier dessein, et n'aurait donc d'ermite que l'habit ? Quant à l'exil, c'est jusqu'ici plus un statut juridique (le bannissement) qu'une épreuve inscrite dans le temps. À moins que l'exil ne soit celui qui va succéder à ce dénouement qui semblait tout dénouer, et qui de toute évidence ne l'a pas fait. De même on s'interrogera sur la présence simultanée (en supposant que le mystérieux inconnu gravement blessé et qui était possesseur du livret soit Polexandre) d'Ériclée déguisée en pèlerin, mais gravement malade, que le même quatuor initial a recueillie ; c'est

1 *Op. cit.*, p. 632-636.

2 Signalons ce que fait Laurence Plazenet de cet inachèvement propre à l'écriture romanesque de Gomberville, dans *L'Ébahissement et la délectation*, Paris, Champion, collection « Lumières classiques », 1997, p. 346 : « Tous portent la marque de l'insatisfaction de l'auteur à l'égard du projet romanesque conventionnel et cherchent à transcender le récit d'une intrigue amoureuse : au-delà des variations du sujet, du contexte temporel et spatial, les ouvrages qu'il publie de 1619 à 1632 remettent systématiquement en cause la narration du voyage d'un couple d'amants ».

3 Mais autrement : tout revient, mais à un autre point, comme dans le modèle bien connu de la spirale…

du reste l'annonce d'une aggravation soudaine de son état de santé qui interrompt et la lecture et le roman : magnétisme de l'amour ou détachement du monde ? Poursuit-elle ou fuit-elle Polexandre ? Renoncerait-elle, elle aussi, à l'instar d'Hilarion, au monde ? Ces incertitudes sont consubstantielles au roman, où quasiment aucune histoire n'est achevée. Ainsi, en retournant en France, le futur Hilarion rencontre, en une grotte des Alpes, une jeune fille, Clorice, en sang, attachée. Elle (Hilarion étant du genre féminin) la délivre, Clorice raconte son histoire, elle est interrompue par le bruit d'hommes qui arrivent, elle dit savoir qui ils sont (ce qui n'est pas le cas du lecteur, soulignons-le…), et est enlevée en réalité par de parfaits inconnus (pour elle, et conséquemment encore plus, si l'on ose dire, pour le lecteur) : fin de l'histoire de Clorice. Ce que l'on peut peut-être noter, ce sont tous les effets de *duplication*, entre les histoires, et au sein d'une même histoire, comme s'il fallait qu'un même événement (*a priori* unique) ait lieu deux fois, ce qui nous renverrait ici plutôt à une structure symbolique : se déguiser, voire se travestir, tomber amoureux (même si c'est un néologisme dû Marivaux), être en exil, mourir. Mourir, surtout, peut-être : cela pose un problème du point de vue du réalisme, mais s'avère fort riche du point de vue des dogmes catholiques…

À l'inverse on soulignera le parcours (symboliquement, encore plus que géographiquement) rectiligne, orthodoxe, du futur Hilarion. C'est une mort au monde (de fausses funérailles, des cheveux coupés, des habits d'homme revêtus) pour une seconde vie. Ce qui la sauve du chagrin de son veuvage, c'est un programme délibéré (et individuel) de dévotion. Revêtir l'habit de pèlerin, pour elle, c'est le devenir :

> Apres mille maux i'arrivay à Rome, ou comme Pelerin ie baise les pieds de notre sainct Père, je visitay toutes les Eglises, ie gaignay toutes les indulgences, et ne laissay rien à voir de tout ce que la devotion nous rend cher et venerable[1].

Elle se rend ensuite à Notre-Dame de Lorette, et finalement à Jérusalem, accomplissant ainsi en quelque sorte un programme complet de pélerinage :

> […] i'admiray toutes les singularitez que tous les Cosmographes deduisent particulierement, que ie ne veux pas vous ennuyer en les racontant[2].

1 *Op. cit.*, p. 594-595.

2 *Ibid.*, p. 569.

Outre cette importance du savoir (il y aura aussi, près de Jérusalem, la description de la tombe d'un Musulman curieusement idolâtre[1], et, dans les Alpes, un hommage appuyé à la poésie et aux beaux vers), on note surtout ici la réaffirmation, toute post-tridentine, d'une pratique catholique moquée par des humanistes comme Érasme, et condamnée comme pure superstition par les protestants[2]. Comme Hilarion était l'Ermite, ici ce pèlerin est le Pèlerin, avec son parcours catholiquement complet : les trois plus hauts lieux (Rome, Lorette, Jérusalem), et le culte marial. Post-tridentine, disions-nous, car si diégétiquement le roman se situe avant les guerres de religion, référentiellement il se situe après, bel et bien en 1619, et donc sans doute voilà pourquoi le choix de Suresnes, lieu qui fut occupé par des ermites jusqu'après la Révolution, et lieu de pèlerinage très familier pour les Parisiens. Cet affleurement perpétuel du présent n'est guère surprenant (certains critiques ont cru aussi reconnaître, dans une autre histoire enchâssée, Henri IV) si l'on songe par exemple au *Discours des vertus et des vices de l'Histoire et la masniere de la bien escrire* de 1620. Conventionnellement Gomberville y examine les auteurs-autorités de la discipline (Thucydide, Tite-Live…) mais incessamment sa plume saute temporellement jusqu'au présent[3], et avec des opinions fort tranchées : la Saint-Barthélémy est une bonne idée mais mal exécutée, la mort d'Henri IV est une vengeance divine pour s'être rebellé contre le roi[4], la maison d'Albret est juste rétablie dans son rang, l'Église ne doit pas s'immiscer dans le pouvoir temporel[5]…. Gomberville dit donc ici trois choses : j'ai le savoir, je prends parti, je réfléchis de façon critique

1 Curiosité que le roman signale comme telle, en soulignant combien cette pratique individuelle est, pour le coup, hétérodoxe dans le monde de l'islam.

2 Sur tous ces points, comme pour la suite des analyses, on consultera avec profit l'ouvrage de Jean Sainsaulieu, *Études sur la vie érémétique en France de la Contre-Réforme à la Restauration*, thèse présentée devant l'Université de Paris IV, le 28 juin 1973, Service de reproduction des thèses Université de Lille III, 1974.

3 On renverra ici aux analyses d'Alexandre Zotos, et au beau titre de son article, « Gomberville et le démon de l'histoire », dans le recueil collectif, *Prémices et Floraison de l'âge classique – Mélanges en l'honneur de Jean Jehasse*, Publications de l'Université de Saint-Étienne, 1995, p. 179-195.

4 Il est ainsi doublement condamné, dans son existence publique comme dans son existence privée, puisqu'il y a aussi toute sa vie amoureuse… En revanche le portrait fourni de son prédécesseur Henri III est extrêmement positif.

5 *Discours des vertus et des vices de l'Histoire…*, *op. cit.* : « mon Curé me peut bien excommunier, mais il ne me sçaurait empêcher de succéder à mon Père » (p. 109), et : « et je ne croierai jamais, quoy que puisse dire tout le Collège des cardinaux, que celuy qui a tant

au monde dans lequel je vis, c'est-à-dire une société issue de guerres civiles, et *au nom* de la religion, dira-t-on pour anticiper.

Or ce motif des guerres civiles se retrouve précisément dans l'histoire de Clorice. Son père, jaloux maladif, fait par divers moyens souffrir son épouse (et sa fille), avant de la faire tuer par des hommes de main. Le cousin de cette épouse traque les hommes de main (dont un prêtre), les torture non sans sadisme (un sadisme par anticipation…), saisit le Parlement, fait condamner le mari et ses comparses. Une vendetta s'ensuit entre les deux maisons, puis se transforme en guerre civile généralisée, chacun prenant parti. Est-on loin ici des guerres de religion ? Pas du tout, si l'on considère que c'est de la même façon une inimitié d'ordre privé entre deux Maisons[1] – que Gomberville explique dans *le Discours* le début des guerres de religion. La suite de la vie d'Hilarion confirmerait ce schéma post-tridentin : de pèlerin à ermite[2], d'ermite à sainte, alimentant donc à son tour un nouveau pèlerinage…

Mais ce destin orthodoxe l'est de façon singulière : orthodoxe mais tout le temps dans la marge de cette orthodoxie, non pas excentrique, mais tout le temps excentré, ou exception venant – pour une fois ? – confirmer la règle, et non s'opposer à elle. On pouvait déjà s'interroger sur la façon dont l'Église pourrait considérer de fausses funérailles. On rajouterait au dossier le travestissement en homme. Formellement interdit par la Tradition (dans le Deutéronome[3].), il peut être casuistiquement admis (il y a des cas dans la *Légende dorée* par exemple, il y a peut-être surtout toute la réhabilitation de la figure de Jeanne d'Arc) : pour sauver sa virginité, pour sauver la foi, pour sauver le royaume[4]… On continuerait

de fois dit que son Royaume n'estoit pas de ce monde, ayt donné l'auctorité à ceux qui le représentent en terre d'y établir une domination temporelle » (p. 110).

1 Ainsi à propos des rapports entre d'un côté la Maison de Lorraine et de l'autre celles de Bourbon et de Montmorency : « au commencement de ces divisions il sembloit que ce ne deut estre que de petites querelles entre ces Maisons […] » (*op. cit.*, p. 113).

2 Il faut souligner un évident parallélisme entre les deux pratiques du pèlerinage et de l'érémitisme : elles sont l'objet de fortes critiques au XVIe siècle, elles reconnaissent le même regain vigoureux au XVIIe siècle, au point de susciter, de la part des institutions de l'Église te du pouvoir monarchique, une attention accrue, faite autant de bienveillance que de surveillance.

3 *La Bible*, traduction de Le maître de Sacy, Paris, Robert Laffont, collections Bouquins, 1990, p. 230a.

4 Voir à ce propos Sylvie Steinberg, *La Confusion des sexes. Le travestissement de la Renaissance à la Révolution*, Paris, Fayard, 2001.

par la question des pèlerinages, certes encouragés institutionnellement, mais justement dans le contrôle de l'institution, pas sous cette forme individuelle, spontanée, et qui cumule deux des trois suspicions des pouvoirs contre les pèlerins non encadrés : le vagabondage, et la curiosité (le tourisme dirait-on peut-être aujourd'hui)[1]. On aboutirait alors surtout à la délicate question de l'érémitisme, façon de ne plus être au monde, tout en continuant à jouer un certain rôle social (spirituel et/ ou temporel), et de ne pas non plus être dans les règles de l'Église : du reste il y a alors de nombreux conflits entre ermites et ordres réguliers (concernant la question de la quête par exemple), et des regards quelque peu méfiants des évêques, qui vont se mettre à multiplier au cours du siècle des règlements sur ces questions. On aura noté aussi que le corps mort de la sainte va refuser de quitter le Mont Valérien, restant ainsi excentré, aussi géographiquement que symboliquement, par rapport au cœur de l'Église comme institution que serait la cathédrale parisienne de Notre-Dame. Une soumission, donc (à l'évêque, au Pape, au concile), mais dans l'*irrégularité*[2]. Cet *Exil de Polexandre et d'Ericlée*, tant dans sa composition que ses motifs, apparaît donc comme celui d'un ordre irrégulier ; ni rebelle ni transgressif, mais toujours dans le pas de côté : toujours un peu *exilé*, en somme…

Frédéric BRIOT
Université Charles-de-Gaulle – Lille 3

1 Le dernier est le brigandage, question qui ne se pose pas ici.

2 On pourrait songer ici à la notion d'*idiorythmie* et aux analyses qu'en propose Roland Barthes dans *Comment vivre ensemble*, cours et séminaires au Collège de France, texte établi par Claude Coste, Paris, Seuil/Imec, 2002, ou aux stimulantes rêveries de Pascal Quignard autour de Port-Royal dans *Sur l'idée d'une communauté de solitaires*, Paris, Arléa, 2015.

TROISIÈME PARTIE

AMOURS TRAGIQUES

L'APOSTROPHE ET LE MOUVEMENT ORATOIRE DANS LES ROMANS DE NERVÈZE

On connaît la fortune critique d'Antoine de Nervèze. Ce que l'on nomma « le style Nervèze » fut pris sous le feu de lecteurs sévères, très tôt et durablement. Le romancier connait certes actuellement une certaine réhabilitation, initiée par l'étude que Roger Zuber lui a consacrée en 1981, et, s'écartant du débat pour ou contre Nervèze, la réflexion sur le roman dévot a permis d'ouvrir le dossier sur nouveaux frais, tout particulièrement avec les travaux de Nancy Oddo et de Frank Greiner[1]. L'un des arguments récurrents sous la plume de ses détracteurs concerne l'uniformité du style, notamment dans les discours, qui constituent une forme essentielle des romans, au point que leur effacement reviendrait à réduire certains de ces récits à une trame narrative bien mince. Dans son article sur « L'insertion épistolaire dans le roman sentimental de Nervèze » paru en 1994, Yves Giraud, par ailleurs éditeur de ses *Essais poétiques*, écrit ainsi :

> [...] il semble que les personnages parlent comme ils écrivent, dans une langue apprêtée, chargée de lieux communs et de sentences, d'une rhétorique oratoire pesante, sans aucune spontanéité, sans aucune « détente ». Sans même de marques d'épistolarité pas plus qu'il n'y a de marques d'oralité dans les dialogues. De ce côté donc, le déficit est sensible et le roman a encore bien des progrès à faire[2].

---

1 Roger Zuber, « Grandeur et misère du style Nervèze », dans J. Lafond (dir.), *L'Automne de la Renaissance*, Vrin, 1981, repris dans *Les Émerveillements de la raison. Classicismes littéraires du XVIIᵉ siècle français*, Paris, Kincksieck, 1997, p. 83-95 ; Frank Greiner, *Les Amours romanesques de la fin des guerres de religion au temps de « L'Astrée », 1585-1628 : fictions narratives et représentations culturelles*, Paris, Champion, 2008 ; Nancy Oddo, « Antoine de Nervèze : pieux Protée ou caméléon mondain ? », *Littératures classiques*, nº 31, automne 1997, p. 39-62 ; *id.*, « L'émergence du roman dévot en France à la fin du XVIᵉ siècle », dans Fr. Wild (dir.), *Genre et société*, Université de Nancy 2, 2000, t. I, p. 198-213.

2 Yves Giraud, « L'insertion épistolaire dans le roman sentimental de Nervèze », dans Cl. Lachet (dir.), *Les Genres insérés dans le roman*, Lyon, CEDIC, Université Lyon 3, 1994,

Sans doute l'étude des romans de Nervèze implique-t-elle moins la stylistique que la rhétorique : à première lecture, il n'apparaît pas de singularité de la voix des personnages, et l'on observe moins des variations qu'une unité de l'expression. Encore faudrait-il y regarder de plus près, ne serait-ce que parce que la question des patrons rhétoriques est délicate. Si vraiment les personnages parlent comme ils écrivent, est-ce à dire que l'arrière-plan serait celui de l'épistolaire ? À moins que ce ne soit le contraire, en supposant des personnages dont les lettres reprendraient des formes caractéristiques de leurs discours. Ou bien faut-il aller chercher des modèles ailleurs, sans qu'il soit question ni de conversation familière ni d'épistolaire ?

L'impression d'uniformité formelle que procure la lecture des romans de Nervèze mérite un examen précis, en interrogeant en particulier le dispositif énonciatif des discours : la figure de l'apostrophe apparaît alors comme un outil précieux dans la discrimination des modèles et le repérage des enjeux rhétoriques et stylistiques, dans un massif textuel où peuvent sembler ténues les différences d'un roman à l'autre, d'un personnage à l'autre, d'un genre à l'autre. Bien qu'elle soit une figure au statut ambigu pour le lecteur moderne, entre comble de l'artifice et expression des passions, l'apostrophe est en effet une forme susceptible d'éclairer l'écriture du discours, dans la mesure où elle imprègne les prises de parole et contribue à poser des distinctions de genre, en particulier entre discours oral et lettre, mais aussi à établir des nuances dans les enjeux assignés à la voix narratoriale.

Si la langue moderne conçoit généralement l'apostrophe comme une forme d'adresse directe, une interpellation brusque, on notera l'absence de cette définition dans les dictionnaires de l'âge classique qui, outre sa valeur typographique correspondant à une élision vocalique, retiennent son sens rhétorique :

> Apostrophe est aussi une figure de Rhetorique, par laquelle l'Orateur adresse la parole à ses auditeurs, ou à sa partie même, à d'illustres morts, et encore à des choses animées, comme à des tombeaux, et autres monuments[1].

p. 113-126, ici p. 123.

1 Furetière, *Dictionnaire universel*, La Haye-Rotterdam, Arnout et Reinier Leers, 1690. De même dans le *Dictionnaire de l'Académie française* de 1694 : « Terme dogmatique, figure de Rhetorique, par laquelle on adresse la parole à quelque personne, ou à quelque chose comme si c'estoit une personne. »

Les dictionnaires de rhétoriques actuels reprennent cette définition de l'apostrophe comme figure, en soulignant en particulier l'effet de rupture énonciative qu'elle produit :

> Figure par laquelle l'orateur, au milieu de son discours, se détourne de son public pour s'adresser à quelque personne ou objet particulier. L'apostrophe peut prendre pour objet les êtres présents ou les absents, les vivants ou les morts, enfin des êtres animés ou inanimés[1].

Cette interprétation de l'apostrophe, est bien avérée au moment où écrit Nervèze, et l'on pourrait citer dès le milieu du XVIe siècle *La rhetorique françoise* de Fouquelin ou quelques décennies plus tard le traité de Louis de Grenade, ou encore un peu plus tard l'ouvrage de Charles Vialart comme le *Tableau de l'éloquence françoise* publié en 1632, qui tous reprennent et développent une définition de tradition antique, présente chez Quintilien par exemple[2]. Dans un chapitre consacré à « la manière d'animer un discours », le traité de Vialart distingue différentes figures aptes à soutenir l'attention du public :

> Ces figures sont de trois sortes. Les unes regardent le subject dont il s'agit, c'est à dire la personne, la chose ou l'action dont on traite ; les autres regardent les personnes devant qui on parle, ou qui peuvent y prendre interest ; et les autres sont de simples mouvemens de l'Orateur[3].

La deuxième catégorie, se fondant sur des formes de la persuasion, « celles qui nous font adresser notre discours à quelques personnes, ou feindre quelques paroles[4] », se déploie dans des types de discours bien précis, tels que l'exhortation, la prière, l'imprécation, ou l'expression de la colère pour « tancer » ; c'est notamment dans ce dernier ordre d'expression que se situe l'apostrophe, « s'adressant tantost à Dieu, tantost aux hommes, ou bien mesme aux choses inanimées ». On remarquera

1 Henri Morier, *Dictionnaire de poétique et de rhétorique* [1961], Paris, PUF, 1989.

2 Antoine Fouquelin, *La rhetorique françoise*, Paris, Wechel, 1557 : « Apostrophe ou Aversion, est une manière d'interruption, quand nous détournons notre propos d'un personnage ou autre chose à un autre [...] car aucune foys l'Apostrophe se fait à une personne humaine [...] Quelquesfois on destourne son propos des hommes aus dieux », p. 45 ; Louis de Grenade, *La Rhétorique de l'Eglise, ou l'Éloquence des Prédicateurs*, Paris, Jean Villette, 1698 [publié en latin en 1576 sous le titre *Ecclesiasticae rhetoricae*], notamment p. 326 ; Charles Vialart, *Tableau de l'éloquence françoise. Où se voit la maniere de bien escrire*, Paris, [sans nom], 1632.

3 Ch. Vialart, *Tableau de l'éloquence françoise*, *op. cit.*, p. 297.

4 *Ibid.* p. 304.

que Vialart, tout en rappelant le statut figuré de l'apostrophe, note dans le même temps son caractère « si ordinaire » qu'il ne lui semble pas nécessaire d'en produire des exemples, ce qui la fait glisser aussi dans une certaine mesure du côté de son interprétation moderne.

Dans les romans de Nervèze, chaque discours des personnages ou presque comporte son lot d'adresses, dont certaines correspondent à l'interpellation, alors que d'autres relèvent de la figure rhétorique, l'une et l'autre se trouvant bien souvent réunies dans un même passage. Elles sont particulièrement fréquentes à l'initiale du propos, par une mention teintée d'affectivité de celui ou de celle à qui l'on s'adresse, telle Marizée ouvrant une complainte au cri de « Voicy, mes chers enfans, le remede salutaire qui nous doit purger de tous nos maux[1] », mais parfois aussi de manière plus appuyée :

> Pouvez-vous bien **mes yeux**, regarder la clarté avec asseurance apres avoir laschement abandonné ceux ausquels vous fistes jadis homage ? [...] Me puis-je souvenir de l'Adieu que je vous dis, **Marizee**, sans oublier ma vie, et recourir à la faveur d'un mourir charitable pour abbatre le regret de ceste souvenance ? **Espouse, chere espouse**, si vos derniers vœux firent instance au Ciel de venger vostre ruyne et les sacrileges desirs qui rompirent le sacré lien de mariage, que sçauroit-il ordonner contre moy qui vous soit plus favorable que ce que je souffre pour vous ? [...] **O ciel** qui as equitablement jugé les excez de ma jeunesse sur ton seul et fidelle tesmoignage, et qui as ecrit sur le front de ma vieillesse les presages de ma fin, donne audience à ta bonté qui te veut rendre compte de mes souspirs, et qui te veut prier de les prendre pour le prix de tes graces. **Et vous, ô Marizee**, s'il te parle encores là haut de nos Amours, et si les playes que mon ingratitude leur fit saignent encores, prenez mon sang pour vostre garentie [...][2].

Dans ce discours plein de remords que Filandre adresse à la femme qu'il a quittée, cinq apostrophes se succèdent, jouant sur des variations énonciatives entre adresse à l'épouse et adresse à une instance de jugement, qu'il s'agisse de « mes yeux » comme représentation de la conscience, ou bien du ciel. Cette oscillation d'un allocutaire à l'autre témoigne de la richesse du dispositif, mais aussi d'une multiplication de la figure de l'apostrophe puisque Filandre tourne sa plainte vers Marizée bien

1 Antoine de Nervèze, *Amours de Filandre et Marizée* [1601], dans *Amours diverses divisées en dix histoires*, Paris, Toussainct du Bray, 1617, p. 566.

2 *Ibid.*, p. 691-693. Nous soulignons.

longtemps après la mort de celle-ci. Lorsque ce n'est pas la mort, ce peut être la distance qui vienne séparer les amants s'adressant pourtant l'un à l'autre, et quand bien même aucun obstacle ne s'oppose à un discours en présence, l'apostrophe *in absentia* se voit encore privilégiée, celle précisément qui ne peut être réduite à une interpellation et fait effet de figure.

Récurrente dans le discours des personnages, l'apostrophe l'est aussi dans le discours du narrateur, qu'il soit adressé aux personnages, comme cela apparaît par exemple dans *Polidore*[1], avec des formules telles que « Quant à toi, Polidore », « Pour toi, Virginie », « chers Amants religieux » en conclusion d'un passage qui leur est entièrement dédié, ou bien que ce discours se retourne vers le narrateur lui-même dans tel dédoublement métonymique : « Qu'avez vous dict (ma plume ?), le monde murmurera contre vous, de publier que ces ardeurs amoureuses[2] ». Les lettres que les personnages s'adressent les uns aux autres, par exemple dans *Filandre et Marizée*, ne comportent aucune forme d'apostrophe, alors que celle-ci est avérée dans leurs discours. De même dans *Florigene et Meleagre*, si les discours qui rythment les échanges des personnages recourent régulièrement aux interpellations – quand Florigène ouvrant un dialogue par « Cher Méléagre », celui lui répond par « Ma chère vie[3] » –, celles-ci n'apparaissent pas en revanche dans leurs lettres, et l'on rencontre seulement de rares appellatifs, tel un « Madame » que Meleagre adresse à Florigène. Cette caractéristique concerne très précisément le genre épistolaire et s'écarte d'autres formes littéraires auxquelles s'adonnent à l'occasion les personnages. Ainsi l'un des envois de Meleagre à sa bien-aimée comprend-il outre une lettre, des « stances cueillies au champ d'une muse solitaire » qui comporte une apostrophe aux Enfers[4].

En excluant toute apostrophe des lettres que s'écrivent les personnages, Nervèze se conforme alors parfaitement aux recommandations et à l'usage du temps, comme le montre l'examen des recueils de lettres

1 Nervèze, *La Victoire de l'Amour divin. Soubs les Amours de Polidore et de Virginie*, Paris, Anthoine du Brueil et Toussainct du Bray, [1608].

2 Nervèze, *Les Religieuses Amours de Florigene et de Meleagre*, dans *Amours diverses*, *op. cit.*, p. 1012.

3 *Ibid.*, p. 1049-1050.

4 « Enfers qui assister ma vie infortunee, / Et m'offrez en ma peine un impuissant secours, / Si je prestois ma voix à vos muets discours, / Qui ne deploreroit ma triste destinee ? », *Les Religieuses Amours de Florigene et de Meleagre*, *op. cit.*, p. 1013.

qui paraissent à partir du XVIe siècle ; ainsi le *Secrétaire de la cour* de Jean Puget de la Serre[1] n'en présente pas d'exemple, même dans les lettres dont les thèmes peuvent nous sembler susceptibles d'accueillir ce type de figure, qu'il s'agisse de prières ou consolations, ou d'une « Lettre d'un Amy pour le dissuader de quitter le monde » : toutes s'ouvrent sobrement par « Monsieur » ou « Madame » et aucune ne comporte la moindre interpellation au destinataire, ni la moindre apostrophe. Si dans son article consacré à « L'apostrophe à un destinataire fictif » au XVIIe siècle, Wolfgang Leiner s'appuie d'emblée sur un exemple emprunté à une lettre, encore faut-il remarquer tout ce qui sépare les corpus : entre les romans de Nervèze et les *Lettres portugaises* de Guilleragues, d'où est tiré l'exemple en question, plus d'un demi-siècle s'est écoulé et le genre de la lettre, non plus insérée dans le récit, mais support même du roman, n'est certainement pas perçu de la même manière[2]. Alors que la valeur d'emploi de l'apostrophe comme figure n'a sans doute guère varié entre le début du siècle et 1669, le statut rhétorique de la lettre autorise ou non certaines figures de style issues de l'éloquence persuasive.

Ce sont bien des caractéristiques rhétoriques qui se dessinent en termes de genre dans les romans de Nervèze, avec le discours (défini au sens strict comme propos oral), signalé par des apostrophes qui le distinguent de la lettre, elle-même impropre à toute interpellation, qu'elle se donne ou non comme fictive. Quant aux discours du narrateur qui semblent prendre le lecteur à témoin, ils excluent eux aussi de manière générale l'apostrophe et ne comportent même pas d'adresse directe au lecteur : même lorsque les propos métalinguistiques sont bien développés, ceux-ci ne sont pas ancrés dans le cadre de l'interlocution. Quelques lignes empruntées à *Florigene et Meleagre* peuvent en témoigner :

> Or pour ne mesler un procez criminel à une histoire d'amour, je ne prendray de ceste procedure que le suject qui touche à nos amans, permettant à l'impatience des plus curieux de s'informer ailleurs de l'événement du Marquis de Termontano[3].

1 *Le Secretaire de la cour. Ou la manière d'écrire selon le temps. Augmenté des Compliments de la langue Françoise*, nouvelle éd., Paris, Nicolas et Jean de la Coste, 1656. La 1re éd. de l'ouvrage date de 1646 et fait suite à un Secrétaire à la mode, Paris, 1641.

2 Wolfang Leiner, « L'apostrophe à un destinataire fictif. De l'emploi d'un artifice rhétorique chez les auteurs du XVIIe siècle », dans Chr. Wentzlaff-Eggebert, *Le Langage littéraire au XVIIe siècle. De la rhétorique à la littérature*, Tübingen, Gunter Narr Verlag, 1991.

3 Nervèze, *Florigene et Meleagre*, *op. cit.*, p. 1060.

Évoquant « l'impatience des plus curieux », le narrateur s'adresse en fait au lecteur de manière indirecte, par le biais de la troisième personne qui lui dénie le statut d'allocutaire. Ce procédé de l'*iloiement* implique ainsi la figure du lecteur dans le discours, tout en l'excluant des procédés oratoires, ce qui lui confère le statut d'un simple témoin et non d'un intervenant. En choisissant de parler de son lecteur sans l'interpeler, le narrateur inscrit sa présence dans le discours de manière non passionnée, dans le cadre d'une réflexion métalinguistique.

L'on pourrait être tenté d'interpréter les deux formes de prise de parole du narrateur, selon qu'elle fait place ou non à un allocutaire, comme une façon de mettre en jeu distinctement deux fonctions différentes du discours, l'une purement lyrique, qui apparaît dans l'interpellation affective des personnages, l'autre didactique, au service de la conduite du récit. L'on observe cependant que le narrateur lorsqu'il apostrophe les personnages commente leurs aventures pour en tirer des leçons – fonction didactique et couleur lyrique étant alors mêlées. En outre, l'effacement de l'allocutaire, dès lors que le narrateur ne prend pas à partie les personnages, ne vaut pas seulement pour ses réflexions métalinguistiques, mais concerne l'ensemble de ses interventions. Lorsqu'apparaissent des propos d'ambition polémique dans *Florigene et Meleagre*, sur les injustices que provoque la religion mal comprise, ou bien sur la sévérité excessive du père à l'égard de son fils[1], la figure du lecteur est même totalement absente du commentaire, dont la matière est pourtant propice aux inflexions pathétiques. L'opposition entre discours et récit n'est guère plus opérante pour rendre compte des deux types d'intervention narratoriale, dans la mesure où, même lorsqu'il s'extrait de l'adresse à autrui, le narrateur n'en reste pas moins à la source d'un discours clairement subjectif. Il s'agit pourtant bien de deux formes d'expression du narrateur dont l'une est pleinement oratoire puisqu'elle rappelle explicitement l'adresse à un interlocuteur, alors que l'autre n'exploite que partiellement les possibilités du dispositif énonciatif.

En ce qui concerne les discours des personnages, la présence ou l'absence du destinataire n'est pas en soi un critère déterminant dans le recours aux figures d'adresse, puisque les apostrophes *in absentia* sont nombreuses. En revanche, de manière générale, l'adresse directe signe le discours en

1 Voir à ce sujet Fr. Greiner, *Les Amours romanesques*, *op. cit.*, en particulier p. 392-404.

tant que parole, le discours qui est donné comme oratoire, par opposition à la lettre qui introduit une distance incompatible avec l'apostrophe, et par opposition au commentaire métalinguistique, se situant quant à lui hors du cadre de l'interlocution. Les romans de Nervèze exploitent pleinement les ressources traditionnelles de la figure de l'apostrophe, que la rhétorique définit essentiellement comme un outil persuasif propre à l'éloquence oratoire. Chez Nervèze, il ne s'agit pas exactement, ou pas seulement, de discours prononcé à l'oral, puisque une telle restriction s'appliquerait mal au propos du narrateur apostrophant les personnages et que la notion est floue concernant les nombreuses complaintes, mais c'est bel et bien la notion de parole adressée qui se trouve ici en jeu, associée à l'expression lyrique. Le mouvement oratoire, dont l'apostrophe est la forme la plus visible, est en effet réservé à l'expression des sentiments propres à faire surgir le pathétique : lorsque les personnages expriment leur plainte, c'est dans un soupir qui toujours interpelle autrui, avec des modulations, de la tristesse au désespoir.

La prière à Dieu que formule Polidore dans la première journée de *La Victoire de l'Amour divin* offre un bel exemple de l'expression pathétique (voir annexe). L'apostrophe au « Pere de misericorde » s'associe ici à des impératifs : Polidore tutoie ce Dieu qu'il supplie de lui prêter l'oreille. La condition même du pathétique est de nature lyrique, avec l'expression d'une âme qui s'épanche – et peu importe que cet épanchement soit plausible psychologiquement, le texte ne cesse de rappeler qu'il s'agit là d'un homme qui prend la parole et interpelle. Son expression est celle du tourment intérieur, que manifestent de nombreuses figures, au premier rang desquelles l'antithèse, notamment lorsque Polidore se présente comme « un amant et un pecheur tout ensemble », comme « le criminel et l'accusateur ». Se nourrissant du champ lexical du « desordre » et de l'isotopie de la difficulté à agir, c'est le paradoxe qui domine le propos : « J'attaque ce qui me nuit, et ne veux pas vaincre », « je veux la paix et ne veu pas chasser de moy-mesme les semences de cette guerre spirituelle », martelle Polidore dans des formules dont la conjonction « et » a valeur adversative. Les échos chrétiens qui émaillent la prière, entre allusions évangéliques, avec la mention des guérisons miraculeuses, paraphrase liturgique (« Ne regarde pas, Seigneur, l'estat de ma devotion, mais [...] »), ou rappel des psaumes (« Toy qui escoutes tes serviteurs ») tendent certes à faire glisser le discours vers un style élevé, mais ils ont surtout pour point commun de se concentrer dans un registre pathétique.

Ces marques stylistiques du pathétique repérables dans la prière de Polidore s'observent, à des degrés divers, dans de très nombreux discours des romans de Nervèze, et le cas particulier des discours du narrateur fournit là encore un poste d'observation très intéressant. Les interventions narratoriales ont régulièrement une fonction métalinguistique, précisant les contours et les enjeux du récit, assurant la transition d'un épisode à l'autre, et l'on retrouve ici un procédé très ancien, que l'on peut reconnaître dans nombre de romans du XVIe siècle[1]. Mais le narrateur se fait aussi entendre comme une voix parfois lyrique, qui touche par sa capacité à interpeler directement, incarnant une figure de proximité. S'il se donne régulièrement pour mission de mettre en valeur les leçons chrétiennes des récits, si sa posture peut être comparée dans une certaine mesure à celle d'un prédicateur, son discours prend constamment le ton de l'amitié et de la correction fraternelle et se colore parfois de lyrisme. Ainsi la posture très didactique au début de *La Victoire de l'Amour divin* contraste-t-elle avec la conclusion portée par un narrateur qui tire les leçons en poète. Insistant sur le « gain avantageux et mémorable » que représente le couvent », il écrit :

> La terre porte ses singularitez, les Palmes croissent aux jardins du Roy de Perse, les Myrthes en Égypte, les Oliviers au pays d'Atique et les Lauriers aux parterres des Cesars, le Ciel porte les siennes, il a ses Palmes, ses Myrthes, ses Oliviers, et ses Lauriers. [...] Ce ne sont point ces roses et ces fleurs que vous cherchiez dans les jardins du monde, leur Printemps est perissable, et ne revient que par les saisons qui se renouvellent en se destruisant l'une l'autre : ainsi l'Estéruyne le Printemps, l'Automne l'Esté, et l'Hyver l'Automne. Au ciel la saison y est tousjours semblable, et rien ne s'y change[2].

La clôture des *Chastes et infortunées amours du baron de l'espine, et de Lucrece de la Prade* fournit encore un exemple frappant de l'engagement pastoral de Nervèze qui n'hésite pas à conclure son roman par un discours dévot (voir annexe), que le déroulement du récit ne laissait pas présager, puisque les discours de Lucrèce, avant qu'elle ne décide

1 Voir Jacques Chupeau, « Quelques formes caractéristiques de l'écriture romanesque à la fin du XVIe siècle et au début du XVIIe siècle », dans J. Lafond (dir.), *L'Automne de la Renaissance*, Paris, Vrin, 1981, p. 219-230.

2 Nervèze, *La Victoire de l'Amour divin*, *op. cit.*, p. 159v-161.

d'entrer au couvent, sont bien ceux d'une amoureuse désespérée et non d'une chrétienne qu'illuminerait sa vocation monacale[1]. La conclusion du roman repose sur une ample sanctification de la jeune femme, non seulement au nom de ses vertus, mais aussi par l'emploi d'une formule telle que « qui as voulu estre l'hostie immolee à ses cendres », faisant du personnage un martyr christique, alors son discours après la mort de son amant évoquait le suicide tout païen de Didon. Les amants deviennent même des saints intercédant pour le narrateur qui les implore : « marquez moy là haut avec vos prieres un logis pour mon ame », leur demande-t-il, ou bien : « ayez autant de soin de mon salut ». Les lecteurs se trouvent alors mis dans la position des croyants enjoints d'adhérer à la vérité dont témoignent ces martyrs puisqu'« il n'y aura que les incredules et ingrats qui frusteront leur foy de ceste verité ».

Le narrateur est celui qui développe un propos de nature à édifier le lecteur en soulignant les leçons chrétiennes du récit, alors même que ces leçons n'ont rien d'une évidence au fil du roman ; or, il le fait au travers d'une prose que l'on peut qualifier de poétique et dont le jeu rythmique constitue l'un des effets touchants[2]. Le goût de Nervèze pour la coordination et l'opposition fonde l'impression même de rythme dans sa prose, en particulier par la récurrence des structures binaires, à la fois dans la structure d'ensemble de la phrase et à l'intérieur des groupes syntaxiques. Le début du discours final du narrateur nous en fournit un exemple, que l'on peut mettre en évidence en isolant chaque groupe par un retour à la ligne et en indiquant leur nombre de syllabes :

> Vivez ensemble, [4]
> et partagez également [8]
> la gloire de vos belles amours, [9]
> tandis que vos parenset amis [9]
> ont le regret de vostre mort [8]
> pour leur partage. [4]

Reposant sur une confrontation entre les amants au ciel et leurs proches sur terre, la phrase propose deux mouvements dont les volumes

1 Nervèze, *Chastes et infortunées amours du Baron de l'Espine, et de Lucrece de la Prade, du pays de Gascongne* [1598], Rouen, Raphaël du Petit Val, 1610.

2 Comment lire la phrase et poser les respirations entre les groupes de mots en l'absence de règles précises ? Quel sort réserver aux finales des mots ? Une étude du rythme en prose comporte nécessairement une part de subjectivité que nous assumons ici.

sont en équilibre, avec un même nombre de syllabes de part et d'autre. L'opposition, marquée par « tandis que » est en outre mise en valeur à la fois par le retour en clôture de « partage » qui figure sous forme verbale au début de la phrase (« partagez ») et par le renversement de « la gloire de vos belles amours » en « le regret de votre mort ». À la fin du paragraphe, une autre phrase s'appuie encore sur un principe d'opposition équilibrée :

> Pour moy je sçay bien [5]
> que je ne puis dignement loüer vostre vie [12]
> ny suffisamment plaindre vostre mort : [12]
> mais il suffit que je donne [7]
> à l'une mes loüanges selon ma suffisance, [13]
> et à l'autre mes douleurs selon ma force. [11]

Deux mouvements, qui ont pour pivot la conjonction de coordination « mais », reposent chacun sur un rythme binaire souligné par la coordination et par les parallélismes de construction que renforcent les oppositions lexicales. Grâce au parallélisme syntaxique, ce sont des mots de même nature qui fonctionnent en antithèse : « louer » s'oppose à « plaindre », comme « vie » à « mort » et « louanges » à « douleur ». Apportant une variation par rapport aux antithèses, le couple lexical « suffisance – force » joue sur la synonymie. Or ces deux termes de la phrase possèdent à peu près le même volume syllabique et des structures rythmiques proches. De manière plus générale, nombreux sont les outils qui accompagnent le mouvement binaire dans cette page, qu'il s'agisse de parallélismes syntaxiques avec plusieurs emplois de la figure de l'hypozeuxe[1], de renversements grammaticaux dans des formules frappantes comme « J'ay eu l'honneur de vous voir, et ay esté honoré de vostre bienveillance[2] », ou bien encore de comparaisons bien marquées : « ayez autant de soin de mon salut comme je suis jaloux de vostre renommee ».

---

1 Comme par exemple : « et il n'y aura que les incredules et ingrats qui frusteront leur foy de ceste verité, et les insensibles et cruels qui priveront leurs ames du juste dueil de vostre injuste desastre » (voir annexe).

2 La reprise d'un même radical, employé dans le nom « honneur » et dans le participe « honoré », s'accompagne d'un renversement grammatical avec le passage de l'actif au passif (*avoir l'honneur / être honoré*), encore visible à un niveau plus thématique dans l'opposition entre le fait de « voir » qui place le narrateur en position d'acteur et le sentiment de la bienveillance dont il est, cette fois, l'objet.

La leçon des *Chastes et infortunées amours du Baron de l'Espine, et de Lucrece de la Prade* est sans doute particulièrement soignée et tous les romans ne donnent pas lieu à des conclusions aussi élaborées ; *a fortiori*, elle ne constitue pas un échantillon représentatif de l'expression du narrateur. Inversement, il est notable que ces faits de style ne sont pas réservés au discours du narrateur et que bien d'autres passages des romans de Nervèze pourraient donner lieu à de telles observations. Il nous semble néanmoins que les discours, ceux des personnages comme ceux du narrateur, s'appuient de manière privilégiée sur des effets rythmiques travaillés. De tels effets de rythme relèvent de ces figures que l'on pourrait dire « modérées » au regard des classifications stylistiques du début du XVIIe siècle et qui sont adaptées à de très nombreuses formes de discours telles que conseil et exhortation, prière, consolation, etc. Dans la préface de son manuel épistolaire publié à la fin du XVIe siècle dans la veine des « Secrétaires[1] », Étienne Du Tronchet reprend la tripartition rhétorique traditionnelle pour distinguer trois types de lettres – de la lettre familière jusqu'à la lettre dite « souveraine », en passant par la « lettre de compliment ». C'est ce registre médian qui est apte à exprimer toutes sortes de régimes discursifs de l'ordre de la demande ou du conseil :

> Nous nous en servirons doncques en aucunes choses judicieuses de moyenne qualité, en louange ou blasme de personnes de moyen estat, en deliberations, en conseils, en exhortations, en prieres, en recommandations d'affaires, en entretenemens d'amitié et de bien-vueillance soit en lettres ou en responces, en consolations, et en telles autres occasions qui se peuvent tirer de la pluspart des lettres de Cicero, et encores en aucunes de ses oraisons[2].

Beaucoup de ces types de discours, qui n'appartiennent pas en propre à l'épistolaire mais relèvent aussi de la rhétorique oratoire, peuvent être observés dans les romans de Nervèze : l'exhortation, avec par exemple le discours que l'Esprit adresse à Filandre devenu ermite (p. 696 *sq.*) ; la déploration, tel le discours de *Marizée* apprenant que *Filandre* a rejeté la lettre apportée par son fils (p. 562-564) ; la consolation que Méléagre,

1 Voir l'abondante bibliographie à ce sujet, notamment Luc Vaillancourt, *La Lettre familière au XVIe siècle : rhétorique humaniste de l'épistolaire*, Paris, Champion, 2003 et Centre L. V. Saulnier (dir.), *L'Épistolaire au XVIe siècle*, Paris, Éd. rue d'Ulm, 2001.

2 Étienne Du Tronchet, *Finances et thrésor de la plume françoise*, Paris, N. Du Chemin, 1572, non paginé.

mourant (temporairement) adressé à Florigène, pour adoucir son veuvage à venir (p. 1061 *sq.*) ; la délibération, que l'on découvre dans le débat intérieur de Polidore avec son « humaine infirmité » lors de la Quatrième journée (p. 132 *sq.*) ; la supplique de Florigène demandant au roi la libération de son bien-aimé emprisonné (p. 1059), ou bien celle que Polidore adresse au pape, sollicitant « et l'habit et le privilege sacré de servir Dieu en sa maison » ; la prière comme celle que formule Polidore dans la Première journée (p. 11 *sq.*). La liste n'est pas exhaustive.

Le manuel d'Étienne Du Tronchet ne manque pas d'associer ce registre épistolaire médian à un style médian, tout en précisant de manière moins attendue qu'il est appelé à se rapprocher du style « orné, riche » de la lettre souveraine :

> Reste à parler de la commune manière d'escrire qui est de Compliment, qui ne doit, comme j'ay dict, estre guieres differente de la Souveraine, et se pourroit encores passer pour occasions d'importance, mais non certes du tout en la grandeur et superiorité qui luy appartient[1].

Alors que les traités de rhétorique de la première modernité s'efforcent de distinguer, toujours plus soigneusement, les trois niveaux stylistiques en fonction des genres et des contextes, divers points d'achoppement apparaissent, parmi lesquels la notion de style oratoire. La pratique épistolaire, reprenant alors à son compte certaines pratiques issues de la rhétorique du discours, fait usage d'effets rythmiques qui peuvent être considérés selon leurs emplois comme relevant du style moyen ou bien du style élevé. Moins susceptibles d'éblouir que les tropes, les faits de rythme, que les traités d'éloquence rangent plus tard sous l'appellation de « nombre[2] », révèlent précisément chez Nervèze une conception du style oratoire où la modération des effets se colore d'une ambition élevée – à moins qu'il ne s'agisse d'un style élevé atténué.

Si l'art de l'éloquence implique tout un travail technique qui peut être aujourd'hui perçu comme une contrainte aux antipodes de la

1 *Ibid.*

2 Voir par exemple Le Gras, *La rhetorique françoise ou Les préceptes de l'ancienne et vraye eloquence*, Antoine de Raffle, Paris, 1671 : « Par ce mot de nombre, il ne faut pas entendre une multitude d'unitez jointes ensemble, mais une certaine mesure de paroles qui dépend du jugement de l'oreille, sans que cette mesure ressemble à celle des Vers François ; ce qui seroit un vice dans la Prose. », p. 228.

spontanéité, nous faisons ici l'hypothèse que Nervèze s'emploie à mettre en œuvre dans les discours un mouvement oratoire directement lié à ses enjeux pathétiques. Le dispositif énonciatif est sans doute l'un des rares outils qui permettent de dessiner une frontière entre lettres et discours, mais il n'en est pas moins décisif dans sa portée rhétorique et dans ses marques stylistiques : l'expression affective est propre au discours et se nuance d'un sous-genre à l'autre. Aussi loin de l'idéal de la conversation familière, que des « lettres familièrement écrites », les discours dans les romans de Nervèze se fondent essentiellement sur un style moyen, conçu comme un registre souple, ouvert vers un style élevé, dès lors qu'il reste sans ostentation, et sur une attention constante portée à la convenance, et notamment celle du genre, comme le signale l'usage de l'apostrophe, qui lui est réservé. Ce sont autant de formes que Nervèze range la plupart du temps sous les vocables de « plainte » et de « complainte ». Elles ont en effet en commun un fond de plainte, y compris la prière de Polidore (qui confesse à Dieu son péché et lui déclare par exemple « Mais las ! il te faudroit faire encore un miracle plus grand, puis que par la raison humaine cette felicité m'est interdite. »), y compris le discours du narrateur adressé à Lucrèce, dont il rappelle les malheurs. C'est bien le pathétique, qui confère à ces passages un indéniable dynamisme oratoire. L'émotion culmine dans certains moments où s'exprime la plainte lyrique avec des figures que Nervèze emploie aussi par ailleurs dans l'encomiastique ou même ses ouvrages spirituels[1]. Le pathétique oratoire est un outil qu'il choisit de mettre au service du plaisir et de l'édification de son lecteur.

Sophie HACHE
Université Charles-de-Gaulle –
Lille 3

1 Voir par exemple dans *L'Hermitage de l'Isle Saincte*, Paris, Anthoine du Brueil et Toussainct du Bray, 1632.

ANNEXE

Nervèze, *La Victoire de l'Amour divin. Soubs les Amours de Polidore et de Virginie*, Paris, Anthoine du Brueil et Toussainct du Bray, [1608].

Pere de misericorde, qui n'as jamais l'oreille fermee à la clameur des miserables, voicy un amant et un pecheur tout ensemble, qui se presente à toy plein d'amour et de tristesse ; non comme t'aimant et souffrant pour toy, mais faisant tous les deux pour un subject du monde. Ne regarde pas, Seigneur, l'estat de ma devotion, mais celuy de ma vie, affin que la foiblesse de l'un ne te divertisse d'avoir pitié de la misere de l'autre. Je ne sçay ce que je te dois demander car mon ame n'est pas capable en sa constitution de regler le but de sa priere. Je reclame bien ton amour, mais il y en a un autre qui occupe ma pensee, dont je le voudrois bannir par le moyen de ta grace, et si par mon infirmité je n'en voudrois pas oublier la cause. De sorte que je combats si laschement mes affections qu'il semble que j'en vueille fuir la victoire. J'attaque de ce qui me nuit, et ne veux pas vaincre, comme si trahissant mon propre bien je favorisois mon ennemy : je veux la paix, et ne veu pas chasser de moy-mesme les semences de ceste guerre spirituelle en laquelle l'amour commende en qualité de chef. Quel desordre en moy-mesme ? je prie et ne sçay ce que je dois demander. Dresse Seigneur ma resqueste, et fais la respondre à ta pitié : soit l'Advocat, et le Juge, comme je suis le criminel et l'accusateur : Voy depuis quel temps ma vie se consomme dans tes feux miserables de l'amour de la terre, dont les beautez humaines par qui je te devois admirer comme leur createur ont esté les subjets pour qui je t'ay offencé en obstiné pecheur. [...] (p. 11-13)

Nervèze, *Chastes et infortunées amours du baron de l'espine, et de Lucrece de la Prade, du pays de Gascongne*, Rouen, Raphaël du Petit Val, 1610.

O bien heureuse Lucrece ! qui tirant apres toy l'eschelle de la confiance, as tesmoigné aux ombres de ton amant ton inviolable amour, et qui as voulu estre l'hostie immolee à ses cendres : reçois maintenant la recompense de ton merite, et repose en paix à l'eternel sejour des ames bien heureuses. Vivez ensemble, et partagez également la gloire de vos belles amours, tandis que vos parens et amis ont le regret de vostre mort pour leur partage. Ah ! pauvre l'Espine (à qui le destin sembloit promettre des prosperitez incognuës à tes devanciers, et de nouveaux trophees) tes fueilles sont tombees avant ton automne : tu as franchi les bornes de nostre condition au plus beau de tes jours, et devançant ta bonne fortune, as suyvi les mal-heureux compagnons de ta vie. Triomphe de ce qu'il nous fait craindre. Tu as desja payé à ce que tu estois obligé à Nature, et reçois maintenant la rente que le Ciel faisoit à tes vertus. Glorieux Amant, qui estes hors de la juridiction de la fortune, et qui de vostre beatitude faites un tombeau à vos peines passees, ayez mémoire et compassion des traverses que nous livre le monde, et cependant que ma langue publie aux vivans vos fidelles amours, que ma plume guidee de l'affection que je vous portois en laisse l'istoire à nos nepveux, marquez moy là haut avec vos prieres un logis pour mon ame. Et s'il vous reste quelque ressentiment de ce que vous avez cogneu ça bas, ayez autant de soin de mon salut comme je suis jaloux de vostre renommee. J'ay eu l'honneur de vous voir, et ay esté honoré de vostre bienveillance, et puis dire renonçant à la vanité pour moy, et à la flaterie pour vous, que je n'ay point veu encores parmy les mortels deux personnes de vostre aage si parfaites et accomplies en toute espece de vertu que vous estes. Ceux qui vous ont cognus confirmeront mon dire, et les autres le devront croire sur le tesmoignage que tant de gens de bien pourront rendre : ils vous regretteront avec moyet il n'y aura que les incredules et ingrats qui frusteront leur foy de ceste verité, et les insensibles et cruels qui priveront leurs ames du juste dueil de vostre injuste desastre, lequel sera remarqué de siecle en siecle, et de ploré de nos successeurs. Pour moy je sçay bien que je ne puis dignement loüer vostre vie ny suffisamment plaindre vostre mort : mais il suffit que je donne à l'une mes loüanges selon ma suffisance, et à l'autre mes douleurs selon ma force. (p. 116-118)

DES ESCUTEAUX ET LE ROMAN DU TEMPS D'HENRI IV

Approche intertextuelle d'une œuvre à redécouvrir

Mineur parmi les romanciers du temps d'Henri IV, Nicolas des Escuteaux l'est assurément : en comparaison des grands auteurs de cette époque comme Béroalde de Verville ou Honoré d'Urfé, mais aussi vis-à-vis d'autres *minores* comme Antoine de Nervèze, dont l'œuvre romanesque est aujourd'hui parfaitement cartographiée et lue à sa juste valeur[1]. Des Escuteaux aurait justement pâti de la mauvaise réputation du style de Nervèze[2], cette prose ornée qui fut tôt qualifiée de « galimatias ». Il a ainsi été rangé parmi les auteurs réputés illisibles, sans talent, parmi ces « tâcherons des lettres[3] » que la parution de *L'Astrée* aurait légitimement fait tomber dans l'oubli. Or Eglal Henein a montré, dans un article fondateur paru en 1991[4], que les douze romans de Des Escuteaux méritaient de sortir du purgatoire. Ces ouvrages présentent selon elle des caractéristiques originales : notamment l'attention accordée à certaines *realia* comme les langues parlées par les personnages ; la préférence pour l'insertion épistolaire, en pleine mode de l'insertion poétique dans le roman sentimental ;

---

1 Voir notamment Nancy Oddo, « Antoine de Nervèze : pieux Protée ou caméléon mondain ? », in *Littératures classiques*, n° 31 (*Les « minores »*), 1997, p. 39-62 ; Yves Giraud, « L'Arioste à la française : *Les Amours d'Olimpe et de Birène*, réécriture par Nervèze d'un épisode du *Roland Furieux* », in *Du Roman courtois au roman baroque*, sous la direction d'Emmanuel Bury et Francine Mora, Paris, Les Belles Lettres, 2004, p. 397-414 ; Bruno Méniel, « La disposition des *Amours diverses* d'Antoine de Nervèze », in *Le simple, le multiple : la disposition du recueil à la Renaissance*, sous la direction de Jean-Philippe Beaulieu, *Études françaises*, vol. 38, n° 3, 2002, p. 93-105 et « Les *Amours* de Nervèze ou l'apprentissage de la grâce », in *Œuvres et Critiques*, XXXI, 1, 2005, p. 85-98.

2 Voir à ce propos Roger Zuber, « Grandeur et misère du style Nervèze », in *L'Automne de la Renaissance*, Paris, Vrin, 1981, p. 53-64.

3 Expression utilisée par Antoine Adam dans son *Histoire de la littérature française au XVIIe siècle*, Paris, Domat, 1956, tome I, p. 105.

4 « Des Escuteaux et Cie, ou les victimes de la renommée », in *Littératures classiques*, n° 15, 1991, p. 15-28.

ou encore la volonté de surprendre les lecteurs par de brusques arrêts dans la narration aux moments les plus dramatiques[1]. Cette chercheuse concluait son plaidoyer pour Des Escuteaux en appelant de ses vœux des études plus historiques et plus objectives susceptibles d'éclairer une œuvre mal aimée car mal connue. Adoptant une perspective socio-culturelle, Frank Greiner a récemment étudié comment Des Escuteaux (qui fut un adepte de la Réforme) s'était approprié une forme et un imaginaire romanesques développés par des auteurs majoritairement catholiques à la fin du XVIe siècle[2]. La représentation de la passion amoureuse est chez lui moins négative que chez d'autres romanciers protestants comme Paul Ferry et Jean Ogier de Gombauld. Mais son œuvre est marquée par la même intransigeance concernant la chasteté féminine et par le même refus de l'idolâtrie amoureuse, typique des romans baroques catholiques où la femme peut être un intermédiaire vers le divin.

Pour poursuivre ce travail de redécouverte d'un auteur longtemps dénigré, nous proposons ici une analyse intertextuelle d'un pan méconnu de son œuvre. Si *Les véritables et heureuses amours de Clidamant et Marilinde* (1603) ont plusieurs fois attiré l'attention depuis l'ouvrage de Gustave Reynier qui lui consacre un développement[3], les romans un peu plus tardifs n'ont pas encore fait l'objet d'analyses approfondies. Grâce au répertoire analytique des *Fictions narratives en prose de l'âge baroque* supervisé par Frank Greiner[4], il est désormais possible de mesurer les parentés et les écarts entre les fictions narratives du temps d'Henri IV et celles de Des Escuteaux. Quels liens peut-on observer entre les histoires d'amour écrites par notre auteur et les autres fictions de l'époque d'Henri IV ? Les jeux de réécritures traduisent-ils seulement la soumission à une mode romanesque, ou permettent-ils d'identifier une poétique et un regard sur le monde singuliers ?

1 Dans *Les Infortunées et chastes amours de Filiris et Isolia* par exemple (Rouen, J. Osmont, 1601, p. 144), un viol n'est pas raconté jusqu'au bout car le narrateur change brusquement de sujet et abandonne ses héroïnes en péril, pour mieux voler à leur secours quelques pages plus loin.

2 Voir Fr. Greiner, *Les Amours romanesques de la fin des guerres de religion au temps de "L'Astrée" (1585-1628)*, Paris, H. Champion, 2008, p. 95-118 et « Fictions sentimentales et protestantisme de la huitième guerre de religion au début du règne de Louis XIII (1585-1630) », in *Revue d'Études Culturelles*, n° 1, 2005, p. 107-119.

3 *Le roman sentimental avant "L'Astrée"*, Paris, A. Colin, [1908] 1970, p. 283-287.

4 Première partie, Paris, H. Champion, 2007 ; Deuxième partie, Paris, Classiques Garnier, 2014.

Après avoir dégagé la physionomie générale de l'œuvre de Des Escuteaux, nous nous concentrerons sur deux romans parus après le régicide de 1610 et n'appartenant donc pas, *stricto sensu*, au « roman du temps d'Henri IV ». Pourtant *Le Ravissement de Clarinde*[1] met explicitement en scène le roi Henri IV dans la diégèse et s'inspire de *L'Astrée*. La dernière publication connue de Des Escuteaux, *Les Jaloux desdains de Chrysis*[2], témoigne en 1628 d'une étonnante proximité avec un roman bien antérieur de Nervèze, *La Victoire de l'amour divin*[3]. Ces deux lectures intertextuelles permettront d'étudier la manière dont notre auteur s'est nourri des romanciers du temps d'Henri IV tout au long de sa carrière, et de formuler quelques hypothèses sur son point de vue politique et religieux.

PHYSIONOMIE D'UNE ŒUVRE REPRÉSENTATIVE DU ROMAN AU TEMPS D'HENRI IV

Nicolas des Escuteaux partage avec de nombreux auteurs du temps d'Henri IV le fait d'être un quasi inconnu. Si l'on se fie à la page de titre des *Infortunées et chastes amours de Filiris et Isolia* qui porte la mention : « par le Sieur des Escuteaux Gentilhomme Loudunois », on déduit qu'il appartenait à la noblesse provinciale du Poitou. Il fut certainement protestant. La moitié de ses textes sont en effet publiés dans des villes de l'Ouest protestant (Saumur, Poitiers, Rouen) et il manifeste ouvertement des sympathies pour la religion réformée et la maison de Condé dans *Les véritables et heureuses amours de Clidamant et de Marilinde*[4]. Cette appartenance religieuse ne doit pourtant pas surdéterminer toute interprétation de son œuvre, puisque son dernier ouvrage offre un épilogue digne des romans dévots catholiques : Philermond, dédaigné par Chrysis, se fait capucin et l'altière héroïne meurt dans un couvent. De plus, les dédicaces révèlent des allégeances multiples et en évolution. On y repère quelques nobles dames

1 *Le Ravissement de Clarinde, histoire très-véritable*, Poictiers, A. Mesnier, 1618.

2 *Les Jaloux desdains de Chrysis, histoire très véritable*, Poitiers, J. Thoreau, 1628.

3 *La Victoire de l'amour divin soubs la description des amours de Polidore et de Virginie*, Paris, A. du Breuil et T. du Bray, 1605.

4 Paris, F. Julliot, 1603, f. 58 r° et f. 74 v°-75 r° (vibrant éloge du Prince de Condé tué à Jarnac en 1569).

protestantes comme Jeanne de la Brunetière[1], mais aussi des femmes issues de familles ligueuses ralliées à Henri IV, comme Renée de Cossé[2]. Après la mort du roi, on trouve parmi les dédicataires, une célèbre protestante, Marie de La Noue (petite fille de François de La Noue), convertie au catholicisme après son mariage avec le maréchal de Thémines[3]. Comme le remarque Frank Greiner, « la diversité de ses relations montre bien que Des Escuteaux n'a rien d'un calviniste fanatique[4] ». Les univers aristocratiques qu'il a fréquentés, entre noblesse provinciale (auprès notamment du gouverneur de Poitiers, Louis Gouffier[5]) et noblesse parisienne (son dernier ouvrage étant dédié à Charlotte d'Étampes, épouse du marquis de Sillery, secrétaire d'État aux affaires étrangères de Louis XIII), témoignent d'un parcours social assez souple d'un point de vue religieux.

Si la biographie de Nicolas des Escuteaux est énigmatique, son goût prolongé pour la fiction narrative l'est tout autant. Ses histoires d'amour et d'aventures ne sont accompagnées d'aucun discours d'escorte (préface ou avis au lecteur) qui viendrait justifier ou expliquer cet attachement persistant pour le roman, genre mineur et souvent méprisé à l'époque. Des Escuteaux est un praticien, non un théoricien. Et son recueil d'*Amours diverses* paru en 1607[6], rassemblant seulement ses quatre premières histoires, n'a pas eu de suite et ne peut donc être analysé comme un geste de mise en cohérence significatif. Contrairement à Antoine de Nervèze qui a réédité plusieurs fois ses dix histoires d'amour en remaniant leur ordre de manière concertée[7], Des Escuteaux n'a pas pensé son œuvre comme « une unité

1 Première épouse de Charles de La Forest, seigneur de Vaudoré, qui participa aux guerres de religion dans le Poitou. Pour la biographie de ce « capitaine huguenot », voir Auguste Lièvre, *Histoire des protestants et des églises réformées du Poitou*, Paris, Grassart et J. Cherbuliez, 1860, tome 3, p. 136-137.

2 Fille du duc de Brissac, ancien ligueur rallié à Henri IV et nommé par ce dernier maréchal de France.

3 Voir *Les Fortunes d'Alminte*, Saumur, pour la veuve T. Portau, 1623. Sur Marie de la Noue et sa conversion, voir Tallemant des Réaux, *Historiettes*, Paris, Gallimard, « La Pléiade », 1961, tome II, p. 94.

4 F. Greiner, « L'alliance des contraires : les unions interconfessionnelles dans quelques romans du temps de l'édit de Nantes », in *Le mariage et la loi dans la fiction narrative avant 1800*, études éditées et présentées par Françoise Lavocat, avec la collaboration de Guiomar Hautcœur, Louvain, Peeters, 2014, p. 205.

5 Auquel il dédie *Les Admirables faits d'armes d'Alcestes servant l'infidèle Lydie*, Saumur, T. Portau, 1613.

6 *Les Amours diverses du Sieur Des Escuteaux*, Rouen, J. Osmont et R. de Beauvais, 1607.

7 Voir B. Méniel, « La disposition des *Amours diverses* d'A. de Nervèze », art. cité.

kaléidoscopique » réfléchissant les diverses facettes de la relation amoureuse[1]. La parfaite moralité de ses personnages dispense sans doute le romancier de défendre son œuvre d'un point de vue moral. Sur le plan esthétique, l'absence de péritextes s'explique aussi par le fait que Des Escuteaux ne se considère pas comme un professionnel de l'écriture, mais comme un gentilhomme amateur qui n'a pas de vues arrêtées sur le genre romanesque.

Son œuvre narrative obéit toutefois à une certaine logique. Ses douze romans[2] s'organisent en deux périodes distinctes : durant le règne d'Henri IV, le temps des *Amours*, et durant la régence et le début du règne de Louis XIII, le temps de l'Aventure. Le tableau ci-dessous fait ressortir l'homogénéité relative de ces deux ensembles. Dans la première période en effet, les deux parties des *Fortunes d'Ipsilis et Alixée* relèvent du roman de chevalerie. Il n'y a pas de stricte démarcation temporelle entre les deux veines romanesques.

	TITRE	DÉNOUEMENT
1601	*Les Infortunées et chastes* ***amours*** *de Filiris et Isolia*	Tragique
1601	*Les Chastes et heureuses* ***amours*** *de Clarimond et Antonide*	Heureux
1602	[*Les Adventureuses fortunes d'Ipsilis et Alixée*]	Suspendu (suite à venir)
1603	*Les Véritables et heureuses* ***amours*** *de Clidamant et Marilinde*	Heureux
1605	*Les* ***Amours*** *de Lydiam et Floriande*	Heureux
1605	[*Suite-Fin des Adventureuses fortunes d'Ipsilis et Alixée*]	Heureux
1611	*Les Malheureuses* ***amours*** *de Philandre bourguignon et de Chrisilde demoiselle grecque*	Tragique
1612	*Les Traversez* ***basards*** *de Clidion et Armirie*	Heureux
1613	*Les Admirables* ***faits d'armes*** *d'Alcestes servant l'infidèle Lydie*	Tragique

1 Formule qu'utilise Yves Giraud à propos du recueil d'*Amours diverses* de Nervèze, dans son article : « Parlez-nous d'amour : roman et sentiment chez Nervèze », in *Travaux de Littérature*, vol. VI, 1993, p. 104.

2 Contrairement à Eglal Henein (art. cité) qui mentionne treize romans, nous n'en avons répertorié que douze, la *Suite* et la *Fin des Adventureuses fortunes d'Ipsilis et Alixée* ne renvoyant qu'à un seul et même ouvrage.

1618	*Le **Ravissement** de Clarinde*	Heureux, puis tragique
1623	*Les **Fortunes** d'Alminte*	Heureux
1628	[*Les Jaloux desdains de Chrysis*]	Tragique

Dans la seconde période, le titre des *Jaloux desdains de Chrysis* laisse présager une intrigue purement psychologique et sentimentale. Il s'agit pourtant bien d'un récit d'aventures, engendrées par la jalousie de Chrysis à l'égard de Philermond. Comme dans *L'Astrée*, la séparation initiale des amants ouvre un espace qui sera comblé par des voyages, des rencontres, des récits d'expériences, des aventures et finalement une quête de soi dans le vide créé par l'éloignement.

Les trois quarts de ces douze récits se terminent par un dénouement nuptial et heureux, caractéristique du roman grec, genre antique qui connaît un renouveau remarquable en France à partir de la traduction des *Éthiopiques* d'Héliodore par Jacques Amyot en 1547. On note cependant un hapax dans cette série de romans à fin nuptiale : *Le Ravissement de Clarinde* accorde aux héros de justes noces, pour mieux les faire mourir quelques temps après[1]. Minoritaires, les romans à fin tragique ne représentent qu'un quart de la production et introduisent de la variété dans une œuvre majoritairement tournée vers la représentation du bonheur amoureux[2]. Ces quatre récits sont d'une grande violence et illustrent le goût des auteurs de l'âge baroque, auquel Des Escuteaux appartient, pour la mise en scène spectaculaire de la mort. On assiste ainsi au suicide des personnages féminins dans *Les Infortunées et chastes amours de Filiris et Isolia*[3], ainsi que dans *Les admirables faits d'armes d'Alcestes*[4] ; à la mort en couches de l'héroïne éponyme dans Le *Ravissement de Clarinde* ;

1 Pour une interprétation de ce dénouement en deux temps, voir notre article : « Le *topos* du mariage à l'épreuve d'un point de vue protestant. Mariage et expérimentation romanesque dans *Le Ravissement de Clarinde* de Nicolas des Escuteaux », in *Le Mariage et la loi dans la littérature narrative avant 1800*, *op. cit.*, p. 213-224.

2 Les histoires à fin heureuse sont concentrées durant les années les plus stables du règne d'Henri IV, entre l'édit de Nantes et 1605. Jusqu'au régicide en 1610, Des Escuteaux ne publie aucun nouveau récit et en 1611, il fait paraître une histoire particulièrement sombre.

3 Voir *op. cit.*, p. 323. Pour éviter d'être violée, l'héroïne s'empale « courageusement » (commente le narrateur) sur la pointe d'une épée plantée en terre.

4 Voir *op. cit.*, f. 289 v°. Lydie se jette du haut d'une fenêtre de son château.

ou encore à une véritable hécatombe dans *Les malheureuses amours de Philandre et de Chrisilde*. Glosant sur la tragédie d'Isolia et de Filiris (qui rappelle le dénouement sanglant du *Promenoir de Monsieur de Montaigne* de Marie de Gournay[1]), l'auteur conclut d'ailleurs son premier roman par ces mots tout à fait lucides :

> L'horreur de tant de sang mêlé parmi tant de regrets, nous affligeroit de telle sorte que la tristesse se pourroit tellement emparer de vous, que n'ayant en l'âme que le cruel souvenir de cette désolation, il nous osteroit le moyen d'écrire d'autres Amours auxquelles le Ciel et le destin se sont montrés plus favorables[2].

S'il ouvre et clôt son œuvre narrative par deux histoires à fin tragique, Des Escuteaux écrit pour plaire, pour divertir un public aristocratique et non pour instruire. La fiction n'est pas chez lui le support d'une morale ou d'une édification religieuse. Ses intrigues sentimentales sont généralement articulées à une aventure à coloration épique, l'auteur cherchant peut-être à se concilier deux publics, l'un féminin et mondain (les femmes sont d'ailleurs ses dédicataires majoritaires), l'autre masculin et militaire (son seul dédicataire masculin est un gouverneur de province, Louis Gouffier, descendant d'un grand écuyer de François Ier). La part consacrée à l'écriture de la guerre, qu'il s'agisse de vrais combats militaires ou seulement de duels, est tout à fait significative dans son œuvre, en particulier dans les récits d'inspiration chevaleresque, mais aussi dans les romans plus sentimentaux où l'affrontement armé n'est jamais estompé. Par exemple dans *Le Ravissement de Clarinde*, dont l'intrigue est pourtant située après la fin des guerres de religion, les nombreux duels entre prétendants de confessions opposées peuvent être lus comme une miniaturisation et une métaphorisation des récentes guerres civiles.

Les péripéties qui émaillent ces histoires reprennent la topique narrative des romans sentimentaux et d'aventures de l'époque d'Henri IV : opposition parentale, conflit entre familles, enlèvement de la jeune fille,

1 Fr. Greiner suggère ce rapprochement. Voir *Fictions narratives en prose…, Première partie*, *op. cit.*, p. 531. On retrouve dans les deux textes une insistance sur le sang perdu par les héroïnes (Alinda et Isolia) et une description maniériste jouant sur les contradictions entre mort et beauté. Voir *Le Promenoir de Monsieur de Montaigne*, édition établie par Jean-Claude Arnould, Paris, H. Champion, 1996, p. 157-158 (mort d'Alinda).

2 *Les Infortunées et chastes amours de Filiris et Isolia*, *op. cit.*, p. 325.

rivalités entre prétendants, pirates, courses en mer, tempêtes[1]. Des Escuteaux n'innove pas sur le plan des obstacles. En revanche, certains dénouements sont savoureux. Le romancier aime éliminer les rivaux gênants par des revirements parfois comiques (comme une crise de goute qui cloue au lit un prétendant et l'empêche de venir signer un contrat de mariage[2] ou encore une mort impromptue après une partie de paume un peu trop animée[3]). Mais Des Escuteaux se distingue surtout des romans d'inspiration catholique par deux traits : les personnages d'ermites et les cloîtres sont totalement absents (à une exception près) de son œuvre, tandis que la différence religieuse est thématisée à trois reprises, soit dans un quart de ses romans (alors que Nervèze n'évoque jamais l'union ou la désunion entre chrétiens de confessions différentes). La diversité de religion est tolérée de manière harmonieuse dans *Les véritables et heureuses amours de Clidamant et Marilinde* (où un protestant et une catholique s'unissent sans qu'une conversion ne soit exigée de l'un ni de l'autre), ainsi que dans *Clidion et Armirie* (où le héros est chrétien et l'héroïne musulmane). Dans *Le Ravissement de Clarinde* en revanche, la différence religieuse est présentée comme un obstacle possible au bonheur matrimonial et le père de l'héroïne préfère refuser l'alliance prestigieuse d'un marquis catholique au profit d'un baron protestant. Dans ce roman, comme on le verra, l'identité protestante est réaffirmée avec plus de vigueur, sans doute parce que l'esprit de concorde du début du règne d'Henri IV (esprit qui nimbe *Les véritables et heureuses amours de Clidamant et de Marilinde* d'une atmosphère presque œcuménique) est révolu en 1618, quand de nouvelles « guerres de religion » s'annoncent dans le Sud-Ouest de la France.

Pour finir cette présentation générale, les personnages féminins appellent quelques remarques. Les héroïnes de Des Escuteaux sont particulièrement chastes et vertueuses. La sensualité n'a pas sa place dans l'univers de ce romancier huguenot. Clidamant et Marilinde, qui

1 Sur les formes de la quête (prénuptiale, conjugale, érotique, religieuse) dans la fiction de l'époque d'Henri IV, voir Fr. Greiner, *Les Amours romanesques*, *op. cit.*, p. 171-202 et son article : « L'histoire d'amour au début des temps modernes : approche définitoire », in *Œuvres et critiques*, XXX, 1, 2005, p. 11-25.

2 Dans *Le Ravissement de Clarinde*, le comte d'Assi est mis hors d'état de nuire par ce procédé d'immobilisation. Voir *op. cit.*, p. 211.

3 C'est ainsi que meurt, dans *Les Chastes et heureuses amours de Clarimond et Antonide* (Rouen, P. Calles, 1602, p. 272), le prince qui veut forcer l'héroïne à l'épouser.

ont fui la France des guerres civiles, passent ainsi plus de deux ans sur une île déserte dans la plus pure chasteté, « sans que Clidamant importunât sa maistresse d'alléger sa passion, les promesses qu'il avoit faites à sa mère ayant servi d'obstacle à ses volontés[1] ». Lorsque le jeune homme se permet de demander à Marilinde de satisfaire sa passion, celle-ci lui impose un délai supplémentaire, qu'il respectera encore. Chez un écrivain catholique comme Nervèze à l'inverse, la place faite à la sensualité est bien plus grande. Ainsi Olimpe cède-t-elle à l'infidèle Birène immédiatement après leur naufrage et l'amour physique est décrit sans fard[2]. Une seule histoire fait exception parmi les douze romans de Des Escuteaux. Dans *Les Fortunes d'Alminte*, une jeune femme se laisse séduire par un prince français de sang royal (après bien des résistances[3]) et donne clandestinement naissance au héros éponyme qui sera élevé par des paysans, loin de la cour. L'écart de conduite est ici rendu nécessaire pour que le héros Alminte ait une origine noble et mystérieuse, digne d'un héros de roman de chevalerie. Mais la plupart des héroïnes de notre auteur renvoient au modèle romain de Lucrèce et préfèrent se tuer (ou menacer de se tuer) plutôt que de déchoir de leur idéal héroïque de pureté.

Ayant commencé à publier, comme de nombreux autres gentilshommes amateurs de belles lettres, au tout début du dix-septième siècle (qui vit à la fois la fin des guerres de religion et un renouveau romanesque concomitant du retour de la paix), Des Escuteaux a su s'imprégner des scenarios, des techniques narratives et de l'imaginaire particuliers d'une décennie heureuse : « le temps d'Henri IV ». Aussi n'est-il pas étonnant de retrouver sous sa plume les mêmes intrigues d'amours contrariées (puis récompensées) que chez la plupart de ses contemporains, les mêmes péripéties, la même alternance de dénouements heureux et tragiques, la même rhétorique amoureuse. S'il ne cite jamais ses sources (excepté dans la dernière phrase des *Admirables faits d'armes d'Alcestes servant l'infidèle Lydie*, « tirés du trente-quatrième chant de l'Arioste[4] »), Des

1 Voir *Les Véritables et heureuses amours de Clidamant et Marilinde*, *op. cit.*, f. 118 r°-v°.

2 Voir *Les Amours d'Olimpe et de Birène à l'imitation de l'Arioste*, Paris, A. du Breuil, 1599, f. 82 v°-f. 83 r°.

3 Voir *Les Fortunes d'Alminte*, *op. cit.*, p. 15-16.

4 Voir *Les Admirables faits d'armes d'Alcestes*, *op. cit.*, f. 289 v°. Cet épisode ariostéen racontant la versatilité de Lydie mais surtout l'ingratitude du roi son père à l'égard d'Alcestes qui s'était mis à son service, a été adapté plusieurs fois par des poètes français aux XVIe et XVIIe siècles. Selon Bruno Méniel, *La Lydiade* de François Descallis (1602), dédiée à

Escuteaux s'est inspiré des mêmes œuvres narratives étrangères que ses contemporains : en particulier du roman grec comme on l'a déjà noté, mais aussi du *Roland furieux* et d'*Amadis de Gaule* dont l'influence est perceptible dans *Les Aventureuses fortunes d'Ipsilis et Alixée.* Seule la pastorale narrative ne semble pas avoir eu d'incidence notable sur notre auteur, qui préfère enfermer temporairement ses personnages sur une île que dans un *locus amoenus* pastoral[1]. Ces héritages communs expliquent en partie la proximité de ses récits avec ceux des auteurs de sa génération (Nervèze, Du Souhait, Du Périer, Marie de Gournay). Mais Des Escuteaux a aussi pratiqué une forme d'intertextualité plus originale et plus moderne pourrait-on dire, en puisant de manière ponctuelle chez les meilleurs romanciers de l'époque d'Henri IV, notamment Honoré d'Urfé et Antoine de Nervèze. Ces emprunts non avoués sont surtout visibles dans les romans écrits après la fracture du régicide en 1610. Que révèlent ces traces d'une émulation créatrice dans les romans publiés après la mort d'Henri IV ?

Guillaume Du Vair qui avait été relégué par Henri IV en Provence malgré son loyalisme, aurait un sens politique et ferait « le procès l'ingratitude » royale (voir son analyse dans : *Renaissance de l'épopée*, Genève, Droz, 2004, p. 245-246 et p. 411). Concernant l'adaptation de Des Escuteaux, une telle interprétation politique est difficile à soutenir. Dans sa dédicace, le romancier se contente de célébrer la grandeur militaire de Louis Gouffier et présente Alcestes comme un miroir fictionnel tendu au gouverneur de Poitiers : « Permettez-lui, Monseigneur, que donnant le plus parfait de son jugement en l'admiration de vos magnanimes faits, il [*Alcestes*] éternise sa mémoire en l'immortalité glorieuse de vostre Nom et que l'esclat de vos triomphes illustrant les siens, face [*sic*] voir qu'ils sont seulement l'ombre dont vous possédez l'imprisable vérité ». Voir « Epistre à Monseigneur Louis Gouffier », in *op. cit.*, non paginé.

1 La dernière partie des *Véritables et heureuses amours de Clidamant et Marilinde* (*op. cit.*, f. 115 v°-f. 131 v°) décrit la vie des héros dans un cadre naturel, sur une île sauvage, après leur naufrage. Mais cette « robinsonnade » reste un cas isolé dans l'œuvre de Des Escuteaux et ne donne pas lieu à un éloge de la nature et de la vie libérée des contraintes sociales comme dans le roman d'Honoré d'Urfé. Sur le motif de l'île, voir Nancy Oddo : « Les îles de la dévotion dans le roman baroque », in *L'île au XVIIe siècle : jeux et enjeux*, sous la direction de Christian Zonza, Tübingen, Narr Verlag, 2010, p. 141-152.

QUAND L'INTERTEXTUALITÉ PREND UN SENS POLITIQUE ET RELIGIEUX

Le Ravissement de Clarinde est paru huit ans après la mort d'Henri IV, en 1618. Pourtant, le roi est la figure essentielle de ce roman : au niveau de l'intrigue fictionnelle, il est l'élément déclencheur du drame, mais il est aussi, nous semble-t-il, la cible du propos politico-religieux de l'auteur. L'incipit entonne son éloge. Henri est le « phénix des monarques, l'unique en mérites, l'incomparable[1] » qui a rendu à la France le calme et la paix. Mais une fois passé cet hommage de façade, c'est un roi libertin et inconstant qui est mis en scène et subtilement critiqué. Voici comment débute cette histoire dont l'intrigue est située deux ans après le retour de la paix en France : la jeune Clarinde, élevée assez sévèrement au sein d'une famille noble et réformée de province, est courtisée par plusieurs prétendants, dont un protestant qui a la préférence de son père. Dans ce contexte de départ fort banal, elle reçoit une lettre de Paris. Une dame de la cour l'avertit que la rumeur de sa beauté a frappé l'imagination d'Henri IV et qu'il souhaite jouir de sa présence à Paris. Le narrateur souligne alors que l'âme du monarque est « aisément susceptible de si beaux feux[2] », ce qui est une manière élégante de dire que le cas de Clarinde n'est pas isolé. La réaction du père et de la fille est identique : Monsieur de Paleras préfèrerait voir « sa fille au tombeau » qu'en « la qualité que la lettre semblait présager[3] », et Clarinde, parfaitement lucide sur les implications de cette invitation, se lamente sur ses « misérables beautés » et ne veut pas d'une « vie impudique[4] ». À travers l'indignation des personnages se lit une critique implicite, mais claire, des amours désordonnées du Vert Galant. Aussi, aux désirs royaux répondra une vertu inébranlable : Clarinde, qui a « la crainte de Dieu si vivement gravée au plus beau de son âme[5] » décide d'immoler sa beauté à sa virginité et entreprend de se taillader le visage. Des Escuteaux emprunte

1 Voir *Le Ravissement de Clarinde*, *op. cit.*, p. 5.
2 *Ibidem*, p. 10.
3 *Ibid.*, p. 14.
4 *Ibid.*, p. 13.
5 *Ibid.*, p. 7.

alors un célèbre épisode à la deuxième partie de *L'Astrée*, parue en 1610, celui de la défiguration de Célidée.

Dans un article intitulé « La femme qui mutile son visage », Raymond Lebègue a étudié la généalogie du motif de la défiguration féminine depuis Valère Maxime jusqu'à *L'Heptaméron* de Marguerite de Navarre[1], mais il n'a pris en compte que les défigurations effectives et n'a pas étendu son enquête aux textes du XVIIe siècle. Or l'originalité de Clarinde est qu'elle ne va pas jusqu'au bout de son geste et qu'elle va jouer la comédie de la défiguration. Son sacrifice est en effet empêché par l'arrivée soudaine de son père qui intervient comme un *deus ex machina* :

> Clarinde [...] résolue de ne décliner tant soit peu de ce que la sagesse vouloit, détermine de sacrifier les attraits de sa beauté à l'autel de sa chasteté, non en l'entreprise désespérée de s'ôter la vie, mais d'effacer magnanimement, sans appréhension du mal, par trois ou quatre estafilades, ce qui paroissoit de plus agréable sur son front : les Amours, qui si amoureusement s'y joüoyent, tous effrayés d'une appréhensible crainte minutoyent leur départ, et les grâces qui si mignonnement s'y reposoient, toutes tremblantes de frayeur, se disposoient à un triste délogement, pour [faire] place à l'horreur qu'un tranchant couteau estoit prest d'y marquer, lors que son père inopinément entra dans sa chambre[2].

La trouvant un couteau à la main, M. de Paleras croit qu'elle a voulu se suicider et la sermonne. Fort émue, Clarinde est prise d'une « violente émotion de sang lui sortant du nez[3] » qui ensanglante son visage. La tragédie bascule alors dans la comédie et le père trouve le moyen d'éloigner le pressant monarque. Sur les indications de M. de Paleras devenu metteur en scène, Clarinde fait semblant de tomber dans l'escalier et recouvre son visage avec le sang qui lui coule du nez. Un chirurgien mis dans la confidence fait courir le bruit que sa beauté est définitivement perdue[4]. Comme dans *L'Astrée* où Calidon cesse d'aimer Célidée une fois qu'elle s'est défigurée, le roi Henri IV, qui n'était attiré que par la beauté physique et éphémère de Clarinde, renonce à elle : « Ce malheureux accident [...] amortit les flammes que

1 Voir « La femme qui mutile son visage (*Heptaméron* X) », in *Comptes-rendus des séances de l'Académie des Inscriptions et Belles-lettres*, 103e année, n° 2, 1959, p. 176-184.
2 *Le Ravissement de Clarinde*, *op. cit.*, p. 14-15.
3 *Ibidem*, p. 18.
4 *Ibid.*, p. 22-23.

la renommée de tant de perfections avoient allumées en son âme[1] ». Le prétendant protestant quant à lui reste fidèle à Clarinde, et par charité, le père lui révèle leur supercherie. Cette persévérance amoureuse, du côté protestant, renforce par contraste la satire du roi inconstant. Si Des Escuteaux prend la liberté de critiquer la vie privée d'Henri IV, il ne lui adresse aucune critique ouvertement politique. On peut toutefois se demander si, derrière l'inconstance amoureuse, ce n'est pas également l'inconstance religieuse d'Henri IV qui est subtilement dénoncée par le jeu des identifications romanesques.

L'analyse de cette adaptation d'une célèbre histoire de *L'Astrée* montre Des Escuteaux au travail. Il sait parfaitement reconnaître dans les grandes œuvres de ses contemporains les moments intenses et pathétiques. Il reprend d'ailleurs un mot clé au texte urféen, tout en le modifiant. L'adverbe « magnanimement » (qui qualifie la détermination de Clarinde) fait écho à la « généreuse » action de Célidée :

> À ces mots, ô Dieu ! Madame, quelle étrange et généreuse action vous vais-je raconter ? À ces mots, dis-je, Célidée met la pointe du diamant à son front, et d'une main généreuse se l'enfonce dans la peau, et quoique la douleur fût extrême, si se le coupe-t-elle d'un côté à l'autre, et grinçant des dents du mal que la blessure lui faisait, elle en fait de même à ses joues, et se fait de chaque côté trois ou quatre profondes cicatrices, si longues et si enfoncées que véritablement il ne lui restait plus rien de la beauté qu'elle souloit avoir[2].

Comme Madeleine Bertaud l'a souligné dans son commentaire de l'histoire de Célidée, il est rare que les femmes soient qualifiées au XVIIe siècle de « généreuses », la générosité appartenant en propre aux hommes et leur permettant d'atteindre la gloire[3]. Or en choisissant comme modèle pour son héroïne la généreuse Célidée et en la transposant à l'époque d'Henri IV, Des Escuteaux a justement déployé le potentiel critique contenu dans le personnage pastoral et l'a adapté à ses propres préoccupations, plus politiques que sentimentales. La théorie néoplatonicienne de l'amour n'est nullement en jeu dans la défiguration (inaboutie) de Clarinde et le réalisme sadique de *L'Astrée* est évacué chez notre auteur au profit du comique : ruse, déguisement et maladie

1 *Ibid.*
2 H. d'Urfé, *L'Astrée*, Lyon, P. Masson, 1926, IIe partie, livre 11, p. 448.
3 M. Bertaud, *"L'Astrée" et "Polexandre" : du roman pastoral au roman héroïque*, Genève, Droz, 1986, p. 82.

feinte métamorphosent profondément le sens du texte original, qui était empreint de tragique. Chez d'Urfé, Célidée, déchirée entre deux hommes, Calidon et Thamire, voulait échapper par son sacrifice à une impasse et pouvoir vivre son amour avec Thamire sans souffrir du chantage de Calidon. Le geste de Clarinde, lui, n'a pas pour but de résoudre un conflit amoureux dans lequel elle serait affectivement impliquée. La jeune fille veut sauver son honneur, sa chasteté et finalement, pour le dire en termes modernes, s'opposer à un abus de pouvoir. Si la source urféenne ne fait aucun doute quand on compare les deux passages évoquant la défiguration, l'opposition héroïque de la jeune protestante face au roi peut sans doute être mise en relation avec un autre intertexte, moins contemporain que *L'Astrée* mais plus politique. Dans la première de ses *Histoires tragiques* (1559), Pierre Boaistuau dénonce également un abus de pouvoir royal à travers l'épreuve subie par une femme nommée Aelips. Celle-ci a attiré sans le vouloir l'amour du roi Édouard III d'Angleterre. Devenue veuve, elle ne peut résister au chantage d'Édouard et de sa famille qui la presse de céder aux avances du roi. Dans les dernières pages de cette histoire, Aelips se retrouve seule face au souverain. Elle brandit un poignard qu'elle avait dissimulé et menace de se tuer devant lui s'il veut obtenir ses faveurs en usant de la force[1]. Vaincu par tant de générosité, le roi Édouard se convertit à la bonté et au respect et propose à Aelips de l'épouser. Bénédicte Boudou a montré comment Pierre Boaistuau proposait dans cette première *Histoire tragique* une réflexion sur la justice et les limites du pouvoir royal : « La passion du roi le conduit à se servir abusivement de son pouvoir et à oublier tous ses devoirs, ce qui le transforme en un tyran[2] ». Nicolas des Escuteaux ne va pas aussi loin dans la critique d'Henri IV, son objectif n'est pas didactique, comme Boaistuau qui veut « rappeler les devoirs auxquels est tenu le souverain[3] ». D'ailleurs Clarinde n'affronte pas le roi en un face à face tragique. La figure masculine contre laquelle elle se bat moralement et physiquement est d'une moindre envergure (mais doit

---

1 Voir P. Boaistuau, *Histoires tragiques*, édition critique publiée par Richard A. Carr, Paris, H. Champion, 1977, p. 43.

2 Voir B. Boudou, « Le roi au bord du crime. Analyse de la première des *Histoires tragiques* », in *Juges et criminels dans la narration brève du XVI*e *siècle*, Actes édités par Jean-Claude Arnould, Publications numériques du CÉRÉdI, nº 4, 2010, URL : http://ceredi.labos.univ-rouen.fr/public/?le-roi-au-bord-du-crime-analyse-de.html

3 *Ibidem*, non paginé.

sans doute être interprétée comme un substitut de la figure royale). Un seigneur catholique l'enlève en effet après avoir appris la supercherie de la fausse défiguration. Après le roi en personne, c'est donc un autre représentant du catholicisme qui veut abuser de Clarinde. Il l'épouse d'ailleurs de force dans le rite romain, le prêtre ignorant le « non » prononcé par Clarinde. Lorsqu'il tente de la violer le soir de la nuit de noces, l'héroïne se sauve grâce à un providentiel coup de coude dans le nez du marquis, qui le fait saigner abondamment, en une inversion farcesque des rôles.

Le Ravissement de Clarinde est un roman étonnant à plus d'un titre : la satire religieuse et la dénonciation des aventures galantes du roi Henri s'y manifestent à travers les jeux de réécriture de *L'Astrée* et de la première des *Histoires tragiques* de Boaistuau. Huit ans après la mort d'Henri IV, Des Escuteaux se permet une certaine liberté de ton. Dans sa fiction, le Béarnais n'est pas explicitement présenté comme le roi qui a trahi sa foi mais plutôt comme un roi aux mœurs relâchées. Comme le seigneur catholique (qui promet à Clarinde de se convertir au protestantisme si elle accepte de l'épouser), il ne semble tenir à aucune valeur morale et religieuse, néglige le consentement de Clarinde et n'apparaît guidé que par ses appétits sensuels. Le protestantisme de Des Escuteaux n'est nulle part plus ouvertement revendiqué et présenté comme une foi solide, inébranlable, face aux inconstances des personnages catholiques menaçants et versatiles. Pourtant *Le Ravissement de Clarinde* est aussi un roman drôle et plaisant à lire, où les personnages se déguisent, jouent et où les plus faibles gagnent. Mais Clarinde finit par mourir après avoir surmonté toutes ses épreuves et épousé celui qu'elle aimait. Des Escuteaux mêle différents registres pour composer une sorte de tragi-comédie. Le dépassement du mariage qu'il propose dans son dénouement en deux temps peut se lire comme une recherche de renouvellement narratif, mais aussi comme un rappel de la précarité de la vie humaine. Au début de sa carrière, Des Escuteaux présentait des histoires à fin heureuse où l'issue nuptiale était auto-suffisante. Dans ses romans plus tardifs, parus après la mort d'Henri IV, il s'autorise à poser un regard critique sur le restaurateur de la paix civile, tout en cherchant plus de gravité dans ses dénouements. Dans *Les Jaloux desdains de Chrysis*, le romancier huguenot semble même vouloir faire concurrence au roman dévot catholique : comment expliquer une telle évolution ?

Dernière publication connue de Des Escuteaux (parue en 1628), *Les Jaloux desdains de Chrysis* présente des innovations thématiques et narratologiques nombreuses. Un début *in medias res* plonge le lecteur dans un dialogue au discours direct dont les voix ne sont pas identifiables, ce qui est très surprenant. La « belle » et son « cavalier » sont d'emblée déchirés et séparés, alors que d'ordinaire la formation du couple est l'enjeu des premières pages du récit chez Des Escuteaux : Chrysis, telle une nouvelle Astrée, congédie Philermond, qu'elle accuse d'infidélité car il a écrit une lettre d'amour à une rivale. Ne parvenant à se justifier, Philermond quitte la France et cet exil est l'occasion pour Des Escuteaux d'introduire un nouveau type de personnage jamais encore utilisé : un ermite[1] auprès duquel le héros va soigner sa mélancolie. Enfin, ce roman se signale par un mode de narration non linéaire et sophistiqué. L'histoire principale (celle de Philermond) est interrompue par plusieurs récits rétrospectifs, dont certains forment des petites nouvelles autonomes, et dont un est remarquable car il se fait par le biais d'un texte écrit. Philermond, qui vit reclus sur une côte barbaresque, est recherché par les valets d'un de ses amis qui sont munis d'une biographie du héros (seul moyen de le reconnaître). Le personnage est donc amené à lire le récit de sa propre vie consigné dans une sorte de roman dans le roman[2]. Ces caractéristiques formelles et thématiques rappellent autant *L'Œuvre de la chasteté* de Nicolas de Montreux[3] (pour le personnage de l'ermite et la technique des récits enchâssés) que certains romans d'aventures de l'époque de Marie de Médicis, comme la première version du *Polexandre* de Gomberville où l'on trouve aussi un texte dans le texte racontant la vie du héros[4]. Mais l'originalité de Des Escuteaux est surtout qu'il propose dans *Les Jaloux desdains* une réécriture d'un célèbre roman dévot d'Antoine de Nervèze, paru vingt ans auparavant : *La victoire de l'amour divin sous la description des amours de Polidore et Virginie* (1605). La courbe des aventures est identique dans les deux romans[5] : un amour impossible, un éloignement physique du héros, un long compagnonnage avec un

1 Voir *Les Jaloux desdains*, *op. cit.*, p. 38-39 pour la description stéréotypée de l'ermite romanesque.

2 *Ibidem*, p. 67-102.

3 Paris, A. Saugrain, 1595.

4 Voir *L'Exil de Polexandre et d'Ericlée*, Paris, T. du Bray, 1619, p. 508 et suiv.

5 L'onomastique les rapproche aussi : Philermond rappelle le nom de Philemon (l'ami de Polidore).

ermite, avant le retour du protagoniste masculin déguisé (en capucin chez Des Escuteaux[1], en ermite chez Nervèze) et qui utilise la confession pour connaître la vérité de la bouche de celle qu'il aime. Une différence de taille cependant est à noter : Philermond ne quitte pas la France pour se détacher de son amour terrestre et parce qu'il se sentirait appelé par Dieu, mais parce qu'il meurt de désespoir d'être rejeté par Chrysis. La scène de la fausse confession n'a pas le même sens non plus. Philermond ne cherche pas à décider Chrysis à rompre avec le monde et à se faire religieuse, comme Polidore le fait avec Virginie chez Nervèze[2]. Dans le roman de Des Escuteaux, le rituel de la confession est détourné de son sens spirituel à des fins romanesques : le faux capucin y entend son arrêt de mort de la bouche de Chrysis, qui explique à son ancien amant (qu'elle n'a pas reconnu), qu'elle ne peut effacer de son âme la morsure de la jalousie ni transformer son dédain en amour[3]. Cette scène, qui est une variation sur le motif de la conversation surprise, révèle une autre facette du romancier Des Escuteaux. Réputé pour son goût de l'aventure et des scènes de combat, il crée ici un dispositif où l'intériorité des personnages est mise à nue et analysée, presque en termes modernes : Chrysis ne peut en effet expliquer d'où vient son refus, elle ne peut que le constater. Les remarques culpabilisantes de son confesseur[4], qui lui reproche sa vanité et sa présomption, n'y font rien, elle ne cède pas sur son refus, qui reste un point opaque. Philermond de son côté, malgré son déguisement de capucin, n'arrive plus à tenir le rôle qui lui a donné accès au secret de Chrysis et sort bouleversé de la confession. Il ne dira pas la messe que le curé lui avait demandé de célébrer (l'usurpation religieuse n'est pas totale). La fin du roman, après encore bien des péripéties, est tragique et ambiguë d'un point de vue religieux : Chrysis, qui a épousé un Italien violent et jaloux qui a tenté de l'assassiner, meurt dans un couvent, repentante mais blessée d'avoir été finalement dédaignée par Philermond (qui n'a pas voulu la reprendre après la mort de son époux) ; le héros devient alors effectivement capucin et meurt en Grèce « avec un tel repentir de s'estre tant laissé emporter aux vanitez du siècle, qu'on

1 Voir *Les Jaloux desdains*, *op. cit.*, p. 173-174.

2 Voir *La Victoire de l'amour divin*, *op. cit.*, f. 123 v°-124 r° : « [...] le bruit estoit qu'elle s'allait rendre Capucine. Il se resoult de la voir pour la confirmer en ce dévot dessein ».

3 Voir *Les Jaloux desdains*, *op. cit.*, p. 180.

4 *Ibidem*, p. 176-177.

le peut à bon droit croire entre ceux qui ont le plus heureusement finy leurs jours[1] ». Sous la plume de Des Escuteaux, cette conversion à la vie religieuse, d'inspiration catholique, peut surprendre. S'agit-il d'un réel élan vers Dieu et d'un éloge de la vie dévote ? Nous analysons plutôt ce choix du personnage comme la conséquence de sa libération affective et de son détachement absolu de Chrysis, qu'il tient désormais pour indifférente. L'entrée de Philermond chez les Capucins n'est d'ailleurs pas préparée tout au long du roman, contrairement à ce qui s'observe dans *La Victoire de l'amour divin* où Polidore lutte depuis le début contre son amour profane pour Virginie et cherche à s'en couper de manière volontariste. L'épilogue dévot semble un peu plaqué sous la plume de Des Escuteaux et ne vient pas couronner un parcours spirituel de longue haleine[2]. Aussi ce dénouement ne doit-il pas être lu comme le signe d'une tentation éprouvée par Des Escuteaux pour l'autre religion. Il s'agit peut-être avant tout pour cet auteur, identifié comme protestant depuis ses premières publications, de surprendre ses lecteurs en choisissant un sujet dans l'air du temps (les personnages de reclus sont omniprésents dans la littérature romanesque catholique des années 1620-1630). Mais ce dénouement inattendu révèle aussi l'influence continue du « roman du temps d'Henri IV » sur la pratique d'écriture de Des Escuteaux : en imitant, en 1628, le meilleur roman dévot de Nervèze, Des Escuteaux confirme son talent pour s'emparer des réussites de ses rivaux et les exploiter à sa manière « réformée ».

Fin lecteur de ses contemporains, grand connaisseur des parutions de l'époque d'Henri IV et sensible aux modes romanesques, Des Escuteaux a composé une œuvre narrative qui mérite d'être lue et explorée de manière objective. À côté de récits de chevalerie ou de livres d'*Amours* brodant sur des canevas attendus, le romancier huguenot a aussi livré deux textes qui présentent une remarquable richesse intertextuelle et dont les personnages incarnent deux formes de résistance et de refus. La protestante Clarinde représente, face à un monarque prédateur et inconstant, un idéal de constance et de foi. Le héros des *Jaloux desdains de Chrysis* est un personnage plus complexe et ambigu, hybridation du Céladon urféen injustement banni et du Polidore de Nervèze, choisissant

1 *Ibid.*, p. 253.

2 Sur le trajet spirituel de Polidore et Virginie, voir N. Oddo : « Antoine de Nervèze : pieux Protée ou caméléon mondain ? », art. cité.

de se tourner vers Dieu : dernière « créature » du romancier, Philermond incarne lui aussi une forme de refus de la tyrannie, non plus masculine, sociale et religieuse, mais une tyrannie amoureuse et morale exercée par une femme. L'œuvre de Des Escuteaux n'est donc pas seulement le produit d'une époque (« le temps d'Henri IV »), elle en explore aussi les tensions et les contradictions par le biais de la fiction romanesque.

Mélanie SAG
Université Paris-Diderot – Paris 7

MARIE DE GOURNAY « INVENTE » LE ROMAN DISCOURANT

C'est bien après le règne d'Henri IV, en 1626, que Marie de Gournay use de cette expression pour désigner son *Promenoir de Monsieur de Montaigne*, publié pour la première fois en 1594 puis sujet jusqu'en 1641 à dix éditions aux innombrables variantes[1]. Noyau primitif de l'ensemble de ses œuvres, il en occupera le point central jusqu'à leur ultime version.

Mais l'histoire littéraire et sa terminologie étant le plus souvent de floraison tardive, assumons l'anachronisme du terme par lequel l'auteur désigne ce petit roman/cette longue nouvelle. D'autant que dans cette appellation tardive et les questions qu'elle pose réside précisément, outre le charme que tel lecteur pourra y trouver, le principal intérêt du *Promenoir*. Présenté comme une nouveauté – nous verrons en quels termes – il mérite un label inédit, qui sera mis au point pour ses quatre dernières éditions (1626, 1627, 1634 et 1641).

Nous tenterons ici d'appréhender la nature et les limites de cette innovation sur un arrière-plan personnel et littéraire complexe et dans un paysage romanesque touffu.

---

1 Nous renvoyons à nos éditions : *Le Proumenoir de Monsieur de Montaigne* de Marie de Gournay (basée sur le texte de 1594, avec les variantes des éditions de 1598, 1599, 1607, 1623, 1626, 1627, 1634 et 1641), Champion, 1996, puis édition critique des *Œuvres complètes* de Marie de Gournay, en collaboration avec M.-C. Bichard-Thomine, C. Blum, V. Worth-Stylianou, A. L. Franchetti et E. Berriot-Salvadore, Champion, 2002, 2 vol., p. 1288-1375.

AUX SOURCES DU *PROMENOIR*

L'histoire du texte importe beaucoup à la compréhension de l'expérimentation littéraire que propose Marie de Gournay en 1594. À cette date, elle est Marie Le Jars, l'aînée d'une bonne maison gravement affectée par les guerres civiles[1] ; son mérite essentiel semble être l'énergie qui l'anime à rechercher la compagnie des plus grands esprits : Montaigne, dont un heureux hasard lui fait connaître le livre aux alentours de 1585 puis la personne en 1588, et Juste Lipse, avec qui elle entretient une correspondance de 1588 à 1597.

La rencontre avec Montaigne se produit à Gournay, terre appartenant aux Jars, et dont la demoiselle prendra bientôt le nom. L'auteur des *Essais* y séjourne à l'automne 1588[2] mais le *Promenoir* paraît pour la première fois en 1594, en tête du volume auquel il donne son titre, et qui comprend également une « Version du second livre de l'Æneide » et un « Bouquet poetique » : narration, traduction et poésie posent ainsi la première pierre de l'œuvre de Marie de Gournay.

Plusieurs éléments de mise en scène interviennent dans la présentation du *Promenoir* au public, de sa première jusqu'à sa dernière édition. Un faisceau d'indices conduit à voir en eux une stratégie littéraire[3], dont nous ne retiendrons que les deux faits qui nous importent ici : l'effacement de la source réelle et le patronage de Montaigne.

Le *Promenoir de Monsieur de Montaigne* est une décalque de la seconde histoire encadrée des *Discours des Champs faëz* du poète lyonnais Claude de Taillemont, publiés à Lyon chez Michel du Boys en 1553[4] : la confrontation des textes révèle sans ambiguïté que si Marie de Gournay ne la tient pas à portée de main, elle a tout au moins une parfaite connaissance de

1 Michèle Fogel a reconstitué la trajectoire de cette famille dans sa biographie, *Marie de Gournay*, Fayard, 2004, chap. 3 et 4.

2 Voir Donald Frame, *Montaigne. Une vie, une œuvre. 1533-1592*, [1965], Paris, Champion, 1994, p. 299-305, et Marjorie H. Ilsley, *A Daughter of the Renaissance, Marie Le Jars de Gournay, Her Life and Works*, Mouton, 1963, p. 24-35.

3 Voir notre édition, le *Proumenoir*, p. 2-4.

4 Nous nous permettons de renvoyer à notre édition critique (Genève, Droz, 1991), particulièrement aux p. 15-16 et 230-270. L'étude la plus complète consacrée aux *Champs faëz* reste celle de Gabriel-André Pérouse, dans *Nouvelles françaises du XVIe siècle. Images de la vie du temps*, Droz, 1977, p. 119-138.

l'œuvre de Taillemont. Quelles que furent ses infortunes, cette maison n'était pas étrangère au monde des lettres[1] et ce petit volume, réédité à plusieurs reprises à Lyon et à Paris jusqu'en 1595, peut en toute vraisemblance avoir figuré dans la bibliothèque familiale, voire dans les bagages que Marie de Gournay emporta dans son errance ou encore dans une bibliothèque de rencontre[2]. Et pourtant, dit-elle et dira-t-elle jusqu'à la fin, « …je rapporte à peu près l'argument de ce Conte, d'un Livre dont le nom m'est eschappé de la memoire[3]… ». Cette affirmation, hautement invraisemblable, imite celle de son modèle même[4], suivant une forme d'attribution énigmatique ou fictionnelle courante au XVIe siècle. Les états successifs de l'avis de « L'Imprimeur au lecteur », en réalité composé par Marie de Gournay, verront croître la revendication d'autorité, désignant finalement celle-ci comme la « Demoiselle qui a basti » le *Promenoir*[5]. L'« Advis sur la nouvelle edition du Proumenoir de Monsieur de Montaigne », qui prend le relais à partir de 1626, met finalement en scène un auteur qui réplique sans intermédiaire à ses détracteurs supposés. Le souvenir de Taillemont est bien effacé.

Mais il convient d'ajouter une autre omission, demeurée inaperçue parce qu'elle s'opère dans un silence absolu – et d'autant plus décisive : celle des Histoires tragiques, genre dont relèvent indiscutablement les aventures narrées dans le *Promenoir*, et dont la petite œuvre de Taillemont fournissait d'ailleurs une ébauche. Inaugurée sous ce titre en 1559 par le recueil de Pierre Boaistuau, la fameuse collection est développée jusqu'en 1582 par François de Belleforest et les huit volumes qui la constituent connaissent jusque dans les premières décennies du XVIIe siècle une fortune éditoriale sans comparaison avec le modeste succès des *Champs*

1 Son oncle paternel Louis Le Jars donne la tragicomédie *Lucelle*, publiée en 1576, plusieurs fois rééditée, et mise en vers par Jacques du Hamel (voir Robert Aulotte, « La *Lucelle* de Louis Le Jars », *Mélanges R. Lebègue*, Paris, Nizet, 1969, p. 97-106), et son frère Charles Le Jars, en 1613, un *Bouquet de mirrhe aromatic apporté de Hierusalem.*

2 Le début des années 90 est particulièrement instable : dans une situation familiale difficile et un contexte politique dangereux, Marie de Gournay trouve alors refuge à Cambrai, à la « cour » de Renée de Clermont d'Amboise, épouse du maréchal de Balagny (v. Michèle Fogel, *op. cit.*, p. 84-91).

3 « Epistre sur le Promenoir de Monsieur de Montaigne », *Le Proumenoir*, p. 50 et *Œuvres complètes*, p. 1285.

4 Son conteur Philaste désignait ainsi sa source : « …un vieil livre que je trouvay long temps a, entre plusieurs papiers et autres hardres, escript jadis à la main par un certain chevalier de Malthe, et duquel n'est aucune memoire entre nous… » (éd. citée, p. 144).

5 « L'Imprimeur au Lecteur » de 1623, *Le Proumenoir*, p. 31 et *Œuvres complètes*, p. 1868.

faëz[1]. L'un de ses tomes au moins avait de fortes chances de se trouver à la portée de Marie de Gournay dans ces années-là et mainte histoire tragique aurait pu, par sa trame, sa thématique orientale, sa tonalité pathétique, sa longueur même, fournir un canevas tout aussi satisfaisant que le récit de Taillemont. Qui plus est, dès qu'il prend la plume à la suite de l'inventeur du genre, François de Belleforest met au point un mode de narration mêlant à la diégèse bribes poétiques et digressions auctoriales, et qui n'a rien à envier à la formule adoptée par Marie de Gournay. On se risque dès lors à voir la référence voilée au lointain modèle lyonnais comme un geste destiné à souligner la nouveauté absolue du récit proposé en 1594, geste de diversion occultant, si l'on ose dire, l'occultation principale, celle de l'archétype le plus puissant et le plus évident, de surcroît réactivé par des plumes récentes, comme celle de Jean-Pierre Camus dont Marie de Gournay fait le plus grand cas[2].

Quant au patronage de Montaigne, on sait que la revendication de filiation spirituelle est le point de départ de la longue carrière de Marie de Gournay. C'est la seule signature que porte le titre du *Promenoir* de 1594 : « *Par sa fille d'alliance* » ; c'est la seule que porteront toutes les éditions qui suivent, avant le volume des œuvres inauguré en 1626, ainsi que les préfaces aux éditions des *Essais*[3]. C'est, prétend l'auteur, le 26 novembre 1588, quelques jours après que Montaigne eut quitté Gournay, qu'elle lui a adressé, afin qu'il en corrigeât les fautes, la version écrite du récit qu'elle venait de lui conter. Mais cette date est sujette à caution et le privilège du 2 mai 1594 pourrait bien avoir été accordé pour un volume contenant en réalité un récit fraîchement composé pour « faire honneur au deffunct[4] », appartenant d'une certaine manière à celui dont Marie venait d'apprendre la mort en juin 1593[5]. L'avis de « L'Imprimeur au lecteur » prétend d'autre part, jusque dans l'édition de 1607, que le texte a été retrouvé dans les papiers de Montaigne

1 Voir la bibliographie complète établie par Michel Simonin, *François de Belleforest et l'« histoire tragique » en France au* XVI*e siècle*, thèse pour l'obtention du doctorat d'État, 1985, Paris-Créteil.

2 Dans « Antipathie des âmes basses et hautes » et « Deffence de la Poesie et du langage des Poetes » (*Œuvres complètes*, p. 781 et 1127) et dans « Advis sur la nouvelle edition du Promenoir de Monsieur de Montaigne » (*Le Proumenoir*, p. 34 et *Œuvres complètes*, p. 1273).

3 Sur cette question, voir la note 34.

4 « L'Imprimeur au Lecteur » de 1607, *Le Proumenoir*, p. 31 et *Œuvres complètes*, p. 1867.

5 Par une lettre de Juste Lipse, *Epistolarum selectarum chilias*, Genève, 1609, p. 535, Ière centurie *ad Belgas*, lettre 15 ; reproduites dans les *Œuvres complètes*, p. 1936-1937.

après sa mort, et que « messieurs ses parens » l'ont jugé digne d'être publié[1]. Enfin, ce récit aurait été conté à propos des « Estranges accidents advenus pour l'amour » rapportés par Plutarque[2], circonstance qui ajoute au patronage de Montaigne une référence humaniste précisément identifiée à l'auteur dont le père d'alliance avoue qu'il ne parvient pas à se déprendre[3]. La permanence du titre, avec l'image péripatéticienne qu'il porte, les multiples citations et exemples issus des auteurs anciens viennent renforcer cette attache.

Au récit pathétique de Taillemont et aux Histoires tragiques se voit ainsi substitué un modèle plus réel, plus incarné et plus puissant en la personne de Montaigne, l'inventeur du « seul livre au monde de son espece[4] », dont il faut se souvenir pour la suite combien il est marqué par l'empreinte humaniste, empli d'un discours personnel et tout digressif. L'occultation retorse des modèles littéraires, orchestrée par le discours d'humilité d'une dépendance filiale, promeut ainsi, avec toute la discrétion qui s'impose à une jeune femme obscure, une idée dont on verra par la suite en quels termes son auteur la formule discrètement : la nouveauté du *Promenoir*.

UN « ROMAN DISCOURANT »

Originellement désigné par les termes narratifs les plus neutres, le *Promenoir* recevra à partir de 1626, une fois affirmée l'autorité de celle qui s'aventure à publier un fort volume d'œuvres complètes, le label de « Roman discourant ».

Cette appellation suggère une innovation dont on peut se demander en quoi elle consiste. La réponse de l'auteur ne se fait pas jour avant 1623, quand l'avis de « L'Imprimeur au Lecteur » signale « des

1 *Le Proumenoir*, p. 31 et *Œuvres complètes*, p. 1867.

2 *Le Proumenoir*, p. 47 et *Œuvres complètes*, p. 1283.

3 « Mais je me puis plus malaiséement deffaire de Plutarque. Il est si universel et si plain qu'à toutes occasions, et quelque suject extravagant que vous ayez pris, il s'ingere à vostre besongne, et vous tend une main liberale et inespuisable de richesses et d'embellissemens », Essais, III, 5, « Sur des vers de Virgile », éd. Villey-Saulnier, PUF, 1965, p. 875.

4 *Essais*, II, 8, « De l'affection des peres aux enfans », éd. citée, p. 385.

Autheurs nommés sur l'employ de leurs passages » et « des vers Latins couchez en une œuvre de ce genre[1] ». À partir de 1626, l'« Advis sur la nouvelle edition... » ajoute le fait que « son Histoire soit assaissonnée d'advertissemens exemplaires » et revient sur « les citations soubs les noms propres[2] », c'est-à-dire la pratique qui consiste à inclure dans le discours la mention des auteurs cités au lieu de les « cotter » en marge ou de les omettre tout bonnement. Mais ce discours de justification ne tarde pas à dévoiler, dans des termes pleins de relief, comment doit être entendue cette appellation :

> ...un Roman discourant peut avoir besoin à toute heure du poids et de la caution d'un Escrivain, pour appuyer son opinion et ...il est, après tout, aussi glorieux qu'un autre genre d'Ouvrage : et partant ne se croid non plus subjet que luy, tel qu'il soit, aux grimaces ou suffisances serviles et prescrites, sur tout si elles luy sont particulieres : mesmement à celles de ce temps, qu'il mesprise plus que les autres.
>
> Mais nous voicy derechef aux mains avec ces Correcteurs : ils ne souffrent point un Roman discourant, car sa tablature d'esprit le deffend à leur advis : et luy commande sans respit et sans intermede la suitte de son Advanture. [...] ces gens de nostre saison, soient-ils Autheurs ou Lecteurs, ... s'en vont si seichement après leur narration toute crue, quoy qu'elle montre la carriere ouverte à tant de beaux et florissans discours, soit en la chose mesme, soit auprès, tendant une favorable main à la digression : les meilleurs desquels discours cependant, je conseille tousjours de moderer en estendue et en nombre[3].

Écartant une narration pure qui poursuivrait sans relâche l'enchaînement des épisodes, le « Roman discourant » joue donc de l'intertextualité en faisant intervenir les écrivains autorisés et s'ouvre – avec modération, dit-elle, mais nous verrons ce qu'il en est –, aux développements dont le récit propose l'occasion. Le mot est finalement lâché : la « digression », d'une pertinence plus ou moins serrée[4], constitue

1 *Le Proumenoir*, p. 31 et *Œuvres complètes*, p. 1867.

2 *Le Proumenoir*, p. 36 et 33, et *Œuvres complètes*, p. 1274 et 1272. À noter que le premier trait intervient en défense (pour justifier la moralité du récit), tandis que le second est bien entendu l'objet d'une longue justification.

3 *Le Proumenoir*, p. 40-41 et *Œuvres complètes*, p. 1278-1279.

4 On ne peut que renvoyer ici à l'ouvrage de référence, de Gérard Milhe Poutingon, *Poétique du digressif. La digression dans la littérature de la Renaissance*, Paris, Classiques Garnier, 2102 ; l'auteur commente notamment la digression dans le cadre de la définition du « Roman discourant » p. 82-83 et 663-664.

à la fois l'assise intellectuelle et un ornement de la diégèse. C'est ainsi que se justifie l'oxymore, dont le premier terme désigne le caractère narratif et le second, pris dans son sens moderne, toutes les opérations digressives, qu'il s'agisse de citations en vers ou de « beaux et florissans discours ». À la course énervée du récit, Marie de Gournay préfère les échappées magnifiques qu'une aventure peut offrir à sa plume.

Il se trouve que cette réflexion formelle se développe à partir d'une controverse sur deux questions solidaires : celle du savoir et de son exhibition, *a fortiori* dans un contexte narratif, et celle de l'interférence à la fois culturelle et générique entre récit en français et vers latins (éventuellement traduits). Cette circonstance est importante, pour deux raisons au moins.

Elle trahit d'abord la mollesse conceptuelle : la question narrative n'est qu'une résultante de ce débat culturel et Marie de Gournay ne pense pas en termes de genre ni d'étiquette. Si elle se réfère à de nombreux récits antiques ou contemporains, tous étrangers[1], il est remarquable qu'elle n'invoque ni, comme on l'a vu, les Histoires tragiques ni les romanciers contemporains : pas un mot de Nervèze, Urfé, Des Escuteaux ou d'autres que nous croiserons aujourd'hui. Ce flou théorique et ce silence, probablement destiné, comme il l'était dès l'origine, à valoriser la nouveauté de l'œuvre, autorisent l'auteur, tout autant qu'ils l'y contraignent, à inventer ce nouveau label à sa main ; et c'est ainsi que, propulsé sur la scène littéraire sous la seule égide de Montaigne et dans une quasi solitude narrative, le *Promenoir*, initialement qualifié de « conte[2] » puis d'« histoire[3] », ou de « Livret[4] », se voit finalement identifié à partir de 1626 comme un « Roman discourant ».

En second lieu, la subsidiarité de la réflexion narrative révèle le lien qui unit la pratique du récit – mais aussi celles de la traduction et de la poésie, autres fondements de sa carrière littéraire –, et l'essor progressif de

1 Héliodore, Pétrone, l'*Ane d'or* d'Apulée, *Don Quichotte*, l'*Argénis* de Jean Barclay, la *Diane* de Montemayor, et l'*Arcadie* de Philip Sidney.

2 Dans l'« Epistre sur le Promenoir de Monsieur de Montaigne », et ce jusqu'à la fin (*Le Proumenoir*, p. 50 et *Œuvres complètes*, p. 1285).

3 Dans l'« Advis de l'Imprimeur au lecteur » de 1623 : « petite histoire » (*Le Proumenoir*, p. 31 et *Œuvres complètes*, p. 1867) ; à partir de 1626 le mot « histoire » semble destiné à distinguer simplement le récit du discours (« Advis sur la nouvelle édition… » (*Le Proumenoir*, p. 33 et *Œuvres complètes*, p. 1272).

4 « Advis sur la nouvelle édition… », *ibid.*

son activité de polémiste à travers des « traités » qui finiront par occuper la plus grande partie des œuvres complètes. Bon nombre d'entre eux ferraillent sur des questions littéraires : « Du Langage François », « Sur la Version des Poetes antiques, ou des Metaphores », « Des Rymes », « Des Diminutifs François », « Deffence de la Poesie et du langage des Poetes », etc. Mais ils se trouvent mêlés, souvent sur le mode de l'entrelacement, à des traités politiques[1], moraux[2] ou « féministes[3] » – certains s'aventurant même sur le terrain théologique[4] – et, sans que la distinction soit toujours aisée, à des textes d'apologie personnelle[5]. La définition du « Roman discourant » implique la question de l'autorité, qui met elle-même en jeu celle du genre – dans les deux sens du terme : si la pratique d'une poésie plus ou moins circonstancielle, malgré ses constantes références humanistes, ne heurte pas les convenances, il en va tout autrement de la traduction des auteurs anciens les plus prestigieux et d'une œuvre narrative à la thématique amoureuse, dont l'inspiration humaniste et surtout les visées morales et politiques sont affirmées. Défendre la citation des auteurs et l'insertion de vers latins dans un roman et défendre une forme romanesque nouvelle qui s'autorise à discourir dans les intermittences de la narration, c'est tout un. S'exercer aussi bien au récit sentimental qu'à la réflexion politique et morale, c'est opposer aux doctes aussi bien qu'aux courtisans l'autorité d'une « femme qui parle[6] » et qui publie dans tous les domaines du champ littéraire.

On comprend mieux, dès lors, l'apparition tardive de la notion de « Roman discourant », trente-deux ans et six éditions après le premier *Promenoir* : il fallait, pour l'inventer, non seulement que le mot « discours » fût dépouillé des connotations narratives qu'il portait encore quelques décennies auparavant, mais aussi qu'au fil des ans se fût affirmée une personnalité littéraire et constitué le corpus des « traités » ; il fallait que

1 « De l'Éducation de Messeigneurs les Enfans de France », « Institution du Prince ».

2 « De la Medisance », « Antipathie des ames basses et hautes », « Consideration sur quelques contes de Cour », « Que les grands esprits et les gens de bien se cherchent », etc.

3 « Égalité des hommes et des femmes », « Grief des Dames ».

4 « Des fausses Devotions », « Si la vengeance est licite ».

5 Le plus massif et le plus indiscutable d'entre eux est l'« Apologie pour la Demoiselle de Gournay », mais la plupart des traités font intervenir cette dimension individuelle.

6 « C'est une femme qui parle » : ainsi brocarde-t-elle ironiquement dans le « Grief des Dames » l'arrogance des doctes face au manifestation de l'esprit féminin (*Œuvres complètes*, p. 1075).

l'obscure jeune fille qui osait se dire la « fille d'alliance » et qui osait le *Promenoir de Monsieur de Montaigne* pût imposer son nom[1], comme un acteur de la scène littéraire et culturelle en mesure de tenir, en toute autorité, le « discours de raison[2] » et de confronter sa « tablature d'esprit » à celle de ses contemporains afin de mettre en lumière la « suffisance », dit-elle ironiquement, « de nos docteurs nouveaux[3] ».

À L'ŒUVRE

Il faut maintenant vérifier ces données dans la pratique : comment Marie de Gournay met-elle en œuvre, avant même de s'essayer à la définir, cette forme du « Roman discourant » ? Les premières pages du *Promenoir* en fourniront une illustration contrastée. Voici le début du récit :

> Ariobarzanés Roy de Perse, mon Pere, ayant esté pris par Artabasus un autre puissant Roy des Parthes, à la troisiesme bataille d'une longue guerre ; les Perses terracez desormais, ne sçeurent prendre autre party ; que d'essayer à faire de patience fortune : et porterent la carte blanche au victorieux, pour obtenir la paix et la delivrance de leur Prince. Or quelle que pût estre la vraye cause de sa moderation, il accepta des conditions fort peu ruyneuses à l'Estat Persien : mais quand on vid qu'il demanda pour un article, le mariage d'une Princesse belle et bien née, fille du Satrape Oroondatés, oncle du Roy mesme, on creut que c'estoit en faveur d'elle qu'il traictoit ainsi doucement la Perse : luy voulant faire pour l'obliger un present du Salut de son Pays, comme en advance d'un tres-bel et tres-magnifique douaire. Le pere de la jeune Infante, sage Prince, et presumptif heritier du Roy, se trouvoit importuné d'un mariage estranger : d'autant qu'il se voyoit priver par là de la douce

1 « Madamoiselle de Gournay » apparaît pour la première fois au titre de sa *Bienvenue de Monseigneur le duc d'Anjou*, publiée en 1608. *L'Adieu de l'âme du Roy* de 1610 n'est pas signé, mais les *Versions de quelques pieces de Virgile, Tacite, et Saluste* font réapparaître en 1619 la « Damoiselle de Gournay ». Après plusieurs publications non signées, le nom s'impose véritablement, et même intégré au titre, avec les œuvres : *L'Ombre de la Damoiselle de Gournay* (1626 et 1627), puis *Les Advis, ou les Presens de la Demoiselle de Gournay* (1634 et 1641). Mais la question du nom doit aussi être abordée sous un angle historique, comme le fait Michèle Fogel, *op. cit.*, en particulier p. 110-111 et 172-173.

2 C'est à lui que sont consacrés les traités, selon le « Discours sur ce livre. A Sophrosine » qui ouvre le volume des œuvres à partir de 1634 (*Œuvres complètes*, p. 555).

3 *Le Proumenoir*, p. 37 et *Œuvres complètes*, p. 1275.

presance de sa fille, et, peut-estre, depouiller en sa posterité du diadesme des Perses qui la regardoit après luy, le Roy n'esperant point d'enfans. Car il n'ignoroit pas, que les Peuples considerent pour l'ordinaire avec si peu de faveur, les Princes qui se sont transplantez aux terres estrangeres ; qu'ils leur prestent laschement la main au besoin, à demesler les factions ambitieuses qui se peuvent eslever contre leurs droicts les plus legitimes, s'ils viennent à pretendre de s'y restablir par la justice des armes. Neantmoins il se laissa contraindre à la charité de la Patrie et du Prince : et fit accorder au vainqueur, par l'entremise des Ambassadeurs Persiens, cette moitié de son ame, qu'il cherissoit si tendrement.

La mere esleve aussi ceste vierge Royale,
Dans un lict somptueux qui les parfums exhale :
Des yeux et du penser la couvant cherement,
Entre maint doux baiser et maint embrassement.
Telle aux rives d'Eurote à la riche prairie,
Du myrthe de Venus la verdeur est nourrie :
Et le Zephyre ouvrant une moisson de fleurs,
Nourrit ainsi l'émail de leurs vives couleurs.

J'applique par tout ce Livret avec trop de miserable correspondance, les Vers infortunez d'Ariadné et de Didon à ceste Princesse. Alinda donc, car elle se nommoit ainsi[1]...

La digression sur l'attachement au prince et l'insertion des vers de Catulle, ici traduits[2], ne répondent pas exactement à la définition du « Roman discourant » car d'une part la source n'est pas citée – l'intervention de l'auteur énonçant un avertissement une fois pour toutes car les mêmes poètes seront sollicités à plusieurs reprises – et d'autre part on ne voit pas se déployer ici de « beaux et florissans discours ». La diégèse porte cependant la marque de la narration commentée en faisant affleurer des indices du « discours de raison » (« faire de patience fortune », « quelle que pût estre la vraye cause de sa moderation »), et cela avant même la digression, elle-même introduite par un jeu sur le niveau de discours et encadrée selon les règles de l'art (« Car » / « donc »).

1 *Le Proumenoir*, p. 55-58 et *Œuvres complètes*, p. 1288-1290.

2 Les vers latins sont cités dans leur langue originale jusqu'en 1623 ; à partir de 1626, ils sont presque tous traduits en français. Faut-il y voir une concession, qui permet au moins d'annuler l'interférence linguistique, ou bien la traductrice des poètes latins, qui se manifeste dès 1594, pense-t-elle ainsi valoriser ce talent au sein de son essai romanesque ? Elle consacre par la suite beaucoup d'énergie à cette activité, qu'elle entreprend même de théoriser, et ses traductions, qui s'étendront à certains prosateurs, occuperont l'essentiel du second tome de ses œuvres.

Suit une « remontrance » du satrape, qui développe des considérations sur les devoirs des princes ; on pourrait cette fois, du fait de leur longueur et de leur portée générale, les identifier aux « beaux et florissans discours », mais elles sont produites dans un discours rapporté au style direct, qui peut difficilement être pris en compte comme une digression narrative[1].

L'escorte royale ayant pris la route, la rencontre avec le futur protagoniste déclenche une nouvelle digression[2], qui répond cette fois au canon défini dans l'« Advis » : vers latins (Virgile, Ovide, Horace, Stace) et autorités antiques (Aristote, Plutarque, Sénèque, Diogène Laërce, Platon) enrichissent un long discours sur la nature de la beauté et sur l'amour ponctué d'interventions auctoriales (« j'entens », « j'ay veu », « Voyez », « Adjoustons », etc.) ; on reconnaît bien là l'un des « florissans discours » annoncés – et nous laisserons le lecteur juger de sa beauté. Cependant la longueur de cette digression semble contrevenir à la règle de la modération : la première occupait 24 lignes sur 49, celle-ci s'étend sur 128 des 146 lignes de l'épisode, c'est-à-dire presque autant que la totalité du texte qui s'est déroulé avant son insertion. D'où, dans sa clausule, un aveu doublé d'une justification malicieuse :

> Mais quoy ce Dieu d'excez et d'intemperance, semble-t'il point avoir inspiré sur ma langue l'intemperance et l'excez, en la longueur de ceste digression : pour se vanger, peut-estre, de ce que je ne plaide pas sa cause à son appetit en certains endroits de mon discours ?

D'autres digressions semblent en revanche mieux répondre à la définition du « Roman discourant », comme dans l'épisode qui suit immédiatement :

> Le vieil Seigneur mesme servit ce Prince d'échanson à souper, et employa son fils à pareil office vers la Princesse, suivant la façon de leur temps et de la Nation. Or le jeune Leontin, contemplant la beauté, l'action noble et Royale et la politesse d'Alinda,
>
> Qui les petits Amours comme roses semoit :
>
> estima que les Dieux ouvrans à ce coup le Ciel, eussent descouvert la Deesse Junon aux yeux des hommes : et admira la felicité du mary futur, comme

1 *Le Proumenoir*, p. 59-67 et *Œuvres complètes*, p. 1291-1297.

2 *Le Proumenoir*, p. 69-79 et *Œuvres complètes*, p. 1298-1306.

> d'un compagnon de Jupiter. Mais par après, ceste pensée se convertit en un desplaisir, d'avoir à perdre si soudain l'aise qu'une telle veue espandoit en ses esprits, tous espanouis soubs la flatteuse douceur d'un nouveau transport : et ce desplaisir pied à pied, devint en peu d'heure souffrance et travail. La Philosophie nous apprend icy, que le commencement d'amour c'est de se plaire encore au souvenir après la presence : l'accomplissement ou perfection, souffrir pour l'absence. Si est-ce que Leontin n'osoit pas encores s'advouer à soy-mesme…[1]

L'insertion du vers (issu de Catulle, Perse ou Virgile ?) et la reprise d'Aristote s'effectuent conformément aux normes du « Roman discourant », et cette solution sera généralement appliquée jusqu'à la fin du récit, qu'il serait donc fastidieusement inutile de passer entièrement au même crible.

Il existe toutefois une exception notable : une digression en défense des femmes, juste avant la catastrophe, qui occupe à elle seule un quart du texte de 1594[2] ; l'excès mérite une excuse plus sérieuse que la précédente : « Mais, mon pere, qui me pourroit pardonner la longueur de mon caquet en ceste digression, sinon vous qui me reprenez que je suis d'ordinaire trop taciturne en recompense. » Mais au moment où Marie de Gournay définit le « Roman discourant », cette irrégularité aura disparu : elle s'efface du *Promenoir* après 1598 et prend son autonomie en 1622, dans une forme profondément remaniée, sous le titre d'*Égalité des hommes et des femmes*, traité intégré aux œuvres à partir de 1626[3]. Notons que ce fait confirme la solidarité du récit et des traités ainsi que celles des diverses problématiques sur lesquelles s'exprime Marie de Gournay.

La définition du « Roman discourant », telle qu'elle nous est livrée *a posteriori*, répond donc, bien qu'imparfaitement, à la réalité d'un récit de surcroît soumis à des variations sensibles. Cette appellation désigne-t-elle pour autant un objet narratif nouveau ?

1 *Ibid.*
2 *Le Proumenoir*, p. 141-150 et *Œuvres complètes*, p. 1355-1360.
3 *Œuvres complètes*, p. 965-988.

NOUVEAUTÉ DU « ROMAN DISCOURANT »

Le nom qui a été forgé *ad hoc* désigne le *Promenoir* comme d'autant plus innovant que le contexte polémique montre qu'il doit être défendu contre des détracteurs – pour l'essentiel imaginaires[1] ; cette figure, qui n'est pas inédite chez Marie de Gournay puisqu'elle fonde en grande partie sur elle son apologie des *Essais*[2], vaut sans doute davantage comme une mise en valeur de l'œuvre que comme le fruit d'un débat réel.

L'idée de nouveauté, contenue dans les limites d'une nécessaire modestie, émane principalement, comme nous espérons l'avoir montré au commencement, du dispositif de présentation de l'œuvre. L'« Epistre sur le Promenoir de Monsieur de Montaigne » la formule cependant dès 1594, lorsque Marie de Gournay présente sa source :

> …je rapporte à peu près l'argument de ce Conte, d'un petit livre que je leuz d'avanture, il y a quelque an et d'autant que je ne l'ay sçeu revoir onques puis, j'ay mesme oublié son nom et celuy de l'aucteur encore. Si est-ce quand je l'aurois entre-mains, que je voudrois aussi bien qu'à cette heure, escrire sans luy rien emprunter, pource que je ferois conscience de picorer son Autheur plus avant, ou de barbouiller ses conceptions agreables, du meslange des miennes, et que je n'ay point apris l'exemple de la corneille d'Esope, sinon pour le fuyr. J'ayme mieux estre vuide, que pleine de debtes[3]

La fameuse fable, commentée par Érasme dans l'adage « *Aesopicus graculus* », met en réalité en scène un « geai » et Claude de Taillemont revendiquait son originalité en recourant de la même façon à la « fainte histoire d'un oyseau[4] ».

L'oubli de la source sera maintenu jusqu'au bout, mais en des termes moins insistants dans les versions postérieures à 1607 ; Marie de Gournay

1 Du moins ne voit-on aucun témoignage écrit d'une critique du *Promenoir*.

2 Voir Olivier Millet, *La première réception des* Essais *de Montaigne (1580-1640)*, Paris, Champion, 1995, p. 10-11.

3 *Le Proumenoir*, p. 50 et *Œuvres complètes*, p. 1285.

4 Ed. citée, p. 168. Contaminant deux textes du corpus ésopique, Marie de Gournay confond la corneille, qui prétend annoncer l'avenir comme le corbeau, avec le geai, qui veut se parer des plumes du paon.

substitue alors à la « corneille[1] » une défense générale de l'emprunt tendant à minorer la portée de celui qu'elle pratique :

> Je ne suis pas au reste de ceux qui croyent, que celuy qui prend le sujet d'un Conte quelque part, ne puisse avoir autant de merite s'il le recite de bonne grace, ce que je ne dy pas pour moy, que si le sujet mesme estoit sien : au moins en une chose qui tombe dans les communs accidens de la vie, et que le premier Autheur peut avoir apprise par les évenemens de chez ses voisins, ou bastie et tissue luy-mesme sans grand'peine : comme le second auroit peu faire encore[2].

Si on l'en croit, l'innovation ne consiste donc pas en l'invention de l'« argument », désormais appelé « sujet », qu'apparemment tout un chacun peut élaborer sans trop grand mérite, mais dans sa mise en œuvre par un auteur qui « le recite de bonne grace », c'est-à-dire suivant la formule du « Roman discourant » exposée à partir de 1626 – goûtons au passage comme elle sait vêtir son orgueil des plis de la modestie.

C'est ici qu'il faut revenir au titre, originel et définitif, de l'œuvre. Le patronage du grand Montaigne, même si la fille d'alliance ne prend jamais ses distances, se fait moins nécessaire au fil des ans, celle-ci acquérant une personnalité et une autorité propres que concrétise la publication de ses œuvres. L'intérêt de ce titre pourrait dès lors tenir davantage à la situation qu'il décrit : on apprécie l'arrière-goût philosophique de cette promenade, mais on n'oubliera pas qu'elle ressortit également à la topique narrative. L'itinérance est en effet intrinsèque à la performance de récits oraux, et surtout une itinérance interrompue qui prend la forme d'une mise à l'écart de la cité : c'était évidemment le cas, suivant son illustre modèle toscan, de l'*Heptaméron* comme de recueils moins fameux, tels les *Comptes du Monde adventureux* de 1555 ; c'était aussi le cas des *Discours des Champs faëz* ; c'est surtout celui du *Promenoir*, narré dans ce séjour temporaire de Montaigne, la terre où s'est retirée Marie qui quelques jours après son « partement » envoie son texte « courir après [lui] sur ce

1 Celle-ci reviendra cependant sous une forme allusive dans l'avis de « L'Imprimeur au Lecteur » de 1623, où Marie de Gournay dit qu'elle « ne s'entend point à se parer des plumes d'autruy » (*Le Proumenoir*, p. 32 et *Œuvres complètes*, p. 1868), mais cette défense, reprise à la fin de l'« Advis sur la nouvelle edition » à partir de 1626 – elle utilise alors le verbe « se diaprer » (*Le Proumenoir*, p. 45 et *Œuvres complètes*, p. 1281) – porte cette fois sur les citations des autres écrivains.

2 *Le Proumenoir*, p. 50-51 et *Œuvres complètes*, p. 1286-1287.

papier[1] ». La scène de Gournay – vestige du *locus amoenus* que cultivait encore Taillemont ? –, la combinaison de l'itinérance et de la retraite soulignent la véridicité de la narration et permettent d'apprécier sous un jour nouveau le titre primitif de « conte ». Ce mot désigne la pure narration, l'acte de narrer qui fait que le récit n'est pas un objet statique contenu dans un livre – dont on n'a pris que l'« argument » et que l'on a d'ailleurs oublié –, mais le produit d'une performance orale à laquelle nous assistons *in vivo*.

Cette situation témoigne d'une mise à distance de la fiction qui permet de mieux comprendre l'isolement narratif du *Promenoir* dans la présentation qui en est donnée et invite à reconsidérer le caractère digressif du « Roman discourant ». Tout lecteur familier des Histoires tragiques en reconnaît en effet la présence sous-jacente dans le récit de Marie de Gournay. La narration commentée est en conformité avec celle de cet intertexte. Et, comme dans les Histoires tragiques, les digressions y affectent deux formes immédiatement reconnaissables :

- le glissement progressif du récit vers le discours auctorial, observable par exemple dans la première digression citée ; le développement du for intérieur et des dilemmes moraux, acquis des *Histoires tragiques* de Boaistuau approfondi par Belleforest, favorisent un jeu sur les niveaux de discours qui débouche à la fois sur des développements au discours direct (les lettres, les harangues, les complaintes qui feront la richesse du *Thresor des Histoires tragiques*[2]) et des interventions auctoriales, parfois très longues, qui suspendent le récit au profit d'un autre discours direct, celui de l'auteur. C'est aussi en cela que ce roman est « discourant ».
- des suspensions soudaines de la narration dans lesquelles le narrateur interrompt le récit pour se tourner soit vers son personnage, soit vers le lecteur ; on le voit ainsi réprimander son héroïne :

1 *Le Proumenoir*, p. 47 et *Œuvres complètes*, p. 1283. Sur les circonstances historiques, voir Michèle Fogel, *op. cit.*, p. 44-49.

2 Cet ouvrage, publié en 1581 par Belleforest compile en effet les plus beaux discours contenus dans la collection narrative, se substituant en quelque sorte au *Thresor des Amadis*, désormais honnis pour leur dévoiement moral.

> Que fais-tu, Vierge simplette ? tu ne songes pas, que tandis que tes sens friponnent à la dérobée, ceste volupté d'ouyr et de voir Leontin, et que tu te laisses emporter à la flatteuse complaisance de ces pernicieux conseillers, la Raison leur gouvernante sommeille[1]...

ou bien au contraire solliciter le jugement du lecteur :

> Je laisse à conjecturer aux Lecteurs, si l'impuissante foiblesse de l'humeur de Leontin, soubs les efforts de Cupidon, l'entrainoit d'oresnavant tout entier de ceste part d'Ortalde : ou si, comme il est vraysemblable, il reservoit en son esprit, quelque arriere dessein, de retourner à sa premiere espouse, après s'estre contenté de cette seconde, puis que le tric-trac des loix maritales de leur saison le permettoit[2].

Ces deux formes trahissent le parfait narrateur d'histoire tragique : la digression estompée qui est la marque de son art[3], l'ingérence soudaine qui témoigne de son recul et du jugement qu'il porte sur les faits. Ce trait marque la continuité essentielle entre les Histoires tragiques et ce récit qu'il fallait croire nouveau, continuité que ne font que confirmer quelques signes accidentels, comme la reprise de banalités relevant de la « phraséologie » du genre[4].

C'est bien cet archétype silencieux qui est à l'œuvre dans le *Promenoir*, et plus précisément la formule élaborée par Belleforest à partir du deuxième volume. Tendu vers son objectif de redressement moral, ce dernier y intervenait hors de toute mesure et sur un ton autrement impératif ; Marie de Gournay a préféré soutenir la réalité de sa narration orale plutôt que, comme les Histoires tragiques, la véridicité des faits, mais elle a retenu de ce modèle l'impératif de vérité et la capacité discourante d'une narration où l'auteur transcende le récit pour s'élever vers les plus hautes considérations intellectuelles et morales.

La jeune Marie de Gournay ne s'est pas aventurée à la légère dans un récit sentimental, dont elle prendra soin de défendre la moralité jusque dans sa dernière édition[5]. Initialement placé sous l'égide de Montaigne,

---

1 *Le Proumenoir*, p. 91 et *Œuvres complètes*, p. 1316.

2 *Le Proumenoir*, p. 128 et *Œuvres complètes*, p. 1344.

3 Sur cet « estompage » propre au bon digressionniste, voir Gérard Milhe Poutingon, *op. cit.*, p. 208-212.

4 Par exemple : « Sur ces termes, la Fortune luy fit un tour de son mestier... », *Le Proumenoir*, p. 82 et *Œuvres complètes*, p. 1309.

5 « Son Histoire [est] assaisonnée d'advertissemens exemplaires, et ...elle represente la peine en suitte de la coulpe », *Le Proumenoir*, p. 33 et *Œuvres complètes*, p. 1272.

le *Promenoir* trouve la justification morale et intellectuelle de son « suject amoureux[1] » dans la formule du « Roman discourant », qui manifeste simultanément l'audace de la « femme qui parle ». Les aventures qu'il relate s'inscrivent sans doute dans l'horizon de la fiction, mais le vrai récit vraiment raconté au père d'alliance au cours de la promenade développe une narration contrôlée qui montre les catastrophes auxquelles conduit la passion, conformément au dessein initial de Pierre Boaistuau et à la mission que s'était donnée François de Belleforest.

C'est donc sur un arrière-plan narratif ancien, celui des années 1559-1582, encore vivace dans le paysage éditorial, qu'il faut apprécier – et donc relativiser – la nouveauté du *Promenoir*. Le récit de Claude de Taillemont fournit l'argument et l'arrangement des épisodes ; les Histoires tragiques, dont Marie de Gournay adopte le patron sans le dire, une forme de narration discourante qui met à distance les mirages de la fiction. Dressant par ailleurs l'éloge de l'*Astrée*[2], Marie de Gournay préfère soutenir, en solitaire, une innovation supposée et, ignorant tout à la fois le roman français contemporain et les avatars récents des Histoires tragiques, fonder une nouvelle catégorie narrative pour porter sa parole de vérité et de sagesse à l'écart de la fiction romanesque.

Jean-Claude Arnould
Université de Rouen – CÉRÉDI

1 *Ibid.*

2 Dans sa « Deffence de la Poesie et du langage des Poetes », *Œuvres complètes*, p. 1127.

QUATRIÈME PARTIE

LA VEINE PASTORALE

UNE NOUVELLE JOURNÉE EN ARCADIE

Honoré d'Urfé et la scansion du roman pastoral

En Europe, le roman pastoral évolue, au tournant du XVIIe siècle, en modifiant sensiblement sa temporalité[1]. Les bergers romanesques ne se conformeront plus tout à fait au modèle allégorique instauré par Sannazar, qui – tel un nouveau Virgile – rêva ses contemporains dans une Arcadie hors du temps, où la distance géographique et temporelle permettait de déplorer et penser les malheurs de l'histoire laissés aux frontières de cette région de papier[2]. Réformant l'ambigüité de ce décor romanesque à la fois présent dans l'histoire mais y échappant, les auteurs français et ibériques furent plus enclins à brouiller les frontières arcadiques et à associer leurs pâtres à une période historique déterminée. *L'Astrée* d'Honoré d'Urfé figure parmi les exemples représentatifs de ce nouvel ancrage temporel du roman pastoral : point d'Arcadie mythologique perdue dans les âges mais bien la région française du Forez, au Ve siècle apr. J.-C[3].

Cette historicisation du temps pastoral constitue donc une donnée consubstantielle à l'évolution de la bergerie romanesque. Cependant, outre les rapports complexes que ces œuvres entretiennent avec l'histoire politique et littéraire qui environne leurs auteurs, ces textes développent, au niveau de leur seule narration, un temps tout aussi particulier qui

---

1 Françoise Lavocat, « Le temps des bergers », dans D. Maher (éd.), *Tempus in fabula. Topoï de la temporalité narrative dans la fiction d'Ancien régime*, Québec, Les Presses de l'Université Laval (coll. « Les collections de la République des Lettres – Symposiums »), 2006, p. 113-126.

2 *Ibid.*, p. 118.

3 Laurence Giavarini a d'ailleurs noté qu'« en plaçant dans la Gaule du Ve siècle les idéaux chevaleresques et courtois des bergers du Forez, *L'Astrée* opère un montage de questions historiques et politiques brûlantes ». Dès lors, « le passé proche peut fonctionner comme une clé du passé ancien, les prémices des guerres de Religion sont l'histoire véritable racontée à travers l'évocation des rois carolingiens ». Laurence Giavarini, *La distance pastorale. Usages politiques de la représentation des bergers (XVIe-XVIIe siècles)*, Paris, Vrin/EHESS (coll. « Contextes »), 2011, p. 166.

structure l'univers arcadique. Si un temps astronomique fortement marqué scande immuablement la vie des bergers (*L'Astrée*, par cette permanence, ne fait pas exception[1]), nous verrons que cette omniprésence viendra contaminer jusqu'à la configuration du récit : peu de romans pastoraux manquent de noter chaque lever, chaque coucher de soleil que vivent, jour après jour, les bergers. Déjà Mikhaïl Bakhtine épinglait cette omniprésence de la nature et des saisons lorsqu'il décrivait les invariants du chronotope de l'idylle, genre « qu'on trouve de l'Antiquité à nos jours » :

> L'unité de lieu rapproche et confond [...] le mode de vie des générations qui ont vécu au même endroit, dans des conditions identiques et ont vu les mêmes choses. Cette atténuation des frontières du temps, déterminée par l'unité de lieu, contribue de façon substantielle à créer le rythme cyclique du temps qui caractérise l'idylle[2].

Dès lors, si *L'Astrée* manifeste le moment où la temporalité bucolique vient intégrer, en France, le temps de l'histoire, il apparaît que ce roman – en tant qu'œuvre pastorale – repensera ce temps cyclique, permanent et toujours semblable à lui-même, qui caractérisait l'Arcadie romanesque des premiers auteurs.

Le changement d'équilibre entre anhistoricité pastorale et historicité romanesque n'a donc pas uniquement augmenté le nombre de références à l'histoire de France, plus ou moins dissimulées, dans l'univers bucolique. Il a aussi conduit la structure narrative du roman pastoral à se modifier. De nombreux travaux ont posé la question de savoir comment l'œuvre d'Urfé conciliait le statisme de la tradition bucolique (perceptible lorsque les personnages écoutent docilement les récits insérés) avec les rebondissements d'une action principale qui englobe des actions aussi peu paisibles que le suicide manqué de Céladon ou l'opposition politique de Polémas à la nymphe Amasis[3]. Dans une perspective relevant de

1 Jacques Bonnet, « Chronologie de L'Astrée », dans *La Symbolique de* L'Astrée, Roanne, J. Bonnet, 1981, p. 1-15.

2 Mikhaïl Bakhtine, « Formes du temps et du chronotope », dans *Esthétique et théorie du roman*, Paris, Gallimard (coll. « Tel »), 1978, p. 368.

3 Entre autres : Élisabeth C. Aragon, « L'enchâssement dans l'*Astrée* d'Honoré d'Urfé », *Cahiers de Littérature du* XVII*e* *siècle*, n° 3, 1981, p. 1-43 ; Maurice Laugaa, « Structures ou personnages dans L'Astrée », *Études françaises*, n° 2, février 1967/1, p. 3-27 ; Wolfgang Matzat, « Tradition et invention dans *L'Astrée* d'Honoré d'Urfé », XVII*e* *siècle*, n° 215,

l'histoire littéraire, il est reconnu que les structures de *L'Astrée* – toute pastorale que soit cette œuvre – ont été influencées par le genre antique du récit d'aventures (*Les Éthiopiques*)[1], par les littératures chevaleresques espagnoles (les *Amadis*)[2] ou par les poèmes épiques de l'Arioste ou du Tasse[3]. À partir d'un triple héritage (pastoral, antique et chevaleresque), l'auteur de *L'Astrée* a donc imaginé une nouvelle façon d'affirmer le temps bucolique de son récit tout en n'entravant pas la progression dramatique de son histoire. Nous observerons donc comment le temps de la nature, avec son rythme réglé, ses cycles solaires et lunaires, constituent de véritables éléments d'intrigue, vecteurs de rebondissements, plutôt que de simples indications venant souligner la couleur pastorale de l'œuvre, ou établir structurellement le « chronotope » nécessaire de l'idylle.

Pour nous guider dans ce parcours historique et analytique, nous serons attentif au concept de « journée » qui informe ces récits pastoraux, sachant que ce terme peut renvoyer à deux acceptions. Premièrement, il désigne un simple élément de la diégèse, dont la succession témoigne du temps qui passe dans l'univers fictionnel. La « journée » correspond alors à l'expérience du temps qu'éprouvent les personnages et, par conséquent, à la durée de leurs activités quotidiennes : douze ou vingt-quatre heures selon que les bergers vivent leurs aventures romanesques exclusivement de jour (tendance française pré-astréenne) ou également de nuit (tendance espagnole)[4]. Deuxièmement – et d'un point de vue plus formel –, la journée peut agir comme unité chapitrale ou séquence narrative venant découper l'espace dispositif du roman[5] : le récit se trouve scandé par une succession de journées-chapitres « qui expose[nt] alors, à la surface du texte, la structure chronologique[6] ». Le cas échéant, il existe une adéquation conventionnelle entre la découpe du temps diégétique

avril-juin 2002, 54e année/2, p. 199-207 ; Christian Wentzlaff-Eggebert, « Structures narratives de la pastorale dans l'"Astrée" », *Cahiers de l'Association internationale des études françaises*, n° 39, année 1987/1, p. 63-78.

1 Georges Molinié, *Du roman grec au roman baroque*, Toulouse, Presses universitaires du Mirail (coll. « Champs du signe »), 1995.

2 José Manuel Losada Goya, « L'Espagne et *L'Astrée* », dans D. Denis (éd.), *Lire* L'Astrée, Paris, Presses de l'Université Paris-Sorbonne (coll. « Lettres Françaises »), 2008, p. 43-50.

3 Maxime Gaume, *Les Inspirations et les sources de l'œuvre d'Urfé*, Saint-Étienne, Centre d'études foréziennes, 1977, p 255-272

4 Voir *infra*.

5 Ugo Dionne, *La voie aux chapitres. Poétique de la disposition romanesque*, Paris, Seuil (coll. « Poétique »), 2008, p. 311-315.

6 *Ibid.*, p. 311.

que vivent les personnages et le morcellement du roman que perçoit le lecteur. La pastorale française avant Honoré d'Urfé employait abondamment cette scansion du récit en unités quotidiennes. Or, nous verrons qu'Urfé accompagna l'évolution du roman pastoral français en inscrivant moins superficiellement les jeux sur la temporalité romanesque et en plaçant au cœur du dénouement astréen les rapports qu'entretiennent les personnages avec les journées de la tradition bucolique.

LE ROMAN PASTORAL « À LA FRANÇAISE »

À observer les romans pastoraux français qui ont servi partiellement de modèles à la composition de *L'Astrée* – à savoir, *La Pyrénée* de François de Belleforest (1571), *Les Bergeries de Juliette* de Nicolas de Montreux (1585-1598) et *La Philocalie* de Du Croset (1593) –, il apparaît que la découpe chapitrale « en journées » constitue un tropisme important de la pastorale romanesque à la fin du XVIe siècle. Au-delà de la terminologie hétéroclite adoptée par les auteurs afin de qualifier les sections de leurs récits – « livre », « partie » ou « journée » –, nous pouvons constater que leur choix de segmentation s'accorde au rythme journalier de la diégèse. L'exemple le plus immédiat de cette structuration nous est fourni par les cinq tomes des *Bergeries de Juliette*, dont la dénomination des chapitres manifeste cette découpe temporelle. Chaque partie (nommée « livre ») se divise en cinq « journées », conformément à ce qu'annoncent les pages de titres des deux premiers volumes.

> Le premier / livre des Bergeries / de Julliette / *Auquel par les Amours de Bergers & bergères l'on void les effects differents de l'amour, avec cinq histoi- / res Comiques racontées en cinq Journées, par cinq / Bergeres* [...][1].
>
> Le / second livre / des bergeries / de Julliette / *Auquel, comme au premier, sont traictez les divers ef- / fectz d'Amour, avec plusieurs discours Moraux, non / moins profitables que plaisans, diverses Poësies* [...]. *Avec cinq histoires Comiques, discourues en cinq / journées, Par cinq pasteurs*[2].

1 Nicolas de Montreux, *Le premier livre des Bergeries de Juliette*, 3e édition, Paris, Gilles Beys, 1588, n. p.

2 Nicolas de Montreux, *Le second livre des Bergeries de Juliette*, Lyon, Jean Veyrat, 1592, n. p.

L'ensemble des chapitres respectera à la lettre le programme de ces titres, qui dévoilent aussi bien le temps diégétique qui s'écoulera dans chaque section que la subdivision dispositive qui morcellera le texte. La charnière qui articule les première et deuxième journées du roman exhibe ce choix de l'auteur de borner les portions de son récit au lever et au coucher de soleil. Les descriptions détaillant la course de l'astre viennent cautionner, à l'intérieur de la narration, les divisions chapitrales : la matière de chaque segment textuel – qui rassemble les actions des personnages – est épuisée au crépuscule. L'auteur feint donc la nécessité d'attendre une nouvelle course du soleil pour reporter la suite de son récit à la journée chapitrale suivante.

> [...] parce que le Soleil estoit prest de se coucher dans son lict ordinaire, & la nuict brune & triste, vouloit occuper la belle face du ciel, chacun se retira, chassant les troupeaux devant soy, jusques au lendemain matin que toute la bande se devoit trouver au lieu accoustumé [...].
>
> SECONDE JOURNÉE / DES BERGERIES / DE JULLIETTE.
>
> Le soleil commençoit desja, à respandre ses jaunes rayons, premierement, sur les voultes du ciel, puis sur le front des cousteaux eslevez, & sur le chef des belles herbes, que l'aurore avoit arousées de ses pleurs humides [...][1].

En insistant à la fois sur la présence du soleil et sur les moments de la journée que sa progression indique (« nuit », « matin », « aurore »), l'auteur ne se limite pas à fournir au lecteur une indication temporelle qui serait d'ordre purement chronologique. Il lie à sa découpe narrative l'élément naturel qui la rythme : le soleil, la lune ou les étoiles[2]. Le récit bucolique se trouve dès lors scandé par le temps immuable de la nature dont l'expression est réitérée à chaque rupture chapitrale. Le temps pastoral se trouve rythmé par un ensemble de levers et de couchers de soleil que le lecteur perçoit doublement : une première fois à l'intérieur des descriptions de la diégèse ; une seconde fois à la faveur des intertitres chapitraux qui interrompent le récit et imposent l'ouverture d'un nouveau cycle journalier afin de poursuivre la narration.

Ce traitement « naturaliste » du temps et de l'espace textuel corrobore la cyclicité temporelle qu'avait observée Bakhtine dans son analyse des

1 N. de Montreux, Le premier livre des Bergeries de Juliette, *op. cit.*, f. 52 v°.-53 v°.

2 « À peine le Soleil, avoit offusqué la clarté des estoilles, & de la lune, qui reluisoient au ciel durant le cours de la sombre nuict [...] » *Ibid.*, f. 103 v°.

« romans-idylles ». Mais cette régularité déborde le phénomène de la disposition romanesque pour déterminer également certains comportements et certaines actions parmi les personnages. En effet, du point de vue des événements diégétiques, chaque chapitre-journée parmi les bergers témoigne d'un temps itératif constitué d'activités sans cesse répétées d'un jour à l'autre. L'accent qui est placé sur le cours du soleil, dont le narrateur n'aura de cesse d'indiquer la position dans le ciel, corroborera l'adéquation qui unit le comportement des bergers aux phénomènes naturels : les évènements dépeints dans chaque chapitre se conformeront à un programme établi à l'ouverture du roman. Dans *La Philocalie*, Du Croset multiplie les indications temporelles à l'incipit de son œuvre en même temps qu'il dévoile au lecteur le plan de son récit journalier : chaque journée chapitrale sera consacrée aux discours et aux jeux des bergers. Sitôt le jour levé et dès la belle saison, les bergers s'assembleront, interagiront et se raconteront *in fine* une « histoire ». Le romancier remplit donc l'espace chapitral par la description d'actions récurrentes qui seront concomitantes à la présence du soleil. Seule l'irruption d'une guerre au quatrième livre viendra empêcher toute évolution future du roman en provoquant une cessation de ces exercices et, par conséquent, un dérèglement de ces activités essentielles au déroulement de la vie pastorale[1]. Dans l'intervalle, le roman se structurera autour de la vie naturellement réglée des bergers et des séquences chapitrales uniformes que ce naturalisme implique.

LIVRE PREMIER

> Au temps que la déesse Flore embellit la terre de ses fleurs plus touffues, et que le chant des oiseaux par une mélodieuse harmonie recueille les esprits de ceux que le Ciel a rendus capables de l'amour pour les faire accourir à ce qui peut apporter quelque remède à leurs passions, [...] le berger Corèbe, comme l'un des plus délibérés de la Province Forézienne, étant averti que six pastourelles

---

1 Autre preuve de l'importance de la clarté du jour dans l'apparition des événements pastoraux, l'explicit de l'œuvre prétexte une autre obscurité – celle, métaphorique, de la guerre – afin d'achever le récit : « [...] *il est temps de nous retirer et suis d'avis de ne faire plus ces assemblées qui nous pourraient être préjudiciables afin de les remettre en un temps plus tranquille, lequel on se promet déjà aux villes prochaines sur le bruit qui court d'une paix.* » Sur cela ils ramenèrent leurs brebiettes en l'étable, en intention de ne se revoir que le serein d'une pacification n'eût chassé les brouillats qui offusquent notre vue. » Du Croset, *L'Amour de la Beauté du sieur du Crozet (La Philocalie)*, Lyon, Livres EMCC (coll. « Futur antérieur »), 2008, p. 184.

> accomplies en toute singularité menant paître leurs laineuses brebis dans une belle prée [...], se délibéra de dresser semblable partie des pasteurs de son âge, afin qu'étant assemblés avec ces belles bergères, le temps par honnêtes devis se put écouler avec plus de délectation et plaisir. [...] [Ils] résolurent, dès lors de s'y acheminer aussitôt que la fille de Latone se cacherait pour donner la prééminence à son frère Phébus, lequel n'eut plutôt attelé ses chevaux, que Corèbe ayant la puce à l'oreille se transporta au lieu désigné [...][1].

Dès lors, par la cyclicité de leur scansion mise en œuvre par l'itération quotidienne d'un même programme narratif, *La Philocalie* ou *Les Bergeries de Juliette* accentuent un temps replié sur lui-même qui répond à l'espace strictement délimité et clos des diverses Arcadies romanesques, fussent-elles placées en Bigorre dans *La Pyrénée* ou en Forez dans le roman de Du Croset. La succession des chapitres semble aussi immuable que les beaux jours du décor, conformément à l'héritage de *L'Arcadia* de Sannazar, œuvre dans laquelle le temps est à la fois « répétitif et linéaire » selon les mots de Françoise Lavocat[2]. Dès les premières heures de la pastorale romanesque française, le récit progresse par itération jusque sa fin et manifeste la répétition des actions bucoliques par sa découpe chapitrale. Le temps de la nature corrobore, aussi bien dans les marges du récit que dans son cœur, le pastoralisme de l'œuvre.

Toutefois, l'utilisation de la journée-chapitre dans les bergeries romanesques françaises doit être rapprochée d'une filiation littéraire différente de celle des pastorales, mais qui renforce également l'univers clos et cyclique dans lequel évoluent les bergers. Car la découpe dispositive des romans pastoraux français n'est pas sans rappeler les recueils de nouvelles hérités de Boccace[3]. Ancêtre des *Bergeries de Juliette* par sa forme, *L'Heptaméron* de Marguerite de Navarre disposait dix histoires insérées dans chacun de ses chapitres intitulés « journée ». Par le systématisme qui préside à l'apparition des histoires insérées (une par journée), *Les Bergeries de Juliette* s'inscrivent dans le sillage de ces recueils de nouvelles. Le commencement du roman exhibe, d'ailleurs, la contrainte structurelle à laquelle l'auteur s'astreint :

---

1 *Ibid.*, p. 31-32.

2 Fr. Lavocat, *op. cit.*, p. 116.

3 Sur la fortune de la technique d'enchâssement narratif hérité du roman grec, à distinguer de celle des romans « à devisants », voir Nicholas Paige, « Grandeur et décadence des Grecs : roman et enchâssement au XVIIe siècle », *XVIIe siècle*, n° 258, janvier-mars 2013, 65e année/1, p. 85-94.

> [...] il fut ordonné par un commun accord de tous les bergers & bergeres, que tous les jours, chacun d'eux seroit tenu de s'y trouver, afin de passer le temps en gardant leurs trouppeaux, tant à chanter & dancer qu'à raconter chacun à son tour & en son rang, une belle histoire : afin d'eviter l'oisiveté et paresse. Ceste resolution fut approuvée par chacun de la troupe [...]. Et afin de donner commencement à leur entreprinse, dés le lendemain qu'elle fut deliberée, chacun se trouva au lieu destiné pour s'esbatre [...][1].

L'Arcadie française adapte les décors clos et narratogènes qui se lisent dans le récit-cadre des recueils de nouvelles. Tout comme les personnages de *L'Heptaméron* sont contraints de vivre reclus pendant une dizaine de jours dans une abbaye, les bergers du roman de Montreux subissent également les contraintes d'un univers fermé dont le seul passe-temps semble la récitation littéraire : poésies, chansons, histoires partagées. En manifestant cette découpe du temps, les auteurs de romans pastoraux concilient dans leurs œuvres des subdivisions héritées de Boccace ou de Marguerite de Navarre et des activités poétiques inhérentes à la condition pastorale : outre le recours au passage du soleil, chaque chapitre – ou chaque « journée » – sera délimité par un ensemble d'histoires, de chants et de poèmes composés « afin d'eviter l'oisiveté et [la] paresse[2] », induites par un lieu clos sur lui-même. Avant *L'Astrée*, le chapitre des romans pastoraux français peut se mesurer à différentes aunes : une section chapitrale se calque aussi bien sur l'arc que décrit le soleil que sur le temps effectif que prend un ensemble de récitations à s'épuiser.

Par conséquent, la pastorale française d'avant *L'Astrée* reconfigure la « journée » chapitrale à la croisée d'une double tradition : celle de la pastorale qui affirme la vie immuable des bergers et celle du recueil de nouvelles qui démultiplie la narration en accueillant d'autres récits. Cette tentation que *Les Bergeries de Juliette* éprouvent face à ce genre hérité de Boccace est favorisée par une certaine affinité qui rapprochent leurs univers respectifs : les journées se succèdent les unes aux autres et cadencent le roman autant par leurs ruptures inexorables que par les activités principalement littéraires qu'implique le temps cyclique de la nature, seul point de repère d'une scène narrative placée en retrait de la grande histoire.

1 N. de Montreux, *Le premier livre des Bergeries de Juliette*, *op. cit.*, f. 3 v°-4 r°.
2 *Ibid.*

LIBERTÉS ESPAGNOLES

Parallèlement au roman pastoral français, s'est développé en Espagne un autre type de bergerie romanesque qui ne sera pas sans influencer *L'Astrée*[1] par la transmission de quelques traits de structure spatio-temporelle. Avant d'observer les libertés prises par Honoré d'Urfé quant à la gestion narrative de la temporalité, notons que la pastorale romanesque espagnole met en œuvre des structures compositionnelles plus souples, grâce au léger déphasage qui affranchit les journées vécues en Arcadie des limites de la scansion chapitrale.

Sans doute moins influencées que les romans de France par le genre anthologique du recueil de nouvelles, les pastorales romanesques du portugais Montemayor et des espagnols Pérez, Gil Polo et Cervantès expriment différemment la convention pastorale qui unit le rythme de la nature à celui du récit. Comme dans l'ensemble des littératures bucoliques, ces ouvrages accordent une attention accrue aux phénomènes naturels qui mesurent la vie des bergers. Les mentions d'aurores, de midis, de crépuscules abondent et rythment, par cette omniprésence, le récit. Aussi, les six livres de la *Galatée* de Cervantès se rapprochent d'une découpe « naturaliste » de la narration : le temps de la nature est évoqué de manière systématique aux charnières de chapitres, bien que les bornes de ces derniers peuvent coïncider avec d'autres moments que les levers et couchers de soleil.

Au premier livre, le lecteur découvre le personnage d'Élicien au « temps du chaud soleil de la sieste[2] » et le quitte le lendemain, au soir, alors qu'il s'éloigne de la troupe des bergers et des bergères afin de « retourn[er] dans sa cabane passer le reste de la nuit[3] ». Contrairement aux romanciers français, Cervantès enferme plus d'une journée et demie dans les bornes du premier livre. Le deuxième chapitre poursuivra d'ailleurs cette variabilité de la découpe temporelle. Sans ellipse par rapport au premier livre, il s'ouvre sur une troupe de bergères qui vivra,

1 J. M. Losada Goya, *op. cit.*, p. 43-50.

2 Miguel de Cervantès, *La Galatée*, dans *Œuvres romanesques complètes*, tome I, édition publiée sous la direction de J. Canavaggio, Paris, Gallimard (coll. « La Pléiade »), p. 20.

3 *Ibid.*, p. 66.

de son côté, une nuit et un jour sous l'œil de la *narratio*[1]. La « journée » pastorale chez Cervantès possède donc la faculté d'outrepasser la course visible du soleil pour correspondre peu ou prou à une durée de vingt-quatre heures, de la narration desquelles ne sont nullement exclus les événements de la nuit.

Cette répartition non régulière des heures au sein des différents chapitres se lira dans l'ensemble des six livres : tandis que le quatrième livre se conforme au modèle français en ce qu'il s'ouvre le matin pour s'achever la nuit – non sans avoir souligné, au passage, le temps de midi et celui de la sieste[2] –, le dernier livre s'étend, quant à lui, sur une durée approximative de vingt-quatre heures.

Dans son œuvre, Cervantès ne rompt donc pas tout à fait avec le code pastoral puisque les bergers continuent à vivre en accord avec le rythme de la nature : la narration reste scandée par le mouvement des astres (soleil, lune, étoiles), et chaque embrayage chapitral trouve sa justification dans la course de ces derniers. Néanmoins, les bornes de la disposition romanesque apparaissent beaucoup plus souples que dans le domaine français. Les livres de *La Galatée* peuvent décrire des événements qui se sont déroulés en douze heures (quatrième livre) comme en trente-six (premier livre). Si la journée des bergers constitue un guide à la structuration du roman, l'auteur regroupe néanmoins les heures indépendamment de tout principe de régularité chapitrale. En plaçant des indications temporelles aux ouvertures et aux clôtures de chapitres, Cervantès souligne le temps de la nature qui rythme la vie des bergers ; mais il ne met aucunement en place un carcan structurel qui viendrait générer et organiser les narrations, comme dans les romans pastoraux français.

Cette disjonction – non systématique – entre la scansion chapitrale et le cycle des jours était un phénomène de structuration déjà lisible dans le roman pastoral espagnol. Dans les sept livres de la *Diana*, Montemayor prenait soin d'indiquer la progression des heures, mais les bornes de ces sections correspondent à divers moments du jour ou de la nuit. Ainsi, certains livres commencent au matin (livres 2, 4, 5 et 7), tandis que d'autres s'ouvrent à la tombée du soir (livres 3).

1 *Ibid.*, p. 67-123.
2 *Ibid.*, p. 192 et p. 203.

Toutefois, en ce qui concerne les bornes du sixième livre et la clôture de certains autres chapitres, les heures sont plus complexes à déterminer. Observons l'exemple du sixième livre. Au cours du livre précédent (livre 5), la troupe des bergers s'est divisée en quittant le palais de Félicie : Félismène projette de se rendre dans la demeure d'Amarilide où se trouve également Arsilée[1], tandis que la narration se consacre ensuite sur le voyage de Sylvain, Selvagie et Sirène[2]. Lors d'un nouveau changement d'objet narratif, le lecteur découvrira Arsilée abandonnant Félismène chez Amarilide. Les aventures d'Arsilée fermeront ensuite le chapitre puisqu'elle est dépeinte devisant avec trois nymphes se dirigeant vers le palais de Félicie. Pas moins de trois fils narratifs ont donc été entrelacés à l'intérieur de ce cinquième livre, dont l'achèvement se produit « alors qu'il se faisait tard[3] ». Trop tard apparemment pour que l'auteur ait le temps de dépeindre ce que fit Félismène chez Amarilide. Le livre 6 s'ouvre donc dans la maison de cette dernière au moment où Arsilée laissa ses compagnes en tête à tête. Ce sixième chapitre s'enchaîne donc à un point narré au cours du cinquième livre et non à la fin immédiate de celui-ci. En réalisant cet embrayage analeptique, l'auteur affranchit ses unités chapitrales du temps de la nature. Si ce dernier émaille encore le récit, c'est davantage pour corroborer la couleur pastorale de l'œuvre plutôt que pour établir un découpage chapitral qui relaierait dans les structures propres du roman la scansion naturaliste de la vie des bergers.

Pourtant, tout comme les romans pastoraux français, les œuvres espagnoles n'omettent pas d'intégrer quelques histoires secondaires. Si Montreux – du moins, en ses premiers volumes – insérera de façon régulière et systématique un récit intradiégétique à chacune de ses « journées », les romanciers ibériques ne recourent pas à l'apparition de ces histoires enchâssées en vertu d'une règle compositionnelle explicitée en début d'œuvre. À la place, ces auteurs ménageront certaines nécessités intradiégétiques qui imposent l'écoute de ces histoires annexes. Le motif du chemin, des rencontres fortuites et des aléas vécus par les nouveaux arrivants agrège de nombreux fils narratifs qui dilatent sans cesse la matière romanesque et conduisent à de nouvelles expositions

1 Jorge de Montemayor, Alonso Pérez, Gaspar Gil Polo, *La Diane*, traduction d'Antoine Vitray, Paris, Robert Fouet, 1631, p. 335-336.

2 *Ibid.*, p. 347.

3 *Ibid.*, p. 373-374.

d'intrigues[1]. Pour éclaircir lecteurs et personnages sur le passé de ces compagnons de fortune, l'auteur utilise l'artifice de la narration enchâssée : le berger inconnu exposera de lui-même les aventures qu'il aura vécues jusqu'alors en dehors du champ de la narration. La suite imaginée par Alonso Pérez pour compléter les sept livres de la *Diana* exploite abondamment cet artifice déjà présent dans la composition de Montemayor. Au deuxième livre de cette continuation, la troupe des bergers assiste à une étrange scène : un vieux religieux tente de poignarder Delicio, jeune pâtre endormi[2]. Après l'échec de ce geste, les bergers présents souhaitent réconcilier les deux hommes, non sans entendre, au livre suivant (livre 3), leur histoire. Au total, trois récits insérés, prononcés par une variété de locuteurs, seront nécessaires afin d'expliquer à la compagnie l'agression dont elle fut le témoin : à savoir les histoires enchâssées aux livres 3, 4 et 5. L'élément frappant lisible à la clôture de ces chapitres est constitué par l'irruption de la nuit venant interrompre le récit intradiégétique des amours de Delicio et de Parthenio à des moments de grande tension narrative : le livre 3 s'achève alors que ces derniers embrassent la vie de berger[3] ; le livre 4 se clôt sur l'amitié nouvellement nouée entre Parthenio et un dangereux géant[4] ; le livre 5 se termine alors que ce dernier kidnappe et séquestre son nouvel ami[5]. Ces couchers de soleil inopinés, qui adviennent par trois fois alors que le récit connaissait d'importants rebondissements, ne sont pas à rapprocher des « journées » pastorales françaises, la *Diana* n'ayant jamais exclu de son système les narrations nocturnes. Ces chapitres se closent davantage pour attiser la curiosité des auditeurs, comme en témoignent les réactions des ces derniers devant la perspective de postposer à un temps ultérieur l'écoute d'un récit interrompu à un moment (in)opportun[6].

1 *L'Astrée* se souviendra abondamment de cette méthode d'expansion narrative, fondée sur le hasard des chemins et sur l'intégration de nouveaux arrivants à la communauté des bergers.

2 J. de Montemayor, A. Pérez, G. G. Polo, *La Diane*, *op. cit.*, p. 516.

3 *Ibid.*, p. 616-622.

4 *Ibid.*, p. 694-703.

5 *Ibid.*, p. 784-786.

6 « Mais demeurons-en là, pour aujourd'huy, aussi bien sommes-nous las. Et puis voicy la sage Felicie qui revient à bonne heure. Felismene allant au rencontre de la sage Nymphe, luy dit en l'abordant, Pardonnez-moy, Madame, si je dis que vostre arrivée nous fasche : toutefois je sçay bien à qui en est la faute. » *Ibid.*, p. 702-703.

Pérez utilise la tombée de la nuit et l'avènement du jour comme des artifices opportuns pour créer du suspense et pour écrire un roman secondaire « à rebondissements » au cœur même de la *Diana*. Les amours de Sirène et de Diane, sujet censé former le centre gravitationnel de l'œuvre, ne progressent d'ailleurs que peu durant ces chapitres. Alors que Montreux insère, dans ses premiers volumes, des nouvelles dont l'intrigue n'interfère pas ou peu avec l'histoire principale, Pérez accroît son roman tout en veillant à intégrer les héros de ces récits secondaires à la troupe des principaux bergers. Il décloisonne, de ce fait, les bornes des narrations enchâssées, dont les intrigues débordent les sections chapitrales et entrent en concurrence avec le récit premier. En contrepartie, l'espace d'un chapitre n'est plus pensé en fonction de la quantité de pièces enchâssées que ce dernier peut contenir – un jour, une histoire insérée – mais en fonction des temps forts de la narration. À cet égard, si la pastorale française adopte un système compositionnel hérité de Boccace, il semblerait que les romanciers ibériques régénèrent la tradition pastorale en empruntant davantage à la technique de l'entrelacement propre aux romans d'aventures et de chevalerie. Même en s'ancrant dans des régions historiques non-fictionnelles, le roman pastoral français – du moins en son début – atténuait l'historicisation inéluctable de son univers par une narration fortement itérative. En un mouvement inverse, la bergerie espagnole tentait plutôt d'adapter la temporalité pastorale aux nécessités du romanesque, quitte à reléguer la scansion naturaliste de cette dernière au rang de prétexte à la rupture dispositive.

L'ASTRÉE DEVANT SES MODÈLES

Comparativement aux *Bergeries de Juliette* – seule pastorale romanesque française dont les dimensions préfigurent celles de *L'Astrée* –, le roman d'Honoré d'Urfé se distingue par un non-respect de la découpe chapitrale en une succession de « journées » et paraît tributaire du souple dispositif chapitral qui était à l'œuvre dans les bergeries ibériques. Pourtant, *L'Astrée* surgit à la croisée des traditions européennes et conserve certains traits structurels propres à la tradition française. C'est ainsi qu'une certaine régularité caractérise les volumes de *L'Astrée* : les cinq tomes du roman se divisent chacun en douze « livres », tout comme les volumes des *Bergeries de Juliette* observés plus haut projetaient chacun de couvrir l'étendue de cinq journées. De plus, *L'Astrée* innove en adoptant un marquage des histoires insérées qui démontre que l'auteur n'a pas totalement rompu avec la tradition française en manifestant la dimension anthologique de sa pastorale romanesque : les inserts narratifs possèdent majoritairement des titres (« Histoire d'Alcippe[1] », « Suitte de l'histoire de Lindamor[2] ») qui facilitent le repérage des récits insérés et provoquent une rupture dans l'espace textuel. Si le titrage des narrations secondaires est absent des chapitres de Montreux, Urfé met néanmoins en exergue la dimension fragmentée de son roman : il souligne que ce dernier est un regroupement de diverses histoires, même si l'une d'entre elles – qui donne d'ailleurs le titre au roman – maintient sa prééminence. À cet égard, la parenté du titre de *L'Astrée* avec celle des *Bergeries de Juliette* ne manque pas d'inscrire l'œuvre dans une filiation, celle des bergeries littéraires qui promeuvent l'abondance des histoires incluses dans le roman.

PREMIÈRE PARTIE DE L'ASTRÉE
DE MESSIRE HONORE D'URFÉ,

> […]
> *Où par plusieurs Histoires, & sous personnes*
> *de bergers, & d'autres,*
> Sont deduits les divers effects de
> l'honneste Amitié[3].

Si de tels intitulés peuvent se lire à l'ouverture des pastorales espagnoles, il convient de noter que le titre de *L'Astrée* est plus proche de ceux qui furent forgés par les traducteurs de la *Diana* en langue française – Nicolas Colin pour son adaptation de 1587, ou S.-G. Pavillon pour celle de 1603[4] – que de ceux qui se lisent chez les auteurs ibériques. Il

1 Honoré d'Urfé, *L'Astrée*, première partie, édition publiée sous la direction de Delphine Denis, Paris, 2010, Honoré Champion, p. 179.

2 Honoré d'Urfé, *L'Astrée*, deuxième partie, édition en ligne publiée sous la direction de Delphine Denis (astree.paris-sorbonne.fr), d'après l'édition de Paris, Toussaint du Bray, 1614, p. 682.

3 H. d'Urfé, *L'Astrée*, première partie, *op. cit.*, p. 103.

4 Marta Texeira Anacleto, *Infiltrations d'images. De la réécriture de la fiction pastorale ibérique en France (XVIe-XVIIIe siècles)*, Paris, Rodopi (coll. « Faux titre »), p. 46.

en va de même pour l'usage d'intertitres venant délimiter, au sein des chapitres, les histoires insérées. Le traducteur Antoine Vitray affubla de titres les narrations secondes de la *Diana*, souhaitant de la sorte s'adapter aux « canons du goût[1] » qui prévalaient dans le sillage de *L'Astrée*. Par le titrage de ses narrations insérées, Urfé semble donc s'inscrire dans la tradition française du roman pastoral qui subissait, dans sa découpe chapitrale, l'influence du recueil de nouvelles. D'ailleurs, comme le souligne Ugo Dionne, les tables des matières qui closent *L'Astrée* permettent, selon le gré du lecteur, de transformer « le roman "suivi" [...] en un recueil de nouvelles, un florilège poétique, un manuel épistolaire ou un traité d'éloquence[2] ». Malgré le fait que les livres de *L'Astrée* ne ressemblent pas aux « journées » boccaciennes, l'auteur revendique néanmoins la valeur anthologique de son œuvre. En imposant au roman pastoral le marquage de ses récits enchâssés, il rénove l'ambition de Montreux de transmettre à ses bergers le bâton du conteur boccacien.

Toutefois, cette entreprise de rénovation ne doit pas occulter l'extrême soin porté par Urfé à l'intégration de ses récits secondaires dans l'histoire principale du roman. La question du titrage mis à part, *L'Astrée* emprunte beaucoup de ses structures à la *Diana* et à ses suites, plutôt qu'à la disposition romanesque d'un Montreux. En effet, l'apparition d'une histoire secondaire n'est pas systématique au sein de chaque chapitre astréen : certains en sont dépourvus[3], et, à l'opposé, deux histoires intradiégétiques peuvent coexister dans de mêmes sections chapitrales[4]. *L'Astrée* ne présente donc pas un rythme chapitral régulier qui serait délimité par la narration quotidienne d'une histoire enchâssée. Aucun programme régissant la présence de pièces enchâssées n'apparaît en début d'œuvre, tandis que les ouvertures de *La Philocalie* ou des *Bergeries de Juliette* exposaient un système strict organisant le contenu des journées.

Dès lors, suivant la mode espagnole, les chapitres de *L'Astrée* ne se bornent pas à la durée de la course visible du soleil. De plus, une disjonction apparaît entre la journée pastorale et l'apparition d'un récit inséré, clos comme une nouvelle. Le récit des amours d'Hylas, amorcé au livre 8 de la première partie, témoigne de la structuration souple de

1 *Ibid.*, p. 171.
2 U. Dione, *op. cit.*, p. 159.
3 Par exemple aux premiers livres des parties I, III, IV et V.
4 Par exemple aux livres 5, 8, 10 et 11 de la première partie.

L'Astrée. Le berger, dont l'inconstance amoureuse est la principale caractéristique, entreprend de dénombrer ses anciennes amours. D'emblée, le personnage annonce à la compagnie que plusieurs épisodes seront nécessaires à l'achèvement de son histoire et s'excuse, par avance, de l'interruption qui ne manquera pas de se produire.

HISTOIRE DE HYLAS

> Vous voulez donc, belle Maistresse de la mienne, & vous gentil Paris, que je vous die les fortunes qui me sont advenuës, depuis que j'ay commencé d'aimer ; ne croyez pas que le refus que j'en ay fait vienne de ne sçavoir que dire, car j'ay trop aimé pour avoir faute de sujet, mais plutost de ce que je vois trop peu de jour pour avoir le loisir, non pas de les vous dire toutes (cela seroit trop long,) mais d'en bien commencer une seulement[1].

En imaginant cet exorde, Urfé s'oppose à l'équation unissant la journée pastorale à la narration intradiégétique d'une histoire parachevée. Hylas déplore en effet que « [son] discours n'est pas encore à moitié » alors que « le Soleil [s'est] couché il y a long temps[2] ». Diane console alors le conteur en ces termes : « gentil Berger, il ne faut pas despendre tout son bien à la fois, ce qu'il reste à sçavoir pourra encores faire couler une agréable journée[3]. » Dans *L'Astrée*, les récits insérés excèdent les bornes du jour et enjambent plusieurs chapitres, voire quelques volumes. De la sorte, l'histoire d'Hylas sera poursuivie, par divers narrateurs, aux livres 3 et 4 de la deuxième partie et au livre 7 du troisième tome, la narration insérée engendrant un véritable roman à l'intérieur du roman et non plus une brève nouvelle. D'ailleurs, les récits d'Hylas porteront la marque du romanesque en s'interrompant aux moments-clés de l'intrigue. Par cet artifice, Urfé renouvelle, en France, l'usage de la journée pastorale : il adapte, tout au long de son roman, le modèle espagnol où le récit est prioritairement scandé par les temps forts de la narration, fût-ce au prix d'utiliser l'excuse mystificatrice de la tombée de la nuit afin d'interrompre son récit.

Toutefois, la deuxième partie de *L'Astrée* confère un nouveau rôle structurant aux différents moments du jour. Ils n'auront certes plus d'incidence directe sur les frontières des chapitres, mais ils ne seront pas

1 H. d'Urfé, *L'Astrée*, première partie, *op. cit.*, p. 473.
2 *Ibid.*, p. 497.
3 *Ibid.*

cantonnés, pour autant, au rôle de simple ornement de la rupture dispositive que nous venons de souligner. Dans sa narration, Urfé mentionnera avec abondance les apparitions de la lune et du soleil, mais il investira ces dernières d'une fonction narrative en s'appuyant sur les mouvements astronomiques afin d'attester la résolution partielle de l'histoire, et afin d'inscrire au plus profond de l'intrigue ces jeux pastoraux sur la temporalité. Ainsi, au deuxième tome de *L'Astrée*, Urfé divise son personnel romanesque en fonction de ce qu'ils vivent le jour (la troupe des berger) ou la nuit (le malheureux Céladon). Alors que le tome s'ouvre, Céladon vit dans une caverne, au plus profond de la forêt[1]. Contraint à l'exil par Astrée, il tente de vivre en marge de la communauté des bergers qui le croient mort suite à cette condamnation. Or ce n'est pas le soleil, rythmant la vie des bergers, qui inaugure le volume mais bien la lune qui vient mesurer le temps que Céladon a déjà passé dans son isolement.

> La lune estoit déja pour la deuxiéme fois sur le milieu de son cours, depuis que Celadon échapé des mains de Galathée, & n'osant se presenter devant les yeux de la Bergere Astrée, pour obeïr au commandement qu'elle luy en avoit fait, s'estoit renfermé dedans sa caverne[2].

Tout au long de cette deuxième partie – structurée autour des chassés-croisés incessants qu'effectue le narrateur entre Céladon et la troupe de ses amis –, l'auteur associe durablement les heures de la nuit au berger mélancolique. Le récit manifeste un déphasage temporel entre une communauté unie dans la norme séculaire réglant la vie diurne des bergers, et un de ses éléments ostracisé qui devra réintégrer son groupe en abandonnant ses usages nocturnes. L'ouverture du troisième livre souligne d'ailleurs l'impasse narrative qui frappe à ce moment le récit. Au petit matin, Céladon découvre son ami, Silvandre, endormi[3] ; or,

1 H. d'Urfé, *L'Astrée*, deuxième partie, *op. cit.*, p. 1.

2 *Ibid.*

3 « Lors que Silvandre s'endormit, la nuict estoit desja tant advancée, qu'il ne s'esveilla que le Soleil ne fust fort haut : Et au contraire, le Berger, qui la nuict avoit discouru avec le Druide, fut aussi matineux que l'Aurore : Et par ce que le lieu de sa demeure estoit pres de là, de fortune se promenant selon sa coustume, il apperceut Silvandre endormy, & desireux de le cognoistre, (par ce que depuis plus d'un mois qu'il faisoit sejour en ce lieu, il n'y avoit rencontré Berger de sa cognoissance,) il s'approcha doucement de luy : mais il n'eust plustost jetté l'œil dessus qu'il le recogneut pour l'un de ses plus grands amis, & telle cognoissance luy fist venir les larmes aux yeux pour le souvenir de sa vie passée. » *Ibid.*, p. 127-128.

les retrouvailles tant espérées par le lecteur ne peuvent avoir lieu car les deux amis vivent selon des rythmes opposés : Céladon dort le jour et veille la nuit, tandis que Silvandre se repose la nuit pour vivre le jour. Si l'alternance des jours et des nuits structure encore le récit, ce n'est plus en provoquant des ruptures chapitrales mais en polarisant ces deux fils narratifs en deux temporalités antagonistes.

Urfé réitèrera encore une telle occasion manquée au livre 8. Se levant par habitude avant le lever du soleil, Céladon rencontre Astrée encore assoupie. Le texte insiste à ce moment sur les habitudes curieuses du berger qui restent opposées à celles de ses congénères.

> *Au contraire* le triste Celadon *suivant sa coustume* se leva de grand matin, afin de pouvoir entretenir ses pensées sans estre rencontré de personne, *ayant ordinairement accoustumé* de se lever à telle heure, afin de pouvoir sortir dehors, *quand chacun estoit encor endormy, & puis se renfermoit le plus souvent tant que le jour duroit.*
>
> Le Soleil ne paroissoit point encore, lors que de fortune il adressa ses pas du costé où estoit ceste troupe : Et parce qu'il s'en alloit tout en ses pensées, sans prendre garde à ce qui luy estoit autour, jamais homme ne fut plus estonné que luy, quand tout à coup il apperceut Astrée[1].

Afin de réunir les amants et de faire progresser l'histoire, le druide Adamas cherchera à convaincre Céladon de se laisser voir « en plein jour » par sa maîtresse[2]. Pour Urfé, l'enjeu de ce tome sera donc de réintégrer l'amant malheureux à la communauté diurne des bergers, de regrouper les fils du récit en une temporalité unique et d'échapper, enfin, à la polarisation de l'histoire en une succession d'actions diurnes et nocturnes qui s'excluent mutuellement. Le déphasage de Céladon par rapport à sa communauté possède donc une fonction narrative :

---

1 *Ibid.*, p. 546. Nous soulignons.

2 « Et toutesfois reprit Adamas, quelque entier observateur, que vous soyez de ses commandements, si est-ce que vous y estes desja contrevenu, puis que vous l'avez veuë, & vous estes presentez devant ses yeux. Elle ne m'a pas deffendu, dit-il [Céladon] de la voir, mais seulement de me laisser voir à elle. Et comment m'auroit-elle veu, puis qu'elle dormoit ? Si cela est, respondit le Druide, & comme en effect je trouve que vous avez raison : je vous donneray un moyen de la voir tous les jours, sans qu'elle vous voye. Je trouve cela bien difficile, respondit Celadon, car il faudroit ou qu'elle dormist, ou que je fusse caché en quelque lieu. Nullement, repliqua le Druide : tant s'en faut vous luy parlerez si vous voulez : Cela ne se peut, adjousta le Berger, si je ne suis en lieu bien obscur. Vous serez, dit Adamas, en plein jour. » *Ibid.*, p. 653.

celle de marquer l'impasse du récit. Lorsqu'Urfé synchronisera la vie de son berger avec celle de sa maîtresse, un pas essentiel sera franchi dans le dénouement partiel de l'intrigue. À l'ouverture de la troisième partie de *L'Astrée*, Céladon – déguisé en la druidesse Alexis – et Astrée se réveilleront au même instant du jour. Par ce lever synchrone – que les amants effectuent chacun de leur côté –, les amants rassemblent enfin les conditions temporelles nécessaires à leurs retrouvailles à venir.

> Le jour enfin tant impatiamment desiré fut devancé et par cette nouvelle druide, et par la nouvelle amour d'Astrée, parce que toutes les deux ne pouvant attendre le lever du soleil, sortirent du lict dès la premiere clarté de l'aurore[1].

Chez Honoré d'Urfé, le jeu sur la temporalité pastorale se révèle un facteur décisif quant aux fonctions du récit. En prenant acte des libertés dont jouissaient les auteurs ibériques et en tirant partie des potentialités ouvertes dans leurs œuvres, Urfé renouvellera la temporalité de la pastorale romanesque française. Le roman ne se pose plus comme la succession de jours immuables, d'actions inexorables condamnées à se répéter dans l'itération des journées-chapitres. Dorénavant, la journée pastorale constituera autant un élément constitutif de l'intrigue qu'un rythme pittoresque marqué aux ruptures chapitrales des récits.

Alexandre De Craim
Chargé de recherches F.R.S – FNRS
Université libre de Bruxelles

1 H. d'Urfé, *L'Astrée*, troisième partie, édition d'H. Vaganay, Genève, Slatkine Reprints, 1966 (1re édition à Lyon, P. Masson, 1925-1928), p. 13.

CINQUIÈME PARTIE

LE ROMAN RELIGIEUX

L'IMAGINAIRE DE LA LIGUE DANS LE ROMAN DÉVOT AU TEMPS D'HENRI IV

Gustave Reynier a consacré l'ensemble du chapitre neuf de sa somme sur le roman sentimental aux « souvenirs des guerres civiles » et à la « question religieuse ». Il y souligne qu'« il est naturel que le roman, qui justement se piquait de se tenir très près de la vie, ait tiré grand parti des troubles que pouvaient jeter dans les familles ces conflits de sentiments et d'intérêts[1] » et précise :

> La plupart de nos auteurs se contentent d'allusions assez rapides : ils indiquent, pour dater leur histoire, à quel moment des guerres religieuses il faut la placer, ou si elle est postérieure à la pacification. [...] Il arrive du reste assez souvent que ces indications, si brèves qu'elles soient, nous renseignent sur les sentiments des écrivains, et il est curieux de constater avec quelle rapidité ils passent dans le camp du vainqueur[2].

Reynier remarque plus particulièrement un changement de ton dans les romans qui mentionnent la Ligue :

> En 1594, Joseph de la Mothe, sieur de Lerm, peut encore parler avec respect de la « Saincte Ligue » et montrer les Huguenots et les Politiques « exerçant leur rage et leur fureur » contre la ville de Marmande, « asseuré rempart du païs et vray bouclier de nostre party » (*La Perfidie d'amour*, 1594). Henri IV, une fois maître de sa capitale, on n'écrit plus sur ce ton. Les ligueurs ne sont plus que des rebelles que l'on se réjouit de voir écrasés par « ce venerable et tousjours victorieux mareschal de Matignon, l'asyle des serviteurs du Roy oppressez » (*Le Portraict de la vray amante*, 1604). [...] On évoque l'image de la France célébrant avec transports la paix heureuse et bien venue[3].

---

1 G. Reynier, *Le Roman sentimental avant L'Astrée*, Paris, Colin, 1908, p. 289.

2 *Idem*, p. 278-279.

3 *Idem*, p. 279. Les parenthèses qui précisent titres et dates ont été ajoutées par nos soins.

Les ligueurs ne se sont pourtant pas si rapidement « déligués », selon la formule de Pierre de L'Estoile (laquelle disparaît cependant après 1597, signe de l'entrée en grâce des meneurs de la Sainte-Union[1]), et leurs opinions subsistent dans les écrits, romans compris. Le premier volume du répertoire des *Fictions narratives en prose*[2] qui couvre le règne d'Henri IV, propose dans son index une dizaine d'entrées au mot « Ligue » pour des romans publiés entre 1592 (*Le Miroir des Rebelles* de Daniel Drouin) et 1609 (*Le Portraict de la vraye amante* de Jean d'Intras de Bazas). C'est peu, mais si le mot est censuré, la Ligue, militaire ou idéologique, n'a pas disparu instantanément après le sacre d'Henri IV le 27 février 1594 qui a lieu à Chartres, puisque Reims est encore aux mains des Ligueurs… Les opinions ligueuses laissent inévitablement des traces chez les ralliés, chez les inconditionnels et chez les opposants.

Sans doute faut-il revenir aux racines de la reconquête catholique sur lesquelles les historiens du catholicisme se sont penchés depuis plusieurs années sans plus se satisfaire du schéma binaire qui oppose la Réforme protestante à la Réforme catholique, ni du lien, établi par l'historiographie ancienne, des origines du redressement catholique avec les décrets du concile de Trente, peu ou pas appliqués en France pendant près de deux générations à cause des guerres de religion. André Latreille, dans *L'Histoire du catholicisme français*, remarque que :

> Pendant les années troubles des guerres de la Ligue, un long travail obscur dut s'effectuer, sans lequel on ne s'expliquerait pas que, dès le rétablissement de conditions normales, ait pu en quelque sorte éclater la renaissance religieuse du XVIIe siècle français[3].

Sans mésestimer l'impact du concile de Trente, il affirme que le renouveau catholique est consubstantiellement lié aux luttes religieuses, notamment à la Ligue, et qu'il est autant le fait des laïcs que des ecclésiastiques. Dans sa lignée, Pierre Chaunu et Denis Richet ont également insisté sur les filiations qui existent entre l'engagement des ligueurs et

1 Voir M.-M. Fragonard, « La survie des opinions ligueuses et les genres, après 1594 », dans *Discours politique et genres littéraires (XVIe-XVIIe siècles)*, études réunies par S. Gruffat et O. Leplatre, Genève, Droz, Cahier du Gadges n° 6, 2008, p. 111-134.

2 *Fictions narratives en prose de l'âge baroque. Répertoire analytique. Première partie (1585-1610)*, sous la direction de Fr. Greiner, Paris, Champion, 2007.

3 A. Latreille, E. Delaruelle, J. Palanque, *Histoire du catholicisme français*, Paris, Éditions Spes, 1962, tome 2, p. 73.

le renouveau catholique du XVIIe siècle. Plus récemment une journée d'étude[1] interrogeait les engagements catholiques et leur relation avec la Ligue après l'avènement d'Henri IV. Son arrivée contestée au pouvoir, puis sa conversion et la reconnaissance progressive de sa légitimité par ses sujets, que ce soit par la contrainte, la résignation ou l'adhésion, ont fait que la majorité de la population se situe « aux frontières de la Ligue », dans une adhésion conditionnelle, ne se reconnaissant pas dans un camp, refusant parfois d'y adhérer, demeurant dans l'espace flottant des ralliés tièdes.

Mon propos s'inscrit dans cette perspective, en privilégiant les romans dévots qui émergent précisément durant le règne d'Henri IV et offrent la possibilité d'appréhender les opinions catholiques non seulement par le biais des représentations imaginaires, mais aussi par celui des usages pratiques qui en sont faits, puisque ces fictions narratives participent elles-mêmes au mouvement de reconquête catholique. Elles sont à la fois des instruments de cette reconquête et des lieux où se dissimule la mémoire ligueuse. Le combat catholique aplanit-il toutes les divergences du proche passé, ou bien derrière une unanimité de façade contrainte, peut-on pointer des choix contraires, hérités des années troublées de la Ligue et les prolongeant à travers un imaginaire romanesque ? Il me semble que, l'histoire principale estompant l'histoire des vaincus que sont les ligueurs après 1594, se sont mises en place des manières obliques d'en garder la trace, en particulier à travers le roman dévot qui paraît pourtant tout aplanir parce qu'il est pris dans l'ample mouvement de la Réforme catholique. Trois de ces manières obliques seront ici abordées : la première s'attache aux pratiques éditoriales, la seconde aux marges où se dissimule la Ligue, la troisième, à l'imaginaire.

1 *Aux frontières de la Ligue. Engagements catholiques (1584-1598)*, journée d'étude du 22 mars 2013 organisée par S. Daubresse et B. Haan, Rennes, Presses universitaires de Rennes, *à paraître*.

USAGE LIGUEUR DE LA PUBLICATION

Sur l'ensemble des fictions narratives dévotes recensées et parues entre 1584 et 1610, le choix des imprimeurs permet d'établir un lien, sinon systématique, du moins assez solide entre les romans dévots et les imprimeurs-libraires ligueurs qui sont une vingtaine, selon Denis Pallier[1]. Guillaume Chaudière, Robert Le Fizelier, Antoine du Brueil et Nicolas Bonfons sont les imprimeurs les plus actifs pour la défense de la Ligue parisienne : Nicolas Bonfons, imprimeur de *Theoxène* (1600), faisait partie sous la Ligue des bourgeois-soldats entraînés des milices urbaines contre les troupes royales[2] ; Antoine du Brueil, attaché à Veins Aemor, Du Souhait, Bazire d'Amblainville et à Nervèze, paraît avoir été un colporteur très politisé mais peu fortuné, ce qui explique l'essoufflement de sa production après 1591[3] ; enfin, le libraire-juré Guillaume Chaudière, fils d'un imprimeur du cardinal de Lorraine, libraire-imprimeur de la Sainte Union, seul des piliers propagandistes ligueurs à représenter les bourgeois aux assemblées de la ville, soupçonné en 1593 d'avoir eu part à l'édition du *Maheustre*[4], édite le roman hagiographique de Jean de Billy. Ainsi, même si la publication de ces romans est postérieure à 1594, le choix d'imprimeurs particulièrement actifs lors de la Ligue parisienne révèle un attachement à une idéologie ultra-catholique.

Le cas de *l'Histoire de Barlaam et de Josaphat*, paru en 1574 et réédité en 1578 chez Guillaume Chaudière éclaire l'usage ligueur de la publication du roman dévot. La volonté de propagande religieuse, qui ne vaut que par sa large diffusion, peut expliquer le choix de cet éditeur parisien pour Jean de Billy, prieur de la chartreuse de Gaillon dans l'Eure depuis 1571. Le lieu d'édition fait sens : Paris, plutôt que Rouen, pourtant plus proche de Gaillon, qui abrite des éditeurs renommés. Si Rouen est la troisième ville du royaume, elle est la première ville de province en matière de librairie. Il est vrai que 1574 n'est pas un moment privilégié

1 D. Pallier, Recherches sur l'imprimerie à Paris pendant la Ligue (1585-1594), Genève, Droz, 1975, p. 137.
2 D. Pallier, *ibid.*, p. 116.
3 D. Pallier, *ibid.* p. 137.
4 D. Pallier, *ibid.* p. 138.

de la typographie normande, mais à cette date précise, dix-neuf libraires et/ou imprimeurs sont en activité[1]. Choisir d'éditer un ouvrage à Paris révèle la volonté de s'inscrire dans « le boulevard du catholicisme[2] » : Rouen n'a pas encore balayé le danger huguenot, alors qu'entre 1564 et 1570, la forte répression exercée à Paris par l'université contre les imprimeurs protestants les a fait fuir en province et à l'étranger, transformant naturellement la ville en capitale de la Ligue. En outre, les ouvrages édités par Guillaume Chaudière se caractérisent par leur catholicisme très virulent : c'est sous ses presses que sortent en 1594 les sermons polémiques de Jean Boucher[3] contre la conversion d'Henri IV. Son officine est l'un des principaux foyers au service du renouveau catholique et ce, avant la Ligue : dans les années 1570, il édite les traductions des mystiques du nord, participant ainsi au militantisme catholique qui s'appuie sur ses capacités commerciales ; c'est encore lui qui diffuse les textes des mystiques espagnols en 1580, permettant à ce mouvement éditorial de s'amplifier à Paris, puis à Lyon avec Benoît Rigaud.

C'est précisément Benoît Rigaud qui publie en 1592 la troisième édition du texte de Jean de Billy[4], mort en 1580 : après un temps d'hésitation, le militantisme de l'éditeur lyonnais ne fait plus de doute[5]. Rigaud reprend à l'identique l'ouvrage du chartreux, sans modifier ou supprimer[6] la dédicace au cardinal de Bourbon, ce qui en 1592 crée un effet polémique : le « Roi de la Ligue » est mort en 1590 et le parti des Politiques, favorable à Henri IV, affirme qu'il faut distinguer l'État de la religion et que l'obéissance des sujets au roi est nécessaire. Maintenir une dédicace à Charles X en 1592, c'est faire preuve d'une insolence toute ligueuse, d'autant qu'une grande partie du récit relève du genre de l'institution au Prince : le discours politique y est intimement lié à

1 D'après J. Muller, *Dictionnaire abrégé des imprimeurs/éditeurs français du seizième siècle*, fascicule hors-série de *Bibliotheca bibliographica Aureliana*, XXX, Baden-Baden, Verlag Librairie, 1970, p. 96-103.

2 D. Pallier, *op. cit.*, p. 7.

3 J. Boucher, *Sermons de la simulee conversion et nullité de la pretendue absolution de Henry de Bourbon, Prince de Bearn, prononcez en l'Eglise S. Merry à Paris*, Paris, Guillaume Chaudière, Robert Nivelle, Rolin Thierry, 1594.

4 J. de Billy, *Histoire de Barlaam et de Josaphat, roy des Indes, composée par sainct Jean Damascene, et traduicte par F. Jean de Billy*, Lyon, Benoît Rigaud, 1592.

5 D. Pallier, « Le Livre et les propagandes catholiques. Les réponses catholiques », dans l'*Histoire de l'édition française*, Paris, Promodis, 1983, p. 408.

6 C'est ce que fait l'éditeur rouennais, Jean Osmont, dans son édition de 1600.

l'entreprise de conversion. L'ermite Barlaam convertit le jeune prince Josaphat, mais surtout, par son entremise, le roi Avennir, père du héros, que la résistance à se convertir caractérise.

L'*Histoire de Barlaam et de Josaphat* est donc bien plus qu'une légende chrétienne qui cadre avec le discours religieux de la Réforme catholique : ses implications politiques en font un texte militant ligueur dès sa réédition en 1592. Cette vie de Bouddha romancée génère des effets de sens que les contemporains pouvaient aisément décrypter : le récit d'édification religieuse se double d'un discours politique opportunément actualisé. Au moment où la conversion d'Henri IV commence à occuper les esprits et les plumes[1], l'histoire d'un prince qui se convertit en accédant au trône et qui entraîne la conversion de tout son peuple appartient à l'actualité politique. Les personnages secondaires du récit trouvent aussi des échos dans la réalité des années 1590. Ainsi, le deuxième chapitre évoque l'histoire d'un noble prince attaché à la cour qui se convertit, puis se fait moine : or, en 1592, le souvenir d'Henri de Joyeuse, comte du Bouchage devenu en 1587 le capucin frère Ange, est encore très présent dans les mémoires. À la fin de 1592, le dernier des Joyeuses est d'ailleurs appelé à sortir du cloître pour continuer le combat de la Ligue contre Henri de Montmorency dans le Languedoc. C'est bien dans les marges des narrations dévotes que la mémoire de la Ligue s'arrime et se maintient fermement : imprimeurs, mais aussi dédicaces et personnages secondaires.

DANS LES MARGES, LA LIGUE

DÉDICATAIRES

Après 1594, les dédicataires des fictions dévotes se caractérisent par leur appartenance à des familles d'anciens ligueurs et, au début du XVIIe siècle, par leur engagement fort auprès du parti dévot. Parmi les dédicataires figurent le « roi de la Ligue », nous l'avons vu, mais aussi

1 Dès le mois d'octobre 1592, une partie des Politiques, que l'on appelle les « semonneux », « semond » Henri IV de se convertir.

le duc de Mercœur, Philippe-Emmanuel de Lorraine[1], Jean-Baptiste d'Ornano[2], Philippe-Guillaume, comte de Nassau, prince d'Orange, deux descendantes de la famille de Joyeuse[3] et Louis de la Marck, marquis de Maulny[4]. Les auteurs se mettent généralement sous la protection de Grands qui ont pu être hostiles à Henri IV, Louis XIII ou Richelieu, mais qui sont restés personnellement puissants. Les épîtres insistent bien sûr sur la piété des dédicataires, soulignant parfois leur indéfectible fidélité au catholicisme. Dans *Les Amours de Cleandre et Domiphille*, Nicolas de Montreux écrit ainsi au duc de Mercœur, le dernier grand chef ligueur à se soumettre en 1598 :

> À vous conservateur de la fidelité, faut que le pauvre Cleandre se retire. Il apprendra par vostre vertu, de demeurer fidelle, & tousjours Cleandre, tant és regards effroyables au mal, qu'és doux aspects du bien. Peu ne profite l'exemple de vertu logée en un grand Prince. […] À qui donc eust peu se retirer le miserable Cleandre, pour estre en plus heureuse assurance qu'aupres de vous, où la vertu cruellement affligée, trouve repos, & salut en la vostre[5] ?

Cet éloge de la vertu et de la fidélité « cruellement affligée » (pratiquement tous les gentilshommes ligueurs se sont soumis au roi peu après sa conversion) résonne comme la fin d'un idéal. Proposer un tel modèle avec un peu d'aigreur (« peu ne profite l'exemple de vertu logée en un grand Prince ») relève d'une intention polémique et affirme le parti résolument ligueur choisi par un auteur au service de Mercœur.

De même, dans l'éloge topique des ascendants des dédicataires, les épîtres mentionnent les catholiques très zélés : en 1624, Jacques Gaffarel dresse la généalogie des comtes de La Marck en valorisant leurs combats contre les musulmans pour défendre la chrétienté et il énumère en une

1 Dédicataire des *Amours de Cleandre et Domiphille* (1598) de N. de Montreux qui fut bibliothécaire du duc.

2 Jean-Baptiste d'Ornano (1581-1626), le dédicataire de l'anonyme *Constance d'Alisée et de Diane* (1602), est connu pour sa grande piété.

3 Henriette-Catherine de Joyeuse, duchesse de Guise, est la dédicataire de *La Vie du R.P. Ange de Joyeuse* (1621) de Jacques Brousse.

4 La famille La Marck-Bouillon appartient à la haute noblesse. Louis de la Marck est le dédicataire de *Cleolthée ou les chastes adventures d'un Candien et d'une jeune natolienne* (1624) de J. Gaffarel.

5 N. de Montreux, *Les Amours de Cleandre et Domiphille*, Paris, v[ve] Gabriel Buon, 1598. Le privilège date du 16 novembre 1598, mais l'épître de janvier 1597, avant la soumission du protecteur de l'auteur à Henri IV.

longue liste les capitaines de la famille qui ont combattu en Terre Sainte lors des croisades, ainsi que tous les évêques. Ce qui revient à se ranger du côté du parti dévot, pro-romain et pro-espagnol, contre les gallicans et partisans des alliances protestantes, par-delà la parade rhétorique que constitue une épître dédicatoire. Car même si ces louanges sont codifiées, ces épîtres sont des facteurs de cohésion sociale, indiquant des convictions, une idéologie et, peut-être, une nostalgie communes.

Dédicataires privilégiées, les femmes appartiennent aussi massivement à la haute noblesse liée à la Ligue : la duchesse douairière de Longueville[1], Henriette-Catherine de Joyeuse, duchesse de Guise, Marguerite de Rohan, princesse de Guéméné, Claude de Tournon, vicomtesse de Polignac, la duchesse de Bellegarde, Madame de Lupé[2], Angélique de Cossé-Brissac, Marie de Lévis-Ventadour ou encore Isabelle-Angélique de Montmorency. Beaucoup de ces figures féminines sont connues pour leur dévotion : Angélique de Cossé-Brissac et Marie de Lévis-Ventadour, Henriette-Catherine de Joyeuse est la fille unique d'Henri du Bouchage, grand ligueur devenu capucin, la duchesse douairière de Longueville est très proche du parti des dévots[3], et le duc et la duchesse de Bellegarde sont des partisans de la reine Marie de Médicis. Parmi les rares dédicataires dont les familles n'appartiennent pas à la haute noblesse, Madame de La Guesle retient l'attention : la dédicataire de *L'Histoire de Cléophas et Sephora* de Michel Roussel, parue en 1601, est l'épouse de Jacques de La Guesle (1557-1612), procureur général au Parlement de Paris, que l'on vit pendant la Ligue « diriger, cuirassé et armé, la construction de la barricade de son quartier[4]. » Derrière le nom de cet « homme du roi par excellence » rallié à la Ligue en mai 1588, se lit la défense d'un idéal ligueur encore très présent : l'auteur s'attache à un parti désormais vaincu, mais qui se maintient encore à travers des idéaux. Ces

1 Dédicataire en 1621de la *Dorothée* de J.-P. Camus. Il s'agit de l'épouse d'Henri I de Longueville (mort en 1595), Catherine de Gonzague (1569-1629), qui est affiliée aux familles de Nevers, Gonzague et Clèves.

2 Madame de Lupé, la dédicataire des *Chastes et infortunées amours du Baron de L'Espine* de Nervèze en 1598, appartient à l'une des premières maisons du comté d'Armagnac.

3 Elle a notamment réussi à convaincre Henri IV de signer des lettres patentes en juillet 1602 pour permettre l'introduction du carmel en France, aux côtés de Mme Acarie, François de Sales et Bérulle.

4 E. Barnavi et R. Descimon, *La sainte Ligue, le juge et la potence. L'assassinat du président Brisson*, Paris, Hachette, 1985, p. 58.

choix de dédicataires dépassent amplement le phénomène auquel les auteurs de fictions narratives se plient en adressant leurs ouvrages à un public de dames sensibles au romanesque. Il s'agit de femmes dévotes de l'aristocratie appartenant à d'anciennes familles ligueuses sous le règne d'Henri IV et proches du cercle de Marie de Médicis contre Richelieu. Toucher les femmes de cet espace social permet de diffuser des modèles religieux dans le milieu de la cour en s'affiliant clairement au « parti des dévots[1] » qui refuse une politique soumettant les intérêts de la religion à ceux de la nation, ainsi que les conséquences qu'elle induit : tolérance de l'hérésie et lutte contre l'Espagne championne du catholicisme intransigeant.

Alors que les épîtres dédicatoires des romans au XVIIe siècle accordent une place non négligeable à la petite noblesse, aux bourgeois et au milieu judiciaire, rares sont nos auteurs qui leur adressent leurs ouvrages : ils les ignorent, comme s'ils refusaient radicalement d'être liés à ceux qui sonnent le glas du statut traditionnel des gouverneurs de province et des grandes familles. Cette absence de dédicataires parmi les hommes nouveaux n'est-elle pas l'indice d'un refus d'accepter ou de s'adapter à la centralisation du pouvoir qui s'organise dans la monarchie du XVIIe siècle ? Cette dernière découle de la victoire du parti d'Henri IV sur la Ligue : si l'on songe au nombre de dédicataires qui ont partagé les revendications ligueuses, ces choix peuvent se comprendre comme l'adhésion à un système politique du passé, et ce refus comme une opposition à la centralisation. Comme une idéologie passéiste, en somme, qui revendique un catholicisme sans concession et les prérogatives de la noblesse.

HISTOIRES PARTICULIÈRES ET PERSONNAGES SECONDAIRES

Dans les marges que constituent aussi les histoires insérées et les personnages secondaires des fictions dévotes, se lit encore la Ligue : le récit de vie de l'ermite Théophile dans *La Victoire sous l'amour divin sous les amours de Polidore et de Virginie* d'Antoine de Nervèze en 1605 et,

1 Voir R. Descimon et C. Jouhaud, *La France du premier XVIIe siècle (1594-1661)*, Paris, Belin, 1996, p. 53-54, qui expliquent ce phénomène : « Il ne s'agissait pas, bien sûr, d'un parti au sens moderne du terme, mais de réseaux de parents, d'alliés, d'amis, de confrères, évoluant, selon les circonstances, entre le flou d'un groupe de pression et l'activisme d'une société secrète. »

en 1619, la mise en fiction qui est une héroïsation[1] de la vie d'Ange de Joyeuse par Henri du Lisdam dans *Les sainctes inconstances de Léopolde et de Lindarche*. L'anonyme *Les Tragiques amours du fidèle Yrion et de la belle Pasithée* de 1601, même s'il ne relève pas du genre qui m'occupe ici, peut aussi être mentionné. Par le biais de l'histoire particulière, ces romans sauvent la mémoire de la Ligue par ses héros fictifs exemplaires comme Théophile ou Yrion, membre d'une famille de Guyenne bien catholique, chassé par la guerre, qui décide d'aller en Terre sainte ; ou encore, par ses personnages historiques, parfaitement reconnaissables même dans l'anonymat, comme le fait Du Lisdam avec frère Ange de Joyeuse.

Ces histoires particulières restent cependant secondaires, insérées dans un ample récit cadre et surgissant comme des *exempla* : l'ermite Théophile conseille Polidore en méditation sur le Mont Calvaire et le récit de sa vie sert de miroir au jeune héros mélancolique hésitant entre l'amour profane et l'amour sacré. « Ce fut au temps que les guerres civiles divisoient la France, soubs le party de La Ligue[2] », alors qu'il avait dix-sept ans, qu'il tomba amoureux et se maria. Durant les huit années de son mariage, il vécut à la cour où il servit « feu monsieur de Guyse » mais,

> il arriva que je perdis quasi en mesme temps mon maistre & ma maistresse : l'un par une mort violente qui suscita ces troubles, & l'autre par un trespas naturel qui troubla mon ame. De sorte que ces deux rudes coups, par lesquels les esperances de ma fortune & de mon amour furent abbatues, me firent perdre pour tous les deux le fruict de mes travaux & de mes services. Je continuay despuis à servir ce Prince, pres de ceux qui prindrent les armes pour venger sa mort, & me trouvois si attaint de douleur pour ces pertes, que la vie m'estant à charge, je tenois à faveur du destin les playes que je recevois dans les combats[3].

Il y fut souvent gravement blessé. « Tant que les guerres servirent de divertissement à [s]es ennuis », tout suit son cours, mais la paix civile le contraint à « voyager aux pays estrangers : estimant que le changement de lieux pourroit destourner le cours de mes tristesses ». Suit alors l'énumération des lieux parcourus qui le mènent au Mont Sinaï où, à

1 Je me permets de renvoyer à mon article « Le duc Henri de Joyeuse devenu 'Frère Ange' : une héroïsation entre histoire et fiction », *Seizième siècle*, n° 4, 2008, p. 237-253.

2 A. de Nervèze, *La Victoire de l'Amour Divin soubs les Amours de Polidore & de Virginie*, Paris, Anthoine du Breuil et Toussainct du Bray, f. 92 r.

3 *Ibid.*, f. 94v°-95r°.

la faveur d'une rencontre avec des ermites français, il fait le choix de la sécession après avoir obtenu à Rome la bénédiction du Pape.

Théophile est bien un modèle à suivre pour Polidore et la présentation de son passé ligueur est prudemment réprouvée : ce sont des « erreurs de jeunesse », leur récit n'exprime non pas une nostalgie, mais le « repentir d'y avoir eu le cœur trop attaché ». La Ligue est donc un mal, et l'ermite souligne qu'il veut surtout « faire voir quels sont les effets de la grace celeste » au jeune homme.

On retrouve une gêne identique dans la biographie que Nervèze écrit, manifestement sur commande, en 1613, *l'Histoire sur la vie et le trepas de tres illustre et excellent prince Charles de Lorraine duc de Mayenne* :

> [Les gens] sembleront à l'abord se scandaliser de ce que je descrits la vie d'un Prince que les evenemens de la France ont jadis armé dans un party qui print de nostre mal'heur et du temps, la naissance et les pretextes ; Matiere qu'on pensera ne pouvoir estre traitee avec beaucoup de discretion & de verite tout ensemble, tant pour les considerations qui regardent l'Estat, que celles qui regardent le particulier des personnes[1].

Nervèze montre que Mayenne aurait pu faire pire et que sa vaillance ne nuit pas à la gloire d'Henri IV, au contraire… Pas de triomphalisme, mais un embarras que l'on retrouve dans sa fiction. Chez Nervèze, il est difficile de déceler une culture religieuse ligueuse dont le catholicisme sur le plan de l'idéologie politique et des pratiques religieuses (mais non sur celui du dogme) est bien différent du catholicisme tridentin. Sa culture religieuse valorise, par exemple, le mariage avec le consentement mutuel des époux, ce qui dans ses romans édifiants teintés de néo-platonisme se traduit par des noces finales ou de religieuses morts, le nom de l'amoureux à la bouche. Il n'est pas non plus complètement tridentin !

Pourtant, la présence d'un ancien ligueur dans une fiction (qui n'est pas une commande) semble être le signe sinon d'une nostalgie, du moins d'une reconnaissance qui se traduit, sur le plan narratif, par les effets de mise en abîme : le récit de l'ermite Théophile, que Polidore rencontre après ses deux pèlerinages à Jérusalem, est la mise en abîme de l'histoire de la conversion du héros, l'expérience ligueuse en moins. Lui aussi fut amoureux à dix-sept ans et voulut se marier, lui aussi partit se battre et la guerre

1 A. de Nervèze, *Histoire de la vie et trespas de tres-illustre, et excellent Prince, Charles de Lorraine, duc de Mayenne*, Paris, Toussainct du Bray, 1613, Preface ou Advertissement au Lecteur, f. non numéroté.

servit de « divertissement à [ses] ennuis », lui aussi voyagea longtemps et entendit un soir un ermite qui psalmodiait : Théophile. La réaction de Polidore à l'écoute du récit de l'ermite explicite la mise en abîme :

> Polidore qui avoit attentivement escouté ce discours, y trouva ses douleurs, ses desseins, ses adventures si bien representees qu'il estima que la fortune de Theophile estoit l'image de la sienne[1].

Le jeune héros se mire dans le parcours de l'ancien ligueur, de l'exil à la sécession. Selon les historiens[2], les anciens ligueurs ont réussi une acculturation religieuse en abandonnant les références et les pratiques dévotionnelles d'un catholicisme communautaire pour adopter celles du catholicisme tridentin. Nervèze en témoigne ici : Théophile se rend bien à Rome avant de revenir à son ermitage, respectant la hiérarchie et l'autorité de l'Église catholique, et il peut alors servir de modèle à la jeunesse catholique. Le récit de Théophile met en scène un double phénomène : celui de l'acculturation religieuse de l'ancien ligueur et celui de la reconnaissance des catholiques réformés. Il témoigne en cela de la recomposition de l'élite catholique sous le règne d'Henri IV où coexistent de manière cohérente l'ex-militantisme ligueur et le prosélytisme catholique. Après l'échec politique de leur entreprise, les soldats de la Sainte-Union ont su se muer en zélateurs de la Contre-Réforme et sont passés des milices de la Ligue à celle de la Réforme catholique. C'est ce dont témoigne cette histoire insérée qui dit finalement moins la gêne du passé que la recomposition religieuse réussie entre anciens ligueurs et catholiques qui passent un accord avec eux : le jeu de miroir entre Polidore et Théophile en est la métaphore.

Le même phénomène se retrouve dans le roman d'Henri du Lisdam qui multiplie les mises en abîmes : les héros, Léopolde et Lindarache, rencontrent un ermite dont la vie est déjà un modèle, qui leur propose des *exempla* à imiter dont le premier reprend la vie d'Henri du Bouchage, reconnaissable aisément, même en l'absence de son nom[3]. Rien n'est

---

1 *Ibid.*, f. 104.

2 Voir R. Descimon et J. J. Ruiz Ibañez, *Les Ligueurs de l'exil*, p. 44 : « Par force, les ligueurs ont dû à leur façon se contre-réformer et faire leurs les canons du Concile de Trente qui valorisaient le catholicisme hiérarchique face au catholicisme corporatif. »

3 H. du Lisdam, *Les Sainctes inconstances de Leopolde & de Lindarache. Où l'on voit une quantité de belles choses, dans la diversité de plusieurs fortunes arrivées dans la Turquie* (1619), Paris, Henri le Gras, 1632, p. 598-599.

dit sur le passé ligueur d'Ange de Joyeuse qui est pourtant proposé en modèle à suivre. La mémoire ligueuse est maintenue dans l'esprit des lecteurs qui savent, eux, d'où vient frère Ange. La nécessaire dissimulation qui bannit le mot scandaleux, fait que la mémoire du passé s'élabore dans un imaginaire, expression d'une assimilation réussie, mais certainement pas d'un oubli.

UN IMAGINAIRE DE LA LIGUE

Quatre principaux motifs partagés par l'ensemble des romans dévots semblent plutôt issus du catholicisme ligueur que de la Réforme catholique et constituent un imaginaire de la Ligue.

LE REPLI SUR SOI ET LA VICTOIRE DE L'ÉRÉMITISME

On devient ermite par désillusion politique et amoureuse, nous l'avons vu avec *La Victoire de l'amour divin*. Même si le personnage de l'ermite appartient à la longue tradition romanesque médiévale, il participe dans nos romans à l'élaboration de cet imaginaire parce qu'il a un passé politique, ce dont témoigne le Théophile de Nervèze : l'ermite est un vaincu politique qui s'exile et qui refuse de se rallier au pouvoir d'Henri IV. Il devient le miroir où un groupe social hostile au roi se mire sans doute avec un plaisir plein d'amertume : moins modèle à imiter que miroir où se pencher. L'individualisation du personnage et sa caractérisation dépassent amplement l'enjeu spirituel, ou même simplement moral, généralement contenu dans cette figure de sage. Avec lui s'est mis en place un imaginaire nouveau, né des guerres civiles et de la défaite de la Ligue : celui du vaincu qui refuse le monde, celui que le zèle catholique rend rebelle au pouvoir en place. Cette dimension déceptive manifeste un changement de mentalité : les déserts accueillent désormais des déçus de l'amour et des vaincus politiques au lieu des habituels pénitents qui renoncent au monde pour fuir sa vanité au nom de l'amour de Dieu.

C'est aussi le reflet d'une réalité d'époque : les anciens ligueurs sont les candidats les plus marquants à l'érémitisme à partir de l'Édit de Nantes, comme Pierre Seguin, le ligueur de Nancy, devenu en février 1599, le

Reclus de Nancy, « cultivant son jardin et prêchant de sa fenêtre » pendant trente-sept ans[1]. L'accélération du mouvement érémitique vers 1595 coïncide avec la dissolution de la Ligue en 1595, puis l'Édit de Nantes en 1598. Le principe déceptif qui conduit en Thébaïde paraît accentué et explicité dans les romans d'édification : ce n'est plus le sentiment de la vanité du monde qui motive la vie érémitique, mais la frustration amoureuse et la désillusion politique. L'invitation à quitter le monde, au cœur de la spiritualité chrétienne, est actualisée et investie d'une charge politique.

LES CROISADES CONTRE LES TURCS ET LE CATHOLICISME COMBATTIF

Dans *La Victoire de l'Amour divin*, le héros accomplit un voyage qui le conduit en Hongrie pour « porter son espee & son courage au service des Chrestiens contre les infideles » : on se saurait renouer plus explicitement avec l'imaginaire de la croisade seulement quelques années (trois exactement) après la mort du duc de Mercœur à son retour de croisade en 1602. Mercœur redevient, sous la plume du même Nervèze qui compose une *Lettre consolatoire à Mme la duchesse de Mercœur* à sa mort, non un gouverneur de province rebelle, mais un héros de la chrétienté. Le transfert à une autre guerre indiscutable permet de redorer le thème même du combat pour la foi et, comme le roman de Nervèze ne nomme jamais le duc, sans difficulté.

Le rapprochement entre l'imaginaire de la ligue et celui de la croisade est particulièrement présent dans les romans d'édification du règne d'Henri IV : le motif du déplacement en Orient transpose l'exil, et le catholicisme reste combattif contre les turcs plutôt que contre les protestants ou, pire, contre l'armée de son roi. Le souvenir du duc de Mercœur n'est sans doute pas derrière tous les croisés de ces fictions, mais l'idéal du combat pour la religion catholique et même l'appel à ce combat résonne d'échos ligueurs autant que de ceux de la grande épopée chevaleresque chrétienne de la *Jérusalem délivrée*. Nervèze dans les *Advantures guerrières et amoureuses de Léandre* (1608) admoneste la noblesse oisive et l'engage au combat en ces termes : « un Leandre pour exemple d'une ambition genereuse en laquelle ils apprendront à se desrober de la paix de leur paìs pour aller chercher les guerres estrangeres[2]. »

1 J. Sainsaulieu, *Les Ermites français*, Paris, Cerf, 1974, p. 18-23.

2 A. de Nervèze, *Advantures guerrières et amoureuses de Leandre*, Paris, Toussaincts du Bray, 1608, Dédicace à monsieur le vicomte d'Aubeterre, feuillet non numéroté.

Le héros s'engage dans cette « guerre saincte » contre le roi de Perse. De même, la paix en France pousse le héros des *Adventures de Lidior* (1608) de Nervèze à combattre en Flandres : cette paix est-elle si nocive aux nobles qu'elle semble les envahir de langueur ? L'éloge topique de la paix revenue grâce au bon roi Henri est loin… et on veille à entretenir la guerre avec vigueur.

Michel Roussel entonne le même appel à la croisade dans l'*Histoire de Cléophas et Sephora*[1] qui met en scène une jeune femme amoureuse déguisée en homme pour rejoindre son amant jusqu'au siège de Jérusalem, à l'époque de la première croisade conduite par Godefroy de Bouillon. On songe à la *Jérusalem délivrée*, mais la dédicace à la femme d'un fervent ligueur invite à associer croisade ancienne et Ligue récente.

L'IMPORTANCE DES ORDRES MENDIANTS DANS LE MOTIF DES ENTRÉES EN RELIGION

Les héros romanesques se jettent dans les couvents des ordres nouveaux (carmel, ursuline, capucin) plutôt que dans ceux des ordres anciens (chartreux, cisterciens ou bénédictins). Chez Nervèze, Virginie se retire chez les capucines ; dans le *Bouquet de la feintise* (1610), Bellerose fait appel à un Père capucin pour lui annoncer son désir de sécession ; dans *Le Chevalier enchanté* de Nicolas Piloust, l'héroïne entre « dans les Ursulines de Venize[2] » et le héros, chez les capucins. Ces références aux ordres nouveaux qui s'accentuent après 1610 gagnent à être liées aux pratiques de la même période. Michel Cassan[3] a montré que l'un des critères qui distinguent les catholiques ligueurs des catholiques « navarrais », c'est-à-dire ceux qui ont soutenu la cause d'Henri IV et ont pactisé avec les protestants, est précisément celui des entrées en religion. Il observe que les ex-ligueurs, comme les partisans de la Réforme catholique, choisissent ces ordres nouveaux (recollet, carmel, visitandines, capucins) qu'ils financent d'ailleurs beaucoup pour édifier une structure ecclésiastique contiguë et rivale de l'Église établie. Signe que se joue sur un autre registre, celui de la Réforme catholique, les rivalités d'antan. Pour

1 M. Roussel, Histoire de Cleophas et Sephora. Les adventures diverses de leur amitié, & leur fin glorieuse, Paris, I. & P. Mettayer, 1601, f. 142.

2 N. Piloust, *Le Chevalier enchanté*, Paris, David Gilles, 1618, p. 103.

3 M. Cassan, « Laïcs, ligue et Réforme catholique », dans *Histoire, économie et société*, 1991, n° 2, p. 159-175.

la ligue parisienne, Denis Crouzet a souligné le choix des franciscains et des ordres mendiants par les anciens ligueurs car les zélés de la Sainte-Union savaient la part prise par ces ordres dans le déroulement de la Ligue et admiraient leur talent propagandiste, leur capacité à encadrer et à émouvoir les foules, et leur catholicisme combattif. Henri de Joyeuse choisit les capucins pour se faire frère Ange, pour ne rien dire de l'action de Barbe Acarie auprès du Carmel.

LA FLAGELLATION, OU COMMENT RENDRE ACCEPTABLE LA VIOLENCE CONTRE SOI

Enfin, le motif de la flagellation traité de manière spectaculaire, comme dans les processions ligueuses, est rendue paradoxalement acceptable, presque banalisée, dans le roman dévot. Quoique peu fréquent, ce traitement me paraît emblématique du phénomène d'acculturation religieuse des anciens ligueurs, visible dans l'appropriation d'un imaginaire ligueur au sein d'une fiction dévote qui le transforme, faisant d'un spectacle collectif et public une pratique solitaire et privée. Signe que le monde des dévots sous le règne d'Henri IV déborde largement les héritiers idéologiques des ligueurs, sans doute parce que les élites sociales catholiques sont, dans leur immense majorité, dévotes sans que ce terme ne pointe une position politique. L'exemple de *Floriane, son Amour, sa Penitence et sa mort* de François de Fouet est significatif. La deuxième partie du roman se fonde sur la vie érémitique de Floriane, sur une île au large de l'Italie. Sa pénitence se passe en jardinage, conversations spirituelles mensuelles avec un vieil ermite, méditations, mais aussi en flagellations quotidiennes :

> Chantant un Psalme de la penitence de David, elle se donnoit la discipline jusques au sang, sang qu'elle destrempoit avec les larmes qu'elle versoit en abondance : puis se vestissoit de la haire, qui perçoit ceste chair entamée, frappoit d'un caillou sa poictrine ; Et quelquefois ayant faict une couronne d'espines bien piquantes la mettoit sus sa teste, le sang ruisselant de tous costés de telle sorte que ses yeux en estoient offusqués[1].

Le texte déploie de longues descriptions de ces mortifications. Floriane ne dort que trois heures par nuit, sans cesse réveillée par des visions et s'acharne contre son corps :

1 F. de Fouet, *Floriane, son Amour, sa Penitence et sa mort*, Paris, Matthieu Guillemot, 1601, f. 68 v°-69r°.

> Elle geinoit son corps des plus rigoureux jeusnes, mattoit sa chair des plus rudes tourmens, affoiblissoit sa sensualité des plus extremes rigueurs, plioit son cœur à toute patience, rabbaissoit son esprit à toute humilité, & fatiguoit ses sens des plus sensibles peines[1].

Les hyperboles viennent soutenir l'hypotypose précédente avec des détails qui font échos aux liens entre la violence et le sacré exacerbés durant les guerres de religion. Denis Crouzet a montré que l'extraordinaire violence, essentiellement exercée par les catholiques sur les corps des protestants, réfracte l'obsession eschatologique d'hommes angoissés devant la colère de Dieu[2]. Dans la fiction dévote, cette cruauté collective sur les corps ennemis se retourne contre soi même, dans un rituel individuel et privé qui exprime la victoire de l'âme sur le corps, reflétée en littérature par le goût pour les débordements sanglants propres à assurer le salut des lecteurs. Cette poétique de l'effroi salutaire est ancrée dans la littérature religieuse qui ne s'offusque ni du sang et des larmes mêlés, ni des couronnes d'épines piquantes : les *Psaumes pénitentiels* de David chantés par Floriane contiennent des images de corps blessés et pourrissants, d'ulcères empuantis, de plaies sanglantes. Le corps martyrisé transcrit aussi le fardeau des fautes du pénitent. Vies de saintes et processions de pénitents sont des modèles possibles : s'y développe le même imaginaire d'hystérie religieuse qui correspond au goût pour le spectaculaire dans le domaine religieux. Ces représentations des corps souffrants ont été largement réprouvées dès leur apparition ; les processions sous Henri III ont laissé de tels mauvais souvenirs au moment de la Ligue, qui en fit un usage séditieux[3], que les confréries de pénitents furent bannies de Paris au XVIIe siècle.

Pourtant, les flagellations de Floriane paraissent bien moins spectaculaires que l'ultra-violence des nouvelles tragiques, des processions religieuses et que toute une littérature dévote contemporaine qui se complaît à la théâtralisation macabre et sanglante du corps des pénitents.

---

1 *Ibid.*, f. 70 v.

2 D. Crouzet, *Les guerriers de Dieu. La violence au temps des troubles de religion (vers 1525-vers 1610)*, (1990), Seyssel, Champ Vallon, 2005.

3 F. A. Yates rappelle « le rôle déplorable joué par certaines de ces associations de pénitents dans Paris sous les auspices de la Ligue ». Voir « Des processions religieuses dans Paris 1583-1584 », dans *Astrée. Le symbolisme impérial au XVIe siècle* (1975), Paris, Belin, 1989, p. 365.

Le récit de Fouet me paraît être le signe d'une évolution du spectaculaire public de la souffrance des corps vers une intériorité liée à la quotidienneté des pratiques pénitentielles violentes. Ce roman s'attache à gommer l'extraordinaire de la flagellation, précisément en l'encadrant d'actions quotidiennes et très ordinaires comme le jardinage, la pêche ou la prière : il particularise la souffrance en la rendant privée, et non plus ostentatoire et publique. Floriane porte sa croix particulière entre ses activités particulières et habituelles, ce qui est un écho romanesque à l'individualisation progressive de la dévotion[1]. Les traces du catholicisme ligueur sont comme absorbées dans ce lent processus d'intériorisation.

Si être ouvertement ligueur n'est plus possible après 1594, l'imaginaire de la Ligue, favorable à sa vigueur combative et à son radicalisme, se maintient à travers une série de motifs dont les plus saillants sont l'alerte aux armes, le repli et la violence sur soi. Rien de l'expérience de la Ligue n'est oublié, ni totalement effacé : l'anti-protestantisme, la liaison entre la monarchie et le catholicisme, le zèle à la prise d'armes, tout demeure dans la singularité d'une parole, ce dont la fiction dévote rend compte dans ses marges, par quelques figures héroïques secondaires, mais fortes. Réduite à ses principes de base, la pensée ligueuse prépare un catholicisme consensuel reconquérant : le roman dévot prend une part particulièrement active à cette acculturation.

Nancy Oddo
Université Sorbonne nouvelle – Paris 3

1 A. Gimaret constate la même évolution dans un *corpus* non-fictionnel de la même période dans *Extraordinaire et ordinaire des Croix : les représentations du corps souffrant (1580-1650)*, Paris, Champion, 2010.

UN ERMITE PEUT EN CACHER UN AUTRE

Sur l'histoire d'Aquilin de Jean-Pierre Camus

Le point de départ de cette étude se trouve dans une enquête bibliographique qui me conduisit naguère à m'intéresser à un roman religieux d'un certain Saint-Amour, *L'Hermite pèlerin*, une œuvre oubliée depuis longtemps dans les oubliettes de l'histoire, et qui ne m'aurait pas retenu longtemps si elle ne m'en avait évoqué une autre, parue quelques années plus tard. Il m'apparut assez vite après quelques vérifications, que l'histoire de cet ermite avait été reprise dans *Hermiante* de Jean-Pierre Camus. Voilà pour le point de départ annonçant une affaire de plagiat. Il faut bien que l'on rende un jour à César ce qui lui revient. Mais mon propos ne me mènera pas seulement dans cette direction. Au lieu de me servir de pièce à conviction pour intenter un mauvais procès – après tout beaucoup firent avant et après Camus et font encore et toujours de bons ou de mauvais textes avec d'autres textes –, le plagiat m'a surtout fourni l'occasion, depuis longtemps rêvée, de pénétrer un temps dans l'atelier de l'écrivain pour le surprendre penché sur sa copie, en plein travail. Rien de tel en effet que la découverte d'un texte copié, décalqué, mais aussi transformé, véritable palimpseste de l'œuvre en devenir, pour mieux entrer dans les arcanes de la création littéraire. Au lieu de me contenter de pointer les emprunts et les dettes, j'essaierai donc de discerner, à travers le jeu des ressemblances et des différences, les diverses manières dont Camus s'est approprié les inventions d'autrui. Mais l'attention au texte s'est inévitablement conjuguée avec l'analyse des idées, tant il est vrai que Camus, récrivant et réinventant l'ermite que lui avait légué Saint-Amour, a exprimé sa propre conception de l'érémitisme et de sa place au sein de l'institution religieuse. C'est aussi dans cette direction que me conduiront ces quelques pages.

LA SOURCE DE L'ERMITE CAMUSIEN

Quelques mots d'abord sur *Hermiante, ou les deux hermites contraires* qui, son sous-titre le laisse présager, présente au lecteur deux récits jouant sur l'un de ces contrastes frappants que l'auteur utilise volontiers dans ses œuvres édifiantes. Dès les premières pages, l'histoire de Marcian, « parfait anachorète », est contée à deux pèlerins, Alexis et Sérafic, par la voix d'un religieux, frère Landulfe, qui leur a offert l'hospitalité lors de leur passage dans la forêt de Sénart. Les aventures d'Aquilin – qui seules nous intéresseront – seront relatées ensuite par Alexis désireux d'offrir à ses auditeurs le « revers de la médaille de Marcian », en brossant le portrait négatif d'un ermite volage et vagabond. La présence ici et là du personnage d'Alexis est loin d'être indifférente : Camus écrit dans *l'Avis aux anacorètes* placé à la fin d'*Hermiante* que dans leur premier état ces « deux Histoires [...] faisaient presque deux parties de [s]on [roman] Alexis[1] ». Voilà donc l'histoire d'Aquilin explicitement attribuée à Camus lui-même[2]. La lumière sur sa véritable paternité littéraire ne se fera que longtemps après ce détournement. Il faudra attendre en fait 1628, date de la parution d'une édition partielle d'*Hermiante*, à Douai, chez Balthazar Bellère, reprenant la seule histoire d'Aquilin sous un nouveau titre : *L'Hermite Pelerin et sa peregrination, périls, dangers et divers accidents tant par mer que par terre. Ensemble de son voyage du Mont-Serrat, Compostelle, Lorette et Hierusalem.* Dans son *Avertissement* l'éditeur, justifie ce changement dans une formule courtoise ménageant la susceptibilité de Camus, mais indiquant aussi sa dette à l'égard d'un « docte » religieux :

> Au lieu d'Hermiante, nous nommerons [cette histoire] Hermite Pelerin, soubs croyance que ledit Seigneur R.me[3] (qui a faict ladite Hermiante, quant à sa seconde histoire, apres un docte, et R. P. Religieux de l'Ordre de S. Augustin) ne le prendra que de bonne part, s'en recognoissant, nonobstant ledit changement de tiltre, tousjours l'Autheur.

1 *Hermiante, ou les deux hermites contraires*, Lyon, J. Gaudion, 1623, p. 558.
2 Les six parties de *L'Alexis* sont parues à Paris, chez Claude Chappelet, en 1622-1623.
3 Révérendissime.

Reste la question de savoir qui est ce mystérieux religieux de l'ordre des Augustins. Rien ne nous est dit de plus à son propos, mais B. Bellere nous fournit un indice utile pour découvrir à coup sûr son identité. *L'Hermite pèlerin*, le nouveau titre qu'il donne à *Hermiante* est exactement semblable à celui d'un livre paru en 1616, à Lyon, chez Pierre Rigaud. La réintitulation vaut en l'occurrence pour une réattribution, d'autant que le titre de ce premier *Hermite pèlerin* est associé explicitement au nom d'un auteur, F. A. de Sainct-Amour, Prieur de Montluel.

D'UNE HISTOIRE À L'AUTRE

Quand on compare le texte d'*Aquilin* avec sa source, il apparaît très vite que Jean Pierre Camus a repris intégralement « la relation de la vie d'un certain Hermite Pèlerin, nommé frère d'Orlon, autrefois professeur de l'art militaire », histoire vraie que Saint-Amour dit avoir recueillie « par l'entregent et advis de l'un de ses intimes amis et des miens[1]. » Peut-on parler de plagiat ? Tout dépend, bien sûr, du contenu exact que l'on prête au mot. Il est, en tout cas, manifeste que Camus ne s'est fait aucun scrupule de reprendre tels quels les mêmes personnages et le même scénario. Pour les premiers, il se contente de les déguiser sous de nouveaux noms. Ainsi frère d'Orlon est rebaptisé Aquilin. Présentée seulement comme native de la ville de Gand chez Saint-Amour, la jeune femme délivrée par Aquilin des griffes de trois brigands se métamorphose sous la plume de Camus en Dalimène[2] ; Monsieur de la Terrerie, qui dans l'œuvre de Saint-Amour fait route un temps avec le héros de Cambrai vers Paris, est chez Camus seulement nommé par sa profession d'avocat ; le bachelier en théologie, leur compagnon de voyage, est à nouveau présenté par ce même titre, mais devient aussi pour lui un dominicain. Parfois les noms restent inchangés comme celui de ce frère Hilaire[3] se joignant un temps à Aquilin dans ses pérégrinations.

1 *L'Hermite Pèlerin*, [épître] À Monsieur de la Prugne.

2 *Op. cit.*, p. 279.

3 *Ibid.*, p. 427.

Les toponymes, l'itinéraire suivi par Orlon, son histoire sont repris à l'identique. Camus conserve du synopsis original la même structure linéaire sans oublier aucun épisode ; mais le récit touffu que Saint-Amour contait d'une seule traite est divisé chez lui en sept chapitres[1]. Cette partition qui n'a évidemment rien de mécanique remplit au moins trois fonctions complémentaires. La matière narrative répartie en grandes séquences de taille équivalente permet d'abord de faciliter l'effort d'assimilation du lecteur en lui ménageant de loin en loin des moments de pause. La décomposition des aventures d'Aquilin en plusieurs temps permet aussi d'en saisir plus nettement la logique sous-jacente.

Au début de son histoire, le héros, un gentilhomme breton enrôlé dans les troupes du duc de Mercœur, de retour de Hongrie, décide d'abandonner la carrière militaire et, sans véritable vocation, de s'établir comme ermite dans la région de Cologne. Toutes les aventures qui suivent la mise en place de ce projet initial illustrent ses difficultés à le réaliser efficacement. Les sept livres contant ses tribulations semblent avoir été découpés en tenant compte des déplacements de l'ermite à travers différentes régions de l'Europe, sans doute pour souligner son instabilité chronique et son incapacité à vivre en accord avec un état religieux fermement arrêté. Dans le dernier livre Aquilin trouve enfin refuge parmi des « Religieux hermites de S. Augustin » qui l'acceptent dans leur couvent. Il meurt huit ans plus tard après avoir trouvé la paix intérieure.

Dans cet ensemble dont il est facile voir qu'il suit les différentes étapes d'un itinéraire chaotique, du Nord vers le Sud et les lieux saints (Saint Jacques de Compostelle, Rome, Jérusalem, Notre Dame de Lorette), se détachent nettement trois séquences dont le contenu est principalement didactique et doctrinal : les livres VII, VIII et IX où prennent place de longues conversations entre Aquilin, l'avocat et le bachelier.

Il convient d'observer enfin que la division en chapitres des aventures d'Aquilin permet d'en rehausser l'intérêt dramatique. Les ruptures qu'elles introduisent de loin en loin dans leur déroulement coïncident souvent avec des temps fort de l'action, laissée en suspens, pour mieux exciter la curiosité du lecteur ou jouer avec ses attentes. Ce procédé cher, comme on le sait, aux auteurs de romans feuilletons, est par exemple utilisé à la fin du livre VI – nous y reviendrons – ou à la fin du livre XI

1 Correspondant aux livres VI à XII de notre édition de référence : *Hermiante, ou les deux hermites contraires*, Lyon, J. Gaudion, 1623.

où Camus laisse un groupe de naufragés sur la côté d'une île déserte tout en promettant au lecteur de lui conter comment la « Miséricorde » divine leur « appreste du secours d'où il l'attende le moins[1]. »

UNE RÉCRITURE ROMANESQUE

Si, au-delà des histoires d'Orlon et d'Aquilin, on considère leurs textes, on constate que Camus ne se contente pas de copier ni même de démarquer les phrases de son prédécesseur, il les récrit intégralement pour en polir la langue, beaucoup moins archaïque, mais aussi pour les soumettre à un nouveau régime de narration, celui même de ces romans dont il feint souvent de s'écarter, sur le mode de la dénégation[2]. Il est vrai que Saint-Amour conte lui-même de façon très romanesque les aventures d'Orlon. La différence entre lui et son imitateur ne se trouve pas dans le registre, mais dans la manière de l'utiliser : Camus recomposant le texte de L'Ermite pèlerin s'efforce constamment par divers procédés de renforcer son efficacité narrative et son intérêt romanesque.

On pourra se faire une idée précise de son talent d'écrivain en examinant la manière dont il recompose l'épisode mouvementé où l'ermite, pour voler au secours d'une jeune femme, se transforme momentanément en un redoutable soldat et la libère des menaces de trois brigands. La comparaison des deux versions originale et remaniée – toutes deux placées en annexe – permet de mieux cerner les caractéristiques d'un art du récit typiquement camusien. Celui-ci vaut d'abord comme un art du suspense et d'un suspense parfaitement orchestré jusque dans le découpage du chapitre où s'insère le combat contre les brigands. Là où Saint-Amour se contentait de dérouler simplement cette scène comme une suite d'actions victorieuses rapidement exécutées, Camus met en perspective, temporise et joue constamment avec la patience du lecteur. À la fin du livre VI, son héros avançant dans les bois aperçoit

1 *Op. cit.*, p. 491.

2 Voir par exemple p. 275 : « Voilà bien une aussi étrange aventure et très véritable, qu'aucune autre de celles de ces écrivains de Romans, qui ne repaissent leurs lecteurs que de feintes. »

brusquement « d'entre les taillis un spectacle Tragique ». Il faut avancer jusqu'au livre suivant pour en découvrir la nature : « C'estoit une jeune Damoiselle avec sa fille de chambre, qui étaient entre les mains de trois voleurs… » Aquilin, une fois ce spectacle découvert, se garde bien de voler au secours des deux victimes. Le voilà qui hésite et réfléchit jusqu'au moment d'arrêter sa décision d'intervenir, enfin touché par « la compassion d'autrui ». Cependant il n'en vient pas directement à la confrontation physique, mais cherche à amadouer ses adversaires. Orlon ne procédait pas avec la même douceur et se lançait d'emblée pour les faire fléchir dans une « rodomontade » dégénérant rapidement en pugilat. C'est seulement au comble de l'exaspération, parce qu'il se heurte aux moqueries insistantes de ses interlocuteurs, que l'ermite camusien recourt brusquement à la violence.

L'évocation du combat, comme de ses préliminaires, manifeste aussi l'habileté de l'auteur dans l'art de la dramatisation. Celle-ci passe d'abord par la narrativisation des moments de discours. Les paroles échangées ne sont pas rapportées, sans doute parce que simplement dites, elles risqueraient de ralentir le cours de l'action, d'en interrompre le flux continu et le tempo. Racontés au lieu d'être cités les propos d'Aquilin, comme ceux de ses adversaires, apparaissent comme une suite d'actions parfaitement intégrées dans le récit d'un échange polémique :

> Il ne cessait de les conjurer de se détourner de leur abominable dessein, ce qui les mit en colère et les fit venir aux menaces, jurant avec des blasphèmes ordinaires en la bouche de tels pendards, que s'il les sermonnait davantage ils le coucheraient avec ces morts qui étaient étendus et l'enverraient prêcher en l'autre monde.

L'affrontement entre Aquilin et les trois voleurs fait l'objet d'une mise en scène exaltant la force du premier en suivant la ligne d'une gradation. Dans le texte de Saint-Amour, le frère d'Orlon vient successivement à bout de deux de ses adversaires, le troisième réussit à s'enfuir. L'ermite ne le retrouve que le lendemain sur la route de Gand, et le contraint alors à rendre son butin contre la promesse de la liberté. Au demeurant cette rencontre providentielle avec le voleur ne survient qu'après une nuit de vaine recherche. Camus récrivant l'échauffourée change le cours de ces événements pour les concentrer dans une seule et même séquence : Aquilin rejoint rapidement le fuyard, vient à bout de sa résistance en deux temps trois mouvements et l'attache à un arbre, pour « le faire servir et de trophée à sa victoire, et de pièce justificative à son action[1]. » Les trois combats se succèdent donc sans relâche pour conduire au triomphe total du héros. Mais son action, loin de s'arrêter là, débouche sur une péripétie surprenante inversant brusquement sa situation victorieuse en une position de faiblesse. Alors que le frère d'Orlon poursuivait le troisième voleur dans les bois sans plus se soucier du sort de la jeune femme abandonnée à une longue plainte solitaire, Aquilin, après avoir terrassé ses ennemis, va recevoir les remerciements de la belle éplorée. C'est là, nous dit Camus, qu'« un autre plus dangereux combat attend notre frère, auquel ne paraîtra pas moins l'assistance de Dieu, que la malice de Satan[2]. » À la lutte armée contre trois vauriens succède le combat moral contre une jeune femme, Dalimène, où il faut voir aussi une Ève tentatrice et un obstacle dressé entre l'ermite et sa vocation religieuse.

LE REGISTRE DES HISTOIRES TRAGIQUES

Aquilin, comme on l'avait observé sur le seuil de ces analyses, aperçoit d'abord la scène de persécution de Dalimène comme « un spectacle Tragique[3] ». Cette dimension théâtrale est déjà inscrite dans le texte de Saint-Amour qui, pour sa part, rend son personnage témoin d'« un cruel spectacle » plein d'« horreur » et de « gravité[4] ». Il y a peu de différences à cet égard entre les deux auteurs qui savent tous deux la manière de composer des tableaux suggestifs et frappants[5]. Camus ne change rien à ce « spectacle », mais y ajoute le détail du viol de Dalimène[6] ; de même insiste-t-il davantage par plusieurs observations concrètes sur la violence et la cruauté inhérentes au combat mené par Aquilin. Sans doute sacrifie-t-il davantage que son modèle, pour mieux toucher le lecteur, à

1 *Op. cit.*, p. 274.
2 *Ibid.*, p. 276.
3 *Ibid.*, p. 271.
4 *L'Hermite pèlerin*, p. 27.
5 *Cf. ibid.*, p. 26.
6 *Hermiante*, p. 272 : « l'un d'entre eux s'efforçait de violer la maîtresse »

cette « esthétique du choc sensible[1] » et à ce goût du détail scabreux qui triompheront plus tard dans les histoires tragiques de son *Amphithéâtre sanglant* (1630) ou de ses *Spectacles d'horreur* (1630).

Son intérêt pour les scénarios dramatiques le conduit d'ailleurs à insérer dans son texte une histoire de ce genre à la place de la longue plainte que Saint-Amour prêtait à « la jeune damoiselle ». Celle-ci, une fois délivrée de ses persécuteurs et abandonnée par le frère d'Orlon se livrait dans *L'Hermite pèlerin* à un long monologue où elle se déclarait punie d'avoir cédé au charme d'un amour adultère. On apprenait au passage que le gentilhomme étendu mort à ses pieds était son amant et qu'au moment de leur agression ils se rendaient en un lieu de pèlerinage, la religion servant de couverture à leur liaison. À partir de ces quelques éléments, Camus imagine l'histoire de Dalimène : « Cette Flamande plus belle que bonne se voyant réchappée du naufrage, raconta au premier logis à l'Hermite son libérateur toute l'histoire de sa vie[2]. » On apprend ainsi que Dalimène avait « pratiqué de grandes et longues affections avec ce jeune gentilhomme que les voleurs avaient assassiné, auparavant qu'être mariée à un vieillard des plus riches habitants de Gand, mariage auquel elle avait été « forcée par ses parents, qui s'étaient déchargés d'elle sans autre dot que sa beauté[3]. » Voilà le début typique d'une de ces histoires amoureuses et tragiques qui fleurissent nombreuses au début du XVIIe siècle. On devine aisément la suite sinistre et morale. Après ses noces, Dalimène, encore sous le coup de la passion, n'a évidemment pas mis fin à ses premières amours. Elle a donc « masqué sa mauvaise vie d'une apparente dévotion », et fait croire à son mari qu'elle avait fait un vœu à « la célèbre Notre / Dame de Hau[4] » en faveur de sa santé. Congé lui avait donc été donné par son mari pour se rendre en pèlerinage sur le lieu saint et, sous ce prétexte religieux, pour retrouver encore une fois son amant. Pour finir, l'évêque de Belley voit dans l'issue tragique de son histoire un châtiment réservé à ces deux mauvais chrétiens[5].

1 Nous reprenons l'expression employée par Henri Lafay à propos de la poésie satirique, *La Poésie française du premier XVIIe siècle*, Paris, Nizet, 1975, p. 242.

2 *Hermiante*, p. 276-277.

3 *Ibid.*, p. 277.

4 *Ibid.*, p. 277-278.

5 *Ibid.*, p. 278-279.

DU SERMON AU ROMAN

Quand on examine le travail de récriture de Camus à partir de *L'Hermite pèlerin* on est évidemment frappé par l'inflation des remarques morales incidentes dans son texte. C'est essentiellement ce point qui retiendra maintenant mon attention. Comment Camus intègre-t-il ses aperçus religieux – souvent en forme de commentaires – à l'intérieur d'un récit d'action ? La question appelle plusieurs réponses. On peut d'abord être sensible aux modes d'insertion du discours moral. Celui-ci est parfois donné comme celui d'un personnage dont les paroles ou les pensées sont rapportées ou racontées. Aquilin regrettant d'avoir occis deux des voleurs se répand ainsi en remords cuisants à la fin de son combat. :

> Ô Dieu, disait-il, quel Hermite suis-je tout couvert de sang et de carnage ? Que je suis éloigné de l'esprit de parfaite douceur, que nous a recommandé celui qui ne veut pas la mort du pécheur, mais sa conversion et sa vie[1].

Le procédé est, bien sûr, facilité par le fait que le protagoniste est lui-même un religieux et peut donc sans invraisemblance servir de relais à l'énonciation d'une doxa. Un discours prêté à un personnage a l'avantage de pouvoir se glisser sans hiatus dans le cours de ses actions. Ainsi est préservée l'homogénéité du récit. Il n'en va pas de même dès lors que les considérations morales reviennent à l'auteur ou au narrateur extradiégétique[2]. Elles ne manquent pas alors de former souvent des enclaves pouvant peser dangereusement sur le cours du récit et miner sa dynamique. Camus parvient parfois à éviter cet écueil par la véhémence et l'emphase marquant toutes les interventions et commentaires extérieurs au cadre de l'histoire. L'animation en l'occurrence traduit la vivacité d'une réaction, une prise de position éloquente qui loin de l'éloigner de l'action invite le lecteur non seulement à mieux la considérer pour en démêler les significations et les enjeux moraux, mais aussi à s'enthousiasmer ou s'indigner, louer ou blâmer en suivant la pente d'une lecture participative. Le commentaire énoncé de la sorte

1 *Op. cit.*, p. 280.
2 On se rappelle pour l'occasion que l'histoire d'Aquilin est racontée par Alexis.

a moins pour effet de diluer le récit d'action dans une suite de pauses réflexives que d'en souligner expressivement les temps forts. Quand, par exemple, après avoir évoqué le pèlerinage de Dalimène et de son amant le narrateur se récrie contre leur dévotion hypocrite – « O Dieu quelle abomination, quand le voile du temple sert à couvrir les abominations d'Israël[1], ... » – ses vitupérations font explicitement valoir de manière piquante le scandale inhérent aux agissements des deux personnages.

La bonne intégration du discours moral dans le récit des tribulations d'Aquilin tient aussi au fait, peut-être moins manifeste, que Camus joue sur la proximité des deux registres religieux et romanesque. Il apparaît en effet que l'éloquence religieuse, telle qu'il l'emploie, semble cristalliser le plus souvent des traits propres à l'écriture du roman. La rhétorique de l'éloge détournée de ses emplois bibliques sert ainsi l'héroïsation d'Aquilin, simple ermite et vainqueur inattendu de trois ennemis redoutables.

> ... si l'ancien proverbe dit qu'/ Hercule même est imbécile contre deux, qui eût dit qu'un Religieux armé d'un seul bâton eût dû terrasser trois hommes armés, et que le désespoir devait rendre invincible ? Mais quand l'esprit de Dieu anime les Samsons, il leur fait défaire plusieurs Philistins avec une mâchoire d'âne ; c'est lui qui tue les Holophernes et les Isboseths, par les mains des femmes, les Goliaths avec une fronde, les Pharaons avec une houssine, bref qui choisit la faiblesse pour dompter ce qui paraît le plus fort[2].

Les hyperboles qui caractérisent habituellement le genre épidictique rejoignent aussi la tendance du romancier à multiplier les superlatifs et les contrastes quitte à cultiver un certain manichéisme. On notera encore l'importance accordée au domaine des affects, des passions et des sentiments ainsi qu'à leurs modes de manifestation les plus absolus tant du côté des personnages que du commentateur se présentant régulièrement comme leur juge partial et véhément.

Il est remarquable de voir aussi – c'est là sans doute une des caractéristiques les plus saillantes de la manière camusienne – que l'action héroïque formant la trame des aventures romanesques tend à se prolonger dans les commentaires moraux en un drame moral qui en étend considérablement la portée. L'évocation de la rencontre d'Aquilin et de Dalimène évolue vite de ce point de vue sur le terrain d'une psychomachie – « Ô Satan que

---

1 *Op. cit.*, p. 278.
2 *Hermiante*, p. 275-276.

de pièges tu dresses pour un cœur[1] ! » – où l'ermite est sommé de lutter contre les tentations de la chair incarnées par « cette Flamande plus belle que bonne[2]. » Les épreuves des personnages ou les événements marquants de leur vie sont expliqués à la lumière d'une philosophie providentialiste. Les tourments de Dalimène malmenée par les brigands et la mort de son amant sont ainsi présentés comme « un effet notable de la Justice de Dieu sur ce misérable, mêlé de miséricorde sur cette chétive[3]. »

Pour vérifier cette tendance à tirer le sermon vers le romanesque, il faudrait poursuivre l'enquête sur les autres chapitres d'*Hermiante*, voire sur plusieurs romans camusiens, peut-être constaterait-on alors au terme d'une approche plus systématique ce qui pour nous est resté encore au stade de l'observation partielle et de l'intuition : que l'originalité de Camus romancier tient aussi à son utilisation toute romanesque de l'éloquence religieuse.

LE DESSEIN DE L'AUTEUR ET LE MESSAGE D'*HERMIANTE*

Reste à savoir pourquoi Camus a été intéressé par le livre de Saint-Amour au point de le récrire et quel message il s'efforça d'illustrer par les aventures de son Aquilin. *L'Avis aux Anachorètes*, placé à la fin de l'édition de 1623, fournit quelques éléments d'information permettant de répondre, au moins partiellement, à ces deux questions.

On y apprend d'abord que la France du début du XVIIe siècle connaît sans doute une explosion des vocations érémitiques. Camus se plaint du grand nombre « de vagabonds qui n'ont rien d'Hermite que la robe, du port de laquelle ils abusent, faisant lucre de la piété, rodant çà et là au déshonneur de l'Église[4]. » Au temps du triomphe de la « dévotion civile » où l'Église travaillait à sa réorganisation sous l'étendard de la Contre-Réforme, nul doute que ces chrétiens sans domicile fixe devaient passer aux

1 *Op. cit.*, p. 283.
2 *Ibid.*, p. 276.
3 *Ibid.*, p. 279.
4 *Ibid.*, p. 554.

yeux du clergé pour une population marginale. Camus, évêque de Belley depuis 1609, partage une part de ces appréhensions ; mais celles-ci ne le conduisent pas vers la méfiance et l'hostilité. Bien au contraire, comme il le déclare lui-même, il a choisi d'accueillir dans son évêché plusieurs ermites chassés d'un diocèse voisin[1]. Mais sa générosité n'était pas sans condition puisqu'il déclare les avoir employés pour prêcher la bonne parole : « J'ai pensé les admettre en notre Ninive pour y prêcher la pénitence parmi les Échos de nos déserts[2]. » Il dit d'ailleurs être plutôt satisfait, car « ces sentinelles perdues » veillent « comme des chiens fidèles autour de [son] parc non seulement sur les brebis, mais encore sur les Pasteurs ; qui en reçoivent de notables / soulagements, et des assistances fort particulières[3]. »

À travers ces métaphores militaires et pastorales on voit se dessiner nettement un idéal chrétien conjuguant la charité, la discipline et le prosélytisme. Si Camus a tendu une main secourable à « quelques pauvres gens de cette qualité [d'ermite]/tous baignés de larmes, et tous moites des débris de leur naufrage[4] », c'est avec le dessein de les embrigader en qualité d'auxiliaires dans l'armée bien disciplinée de ses prêtres et de ses vicaires. L'édition d'*Hermiante* fait justement partie de ce projet puisque le livre a été conçu, nous dit-il, à la demande de « ces bons Hermites » pour leur « dresser les loix selon lesquelles, ils eussent à vivre sous notre obéissance[5]. » Ainsi les deux histoires de Marcian et d'Aquilin auraient été séparées du long roman de pèlerinage, *L'Alexis*, dont elles auraient dû former quelques épisodes, afin de se transformer en un petit livre maniable, adapté aux besoins et aux attentes de ce public particulier :

> [...] me souvenant de deux Histoires, qui faisaient presque deux parties de mon Alexis dans lesquelles j'avais remarqué tant les défauts que les perfections de ceux de cette vacation et inféré beaucoup d'enseignements touchant la perfection religieuse, j'ai pensé qu'il serait à propos que je séparasse ces narrations du corps, ou plutôt du cours de ces pèlerinages, pour les faire tomber entre leurs mains en un seul volume, auquel comme dans une glose fidèle ils pussent voir leurs manquements et les corriger, leurs devoirs et les suivre. C'est là le but où vise cet Hermiante[6].

1 *Op. cit.*, p. 552.
2 *Ibid.*, p. 552.
3 *Ibid.*, p. 553-554.
4 *Ibid.*, p. 552-553.
5 *Ibid.*, p. 557.
6 *Ibid.*, p. 558.

L'image de l'ermite telle que nous la présente Camus dans son roman peut se comprendre en partie à la lumière de ses initiatives d'évêque. Elle est beaucoup plus nuancée que celle de Saint-Amour uniment critique. La structure même de son texte nous le montre explicitement, puisque, on se le rappelle, par le biais de deux histoires insérées dans un récit cadre, elle joue sur l'opposition de deux ermites contraires, le modèle et le contre-exemple : Marcian et Aquilin. Camus reconnaît donc explicitement que la vie érémitique coïncide avec un idéal d'accomplissement spirituel. Mais en quoi l'ermite peut-il manifester son excellence ? Le sous-titre d'*Hermiante* jouant sur l'antagonisme de Marcian le reclus et d'Aquilin l'instable nous le suggère déjà : le bon ermite est celui qui se fixe dans une retraite définitivement placée loin des affaires du siècle. Les déclarations qui, dans le texte, présentent une figure positive de l'ermite, nous confirment dans cette première idée :

> Le vrai Ermite Reclus est celui qui se renferme loin du commerce des hommes, détournant ses yeux et ses oreilles de la vanité du monde, sans voir, sans être vu, vrai misanthrope, qui quitte la conversation des mortels pour celle de Dieu, et des Anges[1].

Mais Camus a sans doute conscience que cette clôture sans concession, cette sainte misanthropie forment un idéal extrêmement difficile à atteindre et qu'il convient avant tout de discipliner la foule de ces solitaires dont la liberté inquiète de nombreux clercs. Aussi reprend-il à son compte les critiques que fait Saint-Amour de ces chrétiens sans règles ne se soumettant à aucun supérieur, se « conduis[ant] comme il [leur] plaît [...] de sorte que ce fondement de la perfection » leur manque, lequel consiste en « l'abnégation de soi-même[2] ». Le parcours erratique d'Aquilin, le mauvais ermite, trouvant à s'achever dans un couvent d'Augustins, lieu de sa rédemption *in extremis* exprime peut-être parfaitement ce que le bon évêque de Belley attend de ses protégés : les inciter à jeter leur bâton de mauvais pèlerin pour se fixer et accepter une discipline.

Quelques mots, pour finir, sur la fortune de ce livre qui suscita une longue dispute dont Camus aurait pu faire l'économie, s'il s'était contenté

1 *Op. cit.*, p. 296. Voir aussi p. 7-8, 556 et *passim*.

2 *Ibid.*, p. 367. *Cf.* Saint-Amour, op., cit., p. 58 : chez les ermites « il n'y a point d'obéissance, ni d'abnégation de soi-même, ni de sujétion à un supérieur, donc il s'ensuit que [leur] manière de vivre n'est ni ne peut être religion. »

de plagier Saint-Amour. Celui-ci, surtout soucieux de réprimander et de condamner, laisse le frère d'Orlon quasiment sans réplique face à ses deux censeurs, l'avocat et le bachelier, tous deux détenteurs de la bonne doctrine. Invité à contre-attaquer par ses interlocuteurs, il reste coi : « je vous cède la victoire, le laurier vous en est dû[1]. » Aquilin montre un peu plus de pugnacité, sinon de profondeur. Certes, il finit aussi par capituler devant le flot des arguments qu'on lui oppose. Mais il est capable d'humour : comme le bachelier en théologie, un Dominicain, suivant le fil d'une logique impitoyable, lui refuse les titres d'ecclésiastique, de Séculier, de Régulier, de Religieux, de Moine, « je crois, [s'exclame-t-il], que ce Philosophe avec ses subtilités me fera croire que je ne suis pas homme, et que m'ôtant la qualité de raisonnable, il ne me laissera que celle d'animal[2] ». La répartie plaisante n'est pas sans faire sourire l'avocat et ridiculise quelque peu la posture pédante du jeune religieux. Mais Aquilin est également capable de se montrer critique, tout particulièrement à l'égard de ces moines, dont le bachelier se fait l'apologiste passionné au long de ses discours :

> l'humeur ordinaire des Cénobites semble avoir pris à tâche d'être le fléau des pauvres Anachorètes. En quoi ils sont bien différents de ceux qui les premiers établirent les Congrégations Régulières[3]….

Il n'en faudra pas davantage pour que les Réguliers, Jésuites, Capucins, Cordeliers, Dominicains se liguent contre Camus. Il en fait l'aveu dans le dernier chapitre de son *Directeur spirituel désintéressé* :

> Tu sçauras donc que l'an 1624, ayant donné au public le Tableau de deux ermites contraires sous le titre d'HERMIANTE, il m'arriva dans cette dévotieuse Histoire, de ranger les bons et stables anachorètes, dans cet état de Perfection tant vanté par les Cénobites, et dont ils sont si jaloux qu'ils le veulent seuls posséder, sans le communiquer ni aux Ermites qui ont fait leurs vœux entre les mains des Ordinaires, ni autres Ecclésiastiques de quelque qualité, et en quel ordre sacré qu'ils puissent être, ne le laissant que comme à regret, et avec de fâcheuses limitations aux Pasteurs Diocésains, plutôt pour le respect de leur rang et de leur ministère le plus grand qui soit en l'Église de Dieu, que pour la condition et le genre de vie. Là-dessus s'élevèrent des

1 *L'Hermite pèlerin*, p. 171.
2 *Hermiante*, p. 323.
3 *Op. cit.*, p. 305.

> murmures Cénobitiques qui ressemblent à ces petits mouvements de la surface de la mer qui précèdent les tempêtes. Cette proposition fut trouvée nouvelle, et comme si / j'eusse heurté toute l'école, et choqué les fondements de la grandeur Cénobitique, je passai par les langues comme par des piques, parce que c'étaient des langues piquantes[1].

À partir de cette année 1623 (et non 1624, comme le note Camus) les piques continueront de pleuvoir et de s'échanger durant plusieurs décennies qui verront entre autres publications celle d'un *Anti-Camus* en 1634 et celle d'une longue réponse assimilant l'ennemi à un serpent venimeux, *L'Anti-Basilic* en 1644. En un siècle où la religion devenait toujours plus sociale, il est révélateur que la figure singulière d'un ermite se trouva à l'origine de cette longue querelle.

Frank GREINER
ALITHILA – Analyses littéraires
et histoire de la langue
Université Charle-de-Gaulle –
Lille 3

1 Nous citons la troisième édition du *Directeur spirituel* : Rouen, Jean Boulley, 1632, p. 425-426.

ANNEXE

Jean-Pierre Camus, *Hermiante, ou les Deux hermites contraires, le reclus et l'instable, histoires tirées de l'Alexis de M. l'Evesque de Belley. Esquelles il est traité de la Perfection Religieuse*, Lyon, chez J. Gaudion en 1623.

LIVRE VI

[...] *Desja l'ombre du soir du faiste des montagnes*
Tombait dans les campagnes

Et l'obscurité de la nuit se mêlant aux sombres ténèbres, que le Soleil ne peut pénétrer en l'épaisseur des forêts, redoublait en l'âme de notre voyageur l'horreur naturelle qui provient de la privation de la lumière, quand il entroüit une voix effrayante et féminine, qui criait, alarme, miséricorde, au meurtre et au secours. Ce ton pitoyable fit de différentes impressions en l'esprit de notre Ermite, car s'il considérait sa condition présente, et la bienséance de son habit, il était invité à s'écarter plutôt de ce vacarme, et avoir recours aux prières, que d'y porter un autre secours ; mais se souvenant de sa qualité précédente, et revenant soudain à son premier naturel, se voyant armé d'un puissant bâton à deux bouts et bien ferré, qu'il portait en lieu de bourdon, et dont il se savait servir d'une (p. 270) / dextérité parfaite,

Il se porte aussitôt plein d'ardeur et de zèle
Où le gémissement et la clameur l'appelle.

Il eut peu brossé au travers du bois, quand il aperçut d'entre les taillis un Spectacle Tragique.

Fin du Livre sixième (p. 271)/

Hermiante
LIVRE VII

C'était une jeune Damoiselle avec sa fille de chambre, qui étaient entre les mains de trois voleurs, qui en les fouillant et dépouillant, leur tenait le poignard dans la gorge, et l'un d'entre eux s'efforçait de violer la maîtresse ; à leurs pieds étaient étendus morts un Gentilhomme et son valet, et leurs chevaux tous sellés, attachés par leurs brides aux arbres, bien que la peur dans les plus furieux détours de la guerre n'eut jamais saisi le cœur de notre Aquilin, si est-ce qu'à cette vue il en sentit une atteinte par un certain frissonnement avant-courrier du péril où son courage l'allait précipiter, il balança quelque peu entre le désir de se sauver en se retirant, ou d'apporter quelque secours à cette désolée, dont les cris l'émouvaient à pitié. Enfin considérant qu'il n'avait rien à perdre que la vie, qu'il avait toujours si peu prisée, la compassion d'autrui le toucha plus (p. 272) / vivement que son propre salut. Sortant donc de son fort et se mettant en vue, il tâcha premièrement de toucher ces méchants par la vénération de son habit, et leur parlant religieusement, c'est-à-dire humblement, doucement, et en Ermite, il essayait de les détourner d'une action si malheureuse qu'un rapt après un assassinat et un vol. Mais ces âmes barbares et abandonnées de Dieu qu'elles n'avaient pas devant les yeux, au lieu d'avoir égard à ses remontrances, se moquèrent de ce Moine, en le chargeant de brocards et d'injures, lesquelles pour l'amour de Dieu, il ne cessait de les conjurer de se déporter de leur abominable dessein, ce qui les mit en colère, et les fit venir aux menaces, jurant avec des blasphèmes ordinaires en la bouche de tels pendards, que s'il les sermonnait davantage ils le coucheraient avec ces morts qui étaient étendus, et l'enverraient prêcher en l'autre monde. Aquilin qui n'avait pas accoutumé d'être caressé de la sorte par des brigands, s'allume d'un juste courroux, et comme il savait dextrement manier son bâton, d'un plein saut il en porte le fer dans la gorge d'un de ces meurtriers, et lui arrache en même temps la parole (p. 273) / et la vie. Les deux autres courent à leurs arquebuses qui étaient contre terre, mais la Damoiselle ayant averti l'Ermite qu'elles étaient déchargées (car ils en avaient tué le maître et le serviteur), Aquilin comme un lion s'adresse à un, et lui assène un coup si violent sur le bras qu'il le lui casse comme un verre. Le troisième voyant son compagnon hors de défense, comme il n'y a rien de si lâche que cette sorte d'assassin, met son salut en sa fuite ; l'Ermite chargé de ses gros habits n'avait pas de l'avantage, il le suit néanmoins, et comme Dieu était pour lui, le fuyard heurtant à un tronc trébucha, et Aquilin lui cachant le fer dans les reins, l'envoya tenir compagnie à celui qu'il avait frappé en la gorge. Celui qui restait avec le bras avalé, se cache dans le bois durant tout ce désordre ; l'Ermite qui sait le bon marché qu'il en aura, et qui le veut faire servir et de trophée de sa victoire, et de pièce justificative de son action, le cherche longtemps, et enfin l'ayant trouvé tapi dans un buisson, après l'avoir caressé de nouvelles bâtonnades, et fait rendre les armes, le ramène plus mort que vif du côté où la voix de la Damoiselle le rappelait, où étant arrivé, le voleur voulant se secouer (p. 274) / des mains du Moine, et sauver à l'aide de ses talons, et ce qui lui restait de vie, et ce qu'il avait de son vol, que la Damoiselle disait pour sa part arriver à plus de mille écus, l'Ermite courant après lui lâche un coup de son bâton à deux bouts si fortement dans le jarret, qu'il le met en état de s'en servir pour la course aussi peu que de son bras, et lui ayant fait rendre son larcin, ce malheureux le priait de l'achever de tuer, pour ne servir d'enseigne à une potence (horrible préparation à la mort, et considération prodigieuse, qui fait embrasser les peines éternelles pour éviter une honte momentanée.) Mais Aquilin le réservait pour rendre témoignage de son procédé, l'attachant fortement à un arbre, où ce misérable souffrait des tourments plus douloureux que la mort même, et s'acheminant avec la Damoiselle, sa servante, et l'équipage, au prochain village, il envoya prendre ce larron, qui depuis par les mains de la Justice reçut le salaire de ses brigandages. Voilà bien une aussi étrange aventure et très-véritable, qu'aucune autre de celles que ces écrivains de Romans, qui ne repaissent leurs Lecteurs que de feintes, étalent en leurs relations. Car si l'ancien proverbe dit qu'Hercule (p. 275) / même est imbécille contre deux, qui eût dit qu'un Religieux armé d'un seul bâton eût dû terrasser trois hommes armés, et que le désespoir devait rendre invincibles ? Mais quand l'esprit de Dieu anime les Samsons, il leur fait défaire plusieurs Philistins avec une mâchoire d'âne ; c'est lui qui tue les Holophernes et les Isbobeth par les mains des femmes, les Goliaths avec une fonde, les Pharaons avec une houssine, bref qui choisit la faiblesse pour dompter ce qui paraît le plus fort. Mais ce n'est ici que les commencements de l'aventure, un autre plus dangereux combat attend notre frère, auquel ne paraîtra pas moins sur lui l'assistance de Dieu, que la malice de Satan se servant d'une autre Eve pour tirer cet Adam de la simplicité de son innocence. Les femmes ne cèlent que ce qu'elles ne savent point, et quand elles ne peuvent dire les maux d'autrui, elles racontent de leurs propres, elles contiennent un secret comme un crible garde l'eau. Cette Flamande plus belle que bonne se voyant réchappée du naufrage, raconta au premier logis à l'Ermite, son libérateur, toute l'histoire de sa vie, de laquelle pour ne faire un tissu ennuyeux en sa longueur, et dont l'importune digression traverse- (p. 276) / rait notre narration principale, je veux faire un abrégé. Elle était Gantoise, qui avait pratiqué de grandes et longues affections avec ce jeune Gentilhomme que les voleurs avaient assassiné, auparavant qu'estre mariée à un vieillard des plus riches habitants de Gand, mariage auquel elle avait été forcée par ses parents, qui s'étaient déchargés d'elle sans autre dot que sa beauté, dont ce vieil homme qui l'avait épousée était devenu épris. Et comme les passions ne se dévêtent pas si aisément qu'une chemise, elle avait continué celles qui s'étaient conduites sous l'espoir du mariage, et par quelque image de bienséance avec ce jeune homme, dont les facultés étaient petites, et les bonnes grâces très riches ; et comme elle était accorte, elle savait si bien éblouir les yeux de son Tithon, qu'encore qu'elle eut des intelligences assez libres, et en un mot illégitimes avec ce nouveau Céphale, néanmoins il n'en était point jaloux. Mais comme ces eaux dérobées, quoique plus savoureuses, selon le Sage, n'étaient pas suffisantes pour assouvir leur appétit déréglé, cette fausse femelle masquant sa mauvaise vie d'une apparente dévotion, feignit d'avoir fait un vœu à la célèbre notre (p. 277) / Dame de Hau pour la santé de son mari, dont la vieillesse était une continuelle maladie. Ce bon homme, dont le feu de paille s'était aussi tost éteint qu'allumé, et à qui ces voyages étaient doublement utiles, loua la piété de sa bonne femme, et lui donna aisément congé. En Flandres, comme en France, les femmes sont fort libres, et vont non seulement à la ville en leurs visites sans autre compagnie que de leurs suivantes, mais même ès pèlerinages, ce qui n'est pas ainsi en Italie, ni en Espagne, où la prudence et la jalousie ont plus de vogue. Notre pèlerine se met en chemin avec sa servante, où elle fut bientôt accueillie de son Médor et de son Écuyer. O Dieu quelle exécration, quand le voile du Temple sert à couvrir les abominations d'Israël, et quand la contemplation des choses saintes, qui est le plus grand frein de la déshonnêteté, lui sert de couleur et de prétexte ! Voilà une dévotion abominable, et non seulement capable de convertir l'oraison en péché, mais de faire tomber sur ces coupables têtes le carreau de la justice du Ciel, ainsi qu'il arriva ; car après avoir souillé de plusieurs adultères le lit du Gantois et profané misérablement la sainteté d'un pèle-(p. 278) / rinage, l'ire de Dieu éclata sur eux en la sorte que vous avez entendu que les trouva l'Ermite ; car passant par cette forêt où il fit la sanglante exécution des voleurs, le maître et le valet avaient été couchés par terre de deux coups d'arquebuse que leur tirèrent ces meurtriers. Effet notable de la Justice de Dieu sur ce misérable, mêlé de miséricorde sur cette chétive, qui demeura pour faire pénitence. Il n'eut loisir de faire aucun signe de repentance, étant touché de la foudre presqu'avant en avoir aperçu l'éclair (p. 279).

Saint-Amour, *L'Hermite pèlerin, et de sa pérégrination, périls, dangers et divers accidents, tant par Mer que par Terre. Ensemble de son voyage de Lorette, Mont-Serrat, Compostelle, et Hierusalem*, Lyon, Pierre Rigaud, 1616.

[…] S'approchant de la ville de Gand de cinq lieues, traversant une grande et spacieuse forêt disant son rosaire ou chapelet, (non sans plusieurs distractions ni diverses idées qui lui abordaient son imaginative pour le respect de son voyage et pérégrination), et ce alors que le prince de la lumière, le seigneur du mouvement faisait sa retraite vers l'Occident, voilant sa perruque blonde des ombres de la nuit, postillant au grand galop selon le train de ses coursiers piroïtes, entend une voix, grêle, simple et délicate, portant (p. 25) / le son de celle d'une femme criant en son langage flamant, alarme, miséricorde, redoublant ces paroles par plusieurs et diverses fois, si pitoyablement, que frère d'Orlon, y ayant prêté l'oreille, muni de courage, et armé d'un grand et gros bourdon, bien ferré et émoulé, s'avance vers le son de la voix traversant à la faveur d'un petit sentier qui entrait dans la forêt cent pas ou environ, derrière le grand chemin. Là trouve une petite plaine où étaient d'un côté trois voleurs, tenant une jeune damoiselle et sa fille de chambre, entre et sous la pointe de leurs poignards, et les dépouillant l'une et l'autre, d'autre part, un gentilhomme avec son laquais morts et étendus sur la place, joignant et auprès d'eux leurs chevaux tous sellés et bridés. Frère d'Orlon (p. 26) / ayant jeté les yeux sur l'horreur et gravité d'un si cruel spectacle, et particulièrement sur la Damoiselle, en la face de laquelle paraissait je ne sais quoi de si haut lustre, qu'il juge par là, et les vêtements qu'elle portait, mériter d'être secourue ; par quoi s'avance d'eux et leur porte à l'oreille cette rodomontade : « Ah ! voleurs humains, cruels meurtriers, où est la crainte de Dieu ? Faut-il traiter ainsi les ouvrages de ses mains ? Quittez ces créatures, laissez-les aller ; et si vous ne le faites de courtoisie je vous le ferai faire par force, aux dépens et intérêts de votre vie. »

Les voleurs ayant entendu avec assez de patience, les paroles rodomontes de l'ermite, et reconnaissant d'après sa mine, façon, gestes et posture, qu'il avait étudié à l'école (p. 27) / de Mars, et en la pédagogie des soldats, lui repartent froidement : « ces bravades, superbe Français, (car ta langue démontre que tu es tel) sont bonnes pour intimider les mouches, et faire peur aux poules, mais non à des Lions, lesquels s'ils te mettent les griffes dessus le collet, le même t'arrivera, que tu vois là étendus sur la place, des corps desquels tout maintenant les âmes ne font que de sortir, et pour ce, veux-tu bien faire, désires-tu conserver ta vie, poursuis ta carrière, nous ne sommes ni Turcs, Luthériens, Huguenots ni hérétiques, nous respectons ton habit, ôte-toi d'ici. »

Frère d'Orlon, non satisfait de telles paroles, leur dit : « ce que je ferai, pourvu que vous laissiez aller cette damoiselle, et lui fassiez (p. 28) / restitution de ce que vous lui avez pillé et dérobé, sinon, nous viendrons aux mains. » Ce dernier mot, n'est pas si tôt éclos des lèvres de l'ermite, que l'un [se départ d'entre eux] la main[1] avec un poignard pour se lancer sur lui, promptitude et précipitation soudaines, qui lui fit recevoir sur ses atours et perruque un coup de bourdon, de si rude taille que peu s'en fallut qu'il ne lui ôta la vie. Le second met la main à un pistolet pour atteindre de plus loin frère d'Orlon, ne l'osant aborder de près, pour le voir bien expert au maniage d'un bâton à deux bouts, mais l'effet en fut vain, parce qu'il n'eut autre mouvement, que le débandement de son ressort, le troisième apercevant ce défaut, s'efforce de le vouloir réparer, par un coup d'un (p. 29) / poitrinal qu'il portait en écharpe, mais la Damoiselle qui en était proche, d'un courage tout viril, jette les mains

1 Dans le texte original : « l'un d'entre ceux depart de la main avec un poignart... »

dessus, et fait qu'il débande à vue de pays, sans nul effet. Alors Frère d'Orlon, jugeant par ce procédé, le ciel et le destin être à son avantage, augmente de courage et se lance comme un Lion sur eux, lesquels font quelque résistance avec leurs épées, mais sans fruit, car il les charge si rudement, que l'un a le bras rompu, l'autre l'épaule percée, et sont contraints de recourir à la fuite comme à la garantise [*sic*] de leur vie : tellement que l'ermite demeurant vainqueur de ses ennemis et maître du champ de bataille, la damoiselle se vient prosterner aux pieds d'icelui, lui faisant toutes sortes de submissions, remerciements, (p. 30) / et offre de services en contre-échange d'une si signalée et favorable faveur, qu'elle avait reçue de lui.

Or il était entre chien et loup, dit l'adage trivial, et les ombres de la nuit favorisaient les voleurs fugitifs, quand l'ermite ouit de la Damoiselle plus morte que vive, comme le voleur premier blessé, et fugitif avait toutes ses bagues et argent, montant à la valeur de deux mille écus et plus, lequel au récit de telles nouvelles, départ de la place si brusquement, que la Damoiselle, (qui parlait bien français pour être cette langue commune en ces quartiers-là) ne sut ni eut le pouvoir, avec ses prières et larmes de l'arrêter ni faire demeurer auprès d'elle : fait le sourd, et est si transporté de colère, qu'il se rend (p. 31) / inexorable aux douces paroles de cette créature, bastantes d'émouvoir les choses les plus insensibles : court toute la nuit, va de sentier en sentier, la moindre feuille qui remue semble être son homme, et ce qui l'inquiète et partrouble le plus, c'est qu'il se trouve déçu en ses recherches nocturnes, car le Soleil étant sur le retour de sa carrière de l'occident, paraissant sur les limites de l'orient, trouve n'avoir rien fait, ni opéré selon ses intentions : de sorte que lassé, altéré et affamé, au lever de la belle aurore, se repose et assied sous un arbre, où le sommeil le contraignant et pressant de près, dort et sommeille quelques heures.

Durant que cela se passait, la Damoiselle ne voyant personne autour d'elle que l'obscurité des bois, (p. 32) / chevaux et cadavres, c'est-à-dire des corps morts, ne sachant où tirer, se prosterne en terre, lance mille soupirs vers les étages célestes, et une abondance de larmes sur la surface d'icelle, produit tant de plaintes, que les lieux reflexibles ou susceptibles de l'air, qu'on appelle és écoles, Échos, ne résonnent autre son que ces lamentables paroles : « Ah Seigneur je suis bien malheureuse, et née sous un astre bien désastrée, puisque je suis tant infortunée que de vous avoir offensé, misérable que je suis ! sont-ce là les récoltes, les fruits et les moissons, que vous devez tirer de la semence libérale des bénéfices divers, qu'avez semé en moi, vous produisant en échange des zizanies d'ingratitudes, sacrilèges et impiétés tant abominables, que (p. 33) / les ruminant je les déteste et abhorre ? C'est maintenant, ô bonté souveraine, que je reconnais à l'œil, que vous êtes la même clémence : oui mon âme, dessillez les cimmériennes paupières de votre intellect, et voyez comme il veut venger l'horreur de vos crimes par les armes de sa clémence ordinaire, ouvrez les yeux, dis-je, Madeleine, ainsi s'appelait-elle, et méditez sur la perte qui vous était appareillée, il y a seulement une heure, si la mort eût prévenu votre repentir. Et vous mes sens, si jusques aujourd'hui avez triomphé de ma raison, soyez confus désormais, et rendez vous ses esclaves, sous la cornette favorable de ma repentance et pénitence future. Et vous bande trompeuse, troupe déceptive sectaire de Vénus, qui jusques à présent avez (p. 34) / charmé mes esprits, les animant de vous aimer, et caresser vos pas, alléchés de vos appâts, pliez vos drapeaux, cédez-moi la victoire, et ne me persuadez plus de réériger les étendards de la volupté avec laquelle vous m'avez trop possédée, c'en est fait, c'est à ce coup que je vous jure un divorce irréconciliable, non, vous n'aurez plus prise sur moi. Bon Dieu ! Où avais-je les yeux, de commettre mes impiétés sous le masque de la piété ? N'y avait-il point d'autre prétexte, ni d'autre lieu, plus convenable à favoriser nos lubriques amours, (ô pauvre infortunée tournant les yeux vers son amant mort) sans abuser si malicieusement comme j'ai fait, d'un si célèbre lieu, que celui de Notre-Dame de haut ? Ô Vierge immaculée, c'est aujourd'hui, que vous me faites paraître, (p. 35) / rien n'être, à vos yeux plus odieux que les âmes souillées des taches de Cypris, ô sacrilège, abuser d'un pèlerinage saint et dévotieux, pour couvrir mes trahisons et lubricités. Hélas, je vous demande pardon, par quoi, ô refuge sacré des âmes pécheresses, et de qui la clémence et la miséricorde vont à la mesure de l'infinité, détournez vos sacrés yeux de mon péché détestable, et permettez que telle reconnaissance que j'ai d'icelui, fasse maintenant pleuvoir et distiller le secours de votre secours, et la faveur de vos faveurs sur ma pauvre âme, afin que je puisse obtenir de la suprême faveur de mon Dieu, la grâce qu'il a accoutumé de départir aux âmes disgraciées comme la mienne. Et vous Marie, ainsi s'appelait sa servante, où sont vos (p. 36) / larmes, ma fille ? La repentance ne paraîtra-t-elle pas sur votre front ! Le bruit de mes regrets n'aura-t-il le pouvoir d'émouvoir vos yeux, pour pleurer mon malheur ? Serez-vous immmobile, Marie, sans sanglots, ni soupirs pour regretter votre faute favorisant la mienne ? Ne voyez-vous pas Dieu courroucé contre nous ? Mais las ! d'un juste courroux, puisque la Justice paraît d'une part, et la clémence de l'autre. » Ces paroles ébauchées avec le repentir sont tellement acérées et aiguisées que parvenant au cœur de sa Marie, l'une et l'autre fondent en larmes, et ainsi passent la nuit jusques à ce que la belle aurore vint à oeillader ce Soleil obscurci de tristesse, lui faisant par le moyen de sa lumière, reconnaître le chemin où elle avait été prise des voleurs. Ce (p. 37) / qu'ayant découvert, et fait trêve avec les pleurs, elle avec sa servante tirent leurs chevaux de ce détroit, pour les mettre au grand chemin, sur lesquels étant montées, prennent la route de Gand, ville proche et limitrophe de la retraite de ladite Damoiselle… (p. 38)

SIXIÈME PARTIE

NOUVELLES, HISTOIRES TRAGIQUES ET « CAQUETS »

LES « ÂMES ENDIABLÉES » DANS LES *HISTOIRES TRAGIQUES* DE FRANÇOIS DE ROSSET

Le diable n'est véritablement devenu un acteur majeur dans le genre des histoires tragiques[1] qu'avec François de Rosset. Contemporain de la chasse aux sorcières et des premières grandes affaires de possession diabolique, l'auteur ne pouvait que s'emparer d'une actualité qui passionnait un vaste public et suscitait de nombreux débats. Dans les discours édifiants qui encadrent les récits mettant en scène les suppôts de Satan, Rosset refuse toute expression du doute et défend la thèse de l'intervention effective du diable dans le monde, s'appuyant sur une panoplie d'arguments qui sont ceux des démonologues de son temps.

L'auteur offre à ses lecteurs un univers d'une grande violence fondée sur des faits divers qui, pour les plus récents d'entre eux, sont souvent attestés par les canards ou le *Mercure français* ; si certains récits traduisent une tension entre les codes du roman sentimental et l'horreur d'un crime souvent motivé par la vengeance, d'autres proposent un véritable catalogue des transgressions les plus radicales : parricide, infanticide, inceste, viol homosexuel et enfin crime de lèse-majesté divine. Aussi le monde est-il selon l'auteur une « mer, dont les vagues sont perpétuellement émues de l'artifice du Malin et incessamment agitées de la tempête des vices[2] » dans lequel le diable, « toujours en aguet », est « comme un lion rugissant » prêt à nous « dévorer[3] ».

La menace diabolique occupe donc une place de premier plan dans le discours volontiers apocalyptique de l'auteur : son siècle répète-t-il à l'envi

1 Voir mon ouvrage *L'Imaginaire démoniaque en France (1550-1650). Genèse de la littérature fantastique*, Genève, Droz, 2000, p. 290 *sq.*

2 *Les Histoires mémorables* (1619), éd. Anne de Vaucher-Gravili, Paris, Le Livre de poche, « Bibliothèque classique », 1994, p. 385.

3 *Ibid.*, p. 431.

n'est que l'« égout des autres siècles[1] », la « sentine où toutes les immondices du temps passé se sont ramassées[2] » : devant tant d'horreurs, il s'étonne que « Dieu n'extermine le monde comme il fit du temps du déluge universel, puisque le vice y est monté en un si haut degré qu'il est impossible que la patience du ciel le puisse plus longuement supporter[3] ». Cette dimension religieuse, ce plan surnaturel donné aux *Histoires tragiques*, n'est pas seulement un procédé rhétorique visant à persuader et effrayer le lecteur ; elle fait partie de cette prédication de la peur accompagnant le « raz de marée du satanisme[4] » qui atteint son acmé en ce début du XVIIe siècle.

François de Rosset (1570 ?-1619) est l'auteur[5], en sus des *Histoires tragiques* – appelées à devenir le *best seller* du XVIIe siècle – d'un recueil de vers paru en 1604, *Les XII beautés de Phyllis*[6], des *Histoires des Amants volages de ce temps* (1617)[7] et d'ouvrages collectifs, comme *Les Lettres amoureuses et morales des beaux esprits de ce temps* (1612)[8] ou encore *Les Delices de la poesie françoise, ou Recueil des plus beaux vers de ce temps* (1615)[9] ; il est par ailleurs connu pour avoir traduit Cervantès[10] et le *Roland furieux* de l'Arioste, ainsi que divers autres textes latins, italiens, espagnols et portugais. L'ampleur et la diversité de ces ouvrages signalent que Rosset appartient au cercle des « écrivains presque officiels » de son temps[11].

Mais il existe une autre facette de son œuvre moins connue : protestant converti au catholicisme, il est en effet le traducteur de nombreux ouvrages issus de la Contre-Réforme catholique ; dans la seule année 1612 paraissent ainsi quatre traductions de l'espagnol : *L'Instruction des novices*[12], *L'Aiguillon*

1 *Op. cit.*, p. 338 et 206.
2 *Ibid.*, p. 162.
3 *Ibid.*, p. 353.
4 Jean Delumeau, *La Peur en Occident*, Paris, Fayard, coll. « Pluriel », 1983, p. 305.
5 Voir la chronologie-bibliographie (probablement incomplète) de Rosset proposée par A. de Vaucher-Gravili, *Les Histoires mémorables* (1619), *op. cit.*, p. 23-24.
6 Paris, A. L'Angelier.
7 Paris, A. Vitré. Ce recueil de nouvelles eut assez de succès pour être réédité à plusieurs reprises et traduit en allemand.
8 Paris, A. L'Angelier. Là encore, il y eut de nombreuses rééditions.
9 Paris, Toussaint du Bray. Ce recueil fut augmenté et réédité à plusieurs reprises.
10 La première partie des *Nouvelles exemplaires*, la seconde partie du *Quichotte*, et *Persilès et Sigismond*.
11 Antoine Adam, *Théophile de Viau et la libre pensée française en 1620*, Paris, Droz, 1935, p. 338.
12 Paris, R. Foüet.

de la componction, *La Discipline claustrale*[1] du théologien Juan de Jesús María, et *La Guide spirituelle* du P. Louys Du Pont (Luis de La Puente[2]). Dans cette production religieuse, se distingue en 1615, *Le Sainct, l'œcumenique et le general Concile de Trente*[3], première traduction en français des sessions et des canons du Concile, qui s'achève sur le « catalogue des livres défendus, avec les regles establies par les Peres deputez par le s. Concile de Trente ».

Autrement dit, il est impossible d'envisager l'action du diable dans les *Histoires tragiques* en dehors de son contexte politico-religieux, car il ne fait guère de doute que Rosset appartient à ce groupe militant d'auteurs qui à partir de la Régence de Marie de Médicis mettent leur plume au service de la reconquête catholique. Bien sûr les *Histoires tragiques* peuvent difficilement être assimilées au roman dévot qui s'invente à la même époque, et nombre de récits de Rosset sont encore habités par un idéal nobiliaire et même une tolérance religieuse qui ne peuvent qu'entrer en contradiction avec un tel projet apologétique[4]. Mais dans les récits que nous appellerons les « histoires diaboliques[5] », qui sont le plus souvent ceux qui s'éloignent le plus des codes romanesques, s'exprime sans ambages une volonté de combattre tous ceux qu'il accuse d'être des suppôts de Satan, groupe qui ne se réduit pas aux sorciers, mais comprend aussi les « athéistes » et les « libertins ».

PORTRAIT DE L'AUTEUR EN DÉMONOLOGUE

François de Bellcforest, le continuateur des *Histoires tragiques* de Boaistuau l'inventeur du genre, avait déjà endossé comme l'écrit Michel Simonin « l'habit sévère du prédicateur[6] ». Le développement d'un

1 Paris, R. Foüet.

2 Paris R. Fouët.

3 Paris, Sébastien Cramoisy.

4 Il serait certainement intéressant de faire une enquête sur la chronologie de chacune des *Histoires tragiques*, mais il est probable que l'on constaterait que la diversité des récits – selon qu'ils se rapprochent ou s'éloignent des codes romanesques – est une constante que l'on retrouve dans toutes les éditions.

5 Voir *L'Imaginaire démoniaque*, *op. cit.*, p. 268 *sq.*

6 Michel Simonin, *Vivre de sa plume au* XVI*e* *siècle ou la carrière de François de Belleforest*, Genève, Droz, 1992, p. 18.

discours auctorial indigné prenant la forme d'un prêche à « l'univocité implacable », selon la formule de Jean-Claude Arnould[1], n'est donc pas une invention de Rosset. Certes, le lecteur moderne y voit volontiers une posture d'auteur qui permet de se délecter à bon compte d'histoires atroces, mais le recueil contient de nombreux passages qui s'inscrivent dans une visée didactique traduisant les positions de l'Église catholique. L'étendue des pouvoirs de Satan, « toujours en sentinelle[2] », est ainsi clairement définie et limitée :

> Il a remply notre cœur de mauvaises pensées, notre bouche de fausses paroles, et nos membres d'œuvres iniques. Quand nous veillons il nous excite à mal faire, et en dormant à des songes sales et vilains [...] En un mot, tout le mal qui est au monde provient de ce malin esprit. Neantmoins nos mauvaises pensées ne procedent pas toutes de luy : mais bien souvent du mouvement de nostre arbitre. Et il faut croire, qu'il ne sçauroit réduire quelqu'un sous son joug, si par le peché, il ne l'a premierement assubjetty[3].

Dans les récits de transgression radicale, Rosset prend ainsi la précaution, toute théologique, de signaler que si les criminels sont au moment de l'acte « possédés du démon[4] », ou « transporté[s] de l'esprit malin[5] », c'est qu'ils ont déjà permis, en usant de leur libre arbitre, au diable d'entrer en eux. Dans l'histoire IX, lorsque « l'exécrable frère, poussé par toutes les furies des enfers[6] » s'apprête à assassiner sa sœur enceinte qui a refusé de servir ses amours illicites, l'auteur écrit :

> l'ennemi du genre humain, voyant cet homme hors des bornes de la raison, se glisse dans son âme, lui propose la vengeance, et le possède entièrement[7].

1 « De Pierre Boaistuau à François de Belleforest. La rupture de la *Continuation* », dans *RHR*, n° 73, *Les Histoires tragiques*, 2011, p. 73-87, p. 87.

2 *Les Histoires mémorables* (1619), *op. cit.*, p. 344.

3 *Histoires tragiques de notre temps*, Paris, François Huby, 1623, p. 523.

4 L'expression « possédé du démon » est récurrente pour signaler le moment où le crime s'accomplit (on la trouve par exemple. dans le récit du viol homosexuel du jeune noble polonais, p. 360). Mais la « possession » désigne aussi le maléfice dont sont victimes les religieuses dans l'affaire Gaufridy : il n'y néanmoins pas d'ambiguïté, car ce sont là des victimes du démon : elles montrent tous les signes reconnus par l'Église de la possession démoniaque, *Les Histoires mémorables* (1619), p. 110 *sq.*

5 *Les Histoires mémorables* (1619), *op. cit.*, p. 349.

6 *Ibid.*, p. 245. Hist. IX, « De la cruauté d'un frère exercé contre une sienne sœur pour une folle passion d'amour »

7 *Ibid.*

La fureur est certes la porte d'entrée de la tentation diabolique, mais le passage à l'acte ne se fait qu'avec le consentement du criminel : il y a donc *toujours* exercice du libre arbitre ; preuve en est que certains se repentent, tandis que d'autres, définitivement « possédés » du diable, résistent jusque dans la mort aux injonctions des prêtres et se damnent, comme Gabrine, cette « mère dénaturée » de l'histoire XXII, qui, sous la plume de Rosset, se transforme à la fois en Méduse et en démon :

> Ses cheveux ressemblaient à des serpents entrelacés ; ses deux yeux rouges comme du feu jetaient des regards capables de donner la mort à ceux qui les regardaient, et son visage ressemblait encore à un magot que l'on a vêtu de quelque robe et qui rechigne contre celui qui lui a craché dessus. Au lieu d'invoquer le nom de Dieu pendant la rigueur de ses supplices, je pense qu'elle maugréait, qu'elle blasphémait et qu'elle appelait l'adversaire des hommes[1].

Mais si tant d'êtres humains renoncent à tout espoir de salut, c'est que le diable, qui n'a jamais été aussi puissant qu'en ce « siècle maudit et abominable[2] », les a trompés ; en promettant à ses suppôts de leur accorder des pouvoirs surnaturel s'ils se donnent à lui, en leur mentant pour apaiser leurs derniers doutes et peurs – il prétend ainsi que ceux qui signent le pacte ne seront pas damnés après leur mort mais rejoindront la cohorte des démons[3] –, Satan attire à lui un nombre de plus en plus grand d'adeptes.

Les *Histoires tragiques* se font ici le reflet de la chronique judiciaire et politique de leur temps et nous lisons, dans l'édition de 1619, cinq histoires de sorcellerie et de magie noire, dont la première, « Des enchantements et sortilèges de Dragontine, de sa fortune prodigieuse et de sa fin malheureuse », est en lien direct avec l'actualité puisqu'elle évoque la chute des Concini en 1617 et ouvre le recueil. Les histoires III et V évoquent respectivement « l'horrible et épouvantable sorcellerie de Louis Goffredy, prêtre de Marseille » et « l'exécrable docteur Vanini ». L'histoire X, « D'un démon qui apparaissait en forme de damoiselle au lieutenant du chevalier du guet de la ville de Lyon. De leur accointance

---

1 *Ibid.*, p. 480.
2 *Ibid.*, p. 127.
3 *Ibid.*, p. 104-105 ; le diable pour mieux séduire Gaufridy lui fait croire que les âmes des suppôts de Satan deviennent des démons après la mort, et qu'elles peuvent dès lors être « récompensées de charges honorables. »

charnelle, et de la fin malheureuse qui en succéda », et l'histoire XX, « Des horribles excès commis par une religieuse à l'instigation du diable », mettent en scène les « demons amoureux » séduisant hommes et femmes en prenant toutes les formes.

Si l'on se tourne maintenant vers l'édition posthume de 1623 qui a intégré la *Seconde partie des Histoires tragiques* parue en 1620, on trouve encore deux récits faisant intervenir des sorciers : « De l'estrange et inouy accident arrivé à la belle Celide le jour de ses nopces par les horribles sortileges d'un Religieux et de la fin tragique et funeste de ce mal-heureux[1] » (histoire I) et « Canope, gentilhomme renommé de Perse, ayant fait donation de son corps et de son âme aux Demons, apres quelque apparence de bonheur, est emporté misérablement par le malin esprit[2] » (histoire III).

Un cinquième des *Histoires tragiques* de Rosset traduisent directement les croyances de son époque dans la sorcellerie démoniaque[3], et pour la plupart d'entre elles, renvoient à des faits attestés historiquement, soit parce qu'ils ont donné lieu à des procès et des exécutions – Léonora Galigaï, Gaufridy, Concini –, soit parce qu'ils sont attestés par d'autres sources ; ainsi l'histoire XX reprend nombre de formules d'un canard consacré à Françoise de Vannes, paru en 1605, le *Discours merveillable d'un démon amoureux*, lequel a poussé une jeune damoiselle à brûler une riche abbaye et couper la gorge à sa mère[4]. L'identification des personnages n'est pas toujours aussi aisée, mais cela ne signifie pas pour autant que la trame des récits ait été inventée ; ainsi les deux nouvelles histoires diaboliques de l'édition de 1623 – les sortilèges du moine Julian amoureux d'une jeune fille de la noblesse Célide, comme l'histoire de Canope[5] qui

1 *Histoires tragiques de notre temps*, François Huby, 1623, *op. cit.*, p. 435-490.

2 *Ibid.*, p. 522-555.

3 Bien sûr, ces croyances, partagées par beaucoup, apparaissent dans d'autres nouvelles : ainsi, dans l'histoire XII « D'un homme qui, après avoir demeuré vingt ans aux galères, est reconnu par son fils, de ce qui en advint, et autres choses dignes de remarques », le fils, tel un nouvel Hamlet, croit « au commencement » que son père qu'il pensait mort, « était un diable qui lui apparaissait pour le tenter », *Les Histoires mémorables* (1619), *op. cit.*, p. 287.

4 Rouen, Abraham Couturier, 1605. Le texte se trouve aussi dans Maurice Lever, *Canards sanglants*, Paris, Fayard, 1993, p. 339-349. Ce récit est aussi rapporté par Palma Cayet dans sa *Chronologie septenaire*, Paris, Jean Richer, 1605, Livre VI, f° 406.

5 Il s'agit là d'une histoire dont certaines clés seraient les suivantes : la prospérité de Canope s'étend sur les années 1576-1588, et Cleandre son maître, qu'il avertit de son assassinat prochain, serait donc le Duc de Guise.

a signé un pacte afin d'être « favorisé des princes » et qui finit emporté par le diable – n'ont rien d'invraisemblable : Gaufridy a été condamné pour des faits quasiment similaires, le diable lui ayant offert le pouvoir de « souffler les femmes » au visage pour les rendre amoureuses de lui, et l'enlèvement de magiciens par les démons venus chercher leur proie est attesté par bien d'autres textes contemporains[1], dont certains fort connus : c'est en effet en 1603 que Palma Cayet fit paraître *L'Histoire prodigieuse et lamentable du docteur Fauste*[2].

Quant à la célèbre histoire du chevalier du guet de Lyon[3], dans laquelle une « damoiselle bien vêtue » se révèle « la plus horrible, la plus vilaine, la plus puante et la plus infecte charogne du monde », il est fort possible que Rosset, qui affirme que l'événement s'est produit il y a « quatre ou cinq ans[4] », ait lu un canard aujourd'hui disparu, ou qu'il ait construit lui-même son récit à partir de différentes sources ; deux occasionnels datant l'un et l'autre de 1613, le *Discours merveilleux et veritable d'un capitaine de la ville de Lyon que Sathan a enlevé dans sa chambre depuis peu de temps*[5] et l'*Histoire prodigieuse d'un jeune gentilhomme auquel le diable s'est apparu et avec lequel il a conversé soubs le corps d'une femme morte*[6], ont pu servir pour le premier à la construction du personnage, ce capitaine étant fort « ordinaire aux putains et garces, qu'il entretenait magnifiquement, et à grands frais[7] », et pour le second à la trame du récit puisqu'il rapporte l'histoire d'un gentilhomme, qui, rencontrant devant sa porte « une jeune damoiselle », invite le diable ayant pris le corps d'une femme pendue, à dormir chez lui.

---

1 Agrippa d'Aubigné dans ses *Lettres de poincts de science* raconte que le magicien L'Escot, si doué pour les tours de cartes, se faisait battre par les diables toutes les nuits du jeudi à vendredi, et qu'un « cocher More » menant quatre « chevaus noirs » serait finalement venu le chercher alors qu'il dînait, *Œuvres*, éd. Henri Weber, Paris, Gallimard, « La Pléiade », p. 850-851 ; on peut citer aussi le canard *Histoires épouvantables de deux magiciens*, consacré à Jean du Chastel et Côme Ruggieri, Maurice Lever, *Les Canards sanglants*, *op. cit.*, p. 383-391.

2 Palma Cayet aura dès lors la réputation d'être lui-même magicien. Voir Agrippa d'Aubigné, *Les Aventures du baron de Faeneste*, Livre II, chap. XII, « Histoire de Cayet », *Œuvres*, « La Pléiade », p. 714-715.

3 Cette histoire sera reprise par Potocki dans le *Manuscrit trouvé à Saragosse* (1814) et par Charles Nodier dans ses *Contes fantastiques* (1823).

4 *Les Histoires mémorables* (1619), *op. cit.*, p. 252.

5 Paris, F. Bourriquant.

6 Paris, F. du Carroy.

7 *Discours merveilleux*, *op. cit.*, p. 11.

Les canards renvoient donc à des faits divers qui, aussi extraordinaires qu'ils soient, sont attestés par des procès et peuvent de ce fait être considérés comme historiques, mais ce sont aussi bien souvent de vieilles histoires réchauffées ; au XIIIe siècle on trouve ainsi dans l'œuvre de Guillaume d'Auvergne, évêque de Paris, le récit d'un « soldat lequel pensant jouyr des embrassements desirez, d'une jeune fille, excellemment belle, aperceut en fin qu'il n'estreignoit qu'une charogne de beste infecte et toute pourrie[1] ». Cette réactualisation d'un *exemplum* d'origine cléricale, qui assimile la femme au diable et la chair à la pourriture, signale qu'en ce début du XVIIe siècle l'histoire peut désormais être perçue comme vraie : quand Rosset affirme que les démons ont le pouvoir de « se mett[re] dans les charognes des morts, qu'ils font mouvoir et marcher[2] », il se place dans les pas des démonologues de son temps ; il tire néanmoins de son récit une leçon digne d'un prédicateur s'adressant à ses ouailles : « La paillardise attire l'adultère, l'adultère l'inceste, l'inceste le péché contre nature, et après Dieu permet qu'on s'accouple avec le diable[3] ».

Le matériau démoniaque qui nous semble aujourd'hui « fantastique » ne l'est, semble-t-il, nullement aux yeux de son auteur, qui ne rapporte donc que des faits « véritables[4] », attestés dans la réalité et confirmés par la théologie. On peut certes supposer qu'il force parfois le trait, mais détails atroces et vitupérations indignées visent à susciter l'effroi : la peur du diable est ainsi mise au service des vérités de la foi catholique.

1 Cité par Martin Del Río, *Les Controverses et recherches magiques*, Paris, Jean du Petit Pas, 1611, p. 305.

2 *Histoires mémorables* (1619), *op. cit.*, p. 252. Martin Del Río, entre autres, affirme ainsi que les démons peuvent « emprunter » un corps de « charongne humaine, ou de beste brute, si Dieu le permet, & qu'elle ne soit encores beaucoup corrompue », *Les Controverses et recherches magiques* 1611, *op. cit.*, p. 303 *sq.*

3 *Histoires mémorables* (1619), *op. cit.*, p. 260.

4 *Ibid.*, préface 1615, p. 503.

L'AFFAIRE VANINI

Deux nouvelles diaboliques – dont on remarque qu'elles sont parmi les seules du recueil à donner les noms réels des protagonistes[1] – sont des affaires célèbres, connues par de nombreuses autres sources et étudiées aujourd'hui encore par les historiens : l'exécution du prêtre-sorcier Gaufridy date de 1611, et celle du philosophe Vanini exécuté pour blasphème et athéisme, de 1619[2], c'est-à-dire de l'année même de la nouvelle édition des *Histoires tragiques* ; l'histoire V est donc la nouvelle du recueil dont l'« actualité » est de loin la plus brûlante.

Plusieurs ouvrages récents[3] consacrés au philosophe athée permettent d'éclairer le texte de Rosset. Né en 1585, Lucilio Vanini a été ordonné prêtre à Padoue après des études de philosophie et de théologie, puis a voyagé en Europe ; il est en Angleterre où il se convertit en 1612 à l'anglicanisme, avant d'abjurer deux ans plus tard, et de revenir en Italie puis en France, où soupçonné d'athéisme, il écrit successivement deux ouvrages (en latin) pour se disculper, *L'Amphithéâtre de l'éternelle providence*[4] *(1615), puis Les Dialogues de la Nature*[5] (1616) qu'il dédie à

1 Utilisant les codes du roman à clé de son temps, Rosset utilise des pseudonymes souvent très conventionnels ou transparents : « Dragontine » pour Leonora Galigaï, par exemple. Outre Gaufridy (hist. III), Vanini (hist. V), et l'ancien galérien Jean Vaumorin (hist. XII) – on notera qu'aucun n'est noble – on trouve encore Baïamont Tiepolo (hist. XVIII) mais pour d'autres raisons (il s'agit d'un fait d'histoire ancienne). Donc, seules quatre nouvelles de l'édition de 1619 donnent les noms véritables des personnages.

2 La première édition de 1613, que l'on croyait perdue, a été retrouvée récemment à Edimbourg ; voir Magda Campanini, « Actualité et fabrication du tragique chez François de Rosset : les variantes des deux premières éditions des *Histoires tragiques* » RHR, n° 73, *Les Histoires tragiques*, 2011, p. 143-161. L'auteure signale par ailleurs un article à paraître « Les premières éditions des *Histoires tragiques* de Rosset : un bilan bibliographique », dans *Les Histoires tragiques de François de Rosset*, Actes du IXe Seminario di analisi testuale (Cesenatico, 15-18 octobre 2009), Bologna.

3 Didier Foucault, *Un Philosophe libertin dans l'Europe baroque. Giulio Cesare Vanini (1585-1619).* Paris, Honoré Champion, 2003, Marcella Leoppizi, *Les Sources documentaires du courant libertin français : Giulio Cesare Vanini*, Paris, PU Sorbonne, 2002, et Jean-Pierre Cavaillé, *Dis/simulations. Jules-César Vanini, François La Mothe Le Vayer, Gabriel Naudé, Louis Machon et Torquato Accetto, Religion, morale et politique au XVIIe siècle*, Paris, Honoré Champion, 2002. On peut aussi consulter sur les théories de Vanini, l'ouvrage de François Berriot, *Athéisme et athéistes en France au XVIe siècle*, atelier national de reproduction des thèses (1976), Cerf, t. 2, p. 797-818.

4 *Amphitheatrum aeternae Providentiae Divino-Magicum.*

5 *De Admirandis Naturae Reginae Deaeque Mortalium Arcanis.*

Bassompierre[1] dont il est le chapelain. Ce dernier texte, initialement approuvé par la Sorbonne, est condamné au feu.

Pour l'analyse des œuvres de Vanini, nous renvoyons à l'ouvrage de Jean-Pierre Cavaillé *Dis/simulations* ; dans un contexte de censure et de persécution le libertin avance masqué, mais il ne fait aucun doute que Vanini est, comme sa mort le prouvera, un athée convaincu et que nombreux étaient ceux qui savaient que son orthodoxie affichée – il était prêtre et selon Rosset prêchait dans les « églises renommées[2] » de Paris – n'était que la couverture de ses idées subversives.

Après la condamnation de son livre, Vanini quitte Paris, et on le retrouve à Toulouse en 1618, protégé par Adrien de Monluc, comte de Cramail[3]. Ce grand seigneur libertin, dont Charles Sorel fut le secrétaire, a probablement servi de modèle au comte Raymond dans *L'Histoire comique de Francion* (1623). Il est donc peu probable qu'il ait ignoré la véritable identité de Vanini qu'il avait pu rencontrer à Paris dans l'entourage de son ami Bassompierre. C'est pourtant sous le nom de Pompeio Ucigno que Vanini est arrêté en juillet 1618 et, après cinq mois d'enquête, condamné à avoir la langue coupée, puis à être étranglé et brulé le 9 février 1619.

Le Mercure français de la même année rapporte l'exécution d'un « Athéiste Italien bruslé vif à Toulouse », qui « soutenoit et enseignoit, Que nos corps estoient sans ame, et que mourant tout estoit mort pour nous, ainsi que les bestes brutalles » en ces termes :

1 Rosset a lui aussi dédié à Bassompierre *Les Lettres amoureuses et morales*. Il est néanmoins difficile d'en tirer des conclusions puisque le nombre d'ouvrages dédiés à ce protecteur des lettres est considérable.

2 *Histoires mémorables* (1619), *op. cit.*, p. 167.

3 Nous n'ignorons pas le débat actuel concernant Adrien de Monluc, comte de Cramail (ou Caraman, ou Carmain) : Véronique Garrigues dans son ouvrage *Adrien de Monluc (1571-1646). D'encre et de sang*, Limoges, PULIM, 2006, et Michael Kramer qui a édité les *Œuvres* d'Adrien de Monluc, ouvrage où l'on retrouve une « étude historico-biographique » de Véronique Garrigues, Paris, Honoré Champion, coll. « Sources classiques », 2007, remettent en cause la figure du libertin et font de Cramail un champion du catholicisme ; M. Kramer va même jusqu'à imaginer que Cramail aurait dénoncé Vanini (p. 41-42) ce qui n'est attesté par aucune source. L'un et l'autre vont ainsi à contre-courant de toute la tradition historiographique fondée sur les témoignages contemporains faisant de ce grand seigneur un libertin et donc un protecteur de Vanini. Jean-Pierre Cavaillé leur a répondu de façon très convaincante dans son article « Adrien de Monluc, dévot ou libertin ? » *Les Dossiers du Grihl* mis en ligne le 10 novembre 2011. URL : http://dossiersgrihl.revues.org/1362

> Il mourut avec autant de constance, de patience et de volonté qu'aucun autre homme que l'on aye veu : car, sortant de la Conciergerie comme joyeux et allegre, il prononça ces mots en Italien : Allons, allons allaigrement mourir en philosophe ; mais bien plus pour montrer sa constance en la mort qu'un desespoir en l'âme, lorsqu'on lui dit qu'il criast mercy à Dieu, il dit ces mots en la presence de mille personnes, Il n'y a ny Dieu ny diable, car s'il y avoit un Dieu, je le prierois de lancer un foudre sur le parlement comme du tout injuste et inique ; et s'il y avoit un diable, je le prierois aussi de l'engloutir aux lieux sous terrains : mais parce qu'il n'y a ny l'un ny l'autre, je n'en feray rien[1].

On note d'emblée que le rédacteur, qui ne dissimule pas le courage de cet athée qui proclame mourir en philosophe – ces *ultima verba* de Vanini attestés par de nombreux autres témoignages ne seront pas repris par Rosset – ne connaît pas l'identité de l'homme exécuté à Toulouse.

Il faudra la parution d'une plaquette anonyme d'une dizaine de pages, l'*Histoire veritable de l'exécrable docteur Vanini, autrement nommé Luciolo. Bruslé tout vif ce Quaresme dernier à Tholoze par Arrest de la Cour de Parlement, pour ses horribles impietez et blasphemes contre Dieu, et nostre Seign. JESUS-CHRIST*[2], qui date de 1619 pour que soit dévoilé le nom de Vanini.

Or, ce canard particulièrement bien écrit et soigné est une version abrégée de l'histoire tragique « De l'exécrable docteur Vanini » de Rosset, et on distingue très clairement les passages ajoutés au premier texte, qui n'a en général absolument pas été modifié. Beaucoup d'historiens pensent que la brochure est un plagiat de Rosset, dans lequel prudemment auraient été supprimés tous les passages mettant en cause nommément les grands seigneurs[3] : elle ne serait donc pas directement de sa main. Cependant, l'auteur anonyme de la brochure annonce un projet d'amplification littéraire :

1 Voir *Le Mercure*, t. V, 1619, p. 63-65.

2 Paris, André Soubron, 1619 (Ars. 8 H 27749), p. 13 ; ce texte a été découvert en 1987 par Didier Foucault. Dans son article, « La première biographie de Vanini », La lettre clandestine, n° 4, PU Sorbonne, 1995, p. 493-507, il propose une comparaison des deux textes, avec une édition de l'histoire tragique comportant entre crochets ce qui est absent dans le canard.

3 Didier Foucault dans son article, « La première biographie de Vanini », *La Lettre clandestine*, n° 4, *op. cit.*, analyse le lien entre l'histoire tragique – qui est donc véritablement la « première biographie de Vanini » et qui est de surcroît très bien informée malgré quelques oublis et erreurs – et le canard : il voit dans la brochure un plagiat du texte du romancier, dans lequel des coupes auraient été effectuées pour ne pas compromettre l'entourage de Vanini. Marcella Leoppizzi est de la même opinion, *Les Sources documentaires du courant libertin français : Giulio Cesare Vanini*, *op. cit.*, p. 385.

> C'est l'histoire de l'execrable Docteur Vanini, que j'ay reduite en petit sommaire, attendant que quelque plume delicate la descrive plus amplement[1].

Cette précision – quelque peu ambiguë, puisque l'histoire est à la fois « reduite » et appelée à être développée – laisse entendre que ce texte est antérieur à la parution du recueil des *Histoires tragiques* dont le privilège date du 21 août 1619. Or, dans l'histoire tragique, on trouve une nouvelle formulation de la même phrase :

> C'est l'histoire de l'execrable Docteur Vanini, que j'ai décrite sommairement, afin de n'excéder point les bornes que j'ai accoutumé de garder en mes histoires tragiques[2].

Le « petit sommaire » est devenu « sommairement » et la « plume delicate » écrit désormais une « histoire tragique » ; tout laisse donc penser que Rosset est bien l'auteur de la plaquette, et qu'il y a donc deux versions, courte et longue, d'un même texte. Il est actuellement impossible de savoir si cette brochure a été éditée avant ou après la parution des *Histoires mémorables et tragiques* de 1619, mais par sa forme et son caractère anonyme elle vise un public plus large et s'inscrit clairement dans une offensive anti-libertine : révéler le nom de Vanini, que Rosset avait peut-être rencontré dans l'entourage de Bassompierre[3], c'était en effet compromettre tous ceux qui avaient côtoyé ce dangereux personnage.

Le plus surprenant, c'est qu'alors qu'on s'attendrait à ce que l'histoire tragique procède à la métamorphose « littéraire » de la brochure anonyme, il n'en est rien ; seuls l'ajout de trois vers et une description plus métaphorique de la ville de Naples devenu dans le recueil « la belle et gentille ville, à qui jadis Parthenope donna son nom[4] » vont dans ce sens ; par ailleurs, quelques nouvelles diatribes indignées et l'insistance sur la « mort enragée » de « l'athéiste » contribuent à une diabolisation

---

1 *Histoires mémorables* (1619), *op. cit.*, p. 178.

2 *Histoires mémorables* (1619), *op. cit.*, p. 178.

3 C'est l'hypothèse de Didier Foucault dans « La première biographie de Vanini », *La Lettre clandestine*, n° 4, *op. cit.*

4 « Aux campagnes voisines de la ville de Naples, est un grand bourg nommé Pietrosanto où une famille que l'on appelle les Vanini fait sa demeure » est transformé en : « Aux champs riches et delicieux de la Campanie dans un grand bourg proche de cette belle et gentille ville, à qui jadis Parthenope donna son nom et que l'on appelle aujourd'hui Naples, l'on voit une famille nommée les Vanini », *Histoires mémorables et tragiques* (1619), p. 162.

accrue du personnage déjà bien entamée dans le canard. Mais l'histoire tragique se caractérise surtout par un important développement sur la carrière parisienne du philosophe et donc la volonté délibérée de jeter en pâture au public le nom des puissants protecteurs du « martyr du diable ». L'ampleur des informations sur la vie et les relations de Vanini signale que Rosset a été en contact avec des gens bien informés.

Alors qu'en 1615, Rosset affirmait que « les noms des personnages sont seulement déguisés en ce Théâtre, afin de n'affliger pas les familles de ceux qui en ont donné le sujet, puisqu'elles en sont assez affligées[1] », le choix de nommer ceux qui ont probablement organisé la fuite de Vanini sous une fausse identité à Toulouse, est délibéré. Certes, comme l'écrit Jean-Pierre Cavaillé, « le récit de Rosset est en bien des points manifestement et délibérément falsificateur », en particulier dans sa présentation de tous les grands personnages, présentés « comme d'innocentes victimes du libertin dissimulateur, alors que la plupart ont effectivement joué un rôle déterminant dans la protection, voire même la production de la culture libertine[2] ». Mais, il n'est pas besoin d'être très subtil pour constater que Rosset tient un double langage ; ainsi, après avoir affirmé que cet « abominable ne manquait pas de disciples[3] », il présente l'entregent et la dangerosité de Vanini, en ces termes :

> Il s'insinuait dans la maison des grands, où, ordinairement, l'on voit toute sorte de licence, les abreuvait de vive voix de son opinion et leur donnait même des écrits qui avec leur auteur, méritaient cent fois le feu[4].

Le « où, ordinairement, l'on voit toute sorte de licence » contredit la version de protecteurs abusés par Vanini, dont Rosset s'empresse dans les lignes suivantes de donner les noms : « Monsieur l'abbé de Redon, à présent évêque de Marseille et frère de Monsieur de Saint Luc », « Monsieur de Bassompierre, beau-frère de Monsieur de Saint Luc[5] »... Quant au rôle de Cramail à Toulouse – déjà évoqué dans la plaquette – Rosset semble le dédouaner de toute complicité : en effet le « clair jugement » de ce « prudent et sage seigneur[6] » ne pouvait

1 *Histoires mémorables* (1619), *op. cit.*, préface 1615, *op. cit.*, p. 503.
2 *Dissimulations*, *op. cit.*, p. 58.
3 *Histoires mémorables* (1619), *op. cit.*, p. 165.
4 *Ibid.*, p. 166.
5 *Ibid.*, p. 166-167.
6 *Ibid.*, p. 172.

être trompé ; il ajoute même que le comte « sut si bien tirer les vers du nez de ce méchant homme, en devisant privément avec lui qu'il s'éclaircit entièrement sur son compte[1] ». On peut néanmoins, avec Jean-Pierre Cavaillé, s'étonner que Cramail, qui avait donné pour charge à Vanini « d'instruire son neveu », ne fût pas allé directement dénoncer l'infâme aux autorités civiles et religieuses[2] ! Enfin, Rosset n'oublie pas de laisser entendre que dans la foule qui vient assister à son exécution se trouvent des personnes auxquelles Vanini adresse un ultime message :

> Étant monté sur l'échafaud, il jeta les yeux d'un côté et de l'autre, et ayant vu certains hommes de sa connaissance parmi la grande foule du peuple qui attendait la fin de cet exécrable, il leur tint ce langage : « Vous voyez, dit-il tout haut, quelle pitié, un misérable juif est cause que je suis ici[3] ».

Cette édition de 1619 – qui est celle que nous connaissons tous grâce à Anne de Vaucher-Gravili qui l'a rendue accessible[4] – semble avoir été immédiatement retirée de la circulation ; les quatre histoires ajoutées par rapport à l'édition de 1615 (I, V, XI et XVII) ne réapparaissent jamais dans les nombreuses éditions postérieures des *Histoires tragiques*, comme si le texte avait disparu ; il est probable – je ne suis pas la première à formuler cette hypothèse – que plus que la mise en cause de Dragontine-Galigaï Concini, ou de certaines familles nobles dans les histoires XI et XVII, ce soit le récit consacré au philosophe libertin qui explique la quasi-disparition de ce texte[5] ; en dévoilant que l'homme exécuté à Toulouse – mort sous une fausse identité probablement pour protéger à son tour ceux qui l'avaient protégé – était Vanini, Rosset levait un secret bien compromettant pour les puissants personnages qui avaient joué un rôle dans cette affaire ; les procédés de dénégation qui visaient à les innocenter ressemblaient paradoxalement fort à ceux de l'homme à la langue arrachée : il s'agissait bien d'une dénonciation qui ne peut se comprendre que dans le cadre historique de l'offensive contre les

1 *Ibid.*, p. 173.
2 Voir J.-P. Cavaillé, « Adrien de Monluc, dévot ou libertin ? », p. 12.
3 *Histoires mémorables* (1619), *op. cit.*, p. 177.
4 Signalons que cette édition au Livre de Poche est aujourd'hui épuisée.
5 Cette édition de 1619 est actuellement à la BnF et à l'Arsenal, mais elle a été longtemps recherchée par l'un des premiers spécialistes de Vanini, Adolphe Baudoin, au début du XXe siècle.

milieux libertins, mais il était en 1619 encore trop tôt et peut-être fort imprudent de s'en prendre à des personnages aussi puissants

Trois ans plus tard, le démonologue Pierre de Lancre évoque à son tour, dans l'*Incrédulité et mescréance du sortilège plainement convaincue* (1622), ce « Julio Caesare Vanino » qui « frequentait les maisons des Gentilshommes et seigneurs » et « avoit tellement enyvré et estourdy les esprits de ceux qui le frequentoient, qu'il avoit desja persuadé à une infinité, qu'il n'y avoit autre Dieu que la nature et avoit semé parmy eux une infinité d'autres erreurs et propositions herétiques[1] ». Puis ce sera au tour de Garasse et Mersenne de s'en prendre violemment à Vanini : le premier dénoncera ainsi dans *La Doctrine curieuse des beaux esprits de ce temps* (1623) celui qui « a fait des livres contre les Athées pleins d'Athéismes » comme étant « le plus meschant renard de nos Libertins », et le plus diabolique, parce qu'il aurait avoué être « sorti de Naples avec onze compagnons, lesquelles comme douze apostres de Satan, s'estoient departis en divers endroits de l'Europe[2] ».

L'accusation de satanisme et l'idée d'un complot des « athéistes » étaient déjà présentes chez Rosset : l'histoire tragique ne s'achève en effet pas avec la mort de Vanini, puisque l'auteur rapporte un témoignage sur un « détestable prêtre » – véritable double de l'homme supplicié – qui de ville en ville recueille des dons en disant la messe en grec pour « la rédemption des captifs » et déclare à propos de Vanini :

> C'est à tort qu'on a fait mourir un si savant homme : il n'a jamais rien cru que je n'en croie autant, et il n'y a homme de sain jugement qui ne soit toujours de mon opinion. Toutes les lois que l'on nous figure de Dieu ne sont qu'inventions humaines pour retenir les hommes en crainte, et que les plus puissants ont imposées aux plus faibles afin de se conserver. Car à la vérité, il n'y a point de doute que toutes choses n'aillent à l'aventure, que le monde ne soit éternel, et que les âmes ne meurent avec les corps[3].

1 *L'Incrédulité et mescréance du sortilège plainement convaincue*, Paris, Nicolas Buon, 1622, p. 511-512.

2 *La Doctrine curieuse des beaux esprits de ce temps*, Paris, Sebastien Chappelet, 1623, p. 144-146. Voir aussi Mersenne *L'Impiété des Deistes Athees, et libertins de ce temps*, Paris, Pierre Bilaine, 1624, p. 236-237.

3 *Op. cit.*, p. 179. On remarque certes que c'est la quatrième fois que sont énoncées dans le récit les thèses de l'athéisme, mais il ne fait guère de doute que cette répétition vise à susciter l'indignation horrifiée du lecteur. L'hypothèse de J.-P. Cavaillé faisant de Rosset un « vulgarisateur de l'athéisme » dont il « résume avec complaisance, pas moins de quatre fois, les thèses principales » (*Dis/simulations*, *op. cit.*, p. 58) me semble douteuse ; certes, on ne

Aussi l'athéisme continue-t-il à se diffuser à travers ces hommes de Dieu « hypocrites », qui se sont donnés à Satan[1]. Il n'y a en effet pour Rosset pas de différence entre Vanini « l'execrable docteur » et Gaufridy l'« exécrable prêtre de Marseille », car le philosophe athée est lui aussi un sorcier : cette « âme endiablée », qui a appris la « magie noire » à Salamanque en même temps que l'athéisme[2], « invoquait les démons et conférait ordinairement avec eux[3] ». Rosset transforme Vanini en suppôt de Satan et lui attribue des paroles qu'aucun autre témoignage ne confirme ; le supplicié aurait ainsi proclamé que « pour les Messieurs de la justice, il les donnait à trente mille charretées de diables[4] » ; on reconnaît une des expressions favorites d'un héros de Rabelais, et la phrase, si elle a véritablement été prononcée est tronquée ou mal interprétée, puisque Vanini a proclamé publiquement qu'il n'y avait ni dieu ni diable. Mais Rosset s'empresse d'affirmer :

> Et nous voyons par ce dernier discours comme ce misérable se prenait lui-même par ses propres paroles. Il nie tantôt qu'il n'y a point de Dieu et maintenant il avoue qu'il y a des diables. Choses qui sont du tout contraires, puisque l'une présuppose l'autre. Or il fallait bien que cet homme fût extrêmement possédé de Satan puisque ces horribles blasphèmes sortaient de sa bouche et qu'il résistait si ouvertement au Saint Esprit[5].

Vanini le blasphémateur à la langue arrachée « toute entièrement avec la racine[6] » est un suppôt du diable, mais tous les personnages voués à Satan partagent une caractéristique commune : Dragontine a un

peut pas complètement exclure un double jeu de l'auteur – et nous n'avons pas les moyens de « sonder les reins et les cœurs » – mais le rôle que Rosset a joué dans l'affaire Vanini est difficilement compatible avec une position de sympathie ou de complaisance envers l'athéisme.

1 Ces religieux « hypocrites », savants et plus ou moins errants, sont objets de tous les soupçons car ils échappent, comme Vanini, à la hiérarchie catholique On remarque d'ailleurs que dans les nouvelles de Rosset, les héros des histoires diaboliques appartiennent souvent à l'Église, mais il s'agit d'un fait historique : en ce début du XVIIe siècle, la chasse aux sorcières ne se cantonne plus à la vieille paysanne, et la figure du prêtre ou du moine voués à Satan – appelée à un tel succès dans la littérature fantastique du XIXe siècle – devient familière.

2 *Les Histoires mémorables* (1619), *op. cit.*, p. 164.

3 *Ibid.*, p. 172. Garasse reprendra cet argument « que ceux-là mesmes qui estiment qu'il n'y a point de Diable au monde, ayent le diable à tout propos dans la bouche, c'est ce que je ne puis accorder avec leur créance » *La Doctrine curieuse…*, *op. cit.*, p. 843.

4 *Ibid.*, p. 177.

5 *Ibid.*

6 *Ibid.*, p. 178.

« démon pendu sous la langue[1] » ; Lucifer commande à Belzebuth dans l'affaire Gaufridy de « se mettre lui-même à sa langue » et de répondre à la place du prêtre[2] ; la jeune Mélisse devient par son pacte avec le diable « la plus savante et la mieux disante de toutes les religieuses[3] ». Enfin, c'est par un imprudent « si maintenant je rencontrais le diable… » que le chevalier du guet de Lyon attire le démon. Quant à la monstrueuse Gabrine, c'est en proclamant son athéisme qu'elle parvient à lever les scrupules de son futur amant et complice,

> Et c'est un abus de se figurer d'autre contentement que celui que nous recevons en cette vie. Tout est indifférent pour l'autre, de qui les hommes ont figuré des gloires et des peines imaginaires[4].

Aussi Rosset multiplie-t-il les mises en garde contre cette « langue », siège de la puissance démoniaque : en évoquant à propos de Vanini « la possession que le diable avait prise sur cet esprit infernal[5] », il fait explicitement des paroles et des écrits du philosophe une œuvre de Satan.

CONCLUSION

Il me semble que le fait que Rosset ait été l'auteur d'une plaquette anonyme dévoilant l'identité de Vanini est l'indice qu'il appartient au monde du « catholicisme intolérant[6] », selon l'expression de Frank Greiner présentant son second volume des *Fictions narratives en prose de l'âge baroque.* On pouvait jusque là penser que le discours édifiant si présent dans les *Histoires tragiques* relevait d'un archaïsme ; après tout l'appel à se tourner vers Dieu après avoir décrit mille horreurs est une constante des canards et la formule avait déjà été bien rodée dans les *exempla* du Moyen-Âge. Mais il ne fait plus guère de doute que l'omniprésence du

1 *Op. cit.*, p. 46.
2 *Ibid.*, p. 125.
3 *Ibid.*, p. 432.
4 *Ibid.*, p. 467.
5 *Ibid.*, p. 175.
6 Frank Greiner (dir.), *Fictions narratives en prose de l'âge baroque, Répertoire analytique (1611-1623)*, Paris, Classiques Garnier, 2014.

diable – et donc de ce surnaturel démoniaque qui fera lire plus tard certaines histoires de Rosset comme des récits fantastiques – est au service de l'apologétique chrétienne et plus précisément de la lutte contre les libertins ; la violence de l'invective est constante : non seulement ce sont des « âmes infernales » qu'on doit exterminer, mais tous ceux qui refusent de croire à la sorcellerie démoniaque – et donc au pouvoir qu'a le diable de s'emparer d'un cadavre pour jouer à la séduisante jeune femme ou d'apparaître sous la forme d'un « petit pourceau » se vautrant sur le ventre d'une fille – sont accusés d'être des « impies[1] » des « athées et des épicuriens[2] », en un mot des « libertins de ce misérable siècle[3] ».

Ne pas croire au diable, c'est ne pas croire en Dieu : c'est donc être libertin. Or le libertin est en fait le suppôt de Satan qui affecte de ne pas croire au diable pour le laisser libre d'agir. Cette confusion entre sorcellerie et athéisme n'est pas propre à Rosset, et on la trouve chez nombre de démonologues et de théologiens qui accusent ceux qui refusent de croire à leurs élucubrations d'être eux mêmes des sorciers[4].

Autrement dit, le diable est la pierre angulaire d'un discours qui exige l'adhésion du lecteur aux vérités de la foi catholique la plus intolérante. Certes, croire au diable est une condition nécessaire pour lire ces récits comme « véritables », et on pourrait donc penser qu'il s'agit là de la part de l'auteur d'une stratégie d'accréditation de la fiction. Mais le rôle que Rosset semble avoir joué dans l'affaire Vanini montre que le diable est aussi une machine de guerre contre les magiciens et les sorciers, contre les blasphémateurs et les athées, contre ceux qui croient au diable et ceux qui n'y croient pas, en un mot contre tous ceux que l'Église dans une stratégie de reconquête agressive désigne comme des suppôts de Satan.

Marianne Closson
Textes et cultures (EA 4028)
Université d'Artois

1 *Histoires mémorables* (1619), *op. cit.*, p. 130.
2 *Ibid.*, p. 252.
3 *Ibid.*, p. 130.
4 On sait par exemple que Jean Bodin dans *La Demonomanie des sorciers* (1580), accusera Wier, défenseur des sorcières, d'être lui-même un sorcier.

LES HISTOIRES TRAGIQUES DE FRANÇOIS DE ROSSET

Amour, galanterie, et péché originel

Publiées pour la première fois en 1614, rééditées six fois en quatre ans, revues et augmentées en 1619, *Les Histoires tragiques de nostre temps* de François de Rosset sont une étrange collection d'histoires vraies, de relations de moments capitaux de l'histoire de France, tel le récit de l'ascension, la prise de pouvoir, l'exécution du Maréchal d'Ancre et de sa femme, d'épisodes importants de l'histoire religieuse, tel l'épisode de Gaufridy ou celui de l'exécution de Vanini, et de faits divers plus ou moins connus, plus ou moins repris dans les canards sanglants de l'époque.

En présentant ces récits, François de Rosset procède à une bizarre inversion : l'histoire de la prise de pouvoir par le maréchal d'Ancre, la première nouvelle du recueil, est racontée comme s'il s'agissait d'une histoire survenue dans un lieu imaginaire, la Perse, et principalement dans la capitale de ce pays, Suse, où un couple, Filotime et Dragontine, originaire des Iles Fortunées est venu faire fortune. Ce couple procède par « charmes et maléfices[1] » (*HT*, 57), fait dresser « potences et échafauds pour retenir en crainte le peuple » (*HT*, 54). Les contemporains de Rosset auront reconnu les horribles stratagèmes et les ensorcellements par lesquels les époux Leonara Galigaï, la sœur de lait de la reine, et Concino Concini, tentèrent de s'accaparer du gouvernement en France. Mais au lieu de désigner ces imposteurs par leurs noms, Rosset choisit de composer une sorte de petit roman à clé, avec seulement ce qu'il faut d'obscurité pour piquer la curiosité du lecteur. En effet, celui-ci ne se demande plus « qui est qui ? », mais plutôt « pourquoi ? ». Pour quelles raisons l'auteur a-t-il adopté ce stratagème ? Pourquoi a-t-il mis en roman un épisode que le lecteur identifie comme

1 Pour cette étude, j'ai utilisé l'édition établie par Anne de Vaucher Gravili : *Les Histoires mémorables et tragiques de ce temps*, 1619, Paris, Le Livre de Poche, 1994. Par la suite, j'indiquerai ces nouvelles par *HT*, en y ajoutant la page citée.

réellement « advenu » ? Et pourquoi à l'inverse, le narrateur se sent-il obligé de raconter des faits divers – « Si le commandement d'une grande princesse ne m'y obligerait j'en laisserais la charge à un autre » (*HT*, 182) – et de souligner la véracité de ce fait divers arrivé « depuis trois ou quatre ans » (*HT*, 223). Henri IV ne s'appelle alors plus « Alcandre », mais bien Henri, le « grand Henri », celui qui a donné par « ses travaux plus mémorables que ceux d'Hercule » (*HT*, 234) un paisible repos à la France :

> L'on n'avait de crainte de voir tant de pitoyables spectacles que la fureur de nos guerres civiles produisait tous les jours. Le père ne recherchait plus la mort de son fils, par un zèle inconsidéré de la religion, ni le fils n'attentait plus sur la vie de son père. (*HT*, 235).

Tout se passe comme s'il fallait diminuer l'historicité de ces chroniques et augmenter la vérité des faits divers pour établir l'exemplarité de toutes ces histoires tragiques. Car il y a une vérité plus importante à dire que celle contenue dans les chroniques des mémorialistes.

GUERRE CIVILE, GUERRE INTIME

Si le narrateur insiste souvent sur la violence politique de l'époque,

> Au temps qu'il perdit sa maîtresse, la France était déjà divisée en deux parties. Le peuple de Paris, oubliant la fidélité qu'il devait à son prince, venait de rendre notable en infamie ce jour des barricades si funeste en nos histoires. On ne parlait que de sang et de carnage par toutes nos provinces » (*HT*, 198)

la violence de la passion amoureuse révèle la nature corrompue de l'âme humaine :

> Ce siècle ne produit que trop de ces monstres abominables, indignes de porter non seulement le nom de chrétiens, mais encore de converser parmi les cannibales et parmi les tigres et les ours, puisqu'on y pratique point ces exécrables méchancetés (*HT*, 423).

Certes, la brutalité de cette époque a marqué l'attitude et les habitudes des gentilshommes, héros de ces histoires. Alidor, par exemple, le protagoniste de la sixième histoire, était « un gentilhomme de Picardie qui avait témoigné sa valeur en plusieurs rencontres et batailles fameuses » (*HT*, 182). Cet ancien partisan de la Ligue, s'était doublement converti : à la « valeur et à la fortune [du] grand monarque », d'abord, et à la vie paisible de la campagne, ensuite. Pour passer le temps, explique le narrateur, Alidor « courait le cerf et faisait voler le héron ». Il aimait aussi « lire des aventures des chevaliers renommés ». Son nouveau voisin est Lycidas, vétéran de la guerre de Flandre, auquel Alidor, « rempli de courtoisie » (*HT*, 183), rend visite, comme d'ailleurs tous les chevaliers de la province. De même, le protagoniste de la septième histoire, Valéran, était un « gentilhomme de Picardie, qui durant nos troubles derniers durant avait acquis une grande réputation parmi ceux qui suivent le train des armes » (*HT*, 223). Mais après les troubles, Valéran n'a jamais abandonné les armes. Il participe à des duels « qui ne sont que trop ordinaires en France, encore que nos bons rois, et particulièrement Henri le Grand, d'heureuse mémoire, et la sage reine régente, son épouse, ayant fait publier des édits rigoureux, pour empêcher ces funestes journées où l'on perd misérablement le corps et l'âme ». Il semble donc que l'on assiste à un transfert de la violence de la sphère publique à la sphère privée. La liberté et l'ennui privent ces hommes du bonheur du mérite militaire et de la tranquillité de l'âme. La passion amoureuse relève d'une transformation d'une vertu publique en un vice privé. La persistance du vocabulaire militaire révèle cette mutation : Ainsi le courageux (*HT*, 426) jeune homme, Timante, qui a tué par jalousie non seulement Flaminie, la femme qui se refusait à lui, mais aussi sa servante et son frère, « [rend] des preuves admirables de [sa] valeur » (*HT*, 427) contre les gendarmes venus l'arrêter. Ainsi Cilandre, qui « s'enhardit » (*HT*, 486) à écrire une lettre, espérant que la jeune épouse dont il s'est épris ne blâme pas sa « témérité », et qu'elle cède à ses « assauts ». Par ailleurs, Rosset insiste souvent sur la monstruosité de la guerre civile, cette époque pendant laquelle, « le zèle inconsidéré de religion armait nos provinces les unes contre les autres, que les sacrilèges, les meurtres, les vols, les ravissements et autres maux infinis étaient en règne » (*HT*, 318), et pendant laquelle la France « autrefois mère de piété et de religion » (*HT*, 338) est devenue le berceau « d'horreurs et de prodiges ». La folie collective du fanatisme religieux et la fureur érotique, comme leurs avatars, la vengeance et la jalousie, bannissent « la raison de l'âme (...) sans se soucier de sa perte » (*HT*, 318).

LA GALANTERIE FRANÇAISE

Mais cette époque marquée par la barbarie politique et la cruauté est aussi celle de la courtoisie, du raffinement des chevaliers oisifs, des courtisans affairés, et des dames galantes. Dans son livre sur la galanterie française, Claude Habib énumère trois conditions qui permettent la naissance, le développement et l'essor de cette politesse complexe qui régit les rapports entre les gentilshommes et les femmes de la fin de la Renaissance, de l'époque baroque et de l'ère classique. Dans le monde qui adopte les codes de la galanterie, les femmes sont plus libres de leurs mouvements et de leurs fréquentations. Elles discutent courtoisement avec les gentilshommes, à l'instar de Callirée, l'épouse de Lycidas, devisant avec les invités de leurs maris (*HT*, 183). Et puis « tout le monde sait la liberté que les dames de Paris ont de se voir les unes les autres » (*HT*, 236). La coutume en Italie ne permet pas, contrairement à celle de France que « les femmes mariées discourent librement avec les hommes » (*HT*, 406)[1]. Ainsi la maison d'Isabelle « était une petite académie de rares beautés qui la fréquentaient » (*HT*, 236). Et lorsque le frère d'Isabelle, Iraconde arrive, « [la] courtoisie naturelle à la nation française (…) fit que chacune le reçut avec toute sorte d'honneur et de respect et qu'on lui donna séance en cette compagnie, entre Elinde et une autre demoiselle » (*HT*, 237).

De même, le narrateur explique que dans le Languedoc (*HT*, 134), la région où se sont établis Lyndorac et Calliste, « où l'on fait plus de profession de l'honneur que de son apparence », « la liberté des compagnies est grande » (*HT*, 143) : les « damoiselles voisines, accompagnées de quelques gentilshommes » voyaient souvent Calliste, dont le mari était parti servir son prince, et elle « leur rend souvent visite ». Aussi l'humeur libre de la jeune mariée, permet-elle « à chacun de l'aborder ». Cette mixité érotisée suppose une forme d'égalité entre les sexes, nouvelle et inconnue auparavant. Lorsque un gentilhomme nommé Rochebelle lui jette des regards amoureux, Calliste adopte une attitude quelque peu ambiguë. C'est elle qui mène la danse. Amusée, elle croit éconduire ce

1 Voir aussi *HT*, 487.

prétendant, mais par ces regards elle augmente son désir. Même si la société est toujours marquée par diverses hiérarchies sociales, familiales ou politiques, dans les rapports entre hommes et femmes une nouvelle égalité s'est installée. Les femmes, comme Calliste, ne sont plus reléguées, obligées de vivre une vie à l'ombre de leur mari. Non, elles se montrent en société, participent aux fêtes en absence de leur mari. Ou mieux : elles mènent les débats, telle Isabelle, la sœur d'Iraconde, ou – pour prendre un autre exemple dans le célèbre recueil de Marguerite de Navarre – telles Parlamente et Oisille, les deux dames qui régentent les conservations des devisants dans l'*Heptaméron*. Par ailleurs, et c'est la deuxième condition, la tension érotique consubstantielle du libre commerce entre ces hommes et ces femmes est augmentée par le fait que les hommes aient renoncé à toute violence, à toute utilisation de la force, préconisées dans l'*Heptaméron* par quelques chevaliers passéistes, partisans de l'ancien ordre féodal. La liberté, la mixité et l'égalité exigent que les hommes séduisent par leur comportement exemplaire, par leur stature et leur élégance, par leur naturel, et éventuellement par leur réputation, qu'ils s'adressent aux femmes avec « douceur » et gentillesse. Bref, à partir de ce moment, les femmes choisissent autant que les hommes à qui donner leur amour.

Après avoir échangé un regard, Alidor est littéralement paralysé par la beauté de Callirée. Paralysé, incertain et confus, il ne sait quoi dire et ne peut que répondre maladroitement aux paroles amènes de Callirée. C'est alors qu'il confesse son amour à Callirée : « O dieux ! Si votre parole est véritable, je suis le plus obligé des mortels à l'amour. J'ai consacré (…) ma jeunesse au dieu de la guerre, et possédé du désir d'acquérir de l'honneur, je n'ai point épargné mon sang et d'arroser les lauriers que j'y ai gagnées, mais je veux désormais employer le reste de mes jours à cultiver les myrrhes, si vous daignez avoir pitié de ma passion » (*HT*, 183-184). On notera la double réserve énoncée par le courageux « cavalier » (*HT*, 182) : il entrevoit de la part de Callirée la possibilité d'une formule de politesse, d'une ambiguïté involontaire, d'un aveu mal compris – « *si* votre parole est véritable » – comme il conçoit la possibilité d'un refus – « *si* vous daignez avoir pitié de ma passion ». On observera surtout l'abandon explicite des armes, l'adoption de cette nouvelle passion conçue comme une reddition des puissances de la gloire aux joies secrètes de l'amour.

Or la liberté de la femme a un prix : sa réputation est en jeu. La réputation et la vie de chaque femme dépendent de ses choix, de sa propre conduite, mais aussi de la discrétion de son amant. Être discret, voilà la première qualité de l'amant, la première loi que doit observer celui qui veut séduire : « Voyez votre maîtresse », dit Mélite, le conseiller de Lyndorac, « sondez son cœur, parlez à sa mère et soyez si discret en toutes vos actions que rien ne puisse reculer les bonnes grâces de celle qui sans doute vous aime, quoiqu'elle le dissimule » (*HT*, 140). La réputation de cette jeune fille est en jeu. Plus grave : en cas d'adultère prouvé, une femme mariée est perdue. Calliste, se trouva « pour un temps exposée, comme une autre Andromède, à la merci du monstre de la calomnie » (*HT*, 160), pour n'avoir pas immédiatement exposé son refus à son prétendant, Rochebelle (*HT*, 143). « La vertu cardinale du féminin c'est la prudence, ou la pruderie[1] », observe Claude Habib. Calliste, explique le narrateur, aurait dû « châtier [la] folie et [la] témérité » de Rochebelle, au lieu de prendre « plaisir à rallumer sa flamme » : la force de résister est bien la première des qualités féminines. La réputation, mais aussi le danger de tomber enceinte à un moment où, comme Doralice, une femme « n'a point vu son mari » (*HT*, 217), voilà les garde-fous de la conduite féminine.

AMOUR PLATONIQUE OU DÉSARROI LUCRÉTIEN

Or, lorsque la fureur de l'amour « s'est rendue la maîtresse de notre âme, la raison n'y trouve plus de place. C'est en vain qu'on y veut apporter du remède » (*HT*, 181), note le narrateur au début de la sixième nouvelle, consacrée au désespoir d'Alidor. Lyndorac, le courageux et heureux jeune homme, amoureux de Calliste, chasse les noirs diatribes contre l'amour, « passion indigne de loger dans une âme relevée » (*HT*, 136), qui « cache un noir serpent sous une belle fleur », par un éloge platonicien de l'amour. Comme Phèdre, le premier des intervenants au *Banquet* de Platon à prendre la parole, il se dit que « l'amour est

1 Claude Habib, *Galanterie française*, Paris, Gallimard, 2006, p. 225.

inséparable d'une âme généreuse et [que] ces braves guerriers, tant vantés aux histoires de l'Antiquité, ont toujours mêlé les myrrhes aux palmes » (*HT*, 136). Il peut donc aimer, marcher « sous l'enseigne de Cupidon aussi bien que sous la bannière de Mars » (*HT*, 137). Les dieux admirent celui qui aime, et si l'amour donne du courage, il faut aussi du courage pour aimer. Le courage est beau[1], explique Phèdre dans le *Banquet*. Et il ajoute : « Éros est pour nous la source des biens les plus grands[2] ». C'est le principe qui inspire les meilleurs, qui donne à l'amant « sur les champs de bataille[3] » « une divine vaillance au point de le rendre aussi vaillant que celui qui l'est par nature ». Aussi lorsque Lyndorac capitule devant le dieu Amour, le narrateur soupire-t-il : « Ce sont les mêmes discours que tenait cet amant passionné lorsque, avec les flambeaux de l'Amour, il allumait les torches de ces funérailles » (*HT*, 137). Mais Lyndorac ose alors de sa main « plus courageuse que sa bouche » tracer une lettre pour dire à Calliste son « extrême passion ».

En dépit de ce rapport entre le courage physique du soldat et la furie érotique qui habite l'amoureux, on cherchera en vain dans le texte de Rosset quelque référence positive aux discours néo-platoniciens sur l'amour. Il n'y a rien dans son recueil qui ressemble à l'idée platonicienne de l'échelle de l'amour, reprise par Marguerite de Navarre. Dans le débat qui suit la dix-neuvième nouvelle de *l'Heptaméron*, Parlamente, fait remarquer que « [j]amais homme n'aimera parfaictement Dieu, qu'il n'ait parfaictement aimé quelque creature en ce monde[4] ». Elle reprend ainsi l'interrogation lancée par Jean dans sa première épître : « Celui qui n'aime pas son frère qu'il voit, comment peut-il aimer Dieu qu'il ne voit pas[5] » ? L'amour platonicien permet aux amants de s'élever, de passer par une première étape, nécessaire mais aussi inférieure, de la passion, de l'amour charnel, à l'amour de la perfection et donc à l'amour de Dieu. Cette grâce n'est nullement donnée aux personnages de Rosset. Au contraire. Revenons un instant au *Banquet* de Platon : chacun connaît l'histoire racontée par Aristophane. La passion amoureuse procède d'une nostalgie, d'un désir de recomposer un passé perdu. Chaque

1 Beau, en grec « *kalos* » : d'où le nom de Calliste.
2 Platon, *Le Banquet*, traduction par Luc Brisson, Paris, GF-Flammarion, 2005, 178c.
3 Platon, *Le Banquet*, 179a.
4 Marguerite de Navarre, *L'Heptaméron*, édition de Nicole Cazauran, Paris, Gallimard, n. 19, p. 242.
5 Saint Jean, 4 : 20.

homme, chaque femme cherche désespérément son autre moitié, avec laquelle il ou elle composa originellement un être complet, androgyne. Cette créature bisexuelle fut coupée en deux par Zeus, punissant ces êtres pour avoir rivalisé avec les dieux. Il me semble qu'il y a quelque chose d'incestueux dans cette volonté de restituer cette unité perdue, de retrouver son autre pareil, que dénonce François de Rosset dans, l'histoire « Des amours incestueuses d'un frère et une sœur et de leur fin malheureuse et tragique ». Doralice et Lizaran furent éduqués ensemble. En « temps d'innocence » (*HT*, 208), ils « couchaient ordinairement ensemble et, par aventure, ce fut trop longtemps ». Séparés par leur père, ils se chercheront, ne pouvant « refréner leur maudite passion » (*HT*, 209). Non, Rosset est décidément très éloigné du néo-platonisme de Marguerite de Navarre. Il semble, en revanche, partager les réserves lucrétiennes quant à l'amour. Même si Lucrèce commence son poème par l'évocation, l'invocation de Vénus, déesse l'Amour, qui préside à toute création et donc à toute poésie, le poète épicurien dépeint la force dévastatrice de l'amour, cette fureur insatiable qui augmente au fur et à mesure qu'elle est assouvie :

> Ainsi de l'homme atteint par les traits de Vénus
> (...)
> il tend vers qui le frappe et brûle de l'étreindre
> de jeter la liqueur de son corps dans le sien,
> car son désir muet lui prédit le plaisir[1].

L'homme est alors en proie à un désir inassouvissable :

> Et c'est bien le seul cas où plus nous possédons,
> plus notre cœur brûle d'un funeste désir[2].

Quand l'amour gouverne les amants, une bestialité prend possession de leur âme :

> Cupides, leurs corps se fichent, ils joignent leurs salives,
> bouche contre bouche s'entrepressent des dents, s'aspirent,
> en vain[3].

1 Lucrèce, *De Rerum Natura, De la Nature*, traduction de José Kany-Turpin, Paris, GF-Flammarion, 1993, IV, 1054-1059.

2 Lucrèce, *op. cit.*, IV, 1089-1090.

3 Lucrèce, *op. cit.*, IV, 1108-1112.

La violence de l'acte amoureux est intrinsèque à la passion amoureuse :

> Leur proie, ils l'étreignent à lui faire mal,
> morsures et baisers lui abîment les lèvres.
> Impure, leur volupté cache des aiguillons
> les incitant à blesser l'objet, quel qu'il soit,
> d'où surgissent ces semences de leur fureur[1].

L'amour rend aveugle. On ne compte pas les occurrences de la métaphore dans le recueil de Rosset. Mais quand Lucrèce se moque prosaïquement de ces hommes qui tombent amoureux de « femmes laides et repoussantes dorlotées et tenues dans le plus grand honneur[2] », François de Rosset tente de mettre en garde ses lecteurs contre les dangers de la passion, de la profanation[3], de la perversion des lois sacrées. Pour les protagonistes des histoires tragiques, il est trop tard : ils ont perdu la vue ou l'ouïe (*HT*, 186). Après avoir vu Fleurie, après être tombé amoureux d'elle – après être tombé en pâmoison devant la jeune fille (*HT*, 322) – le gentilhomme Lucidamor se dit qu'il n'y a « puissance mortelle qui puisse résister à » (*HT*, 323) la force du dieu Amour, ce chasseur qui est partout « en embuche » (*HT*, 299). Cilandre, lui aussi, est touché : « La vue de celle qui l'a blessé lui est néanmoins si chère qu'il ne cesse de la contempler par tous les lieux où il a le plaisir de la regarder. Mais en la considérant, il s'aveugle en la lumière de ses beaux yeux, et sa blessure s'ouvre et s'envenime, d'autant plus qu'il jette sur elle ses regards qui demandent merci » (*HT*, 484).

Pour échapper à cette fureur et à ce désarroi, Lucrèce proposait trois remèdes : l'ascèse, le mariage, la promiscuité. La première voie, l'école la modération et de la maîtrise de soi, est difficile et peu praticable. C'est l'apanage des sages, capables de se limiter aux besoins naturels et nécessaires. Le deuxième remède – le mariage et la routine de la vie

1 Lucrèce, *op. cit.*, IV, 1079-1083.

2 Lucrèce, *op. cit.*, IV, 1157-1170.

3 Plusieurs amours adultères détournent ou pervertissent le vocabulaire ou les rites religieux. Exemples : « Cilandre s'alla agenouiller devant elle et au lieu de prier Dieu, il se mit à jeter ses regards languissants, (...) sur cette beauté qui était composée d'une matière plus fragile et plus molle » (*HT*, 484). Flaminie et Salluste promettent de se revoir dans une église : « Profanes, qui d'un lieu d'oraison font une spélonque d'adultère » (*HT*, 408). Salluste « bénit » (*HT*, 407) la perspective de leur union amoureuse. Flaminie « contrefait la dévote », (*HT*, 408). Ils font « violer la couche honorable et sans macule dont Dieu a fait grand sacrement en son Eglise » (*HT*, 409). Etc.

quotidienne – permet d'éloigner la passion, de canaliser le désir. Pour Lucrèce, le choix du partenaire idéal est avant tout une question biologique. Mais à ceux qui demeurent tourmentés par la passion, par « le feu » (*HT*, 326, 409, 484) de l'amour, par la vaine obsession d'un amour idéal, il reste la promiscuité, le divertissement constant de la volupté illimitée :

> Mais il convient de fuir sans cesse les images,
> de repousser ce qui peut nourrir notre amour,
> de tourner ailleurs notre esprit et de jeter
> en toute autre personne le liquide amassé,
> au lieu de le garder, au même amour voué,
> et de nous assurer la peine et la souffrance.
> À le nourrir, l'abcès se ravive et s'incruste,
> de jour en jour croît la fureur, le mal s'aggrave
> si de nouvelles plaies n'effacent la première,
> si tu ne viens confier au cours d'autres voyages
> le soin des plaies vives à la Vénus volage[1].

Se tourner vers la Vénus volage, s'adonner à la galanterie en somme, ou au libertinage, ne mène pour Rosset qu'à « l'égout de toutes les vilenies » (*HT*, 207). Si l'épicurisme de Lucrèce révèle, dans sa lucidité tragique, la fragilité et la misère de la condition humaine, si Rosset considère lui aussi l'amour comme « un mal » (*HT*, 408) dont il faut guérir, l'ultime réponse suggérée par Lucrèce pour faire face à la corruption de l'âme humaine ne peut être celle de François de Rosset. Seul le recours « d'en haut » (*HT*, 485) évitera à tout homme de tomber dans l'excès de l'amour, dans la jalousie, et dans « l'imagination d'une plus que vaine et plus que folle vanité » (*HT*, 490).

Aussi les solutions et les attitudes des Anciens sont-elles devenues inopérantes. Même le stoïcisme, que François de Rosset contemple avec une certaine sympathie n'apporte aucune solution, aucun soulagement. « Tu as vu la constance de ma sœur », (*HT*, 220) dit le jeune homme juste avant son exécution à son bourreau. Avec une constance admirable, tels deux sages stoïciens, le couple incestueux et adultère, Lizaran et Doralice, accepte son sort. Le peuple accouru pour contempler l'exécution est ému, charmé par ce stoïcisme de pacotille. Seul le lucide narrateur sait que le frère et la sœur ont persévéré « dans la malice » (*HT*, 221), comme ils sont maintenant constants dans la contrition. Dans l'histoire

---

1 Lucrèce, *op. cit.*, IV, 1063-1073.

suivante, « De la constante et désespérée résolution d'un gentilhomme et d'une demoiselle », le narrateur met en scène « une constance plus prodigieuse qu'imitable » (*HT*, 223). Mais on y cherchera en vain un éloge de la constance, la vertu qui résume l'idéal néo-stoïcien depuis les traités *De la Constance* (1594) du philosophe flamand Juste Lipse et *De la constance et consolation és calamitez publiques* (1594) du futur Garde des Sceaux de Louis XIII, Guillaume Du Vair. Le couple d'Amarille et Valéran est « constant » dans l'excès et le vice. La violence de leur passion fit transgresser Amarille toutes les lois familiales, sociales et religieuses (*HT*, 223). Sans l'amour, estimait Phèdre dans le *Banquet*, « ni cité ni individu ne peuvent réaliser de grandes et belles choses[1] ». Dans l'histoire d'Amarille, c'est exactement l'inverse : la jeune femme se met en marge de la société par amour. Elle combat les fonctionnaires de la justice pour protéger son compagnon criminel Valéran. L'amour détruit la cité, comme il sape les fondements moraux qui la fondent : Amarille préfère se donner la mort, abandonner sa fille, affliger sa mère plutôt que d'accepter que son compagnon se livre aux autorités. Le thème de la constance permet, en outre, à Rosset d'exposer la présomption des hommes. Dans *L'Entretien' avec de Monsieur de Sacy*, Blaise Pascal souligne lui aussi que la suffisance stoïcienne est peu compatible avec la modestie chrétienne. Dans le texte de Rosset, cette constance est la marque de la corruption généralisée, ontologique de l'homme. Aussi un vertueux cardinal supporte-t-il « constamment » (*HT*, 416) le meurtre de son frère, pour mieux dissimuler ces désirs de vengeance.

FAILLITE DE LA PHILOSOPHIE, DE LA NOBLESSE, DE L'HOMME

Commentant la mémoire d'Amarille, le narrateur note :

> Exemple rare s'il en fut jamais, et d'autant plus remarquable, que l'infidélité règne au siècle où nous sommes parmi le sexe féminin. Les dames y font profession de l'inconstance et à peine en trouverait-on une semblable en tout le monde (*HT*, 232).

1 Platon, *Le Banquet*, 178d.

En somme, le stoïcisme dévoyé d'Amarille permet encore à François de Rosset de dénoncer les dangers de la présomption et les périls de la galanterie, cette « inconstance » plaisante[1]. Il semble, toutefois, préférer ce succédané de stoïcisme à la dissimulation et la contrefaçon (*HT*, 408, 412, 418) qui corrompent les meilleures âmes. Par ailleurs, les anecdotes de la constance et du courage stoïque déployés par Cléopâtre et Arria, la femme de Paetus, citées à la fin de la nouvelle (*HT*, 232), sont autrement plus exemplaires que la galanterie qui marque le « siècle débordé » de Montaigne et de Rosset. On mesure alors la distance entre l'admiration qu'éprouve Montaigne pour Arria, dans le chapitre « Des trois bonnes femmes » de ses *Essais*, et la constance pervertie d'Amarille qui sape la vertu morale et déstructure la société. Du néo-stoïcisme, pensé par Lipse et Du Vair comme un rempart contre les excès du fanatisme[2] et de la passion, les personnages de Rosset n'ont retenu qu'une attitude, transformant la persévérance de la raison en l'obstination pervertie de la fureur et du mal[3].

Mais outre l'inefficacité des remèdes antiques, devenus inopérants, le livre de Rosset consigne aussi la faillite d'une certaine noblesse, cette caste de « gentilshommes » et « dames galantes » (*HT*, 424), incapables de maîtriser leurs passions, d'abandonner leurs privilèges moraux, sociaux et politiques. Les âmes les plus généreuses – celle de Fleurie, par exemple (*HT*, 337) – glissent dans la cruauté la plus inhumaine lorsqu'elles sont touchées par la fureur, la jalousie et la colère qui accompagnent le désir. J'ai déjà cité les exemples de Valéran, le duelliste invétéré, ou de Timante qui pense pouvoir tuer impunément une femme qui s'est refusée à lui. Par « ses charges, son courage et la grandeur de sa maison » (*HT*, 427) il s'estime supérieur à l'État. En outre, il est frappant de constater que dans plusieurs histoires les modestes conseillers des aristocrates – contrairement à ce qui se passera dans le théâtre de Corneille par exemple, où les conseillers sont le plus souvent maléfiques et machiavéliques – sont moins enclins à la violence, plus raisonnables, plus mesurés, en un mot,

1 Notons que selon Rosset, Concini (Filotime) est perdu par son inconstance : À partir du moment où il est infidèle à sa femme (Dragontine), elle lui retire son soutien (*HT*, 57).

2 *Cf.* Denis Crouzet, *Les Guerriers de Dieu. La violence au temps des troubles de religion vers 1525 – vers 1610*, Paris, Champ Vallon, 1990.

3 Flaminie interprète une chanson qui reprend le thème de la constance : « Cruel amour, cesse de me poursuivre, / Ne vois-tu pas que mon cœur est à toi, / Et que plutôt je cesserai de vivre / Que de changer de constance et de foi ? » (*HT*, 405).

plus chrétiens que leurs maîtres. Le valet de Lucidamor (*HT*, 329), par exemple, comprend immédiatement que son maître a été trahi par son ami. Lorsque le valet de celui-ci, qui fut chargé de l'exécution, conçoit la vilénie de son seigneur, il décide d'aider les victimes à se venger. De même les modestes serviteurs de l'État, qu'ils soient simples gendarmes, ministres de la justice (*HT*, 472), ou sage magistrat (*HT*, 493), incarnent la justice humaine, préfiguration de la justice divine.

Notons cependant que ni les institutions – le mariage par exemple – ni la philosophie – platonicienne, épicurienne, stoïcienne – ne donnent à l'homme l'ossature pour résister au mal. Les structures familiales, sociales et politiques et la raison offrent un rempart contre le vice, certes, mais elles ne l'éliminent nullement. Le mariage n'offre pas une protection fiable ; la plus raisonnable des femmes succombe à la tentation, lorsqu'elle oublie la nature humaine et surestime ses propres forces. Rosset n'exempte pas les hommes de toute responsabilité : ils ont trop souvent recours aux excuses pour rejeter « la coulpe sur l'amour ou sur le destin » (*HT*, 485).

Aussi Rosset met-il en fiction dans ces nouvelles la corruption ontologique de l'homme. Intégrant à plusieurs reprises des poèmes à son texte, Rosset semble souligner le dessein moral de la littérature. La belle et noble Fleurie pense être armée contre les assauts de l'amour :

> Avant que je m'engage à ce dieu des amours,
> De qui la tyrannie est partout si connue,
> Je prie aux Immortels qu'ils retranchent mes jours
> Et qu'ils couvrent mes yeux d'une éternelle vue.
>
> Je dépite ses traits, mon cœur est un rocher
> Aussi dur pour ses coups, comme il est insensible.
> Il a beau contre moi ses flèches décocher,
> Il trouvera toujours que je suis invincible (*HT*, 321).

Certes, la littérature peut être le discours par lequel une jeune femme exorcise ses craintes et tranquillise son âme fébrile. Mais ce poème condense surtout la méprise capitale de cette noble jeune fille, qui incarnant la présomption stoïque des âmes généreuses s'estiment imperméables à la force brutale de l'amour et de la passion.

Aussi le recueil se termine-t-il sur un texte exemplaire, un poème remémorant le sort tragique de ces « funestes amants » (*HT*, 498) et sur l'évocation de la grandeur du grand monarque Henri et de son épouse Marie, réunissant ainsi histoire et fiction, crimes imaginaires et vérité morale. Le paradoxe de ces histoires exemplaires et tragiques est qu'elles montrent avant tout une réalité anhistorique, celle de la fragilité humaine – celle de la reine comme celle de toutes ces nobles femmes – ainsi que la misère des hommes – celle, par exemple, des plus vaillants chevaliers incapables de se gouverner – la seule exception étant Henri IV. Ce bon roi, rappelle le narrateur, « notre grand monarque, à qui les homicides commis en trahison étaient mortellement odieux ne voulut jamais prêter oreille » (*HT*, 496) à ceux qui étaient venus implorer la grâce de Calamite, coupable d'avoir prémédité le meurtre de son mari par son amant. Dans cet univers sans rédemption, seule la grâce divine peut sauver l'homme déchu.

Alexander Roose
Université de Gand

LES DIVERS EFFETS DE LA FORTUNE DANS LES *NOUVELLES FRANÇAISES* DE CHARLES SOREL

En 1623, Charles Sorel publie ses *Nouvelles françaises où se trouvent les divers effets de l'Amour et de la Fortune*[1]. De ce titre un peu copieux, l'histoire littéraire d'hier n'aura retenu le plus souvent que les deux premiers mots, où l'adjectif souligne l'ambition d'acclimater en France un type de narration – disons pour faire bref celui de la nouvelle longue – que les lecteurs avaient apprécié dans les *Nouvelles exemplaires* de Cervantès. Il semblait donc qu'à prolonger ce registre avec des personnages et des décors français Sorel avait amorcé une pratique plus « réaliste » de la fiction ; on ajoutait du reste aussitôt qu'il ne réussissait jamais qu'un premier pas puisque ses *Nouvelles* continuent à décliner une topique fort traditionnelle, où les enlèvements et les quiproquos font fi de toute vraisemblance.

La recherche récente sur le roman du XVIIe siècle est moins portée à y traquer seulement certaine préhistoire des réalismes à venir[2]. L'idée s'impose désormais que les intrigues haletantes des *Nouvelles* ne tenaient sans doute pas tellement à un archaïsme mal dépassé, mais bien plutôt à une esthétique *sui generis*, qui pouvait fort bien chercher d'abord et de parti pris à surprendre ses lecteurs, partant aussi se soucier assez peu de transcrire le cours ordinaire du monde. On imagine en effet volontiers que Charles Sorel n'aurait guère goûté tels romans du XIXe ou du XXe siècle qui restituent de leur mieux la trame très prévisible de vies quelconques. Ses *Nouvelles* font l'inverse et multiplient à plaisir – et

1 Références, dans le texte à Charles Sorel, *Nouvelles françaises où se trouvent les divers effets de l'Amour et de la Fortune*, Genève, Slatkine Reprints, 2011 (réimpression de l'édition de Paris, 1623).

2 *Cf.* à ce sujet un très belle mise au point de Patrick Dandrey, *Le premier* Francion *de Charles Sorel ou le « jeu du roman »*, Paris, Klincksieck, 2001, p. 81-102.

pour le plus grand plaisir des premiers lecteurs – les trajets insolites et les changements à vue.

Ce qui ne signifie pas, on s'en doute, qu'elles n'ont rien à apprendre à l'historien[1]. Pour rejoindre rarement les sentiers battus de leur époque, les *Nouvelles françaises* engagent toujours certaines psycho-logiques qui nous paraissent aujourd'hui assez déconcertantes. Le nouvelliste, pour sa part, les indique de façon incidente, ce qui a donné à penser qu'il devait les partager largement avec son public ; elles nous ramènent, je crois, dans un premier XVIIe siècle à tous égards encore fort peu moderne.

Les *Nouvelles*, à en croire leur titre, déclinent *les divers effets de l'Amour et de la Fortune*. Ne nous appesantissons pas sur l'article défini, qui ne prétend bien sûr pas suggérer une quelconque exhaustivité. Les cinq nouvelles valent plutôt pour autant de spécimens d'une matière inépuisable[2] où *l'Amour et la Fortune* n'en finissent pas de générer des *effets* inattendus. Ce n'est toujours pas à dire que ces *effets* arriveraient, à proprement parler, au hasard. Ils débordent sans doute les intentions des personnages : les protagonistes de nos *Nouvelles* ne réussissent pas toujours, loin s'en faut, à réaliser leurs desseins, qui manquent rarement de rencontrer quelque contretemps ou d'aboutir à des résultats imprévus. Toujours est-il que ces bavures ne semblent pas relever de la simple luxuriance d'un monde aux foisonnements indéfinis. À y regarder d'un peu près, tout se passe en effet plutôt comme si elles étaient commandées de part en part par certaine gouvernance suprême qui, elle, semble parvenir invariablement, au travers des projets des uns et des autres, à amener les choses au terme qu'elle leur avait fixé.

Sorel n'est pas un théologien et ne se complaît pas plus, comme tels auteurs tragiques, à déployer le travail d'une fatalité implacable. L'impact du Ciel le fascine si peu qu'on pourrait dire, en forçant quelque peu la note, que ses *Nouvelles* ne s'y intéressent pas particulièrement. Elles évoquent sans doute volontiers des guidages d'En-Haut, les accueillent même dans leur titre puisque la Fortune, après tout, est une déesse,

1 Voir aussi, dans cette perspective, Normand Doiron, « L'honnête roman », in *Charles Sorel polygraphe*, Emmanuel Bury et Eric Van der Schueren éds, Québec, Presses universitaires de Laval, 2006, p. 473-480.

2 On se souvient que les *Nouvelles choisies* de 1645 ajoutent deux nouvelles de plus.

mais leur consacrent surtout, par la suite, des formules stéréotypées qui relèvent de toute évidence de la *pensée toute faite*. L'idée s'impose dès lors que ces notations sommaires transcrivaient une manière d'évidence, une vision des choses largement consensuelle dont Sorel pouvait faire état sans réfléchir au détail précis de ses formules. Ce qui signifie du coup qu'il vaut la peine, près de quatre siècles plus tard, d'y réfléchir au contraire de très près : ces propos incidents ont toutes chances de laisser entrevoir le regard coutumier qu'un homme du début du XVIIe siècle pouvait porter sur les aléas de son monde.

Sorel se réfère, au fil de la plume, à Dieu, au Ciel, au destin, à la fortune ou à la fatalité ; ses personnages viennent parfois à les invoquer pêle-mêle à quelques lignes de distance[1]. Ces flottements ne relèvent sans doute pas de la seule nonchalance. Les nouvellistes de l'Ancien Régime sont souvent portés à éviter toute référence trop directe au Dieu chrétien et à sa Providence, qui messiérait dans le contexte frivole de la fiction. On préfère parler du Ciel ou se servir de termes vaguement mythologiques. Il arrive à Sorel de parler incidemment des Dieux, au pluriel[2] ; cela ne signifie pas, on s'en doute, que lui ou ses personnages seraient tentés par un quelconque polythéisme, mais que le langage de la Fable reste un lexique familier.

Ces divers termes ne sont bien sûr pas tout à fait interchangeables. La Fortune apparaît plutôt au sujet de changements à vue ou de péripéties inattendues ; la fatalité ou le(s) destin(s) connotent une conduction prolongée qui impose le dessin global d'une vie. Le Ciel est le recours le plus fréquent de nos *Nouvelles* et sans doute celui qui désigne au plus près le Dieu chrétien ; on pourrait démontrer, mais le détail serait un peu long, que le texte s'y réfère de préférence – pas exclusivement – et pour des événements fastes, qui attestent certaine bonté et/ou certaine justice d'En-Haut. Cela donne parfois lieu à des contrastes qui paraissent aujourd'hui naïfs. Quand Uralie, rend « mille grâces au Ciel de [lui] avoir rendu enfin ce que la mauvaise fortune [lui] avait ôté » (p. 555),

1 *Cf.* par exemple un monologue d'Élidore, qui couvre il est vrai toute une page et s'en prend successivement au Ciel, à Dieu, à la fatalité et aux destins (p. 34-35). Orize et Uralie s'adressent, du même mouvement, au Ciel et aux destins (*cf.* resp. p. 117 et 547).

2 *Cf. Nouvelles*, p. 58, 186, 234, 423 (où l'on trouve aussi une référence à « toutes les puissances célestes ») et 465. Je note encore, dans le même registre, une référence aux « Parques » (p. 477).

le lecteur critique ne peut manquer de se dire que la perte initiale et les retrouvailles du dénouement heureux devraient s'imputer en bonne logique à la même décision suprême. Il en va de même quand un personnage se félicite « que les destins [lui] sont [enfin] favorables » et que son interlocutrice répond que « le Ciel est trop juste pour [les] séparer encore si cruellement comme il a[vait] fait » (p. 224) ; on voit mal quelle justice avait pu l'amener à leur infliger leur première séparation. La même justice l'empêche ailleurs de favoriser durablement une supercherie :

> Quelque jour après le Ciel ne voulant plus permettre qu'elle fût ainsi abusée, de peur d'être estimé complice du forfait, fit qu'elle reconnut quelque chose de la vérité. (p. 277)

L'imposture en question avait toujours commencé par réussir assez longtemps ; le Ciel aurait pu y couper court dès le premier mensonge !

Ces propos irréfléchis (ou, si l'on préfère, pas vraiment *pensés*) ont en commun de ne pas se formaliser d'un délai que le Ciel, par définition Tout-Puissant, aurait pu éviter. On pourrait en dire autant, tout bien considéré, de l'économie globale de nos *Nouvelles*, qui aboutissent quatre fois sur cinq à un dénouement heureux : les bénéficiaires ne laissent jamais d'en remercier copieusement le Ciel et oublient apparemment les tribulations qu'ils ont dû traverser pour y arriver et qu'Il aurait pu leur épargner tout aussi bien. Les *Nouvelles* ont certes besoin de ces détours, qui les préserve de coïncider d'emblée avec leur *happy end*. Reste que ces errements n'appellent ici aucune révolte et que les monologues les plus plaintifs des *Nouvelles* débouchent très rarement sur des récriminations. Même aux pires moments, les personnages de Sorel appréhendent plutôt leurs revers comme une sorte de lot commun inévitable, sans aucun doute fort pénible mais dont il n'y a aussi, à la fin des fins et au-delà des pleurs et des gémissements qui ne manquent certes pas, qu'à s'accommoder.

La *Nouvelle seconde* aligne une série de malencontres plutôt qu'une intrigue unifiée et comporte en cours de route un moment où les protagonistes paraissent tout près d'un dénouement heureux. Sorel relance alors leurs aventures avec une curieuse fin de non-recevoir :

> Ils vivaient tous deux en une ferme espérance de se voir incontinent au suprême degré de tous les contentements du monde. Mais la fortune qui se montre ordinairement plus ennemie lorsque l'on l'attend plus favorable, ne voulut

> pas qu'ils se pussent vanter entre tous les mortels d'avoir accompli leur plus beau dessein sans y être traversés. (p. 180)

Les desseins antérieurs des deux personnages avaient déjà été très « traversés ». Cela ne dispense pas leur nouveau projet, qui est le « plus beau » parce qu'il aboutira à un mariage très bien assorti, de se heurter à son tour à quelques contretemps puisque tel est apparemment le sort de toutes entreprises humaines. La *Nouvelle quatrième* juxtapose trois soupirants qui se disputent la main d'une même belle et sympathise surtout avec celui qui espère l'emporter par son esprit ; les deux autres se prévalent respectivement d'un nom noble et d'une belle fortune. Quand la bien aimée préfère le candidat le plus riche, l'homme d'esprit manque d'en mourir mais s'explique aussi que le Ciel pouvait difficilement lui départir tous ses dons :

> C'est ma pauvreté dont par aventure la divinité a voulu m'affliger en récompense de quelque petite perfection qu'elle m'a départie, ne voulant pas qu'un homme ait en ce monde toute sorte de biens. (p. 439)

Le bonheur absolu n'est décidément pas de ce monde !

Les malheurs des *Nouvelles* ne paraissent jamais foncièrement injustes. Ils rejoignent certaine trame ordinaire d'un monde où toute vie humaine comporte sa part de bonheurs et de malchances et où le détail concret et la distribution des uns et des autres échappe largement à toute emprise concertée des intéressés. Ceux-ci, du coup, subissent leur sort beaucoup plus qu'ils ne le font et trouvent naturel de s'y plier.

Les rares passages qui amorcent un début de protestation ne tardent guère à la réprouver. Tantôt le plaignant se rétracte presque aussitôt :

> Mais ô Ciel, que dis-je. C'est bien à tort que je me plains de vous. Je me dois imputer toute la faute, car sans doute je n'ai pas gardé mon Orize avec assez de soin. (p. 186)

Quelques pages plus loin, le même personnage se plaint d'un contretemps qui le sauve à son insu d'un traquenard ; il se le reproche plus tard[1], alors que le bénéfice était de toute manière impossible à

1 *Cf. op. cit.*, p. 228 : « Alerio [...] protesta qu'il ne cesserait de sa vie de [...] remercier ["la Divinité"] des faveurs qu'elle lui avait faites et de lui demander pardon de quoi il les avait prises au commencement pour des déplaisirs ».

deviner. La *Nouvelle troisième* évoque, sans les citer, les plaintes d'Albert à la mort de sa bien aimée :

> Au fort de cette excessive passion, il commit plusieurs blasphèmes contre le Ciel et l'accusa d'injustice de lui avoir ravi celle qui devait vivre plus longtemps. (p. 343)

Comme les événements, par la suite, se précipitent, Albert n'a plus le loisir de se repentir de ses *excès*[1] ; le narrateur, lui, les condamne de toute évidence.

Il arrive aussi que le Ciel, au lieu de remédier pour de bon à tels malheurs immérités, intervient seulement pour donner à leur victimes la force de les supporter et prévenir ainsi les plaintes excessives. Une femme maltraitée et calomniée par son mari a droit à des secours surnaturels qui l'aident à se résigner :

> Peut-on trouver une âme assez forte pour ne point succomber à ce faix de malheur sans une particulière assistance de la divinité ? Grâce aux faveurs du Ciel, le désespoir ne me saisit point. (p. 140)

Quand son bourreau finit par l'abandonner sur une île déserte, la tentation du désespoir se fait plus forte encore :

> Je me vis réduite au plus misérable état du monde. Par plusieurs fois je pensai me précipiter du haut d'une roche dedans la mer, mais à tous les coups mon bon Ange m'en dissuada et me fit recourir aux prières que j'adressai dévotieusement au Ciel. (p. 143-144)

Le second mari de cette mal-mariée, qui la consolera de ces déboires, aura eu droit lui aussi à une intervention où le Ciel se contente d'une manière de retouche. Ulcéré par une injustice de son roi, il choisit un moment de se faire pirate et s'attaque alors de préférence, sur le vaste océan, aux navires qui viennent de sa patrie ; il ne tarde pas à être « touché de la main de Dieu qui, par une grâce spéciale [l]e réveill[e] du sommeil de péché dont [il s'est] laissé surprendre » (p. 176). Cette grâce

1 La réprobation s'efface tout à fait dans un bref passage de la *Nouvelle quatrième*, où le protagoniste à ce moment désespéré adresse des « injures [...] aux destins pour lui avoir donné de si beaux désirs et si peu de moyens de les mettre à fin » (p. 363). Le dénouement heureux prouve – sans revenir sur ces récriminations de toute manière très incidentes – que les destins n'avaient pas vraiment tort.

spéciale est aussi fort curieuse puisque le Ciel, qui aurait pu amener le roi à se repentir de son injustice, se contente de réorienter la réaction de sa victime : il le retire de son péché en lui inspirant de ne plus s'attaquer qu'à des corsaires. Et il ne laisse apparemment pas de l'assister dans cette piraterie désormais vertueuse : ce nouveau « dessein » réussit « fort bien, comme très équitable… » (p. 176)

Les *Nouvelles* nous ramènent dans un très Ancien Régime psychologique, où tous événements douloureux ou déconcertants paraissent invariablement dictés par une Volonté divine et où, même si on estime sans doute qu'elle règle finalement toutes choses pour le mieux, il convient aussi et d'abord de respecter de toute façon ses décrets insondables. Sorel, dans ce sens, participe d'une immémoriale *culture de la soumission*[1] dont notre modernité a perdu l'instinct. Ses personnages imaginent assurément des projets sophistiqués ; ils se savent aussi bien pris et entraînés, eux et leurs desseins, dans un cours imprescriptible du monde dont la direction, dans toutes les acceptions du terme, les dépasse et devant lequel il n'y a qu'à s'incliner.

On sait comment philosophes et théologiens ont dépensé des trésors d'ingéniosité pour expliquer que cette gouverne pouvait coexister avec la liberté humaine. Sorel n'avait pas à se mêler à ces débats et admet quelquefois, sans s'y attarder, que la conduction divine et la prudence humaine peuvent tout bonnement aller de pair. Un homme qui vient d'échapper à un attentat de façon quasi miraculeuse s'entend recommander de se montrer d'autant plus prudent :

> C'est un bon présage, […] sans doute Dieu a envie de vous conserver encore longtemps au monde puisqu'il vous a déjà sauvé d'un si grand danger ; mais il faut que vous vous aidiez un peu et que votre soin se joigne avec le sien, autrement vous serez tout étonné que vous tomberez insensiblement dans les pièges que vos ennemis vous tendront. (p. 173-174)

Cela signifiera, au choix, que le « soin » que l'intéressé prendrait de lui-même a plus de chances d'aboutir parce que le Ciel œuvre dans le même sens ou, presque au contraire, qu'on ne doit pas compter deux

1 Terme de Mireille Laget, *Naissances. L'accouchement avant l'âge de la clinique*, Paris, Seuil, 1982, p. 125. On pourrait convoquer aussi, bien sûr, les analyses bien connues de Marcel Gauchet sur l'assujettissement au sacré qui serait le régime dominant des sociétés traditionnelles.

fois sur un miracle. Sorel a dû apprécier surtout l'occasion d'inverser un proverbe : le Ciel t'aide, donc aide-toi ! L'homme d'esprit de la *Nouvelle quatrième* rejoint à sa manière cette inversion quand il monte un stratagème pour libérer sa bien aimée prisonnière et l'encourage, après un premier début de succès, a y jouer elle aussi son bout de rôle :

> Le Ciel a déjà favorisé le commencement de mes desseins. Je pense qu'il continuera à faire prospérer le reste pourvu que vous ayez le courage d'accomplir ce que je vous conseillerai. (p. 427)

Ce « pourvu que » n'est pas toujours de rigueur. Sorel vient aussi à affirmer, comme pourrait le faire un prédicateur, « que véritablement la divinité sait mieux ce qui nous est nécessaire que nous-mêmes » (p. 227) et qu'elle peut nous aménager ce nécessaire sans notre aide. Une curieuse réflexion de la *Nouvelle première* joue même avec l'idée que ses bienfaits iraient surtout à ceux qui renoncent à tout espoir humain :

> Hélas, destin, comment tu conduis toutes les choses du monde au contraire de ce que nous attendons. Quand nous espérons de la joie tu nous envoies des tristesses et lorsqu'il nous semble que tous les malheurs de la terre soient prêts à tomber dessus nous, tu nous donnes des félicités, tant tu reçois de plaisir à nous tromper. De sorte qu'il m'est avis que pour être heureux il faut toujours souhaiter des infortunes et se figurer qu'elles menacent notre tête. (p. 52)

Le calcul semble saugrenu et suppose une malignité qu'il serait délicat d'attribuer au Dieu chrétien ; Sorel préfère donc apostropher le destin. Tel quel, son curieux « avis » nous vaut une sorte d'illustration par l'absurde de la pente essentielle d'un monde dont la loi fondamentale serait de jamais trop s'accrocher à ses propres « souhaits ».

Les quelques dizaines de références de nos *Nouvelles* au Ciel et à ses « équivalents » mythologiques expriment d'abord l'évidence d'une soumission élémentaire. Cela ne surprend pas trop quand on pense que, quelques décennies plus tard, Bossuet, dans le *Sermon sur la Providence* de son *Carême du Louvre*, s'attarde à peine sur les soins exquis qu'un Dieu prendrait de ses créatures, ni même sur sa haute sagesse ; le *Sermon* préfère insister sur le devoir d'obéissance qui serait la seule façon valable de révérer comme il convient ce très haut Mystère.

Le nouvelliste n'était pas tenu d'escalader ces cimes. La norme implicite de ses *Nouvelles* définit donc une variante plus rudimentaire de cette révérence. Le lecteur est convié, quand le cours des anecdotes s'y prête, à admirer que le Ciel secoure à point nommé tel personnage ou atteigne à ses fins par des voies dont personne ne se serait douté. Il reste entendu que ces beaux succès ne sont jamais que des aubaines et qu'il serait de toute manière parfaitement vain de prétendre résister aux décrets du Ciel : il s'impose d'abord de les agréer en tous temps avec la même déférence respectueuse.

Sorel, répétons-le, n'écrit pas ses *Nouvelles* pour préconiser ou pour discuter cette vision des choses. Nous avons quelque mal aujourd'hui à imaginer qu'on n'ait jamais pu faire état de telles perspectives sans en proposer ni une apologie ni une mise en perspective critique. Tout ce qui touche au fait religieux paraît désormais, même pour ceux qui choisissent de continuer à y croire, foncièrement sujet à caution et appelle donc des prises de position tant soit peu réfléchies ou du moins explicitement revendiquées comme telles. Charles Sorel, pour sa part, se contente sans états d'âme de transcrire, de la façon elliptique et décousue qu'on vient de voir, des évidences consensuelles. Les *Nouvelles françaises* sont une œuvre à sa façon ambitieuse, dont l'auteur cultive, si l'on me permet l'anachronisme, un profil d'intellectuel[1] ; je dirais volontiers que ses références au Ciel s'inscrivent quelque part à mi-chemin entre les constructions savantes des théologiens et ce que pouvait être à l'époque la foi du charbonnier. Et qu'elles laissent donc entrevoir aussi quelques linéaments de cette dernière.

La soumission à la Providence dont nous venons de faire le tour consone, dans les « mentalités » du XVIIe, avec certaine propension tout aussi partagée à se plier aux attentes d'une société dont les hiérarchies semblent prévaloir quasi naturellement sur toutes prédilections personnelles. Nous sommes dans une société de l'insertion et de l'alignement, où chacun est censé contribuer, en y jouant dûment sa partie, à faire durer l'ordre existant du monde et où le droit permanent à l'initiative individuelle, qui est la pierre angulaire de nos psychologies modernes, reste largement inimaginable.

Nos *Nouvelles* alignent des occurrences insolites. Le titre du recueil, qui ne pouvait décemment attester le Ciel, invoque la Fortune plutôt

1 Pour un positionnement moins anachronique, voir surtout Olivier Roux, *La « fonction d'écrivain » dans l'œuvre de Charles Sorel*, Paris, Champion, 2012.

que le Destin ; on peut se demander si le charme spécifique des *Nouvelles* n'était pas de changer un instant le public d'un quotidien plus uniment voué au retour indéfini du très prévisible. Toujours est-il que les imprévus que Sorel aménage à cet effet restent, à les soupeser de près, solidement encadrés par tout un ordre des raisons d'accent très traditionnel.

Je note d'abord que, si nos personnages n'en finissent pas d'imaginer toutes sortes de stratagèmes ingénieux, les dénouements heureux ne sont pas vraiment le fait de leur adresse. La *Nouvelle première* raconte l'amour du plébéien Floran pour une demoiselle qui le paie de retour. Leur union devient possible quand Floran, qui a dû s'enfuir du pays, se trouve gagner par hasard une grosse fortune, en profite aussitôt pour s'acheter un titre de noblesse et semble du coup un parti mieux assorti. On notera qu'il ne s'agit même pas d'un succès de *self made man*, qui aurait gagné ses richesses à la force du poignet. Floran devient, en qualité d'unique survivant d'un naufrage, le propriétaire légitime de la caisse du navire[1], qu'il récupère en pleine mer parmi les épaves.

La *Nouvelle seconde* évoque deux mal-mariés qui tombent amoureux l'un de l'autre. Alério et Orize peuvent convoler, pour un mariage que tout annonce plus heureux que les premiers, quand le mari gêneur devient la victime du guet-apens qu'un troisième soupirant destinait à l'amant aimé. Les trois hommes ne se connaissaient pas l'un l'autre et le quiproquo n'a rien de révoltant parce que le mari assassiné méritait largement son sort. Reste qu'il aura toujours fallu ce hasard, où l'on peut deviner aussi une intervention divine…

La *Nouvelle quatrième*[2] évoque trois rivaux qui se disputent une même femme. Sorel, nous l'avons déjà dit, s'associe aux vœux du soupirant qui a le plus d'esprit et pourrait donc raconter comment son savoir-faire triomphe des richesses et de la vaillance de ses concurrents. L'homme d'esprit commence en effet par réussir où les autres avaient échoué : c'est

1 Personne ne s'avise apparemment que le capitaine pourrait avoir des héritiers, qui auraient donc eux aussi des titres à faire valoir. Ce qui montre une fois de plus que le prétendu *réalisme de Charles Sorel* (*cf.* le livre un peu ancien de F.-E. Sutcliffe, Paris Nizet, 1965) n'a décidément rien de balzacien…

2 La *Nouvelle troisième* est la seule du recueil à terminer sur un dénouement malheureux. J'ai démontré ailleurs que cette exception se montre elle aussi très respectueuse de toutes règles ambiantes ; *cf.* mon étude « *La sœur jalouse* ou les partialités de l'évidence » in *La sociabilité des cœurs. Pour une anthropologie du roman sentimental*, Amsterdam, Rodopi, 2013, p. 27-41.

lui qui réussit, par une ruse bien imaginée, à tirer la belle des mains d'un ravisseur qui avait refusé toutes rançons et battu le soupirant chevalier en duel. Ce succès cette fois bien réel ne suffit toujours pas pour amener le mariage désiré puisque la bien aimée préfère, une fois délivrée, épouser l'homme riche ; il faudra que le financier meure après six mois de mariage et que le chevalier, entretemps, ait trouvé ailleurs chaussure à son pied pour que l'ingrate accepte enfin d'épouser le seul soupirant qui lui reste.

La Nouvelle Cinquième est sans doute celle où les desseins concertés se montrent les plus performants. Il y est question d'un enfant perdu que ses parents, au moment de le mettre en nourrice, ont soigneusement pourvu de signes qui peuvent l'identifier et qu'on finit par retrouver vingt ans plus tard à la faveur d'une enquête lancée par le père. Les choses, cette fois, arrivent parce qu'on les a voulues. N'empêche que tout aurait pu se terminer très mal. Les parents, eux-mêmes réunis après une longue séparation, manquent d'abord de devenir les victimes d'un imposteur qui possède des doubles des signes requis. Il faut cette fois que le vrai fils entende parler par hasard de l'enquête pour éventer une supercherie qui, sans cela, aurait eu toutes chances de passer inaperçue.

Comme quoi les triomphes de l'amour de nos *Nouvelles* ne sont jamais tout à fait des succès des personnages amoureux. On y verra plutôt, dans ce sens-là aussi, des *effets de la Fortune*, qui, pour une – ou pour quatre – fois, finissent par combler les intéressés, mais ne sont pas pour autant leur œuvre. Les récits, d'aboutir à des dénouements heureux, n'appellent pas des réflexions trop angoissées sur les caprices du sort. Ils restent, si l'on peut dire, plus étrangers encore au mirage proprement moderne d'un individu qui serait à lui seul le maître d'œuvre et le principal artisan de sa propre vie.

On me dira qu'à défaut de rêver pareille maîtrise nos personnages s'adonnent au moins à des amours qui ne correspondent pas trop aux attentes de leurs entours et qui impliquent donc telles qu'en elles-mêmes certain *quant-à-soi*. Ces amours, qui plus est, aboutissent quatre fois sur cinq au mariage souhaité. Les *Nouvelles françaises* pourraient donc comporter malgré tout leur dimension contestataire puisqu'on y finit toujours par trouver son bonheur en dehors des voies toutes tracées.

Les lectures dans ce sens n'ont évidemment pas manqué. Qui cherche à ressusciter un auteur oublié est généralement enclin, de nos jours, à lui assurer toutes sympathies en lui découvrant aussi, pour peu que ce soit possible, une bonne dose de rébellion. Frédéric Deloffre note donc tout uniment, et pour y applaudir, qu'« il n'est aucune des cinq nouvelles [de Charles Sorel] qui ne pose en quelque façon le problème social[1] ». Reste que la « façon », en l'occurrence, fait beaucoup à l'affaire et que celle de nos *Nouvelles* n'a, comme on va le voir, rien de très transgressif.

Peu importe à cet égard que les dénouements heureux, ici, se montrent toujours très respectueux de l'ordre et de ses convenances. Floran, nous l'avons vu, épouse sa demoiselle après avoir acquis la fortune et le titre qu'il fallait[2] ; les mal-mariés convolent seulement après les morts de leurs conjoints respectifs. La *Nouvelle cinquième* est la seule à proposer une situation risquée puisqu'Uralie et Méligène s'y contentent, pour s'unir, d'échanger « une promesse de mariage » (p. 521), qui doit rester secrète jusqu'à la mort de quelques vieux parents ; il le fallait parce qu'une large part de l'intrigue tourne ensuite autour d'un fils tout aussi secret qu'on s'empresse de mettre en nourrice pour le retrouver seulement vingt ans plus tard. La promesse échangée suffit en principe, en ce début du XVIIe siècle, à créer le mariage, mais reste une façon assez scabreuse de réconcilier les droits de l'amour et le respect de la parentèle ; la nouvelle débouche d'ailleurs sur un mariage public, qui se fait alors, vingt ans plus tard précisément, « avec le plus grand appareil qui se pouvait faire » (p. 564).

Il est plus curieux que Sorel choisisse en outre d'amorcer son intrigue par un épisode qui n'avait rien d'indispensable et qui pourrait bien rechercher une obscure compensation. Lors de la toute première rencontre des futurs amants, Uralie est déguisée en page et paraît, sous cet accoutrement, si ravissante que Méligène, qui ne se doute de rien, s'inquiète un instant de côtoyer le « plus sale de tous les vices » (p. 498). L'horrible éventualité affleure pour être aussitôt récusée ; Méligène proteste que son « inclination est assez divertie d'elle-même de se porter à des excès que la nature condamne » (p. 498). Après quoi il s'avérera que son inclination, qui bouscule quelque peu les hiérarchies sociales, aura toujours respecté d'instinct[3] les lois de la nature. Sorel aménage, avant de raconter l'initiative la plus hardie de ses *Nouvelles*, une manière de soumission de rechange.

1 Frédéric Deloffre, *La nouvelle en France à l'Age classique*, Paris, Didier, 1967, p. 26.

2 Les *Nouvelles choisies* font même un pas de plus parce qu'on y finit par découvrir que le prétendu roturier était en fait, à son propre insu, un gentilhomme.

3 La suite de la nouvelle propose un autre exemple encore de cette curieuse soumission d'instinct à ce qui doit être. Après leur réunion, Uralie et Méligène manquent un instant

Ces aménagements pourraient relever d'un simple conformisme de façade. Il est, je crois, plus significatif que nos *Nouvelles*, qui comblent leurs amoureux, restent en même temps complètement étrangères au respect inconditionnel de l'amour qui caractérisera par la suite une très notable part de la littérature de fiction moderne. On n'est pas moins *romantique* que Charles Sorel.

Les amours de Floran et d'Élidore ne naissent pas d'un coup de foudre et n'attestent guère plus l'affinité spontanée de deux âmes-sœurs qui s'entendent au-delà de toutes conventions. Les premiers émois d'Élidore devant ce beau roturier sont racontés en mineur :

> Aussi faut-il avouer qu'il était très aimable et que la bienveillance qu'elle concevait pour lui se pouvait excuser en quelque façon. (p. 10)

Floran ne partage pas d'emblée ce penchant. Il croit d'abord « qu'il ne saurait s'imaginer qu'elle ait de l'amour pour lui sans tomber dans une vanité ridicule » (p. 17) et choisit surtout, quand il s'est bien assuré des sentiments d'Élidore, de tenter sa chance :

> Il songea que quoiqu'il pût arriver, il ne devait pas laisser échapper la bonne fortune qui se présentait à lui. Elidore parut à son esprit avec les charmes incomparables dont elle était pourvue, si bien qu'il conclut qu'il serait un animal stupide si pour la crainte de la mort il s'abstenait de tâcher d'acquérir une beauté avec laquelle il pouvait vivre le plus content du monde. La vanité n'eût pas une petite part dedans son âme… (p. 20-21)

Sorel ne se sent visiblement pas tenu d'idéaliser outre mesure les débuts de son premier grand amour ! Par la suite, une confidente d'Élidore lui dit fort bien qu'elle fait sagement de préférer Floran au Baron que son frère lui propose[1] : le premier lui devrait une éternelle reconnaissance et ferait donc un mari docile alors que le mariage avec un homme « de sa qualité » lui donnerait « un maître plein de gloire » (p. 66) ; Élidore

---

d'être les dupes d'un imposteur et lui proposent donc la jeune fille qu'ils destinent alors à leur fils retrouvé. L'imposteur est très évidemment enchanté, mais la promise réagit « fort froidement […] comme si le Ciel lui eût envoyé une inspiration inconnue pour lui remontrer que ce n'était pas là celui qui était destiné pour l'épouser » (p. 564).

1 Sorel indique au passage que ce frère, s'il finira par y aller un peu fort pour imposer son candidat, n'a en principe pas tellement tort : « Son dessein était très bon et très à propos, mais pourtant par un succès extraordinaire de fortune il eut un accomplissement tout dissemblable à celui qu'il pouvait espérer avec quelque raison » (p. 7).

ne proteste pas contre cette interprétation de son choix. Floran, de son côté, doute[1] parfois de la constance de sa maîtresse :

> Il ne pouvait avoir tant d'assurance en sa fidélité qu'il ne crut qu'à la fin elle ne fût contrainte de l'oublier pour un homme de qualité plus relevée. (p. 99)

L'évidente sympathie de Sorel pour ses amants ne l'empêche pas de ponctuer son récit de quelques notations qui, dans un roman sentimental, seraient peu ou prou des blasphèmes. Il ne s'agit pas encore dans les *Nouvelles françaises* de mettre en scène des amours invariablement sublimes. La confidente d'Élidore réussit plutôt bien, pour sa part, à faire son deuil d'un amour sans espoir :

> Ne voyant point d'apparence de guérir mon mal par une jouissance honnête, j'ai tant fait qu'il ne me reste plus guère de choses de mes premières flammes. (p. 96)

Les mal-mariés de la *Nouvelle seconde* se sont d'abord prêté l'un et l'autre sans répugnance apparente à des mariages de raison. Orize raconte[2] qu'elle avait renoncé ce faisant à une première affection partagée ; il est vrai qu'elle la partageait apparemment avec quelque tiédeur :

> Je ne fus pas si passionnée que je ne le misse un peu en oubli pour songer à un autre que ma mère me voulait à toute force donner pour époux. (p. 122)

Quand elle évoque ensuite, bien plus longuement, ses déboires conjugaux, son récit, qui finit par meubler la moitié à peu près de la nouvelle, est pathétique à souhait, mais ne rencontre pas d'emblée la sympathie émue d'Alério :

> Il lui vint en l'imagination que possible elle n'était pas si chaste ni si fidèle qu'elle se faisait et que tout de même [son mari] n'était pas si mauvais ni si perfide qu'elle lui avait dit ; car cela lui semblait incroyable. De telles rigueurs ne pourraient être exercés, ce lui semblait, par un mari sur une femme innocente. (p. 152)

---

1 Méligène, pendant son absence de vingt ans, craint de même « qu'Uralie [l]e tenant pour mort se serait, mariée » (p. 563). Uralie, au moment des retrouvailles, ne s'en formalise pas trop : « je vous pardonne cette faute librement, sachant bien que l'amour est ordinairement accompagne de crainte » (p. 563).

2 Le détail n'a aucune incidence sur la suite de l'intrigue et aurait donc été, pour peu que Sorel l'eût trouvé gênant, très facile à supprimer.

Alério, dont on nous demande pourtant de croire qu'il est déjà amoureux d'Orize, choisit donc élégamment d'interroger le valet de chambre du mari, qui le rassure par chance aussitôt. Comme la démarche est malgré tout un peu forte, Sorel préfère conclure qu'Alério

> s'assur[ait finalement] sur les parole d[u valet] et encore plus sur celles d'Orize, qui véritablement portait en son visage les marques d'une âme sans fiel. (p. 154-155).

L'amour seul n'avait toujours pas suffi pour les lui faire remarquer ! Ces prosaïsmes sont le fait d'un auteur qui, pour raconter des aventures amoureuses hautes en couleur, ne s'inquiète pas outre mesure de la qualité intrinsèque des sentiments qu'ils engagent. Il tient moins encore, si possible, à leur découvrir une perfection quasi divine. Albert et Francine, dans la *Nouvelle troisième*, échangent « plusieurs promesses d'amour qui étaient simples et naïves » (p. 252) et qui paraissent validées par cette simplicité même :

> Ils ne se promettaient que des choses qui ne surpassent point les forces des personnes mortelles, ayant ensuite envie de mettre à fin tout ce qu'ils disaient. (p. 252-253)

C'est récuser d'avance les protestations infinies du roman sentimental[1]. Le dénouement de la *Nouvelle quatrième* n'a de même, pour le lecteur du XXIe siècle, rien de très sublime. Nous avons vu comment l'homme d'esprit y obtient seulement la main de sa bien-aimée après qu'un premier rival préféré l'a laissée veuve et qu'elle apprend en outre que le deuxième, qu'elle préférerait à son tour, s'est marié entretemps. Une âme sensible pour de bon délicate n'apprécierait sans doute pas trop pareil succès en pis-aller. Le personnage de Sorel se montre moins susceptible et épouse sa maîtresse enfin consentante « avec des plaisirs infinis » (p. 480).

Les *Nouvelles françaises* favorisent le plus souvent leurs amants, mais ne professent pas encore le culte de l'amour qui sera une idolâtrie majeure de notre modernité. Il y faudra, un bon siècle plus tard, toute

1 Il va sans dire que, du point de vue de l'histoire littéraire, Sorel vise plutôt celles du roman précieux, où les personnages, à l'en croire, « désire[raient surtout] de faire éclater la grandeur de leur esprit » (p. 252).

une *révolution du sentiment*[1], qui amènera l'individu moderne à considérer les émois de la vie privée comme le domaine le plus authentique et le plus précieux de toute vie, qui doit légitimement avoir le pas sur tout le reste. Les cultures de la soumission traditionnelles s'effacent alors devant un droit au bonheur inédit – c'est la célèbre *idée neuve* de Saint-Just – que les personnages de Sorel ne songent pas encore à revendiquer.

Ses lecteurs devaient quelquefois y rêver. Les *Nouvelles* aménagent ce *bonheur* un peu plus souvent que ne pouvait le faire la vie réelle ; il est donc permis de penser que les nécessités qui s'y opposaient et qu'on s'accordait à estimer légitimes et quasi naturelles, devaient, de temps en temps, paraître un peu pesantes. Les lecteurs du XVIIe siècle auraient alors apprécié que Sorel leur fournît, au sens très précis d'un terme qu'ils ne connaissaient pas encore, de la littérature d'évasion.

L'historien moderne, pour sa part, apprécie plutôt d'y découvrir que ces évasions, bien loin de réussir une rupture absolue, restent à leur manière très encadrées par quelques très vieilles évidences. Elles permettent ainsi, fût-ce à la faveur d'un reflet très biaisée, de retrouver les réflexes d'une humanité pré-moderne très peu regardante sur ce qu'on appelle aujourd'hui la qualité de la vie et foncièrement trop peu prométhéenne pour imaginer qu'on pût ne pas se plier respectueusement à un cours du monde qui s'imposait de toute éternité.

Paul PELCKMANS
Université d'Anvers

1 Terme de Philippe Ariès, *L'homme devant la mort*, Paris, Seuil, 1977, p. 604.

REPRÉSENTATION DU MARIAGE DANS *LES CAQUETS DE L'ACCOUCHÉE*

La femme, entre culpabilité et innocence

Les Caquets de l'accouchée sont publiés pour la première fois tout au long de l'année 1622 en huit plaquettes qui, connaissant un certain succès, seront finalement regroupées l'année suivante sous la forme de huit journées dans le *Recueil général des caquets de l'accouchée*[1]. Les trois premières journées semblent venir de la plume d'un même auteur, mais le doute persiste concernant la paternité des suivantes. Reste, comme le souligne Le Roux de Lincy en préface à une édition ancienne[2], qu'il s'agit là de la production de personnes bien informées des affaires de la politique et de la religion de leur temps, ce qui permet d'écarter l'hypothèse parfois avancée que le comédien Deslaurier aurait écrit certaines parties de cette œuvre.

Peu d'études ont été consacrées aux *Caquets*. Parmi les publications récentes, on peut mentionner tout au plus quelques études ponctuelles[3]. L'œuvre, bien que connue surtout d'un public de spécialistes, n'est pas pour autant oubliée puisqu'elle a été adaptée pour la télé en 1991[4] et

---

1 [Anonyme], *Recueil général des caquets de l'Accouchée ou discours facecieux où se voit les mœurs, actions et façons de faire des grands et petits de ce siècle, le tout discouru par Dames, Damoiselles, Bourgeoises et autres, et mis par ordre en VIII après-dinées, qu'elles ont faict leurs assemblées, par un Secretaire qui a le tout ouy et escri ; Avec un discours du relevement de l'Accouchée. Imprimé au temps de ne se plus fascher*, M. DC. XXIII., [Paris], 1623. Petit In-8, VII [+1]-200 p. [BnF : Rés-R-2198 et Gallica]. Lieu d'édition restitué d'après Jacques-Charles Brunet, *Manuel du libraire et de l'amateur de livres*. Tome IV, Paris, Firmin Didot frères, 1865, p. 1172.

2 Voir *Les Caquets de l'Accouchée*, nouvelle édition, revue sur les pièces originales et annotée par M. Édouard Fournier, avec une introduction par M. Le Roux de Lincy, Paris, Pierre Jannet, 1855.

3 Citons Alain Mercier, *La littérature facétieusesous Louis XIII : 1610-1643 : une bibliographie critique*, Paris, Droz, 1991 et Kirk D. Read, *Birthing Bodies in Early Modern France : Stories of Gender and Reproduction*, Ashgate Publishing, 2013.

4 Cette adapatation due à Hervé Baslé a été diffusée pour la première fois sur La Sept le 7 décembre 1991.

qu'elle a fait récemment l'objet d'une édition critique par Georges Bourgueil[1].

L'argument, assez simple, est inspiré d'une coutume attestée par le *Dictionnaire universel* de Furetière : « On appelle le *caquet* de l'accouchée, cet entretien de bagatelles qu'ont plusieurs femmes assemblées, comme il s'en rencontre chez les femmes en couche. »

L'auteur a imaginé que ces caquets tombent dans une oreille indiscrète, car l'accouchée a introduit son cousin dans la chambre où celui-ci demeure caché, secrétaire invisible de l'assemblée féminine. Il s'agit non seulement pour l'espion de se divertir, mais aussi, étonnamment, de guérir, car « nouvellement relevé d'une grande et pénible maladie », il s'est vu donner ce conseil étrange par un vieux médecin :

> [...] tascher à accoster quelqu'une de vos parentes ou amies, ou voisines, accouchées, accouchées, pour vous permettre vous glisser à la ruelle du lict une apresdisnée, pour entendre les nouvelles / qui se racontent par la multitude des femmes qui la viennent voir, et en tenir bon registre ; et par ainsi vous aurez non seulement dequoy contenter vostre esprit, mais aussi cela vous fera rajeunir et remettre en vostre pristine santé[2].

Surprenante cure de jouvence aux relents misogynes ! De fait on s'interrogera sur ce regard critique en focalisant notre attention sur ce qui semble retenir principalement son intérêt : l'image du mariage et la place des femmes au sein de cette institution.

Nous verrons que *Les Caquets* nous livrent de l'union conjugale une vision traditionnelle au sein de laquelle la femme est l'éternelle coupable. Cocuage, cupidité, médisance, la question de la responsabilité féminine dans l'échec conjugal emprunte beaucoup à la Querelle des femmes. Mais, il faudra aussi nuancer, car la misogynie ne s'impose pas seule dans cette œuvre ambiguë à bien des égards.

---

1 *Recueil général des caquets de l'accouchée*, Albi, Éditions Passage du Nord-Ouest, coll. « Les Muses inconnues », 2012.

2 *Op. cit.*, p. 9-10.

LE MARIAGE AU XVIIe SIÈCLE ET *LES CAQUETS DE L'ACCOUCHÉE*

Le mariage catholique, au XVIIe siècle, est régi par le droit canonique aussi bien que par le droit séculier, ce dernier imposant généralement des règles plus strictes, notamment en ce qui concerne le consentement au mariage des parents de mineurs[1]. Dans les deux cas, en tant que sacrement, il est cependant indissoluble. Les deux époux sont unis pour la vie et la dissolution de corps, pratique peu courante, correspond seulement à une séparation physique. Sauf cas exceptionnels, comme l'annulation du mariage d'Henri IV et de Marguerite de Valois, ceux-ci ne peuvent se remarier.

De manière surprenante, c'est l'Église qui introduit une certaine égalité dans le mariage. Selon le droit canon, les deux époux peuvent ainsi demander la séparation de corps, décision réservée au mari par le droit séculier. Le droit canon interdit également les rapts, courant à l'époque, ainsi que la répudiation de la femme sans raison valable. Auparavant, le mari lassé de sa compagnie pouvait l'exclure du foyer. Bien sûr, cette égalité n'est qu'une égalité devant Dieu, et la femme se doit toujours d'être soumise à son mari.

Tout un imaginaire de la bonne épouse est ainsi présent dans les mentalités de l'époque. La femme se doit d'être discrète, patiente, compatissante et, de manière plus générale, doit se soumettre volontairement à son mari. Pierre Darmon rappelle ainsi ce qui est attendu de l'épouse le jour de la nuit de noce, à savoir entrer dans la chambre les joues rouges mais déterminée à accomplir son devoir. Il s'agit de ce qu'il nomme « l'exaltation du renoncement[2]. » La situation de la femme mariée n'est donc pas des plus enviables, et seules les veuves disposent d'un statut qui leur accorde davantage de libertés. Au nom de la coutume ainsi que d'une certaine interprétation de l'Écriture sainte consacrant la supériorité masculine, le mari est le chef de la famille, expression qui restera longtemps en vigueur. Les rôles sont strictement définis, la femme s'occupant du ménage et ne pouvant travailler hormis quelques

1 J. Gaudemet, *Le Mariage en Occident*, Paris, Cerf, 2012, p. 313-320.

2 P. Darmon, *Mythologie de la femme dans l'Ancienne France*, Paris, Seuil, 1983, p. 124-125.

exceptions comme les femmes d'agriculteurs, qui pouvaient s'atteler à certaines tâches comme, par exemple, s'occuper des animaux[1].

Les Caquets de l'accouchée mettent en scène cette répartition des rôles. Ainsi les femmes se trouvent cantonnées dans la sphère privée et attachées à la maternité, tandis que les hommes, comme elles le rappellent constamment au cours de leurs conversations, ont un emploi et visent à la réussite professionnelle. La conversation portant sur les maris, l'une des femmes qui entourent l'accouchée évoque, par exemple, la trop grande bonté d'un époux qui va jusqu'à s'occuper du logis pour décharger sa femme de ses tâches habituelles :

> Je me suis laissé dire, disait la femme d'un advocat, que la femme d'un C. estoit grandement aise de ce que son mary faisoit la despence du logis, et achetoit jusques à un balai à balayer la maison [...]. Quant à sa femme, elle n'a autre soing que de prier Dieu, se lever, boire, manger et dormir, ce qui est bien difficile à faire, comme je croy[2].

L'ironie de la toute dernière phrase marque la réprobation sociale qui vient frapper la femme ne jouant pas son rôle. À cela une des devisantes lui répond :

> Une autre, [dit la femme d'un conseiller] doit bien estre aussi aise, car son mary est si soigneux de la cuisine, qu'il espargne les gaiges d'un cuisinier et ceux d'un sommelier, faisant bouillir luy-mesme la marmitte, et accommodant le couvert de la table ; sa femme luy sçait bien dire que ce n'est pas sa qualité[3].

Nous le voyons, les rôles sont ainsi extrêmement genrés et les hommes s'occupant des tâches ménagères restent des exceptions. La femme, quant à elle, se trouve très tôt réduite à son rôle de mère. L'accouchée, âgée de vingt-quatre ans et demi, est déjà mère de sept enfants et s'attend, selon toutes probabilités, à donner naissance à d'autres. Inquiète pour son avenir, elle ne manque ainsi pas de s'interroger :

> je n'ay que vingt-quatre ans et demy, et sept enfans : si je faits ma portée selon nature, et que toutes choses augmentent comme ils font, j'envieilliray de soin, et non d'aage[4].

---

1 Fr. Lebrun, *La Vie conjugale sous l'Ancien régime*, Paris, Armand Colin, 1998, p. 83.
2 *Op. cit.*, p. 121.
3 *Ibid.*
4 *Ibid.*, p. 31.

LA FEMME ET LE MARIAGE : L'ÉTERNELLE FAUTIVE

La représentation du mariage dans *Les Caquets* laisse, à première vue, une large place aux stéréotypes misogynes qui font de la femme l'unique responsable de l'échec conjugal. L'accent est particulièrement mis sur sa sensualité, argument très souvent utilisé, dès la Renaissance, au sein de la Querelle des femmes[1]. La femme, digne fille d'Ève, associée au péché de chair et à la tentation, est généralement considérée comme peu fidèle. Reprenant ce stéréotype à son compte, l'auteur des *Caquets* incorpore aux bavardages de ses personnages de longs développements sur le cocuage. L'une des devisantes de *la seconde journée et visitation de l'accouchée* évoque les cornes plantées de longue date et pour longtemps sur le front de son conjoint :

> Il y a plus de dix ans que mon mari en porte quelques-unes qui l'accompagneront enfin jusqu'au tombeau, aussi bien a-t-il déjà un pied dans la fosse[2].

La déclaration peut doublement choquer, puisqu'à l'aveu de l'adultère s'ajoute l'hostilité et le mépris. La femme est ainsi perçue comme l'incarnation de la méchanceté, d'autant plus qu'elle ne fait pas un mystère de son infidélité et peut en plaisanter avec les femmes de son entourage. L'une d'entre elles intervient cependant afin de l'inviter à une attitude plus décente. L'adultère, quand il n'est pas avoué, est épié chez les autres. La femme d'un conseiller de Paris raconte ainsi, un peu plus loin, comment deux maris trompés parviennent à surprendre leurs épouses. Le constat, cependant, les conduit seulement à se désoler sur leur sort :

> On dict que deux jeunes femmes de la ruë Sainct-Jacques se vont pourmener à deux lieuës de cette ville, en la compagnie de deux jeunes hommes qui leur assignent heure, jour et rencontre par un mot de lettre, et que par mal'heur

1 Voir par exemple *Le Tableau historique des ruses et subtilitez des femmes*..., livre paru quelques mois après les *Caquets*, à Paris, chez Rolet Boutonné, en 1623. L'auteur, peut-être Rolet, y accorde beaucoup aux « impudiques deportements des femmes en général ». Voir par exemple, le chapitre v, p. 412-643 [*i. e.* : 392-623].

2 *Op. cit.*, p. 51.

> la lettre ayant esté veuë par les maris, ils simulèrent n'en rien sçavoir, et le jour venu dirent à leurs femmes qu'ils alloient aux champs, dont elles furent bien ayses, croyans par ce moyen avoir le temps libre pour aller à leurs assignations, où elles ne manquèrent non plus que leurs maris, qui se desguisèrent et entrèrent à l'hostellerie où se passoient les affaires, et d'une chambre proche qu'une simple cloison separoit de la leur, ils entendirent faire la feste à la façon de la beste à deux dos, dont ils demeurèrent bien estonnez, et avec leur courte honte s'en reviennent en ceste ville, se consolans en eux-mesmes contre l'infortune qu'ils disoient estre commune à plusieurs, disans que leurs femmes n'en avoient apporté la mode en France[1].

Les maris, qui reviennent chez eux totalement abattus, sont bel et bien présentés comme des victimes, pouvant du moins se consoler en pensant ne pas être des exceptions dans un pays où l'infidélité féminine est pour ainsi dire devenue une règle nationale. Si, dans ce cas précis, ils ne semblent pas même envisager de sévir, d'autres feront usage de la loi, alors largement en leur faveur. En effet, au XVIIe siècle, les peines encourues par les femmes adultères sont extrêmement sévères : le mari peut aller jusqu'à tuer l'amant et la femme. Dans ces circonstances un procès est bien entendu intenté contre le coupable, mais, comme le rappelle Pierre Darmon, il sera généralement acquitté[2]. Le châtiment le plus courant au XVIIe siècle est ce que l'on appelle la « peine de l'authentique[3] » : la femme adultère est enfermée dans un monastère à la demande de son mari et ne peut en sortir que sur son ordre exprès. Si celui-ci vient à décéder, elle ne retrouve généralement pas sa liberté, sauf dans la perspective, extrêmement rare, d'un second mariage. L'auteur des *Caquets* ne manque pas d'évoquer cette sanction par la voix d'un de ses personnages :

> On disoit qu'une certaine jeune femme avoit esté emmenée à Roüen, et que son mary l'estoit allé querir, et qu'il l'avoit fait mettre prisonnière, ensemble celuy qui l'enmenoit ; que cet affaire avoit esté accordé moyennant cinq ou six cens livres[4].

Cette pratique semble donc, sinon courante ou fréquente, du moins reconnue comme normale à l'époque. Si l'adultère de la femme est

---

1 *Op. cit.*, p. 111-112.
2 P. Darmon, *op. cit.*, p. 138.
3 *Ibid.*, p. 143-145.
4 *Op. cit.*, p. 110.

particulièrement craint, c'est surtout que celui-ci peut mener à la naissance d'enfants illégitimes[1]. De plus, il est également perçu comme une forme d'émancipation que l'on cherchait à éviter à tout prix. Ajoutons que l'infidélité est plus facilement toléré pour les hommes : le Droit canon permet bien aux deux époux de faire une demande de séparation de corps pour adultère, mais le droit séculier n'accorde cette prérogative qu'au mari[2]. La culpabilité de la femme adultère est donc flagrante dans *Les Caquets*. Ce n'est cependant pas le seul grief qui lui est reproché. L'auteur s'amuse fréquemment du caquetage effréné de son assemblée évoquant celui d'une basse cour ou d'une volière dont l'intarissable jactance peut, de manière comique, prendre de vitesse l'écriture du secrétaire caché à l'affût :

> Comme ceste parole s'achevoit, la femme d'un Procureur de la Cour demeurante en l'université, entre dans la chambre, suivie d'une petite / esmerillonnée[3] de servante, qui se douta de ce qu'on vouloit dire de la belle Angelique, et ayant prins place le caquet fut renforcé par elle, et meut les autres si fort à caqueter, que le meilleur Secretaire n'en peut rediger le tout par escrit[4]...

Leurs conversations et leurs commérages roulent sans cesse sur les frasques des membres de la bourgeoisie, des hommes de loi, des politiques, mais aussi sur les agissements de leurs congénères. La femme, par nature, indiscrète, n'est donc pas digne de confiance.

Comme le suggère bien le titre du recueil, les femmes sont également bavardes et médisantes. Ce préjugé, comme beaucoup d'autres, s'appuie le plus souvent sur une interprétation biaisée de l'Écriture sainte. On pense par exemple à *L'Ecclésiastique* qui fourmille d'avertissements lancés au croyant contre les mauvaises femmes :

> Une femme criarde et bavarde
> Est une trompette qui sonne la déroute ;
> Tout homme, dans ces conditions,
> Passe sa vie dans les fracas de la guerre[5].

---

1 *Op. cit.*, p. 137.

2 Fr. Lebrun, *op. cit.*, p. 53

3 Ac., 1694 : « Esmerillon : oiseau de fauconnerie qui est des plus petits ». É. Fournier traduit « esmerillonnée » par « vive comme l'émérillon ».

4 *Op. cit.*, p. 177-178.

5 *La Bible de Jérusalem*, les éditions du Cerf, Paris, 2014.

Autre reproche, tout aussi traditionnel : la gent féminine se distinguerait par une insatiable cupidité. L'image du pauvre mari obligé de travailler pour une épouse exigeante, plaintive et dépensière apparaît comme une vérité communément admise. Le fait que les femmes n'ayant pas accès à l'emploi ne peuvent subvenir elles-mêmes à leurs besoins est évidemment passé sous silence. Les auteurs des *Caquets* préfèrent montrer leur grand grand intérêt pour l'argent et leur volonté d'en obtenir toujours plus sans aucune considération pour celui qui est chargé de le gagner. Dans la première journée une marchande d'étoffes sollicitée pour un mariage s'enquiert de la qualité du prétendant. Sa belle-mère lui répond qu'il est trésorier.

> Tresorier, ce dis-je alors, il faut doncques des plus belles estoffes. Incontinent je desploye un velours à la turque, un satin à fleurs, un velours à ramage, un damas meslé et autres grandes estoffes ; puis je demande au fiancé si ces estoffes luy plaisoient. Il n'osoit respondre. Je m'en rapporte, dit-il, à ma maistresse. La fiancée dit que c'estoit bien son cas ; luy, au contraire, se hazarde de parler, et dit que ces estoffes estoient de trop grand pris pour sa qualité ; qu'il n'avoit que cent livres de gages à son office, et qu'il ne pourroit pas entretenir si grande vogue. Mais la mère de la fille, qui n'a nul esgard à cela, dit qu'elle veut que sa fille soit brave, et partant que l'on couppe : si bien que j'ay delivré pour douze cens livres à monsieur le tresorier[1].

Le futur époux se retrouve dès lors piégé, obligé de payer les étoffes réclamées par sa fiancée. Celles-ci vont encore faire l'objet de discussions plus loin dans *Les Caquets* où l'on reproche notamment aux femmes de la bourgeoisie de vouloir se vêtir comme celles de la noblesse. Leur coquetterie est d'ailleurs liée à leur inclination à l'infidélité et à leur vénalité. À plusieurs reprises, les femmes des *Caquets* discernent dans l'adultère un moyen peu scrupuleux de mener grand train. Leurs maris ne pouvant satisfaire leur goût du luxe, certaines se choisissent des amants fortunés. Le narrateur, critique, intervient dans ces propos pour dénoncer le fait que « pour entretenir cet éclat » il se produit « un plein de cornes aux pauvres maris[2] ».

Les femmes, nous le voyons, se voient donc adresser des reproches puisés dans le vivier des lieux communs de la littérature misogyne. Peu dignes de confiance, infidèles, bavardes cupides, elles porteraient, si l'on en croit l'auteur, la responsabilité de tous les désordres matrimoniaux.

1 *Op. cit.*, p. 17-18.
2 *Ibid.*, p. 107.

UNE INSTITUTION MISE À MAL

Les Caquets peuvent aussi être lus d'une toute autre manière, puisqu'ils donnent une voix aux femmes victimes d'une institution oppressante. En effet si l'auteur se fait souvent l'écho des préjugés de son époque, il ne manque pas aussi de se montrer sensible aux difficultés attachées à la condition féminine.

Le narrateur, le cousin de l'accouchée, se caractérise par cette ambivalence. Nul ne peut, bien sûr, manquer de remarquer sa prise de distance vis-à-vis des conversations des dames, considérées avec une sorte de mépris amusé.

> Cette resolution, excitée plustost d'une consideration interne de reprendre mes premières forces, que d'une curiosité particulière que j'aye d'entendre leurs discours (sçachant trop bien, selon ce que j'avois peu voir auparavant, que les entreprises des femmes ne sont fondez le plus souvent que sur des choses inutiles et de peu de consequence), esveilla en moy un desir d'en voir la fin aussi bien que le commencement. Je m'y rencontray donc à l'heure precise, où je trouvay madame l'accouchée qui commençoit un peu à se bien porter[1].

Ce mépris pour les bavardages des caqueteuses entre cependant en contradiction avec d'autres éléments, soulignés par Kirk D. Read. Ce dernier insiste en effet sur l'ambiguïté du narrateur, pour lequel féminin et masculin tendent à se confondre. Cousin (l'espion caché derrière un rideau) et sa cousine (l'accouchée) semblent parfois pousser la similitude jusqu'à ne faire plus qu'un. Kirk D. Read remarque de manière très intéressante que l'état de santé des deux convalescents semble s'améliorer en parallèle. Au début de la quatrième journée, tous deux ont également retrouvé leur énergie[2]. Cette confusion entre masculin et féminin se retrouve jusque dans le choix des mots employés. Dans la phrase « Chacun approuvait assez son dire quand une tavernière de l'Université se leva », le choix du masculin « chacun » pour une assemblée composée entièrement de femmes prête à confusion. Si l'on n'a pas affaire à une simple coquille, on peut se poser la question de savoir si l'auteur n'a pas refusé de tracer ici une frontière

1 *Op. cit.*, p. 46.
2 Kirk D. Read, *Birthing Bodies in Early Modern France : Stories of Gender and Reproduction*, *op. cit.*, p. 32.

trop nette entre masculin et féminin ? Une chose est sûre en tout cas, celui-ci, quoique de sexe masculin, ne manque pourtant pas de souligner les problèmes auxquels est confrontée la gent féminine.

Les mariages arrangés qui forment la majorité des unions conjugales au XVIIe siècle, peuvent ainsi être sources de tristesse et de déception pour les jeunes femmes. Ces frustrations ne sont pas passées sous silence. Lors du second entretien, une femme en interpelle une autre :

> Et vous, Madame, à ce coin, vous ne dites mot, dit une jeune femme de la ruë du Coq. Il semble, à vous voir, que vous ayez de la tristesse : est-ce point qu'on vous a mariée contre vostre volonté ? (Elle parloit à une jeune femme de la ruë Sainct-Marceau, qu'on avoit mariée depuis peu, malgré l'inclination qu'elle avoit, à un certain partisan du père Denis.) Il a pourtant des commoditez, et il peut en bref vous rendre dame d'honneur ; plusieurs montent aujourd'huy de la cave à la première chambre. – Vous ne dictes jamais rien plus vray, Madame : il a des moyens, à la verité. Mais vous, qui estes toute fraiche, vous sçavez bien que ce n'est pas là la consequence ; les premiers feux sont tousjours plus cuisans, et les premières flammes plus poignantes que les dernières – Comment, se dit une de ces anciennes voisines, vous avez donc aymé quelque autre, qui avoit preoccupé vostre cœur devant le mariage ? – Ouy, Madame ; mais la consideration des biens a aveuglé mes parens à me faire embrasser un party où je n'ay eu d'affections[1].

En laissant s'exprimer cette jeune femme, l'auteur des *Caquets* donne, en quelque sorte, une voix à toutes les femmes mariées contre leur gré. Le mariage des filles peut également s'avérer délicat pour les parents. Nombre de femmes se plaignent ainsi de la dépense énorme que représente un bon mariage, puisque les parents se doivent d'apporter une dot au futur époux. Cette contrainte économique peut conduire certains d'entre eux à faire entrer leurs filles en religion contre leur volonté. Le sujet revient à plusieurs reprises dans les conversations. Ainsi la mère de l'accouchée ne manque pas de souligner les difficultés matérielles suscitées par une progéniture trop nombreuse :

> Par S. Jean, dit la mère, ce sont biens de Dieu, mais ce ne sont pas des meilleurs, maintenant que l'on a tant de peine à marier les filles et pourvoir les garçons ; il faudra à la fin, bon gré mal gré qu'ils en ayent, qu'ils soyent moynes et religieuses, car les offices et les mariages sont trop chers[2].

1 *Op. cit.*, p. 76-77.

2 *Les Caquets de l'accouchée*, éd. citée, p. 13.

L'auteur des *Caquets* n'approuve pas pour autant le fait de mettre les filles en religion malgré elles. En effet, si les nécessités économiques sont évoquées et font partie intégrante du discours des commères, on n'en déplore pas moins le pouvoir abusif des parents :

> Il y en a qui ne sont point en ceste peine (dit une dame d'honneur), car dès l'aage de six ans, ils placent leurs filles en religion, sans sçavoir si elles y sont propres ou non, et bien souvent il faut sauter les murailles.
>
> – Aussi vray, Madame, dit sa voisine, vous ne rencontrastes jamais mieux ; la pluspart le font pour agrandir leurs maisons, les autres pour des considerations particulières ; mais tous en general, et les parents et les religieuses, ne songent qu'à leur profit[1].

Les jeunes filles, victimes des circonstances économiques comme de l'avarice de leurs parents, voient leur avis relégué au second plan. En pointant du doigt l'injustice dont elles sont victimes, les deux commères les replacent au centre de l'attention et insistent sur le fait que leur opinion gagnerait à être écoutée.

Le sort des femmes mariées et fidèles est-il plus enviable ? Il apparaît au cours de plusieurs conversations qu'elles sont souvent l'objet d'une surveillance tyrannique. Ainsi une femme loue la libéralité de son époux, simplement parce qu'il lui permet de se promener avec ses voisines.

> Pour mon regard, je me puis vanter d'avoir un bon mary, car il n'est point jaloux de moy ; il me laisse baigner et pourmener avec mes voisines, et d'ordinaire je demeure, pendant qu'il s'en va coucher, à la porte avec de mes voisins et voisines à deviser quesquesfois jusques à minuict, et s'il sçait que je presente la collation, il ne m'en dit mot[2].

Mais une autre accuse son mari de la tenir comme en prison :

> quand il lui prend quelque ombrage, il m'enferme sous la clef et s'en va, à quoi toutefois j'ai bien donné ordre, faisant faire une autre clef, que ma servante porte, avec laquelle je me libère quand bon me semble[3].

La conversation peut être ainsi un moment privilégié entre femmes où celles-ci jugent, à l'aune des libertés qu'on leur octroie, ce que

1 *Op. cit.*, p. 90.
2 *Ibid.*, p. 120.
3 *Ibid.*, p. 120-121.

peuvent être les bons et les mauvais maris, où elles peuvent aussi se permettre de les critiquer sans crainte. Lieu d'une parole sans retenue ni freins, la chambre de l'accouchée constitue à cet égard une sphère de liberté dont les hommes sont exclus. Lorsque l'un d'eux, notamment le médecin, entre dans la chambre, tout le monde s'empresse de changer de conversation. Le narrateur lui-même ne participe nullement à cette réunion féminine. Avec la complicité de la jeune accouchée il se met chaque jour à la recherche d'une cachette différente afin de pouvoir écouter les commères sans être vu.

Comme le remarque Kurt D. Read, ces conversations strictement féminines sont souvent bien plus libres et variées qu'il n'est communément admis. Ainsi, si le mariage, les enfants et le cocuage prennent une place non négligeable au sein des *Caquets*, il n'en reste pas moins que sont régulièrement évoqués des sujets prétendument réservés à la gent masculine[1]. La politique et la religion occupent une grande partie des débats, de même que la littérature. Si l'une des commères intervient parfois pour rappeler qu'il serait bienséant de laisser les hommes discuter de telles matières et de revenir à des conversations plus convenables à leur sexe, il n'en reste pas moins que la discussion, si elle s'interrompt momentanément, ne tarde pas cependant à renaître de ses cendres en roulant librement sur tous les sujets. Ainsi la question alors brûlante de la religion réformée est évoquée à plusieurs reprises et provoque la dispute de deux caqueteuses :

> – Madamoyselle, ceste Religion est si douce à supporter, que tous ceux qui y entrent, ils en sortent difficilement. Et pour mon regard, lorsque j'en sortiray ce sera à mon grand regret, car, que je face ce que je voudray, je ne suis point obligée de le confesser ; que mes père, mère et parens meurent, je me resjouys au lieu de pleurer, car je croy qu'ils sont sauvez ; que le caresme et jeusnes viennent, je suis dispensée pour manger de la chair ; que nous mourions subitement, nous n'avons point peur du purgatoire ; et bref, que les anges, les saincts et sainctes ayent du pouvoir par leurs prières envers Dieu, nous supprimons tout cela et vivons en liberté d'esprit ; que si ceste taille estoit aussi bien supprimée, nous nous mocquerions de tout le monde.
> – Vrayment, c'est une mauvaise police, de permettre qu'il y ait en France des subjects qui contribuent pour faire la guerre contre leur roy legitime[2] !

1 Kirk D. Read, *Birthing Bodies in Early Modern France : Stories of Gender and Reproduction*, p. 42.

2 *Ibid.*, p. 34-35.

Les femmes, à l'instar des hommes, ont ainsi entre elles de véritables débats, d'ailleurs d'autant plus libres qu'ils ne sont pas réputés sérieux et qu'ils revêtent l'innocuité de simples caquets. Peut-être leurs conversations et leurs discours échappent-ils ainsi plus facilement à la censure accordant son attention critique aux propos graves mais peu soucieuse de sanctionner les paroles fantasques ou les histoires comiques. La femme du fait même de son statut subalterne et du peu de crédit que l'on accorde à sa parole ne serait-elle pas finalement la mieux placée pour exprimer les doléances et les revendications[1] ?

La narratrice de la sixième journée illustre parfaitement la volonté de déléguer la parole aux femmes et de leur permettre de s'exprimer librement. Se défendant contre les critiques misogynes florissantes après la publication des *Caquets*, elle se plaint de leur acharnement injuste. « Je ne sais comme elles ont bon dos[2] », dit-elle des femmes, pour dénoncer la charge écrasante dont elles sont les victimes. Et, loin de capituler devant ces déclarations d'hostilité, elle organise la résistance en formulant une lettre de désaveu et en appelant à une forme de solidarité : les femmes se doivent de refuser leur compagnie à tout homme se trouvant en possession d'un exemplaire des *Caquets*. Ironie de l'auteur, comme le pense Le Roux de Lincy ? Peut-être, mais par cette ironie se donne aussi à entendre dans les *Caquets*, œuvre à plusieurs voix et donc œuvre ambiguë, une parole autre, qui n'est pas à négliger.

Virginie DANCOISNE
Université Charle-de-Gaule –
Lille 3

1 Le Roux de Lincy insiste sur la teneur politique des *Caquets* et suppose ainsi que leur auteur appartenait à la magistrature parisienne et était peut-être membre du Parlement. G. Bourgueil dans la préface de son édition note que « les idées proférées dans les Caquets sont en effet assez proches des remontrances faites par le Parlement de Paris le 22 mai 1615, à la suite des États Généraux. » *Op. cit.*, p. 10.

2 *Ibid.*

BIBLIOGRAPHIE

SOURCES PRIMAIRES
(TEXTES ANTÉRIEURS À 1800)

ALEMÁN, Mateo, *Le Gueux ou la vie de Guzman d'Alfarache, image de la vie humaine. En laquelle toutes les fourbes & meschancetez qui s'usent dans lemonde sont plaisamment & utilement descouvertes. Version nouvelle & fidelle d'Espagnol en François. Premiere partie* [par Jean Chapelain], Paris, Pierre Billaine, 1619.

ALEMÁN, Mateo, *Le Voleur, ou la vie de Guzman d'Alfarache. Pourtrait du temps et miroir de la vie humaine : Où toutes les fourbes & meschancetez qui se font dans le monde sont utilement & plaisamment descouvertes. Piece non encore veuë, & renduë fidelement de l'original Espagnol de son premier & veritable auteur Mateo Aleman. Seconde partie* [par Jean Chapelain], Paris, Toussaint Du Bray, 1620.

[*Amadis de Gaule*], *Le Thresor des douze livres d'Amadis de Gaule*, Paris, Estienne Groulleau, 1559.

[*Amadis de Gaule*], *Le Dixiesme livre d'Amadis de Gaule*, trad J. Gohory, Paris, V. Sertenas, 1552.

[*Amadis de Gaule*], *Le vingt et deuxiesme livre d'Amadis de Gaule… Histoire non encores veuë en nostre langue, mais au reste belle entre les plus belles qui ont precede, & d'un discours non moins plaisant que profitable : comme chacun pourra facilement juger par la lecture d'icelle, faict d'Espagnol François*, Paris, Claude Rigaud, 1615.

[*Amadis de Gaule*], *Le vingt et troisiesme livre d'Amadis de Gaule… fait d'Espagnol François*, éd. part. Paris, Claude Rigaud, Gilles Robinot, Olivier de Varennes, 1615.

[*Amadis de Gaule*], *Le vingt quatrième et dernier livre d'Amadis de Gaule… fait d'Espagnol François*, éd. part. Paris, Claude Rigaud, Gilles Robinot, Olivier de Varennes, 1615.

ANDREAE, Jean Valentin, *Chymische Hochzeit Christiani Rosencreutz* [1459-fr-1600], Strasbourg, Zetzner, 1616.

ANONYME, « Allégorie de Duenech », *Theatrum chemicum*, Ursel, 1602, p. 756-757.

ANONYME, *L'Anti-camus ou censure des erreurs de M. du Belley*, Douai, G. Beaulieu, 1634.

ANONYME, *Les Caquets de l'Accouchée*, nouvelle édition, revue sur les pièces originales et annotée par M. Édouard Fournier, avec une introduction par M. Le Roux de Lincy, Paris, Pierre Jannet, 1855.

ANONYME, *Discours d'autheur incertain sur la pierre des philosophes*, s. l., s. d., 1590.

ANONYME, *Discours merveillable d'un démon amoureux, lequel a poussé une jeune damoiselle à brûler une riche abbaye et couper la gorge à sa mère*, Rouen, Abraham Couturier, 1605.

ANONYME, *Discours merveilleux et veritable d'un capitaine de la ville de Lyon que Sathan a enlevé dans sa chambre depuis peu de temps* Paris, F. Bourriquant, 1613.

ANONYME, *Histoire prodigieuse d'un jeune gentilhomme auquel le diable s'est apparu et avec lequel il a conversé soubs le corps d'une femme morte*, Paris, F. du Carroy, 1613.

ANONYME, *Histoires mémorables, La trahison et proces de Nicolas de Loste, pour laquelle il fut tiré à quatre chevaux apres sa mort*, S. l., 1607.

ANONYME, *Histoire veritable de l'exécrable docteur Vanini, autrement nommé Luciolo. Bruslé tout vif ce Quaresme dernier à Tholoze par Arrest de la Cour de Parlement, pour ses horribles impietez et blasphemes contre Dieu, et nostre Seign. JESUS-CHRIST*, Paris, André Soubron, 1619.

ANONYME, *La Historia de dos enamorados Flores y Blancaflor, rey y reina de España y emperadores de Roma*, Alcalá de Henares, Arnao Guillem de Brocar, 1512.

ANONYME, *La Marianne du Filomène, contenant cinq livres (…)*, Paris, Claude de Montr'œil et Jean Richer, 1596.

ANONYME, *Recueil général des caquets de l'Accouchée ou discours facecieux où se voit les mœurs, actions et façons de faire des grands et petits de ce siècle, le tout discouru par Dames, Damoiselles, Bourgeoises et autres, et mis par ordre en VIII après-dinées, qu'elles ont faict leurs assemblées, par un Secretaire qui a le tout ouy et escri ; Avec un discours du relevement de l'Accouchée. Imprimé au temps de ne se plus fascher*, M. DC. XXIII., [Paris], 1623.

ANONYME, *Recueil général des caquets de l'accouchée*, (éd. Georges Bourgueil), @ Albi, Éditions Passage du Nord-Ouest, coll. « Les Muses inconnues », 2012.

ANONYME, *La Satyre Ménippée de la Vertu du Catholicon d'Espagne* (…), (1593), S. l., 1595.

ANONYME, *Le Supplement du catholicon ou nouvelles des Regions de la Lune, où se voyent depeints les beaux & genereux faicts d'armes de feu Jean de Lagny sur aucunes bourgades de la France. Dédié à la Maiesté Espagnole, par un Jesuite, n'agueres sorty de Paris*, S. l., 1595.

ANONYME, *Le Tableau historique des ruses et subtilitez des femmes*, Paris, Rolet Boutonné, 1623.

ANONYME, *Les Tragiques Amours du Fidel'Yrion et de la belle Pasithée. Ou se voit combien peut un'amour honorablement & sainctement poursuyvre : & comme se termine celle qui a ses intentions impudiques. À Monseigneur le Duc d'Espernon*, Paris, pour Jean Canut et Hélie Mareschal, 1601.

ANONYME, *La tres elegante, delicieuse, melliflue et tres plaisante hystoire du tres noble, victorieux et excellentissime roy Perceforest, roy de la Grande Bretaigne* [...], Paris, Cousteau pour Galliot du Pré, 1528.

ARIOSTO, Lodovico, *Orlando Furioso*, Ferrara, Giovanni Mazzocchi, 1516 ; Francesco II Rossi, 1532.

ARMENO, Cristoforo, *Voyage des trois fils du roi de Serendip*, Venise, Michele Tramezzino, 1557.

AUDIGUIER, Vital d', *Les diverses Fortunes de Panfile et de Nise. Où sont continues plusieurs amoureuses & veritables histoires, tirees du pelerine en son pays de Lopé de Vega. Divisees en quatre Livres*, Paris, Toussaint du Bray, 1614.

BAYLE, Pierre, *Dictionnaire historique et critique*, cinquième édition : Amsterdam, Leyde, La Haye, Utrecht, 1740.

La Bible, traduction de Le maître de Sacy, Paris, Robert Laffont, collections Bouquins, 1990.

BILLY, Jean de, *Histoire de Barlaam et de Josaphat, roy des Indes, composée par sainct Jean Damascene, et traduicte par F. Jean de Billy*, Lyon, Benoît Rigaud, 1592.

BOAISTUAU, Pierre, *Histoires tragiques*, édition critique publiée par Richard A. Carr, Paris, H. Champion, 1977.

BOIARDO, M., *Orlando Innamorato* [1483]. *Le premier (- troisieme) livre de Roland amoureux*, trad. J. Vincent du Crest Arnaud, Paris, Vivant Gaultherot, 1549, 3 vol.

BOLLASTAED, Albert (von), dit Albert LE GRAND, *Libellus de Alchimia*, in *Theatrum Chemicum*, Strasbourg, Zetzner, 1613, vol II.

BRUZEN DE LA MARTINIÈRE, Antoine-Augustin, *Grand Dictionnaire géographique, historique et critique*, Paris, Libraires associés, 1768.

CAMUS, Jean-Pierre, *L'Alexis*, Paris, Claude Chappelet, 1622-1623.

CAMUS, Jean-Pierre, *Hermiante, ou les Deux hermites contraires, le reclus et l'instable, histoires tirées de l'Alexis de M. l'Evesque de Belley. Esquelles il est traité de la Perfection Religieuse*, Lyon, J. Gaudion, 1623 et Rouen, Jean de la Mare, 1639.

CAMUS, Jean-Pierre, *L'Hermite Pelerin et de sa peregrination*, Douai, B. Bellere, 1628.

CAMUS, Jean-Pierre, *Le Cléoreste de monseigneur de Belley, histoire françoise espagnolle représentant le tableau d'une parfaitte amitié*, Lyon, A. Chard, 1626.

CAMUS, Jean-Pierre, *Pétronille, accident pitoyable de nos jours, cause d'une vocation religieuse*, Paris, Fiacre Dehors, 1632 (1re éd. Lyon, J. Gaudion, 1626).

CAMUS, Jean-Pierre, *L'Amphithéâtre sanglant, où sont représentées plusieurs actions tragiques de notre temps*, Paris, Joseph Cottereau, 1630.

CAMUS, Jean-Pierre, *L'Amphithéâtre sanglant.* Éd. S. Ferrari. Paris, Honoré Champion, 2001.

CAMUS, Jean-Pierre, *Les Spectacles d'horreur où se descouvrent plusieurs tragiques effets de nostre siecle.* Paris, A. Soubron, 1630.

CAMUS, Jean-Pierre, *Les Spectacles d'horreur.* Éd. N. Crémona, Presses Universitaires de Rennes, 2010.

CAMUS, Jean-Pierre, *Les Spectacles d'horreur.* Éd. S. Ferrari, Paris, Classiques Garnier, 2013.

CAMUS, Jean-Pierre, *Le Directeur spirituel désintéressé*, Rouen, Jean Boulley, 1632.

CAMUS, Jean-Pierre, *L'Anti-Basilic pour réponse à l'anti-Camus*, par Olenix du Bourg-l'abbé (J.-P. Camus), 1644.

CERVANTÈS SAAVEDRA, Miguel de, *El Ingenioso Hidalgo Don Quixote De la Mancha*, Madrid, Juan de la Cuesta, 1605.

CERVANTÈS SAAVEDRA, Miguel de, *Le Valeureux don Quixotte de la Manche… traduit fidelement de l'espagnol de Michel de Cervantes, & dédié au Roy, par César Oudin…*, Paris, Jean Fouet, 1620 [1re éd. : Paris, Jean Fouet, 1614].

CERVANTÈS SAAVEDRA, Miguel de, *Seconde partie de l'histoire de l'ingenieux, et redoubtable Chevalier, Don-Quichot de la Manche, Composée en Espagnol, Par Miguel de Cervantes, Saavedra. Et traduicte fidelement en nostre Langue, Par F[rançois] de Rosset*, Paris, Vve Jacques du Cou et Denis Moreau, 1618.

CERVANTÈS SAAVEDRA, Miguel de, *Don Quichotte*, trad. Jean-Raymond Fanlo, Paris, Le Livre de Poche, 2008, La Pochothèque.

CERVANTÈS SAAVEDRA, Miguel de, *Galatea dividida en seys libros. Compuesta por Miguel de Cervantes* [éd. par César Oudin], Paris, Gilles Robinot, 1611.

CERVANTÈS SAAVEDRA, Miguel de, *La Galatée*, dans *Œuvres romanesques complètes*, tome I, édition publiée sous la direction de J. Canavaggio, Paris, Gallimard, coll. « La Pléiade ».

CERVANTÈS SAAVEDRA, Miguel de, *Les Travaux de Persiles, et de Sigismonde, sous les noms de Periandre, & d'Auristele. Histoire septentrionale. De Miguel Cervantes. Traduite d'Espagnol en François, par le sieur D'Audiguier…*, Paris, Vve Matthieu Guillemot, 1618.

CORNEILLE, Thomas, *Dictionnaire des Arts et des Sciences*, Paris, Jean-Baptiste Coignard, 1694.

Les Delices de la poesie françoise, ou Recueil des plus beaux vers de ce temps. Paris, Toussaint du Bray, 1615.

DEL RÍO, Martin, *Les Controverses et recherches magiques*, Paris, Jean du Petit Pas, 1611.

DESCALLIS, François, *La Lydiade divisée en sept livres plus autres petits poèmes et meslanges*, Tournon, Michel, 1611.

Des Escuteaux, Nicolas, *Les Admirables faits d'armes d'Alcestes servant l'infidèle Lydie*, Saumur, T. Portau, 1613.

Des Escuteaux, Nicolas, *Amours diverses du Sieur Des Escuteaux. Divisées en quatre histoires*, Rouen, J. Osmont et R. de Beauvais, 1607.

Des Escuteaux, Nicolas, *Les Chastes et heureuses amours de Clarimond et Antonide*, Rouen, P. Calles, 1602.

Des Escuteaux, Nicolas, *Les Fortunes d'Alminte*, Saumur, pour la veuve Th. Portau, Cl. Girard & D. de Lerpinière, 1623.

Des Escuteaux, Nicolas, *Les Infortunées et chastes amours de Filiris et Isolia*, Rouen, J. Osmont, 1601.

Des Escuteaux, Nicolas, *Les Jaloux desdains de Chrysis, histoire très véritable*, Poitiers, J. Thoreau, 1628.

Des Escuteaux, Nicolas, *Le Ravissement de Clarinde, histoire très-véritable*, Poictiers, A. Mesnier, 1618.

Des Escuteaux, Nicolas, *Les Traversez hasards de Clidion et Armirie*, Paris, F. Huby, 1612.

Des Escuteaux, Nicolas, *Les Véritables et heureuses amours de Clidamant et Marilinde*, Paris, F. Julliot, 1603.

Drouin, Daniel, *Le Miroir des rebelles tractant de l'excellence de la Majesté Royale & de la punition de ceux qui se sont eslevez contre icelle. Avec la louange de ceux qui ont preferé l'honneur de leur Roy, et l'utilité de la Patrie, à leur propre vie*, Tours, Claude de Montr'œil et Jean Richer, 1592.

Du Croset, *L'Amour de la Beauté du sieur du Crozet (La Philocalie)*, Lyon, Livres EMCC (coll. « Futur antérieur »), 2008.

Du Fouilloux, Jacques, *La Venerie*, Paris, [1561], Veuve A. L'Angelier, 1614.

Du Haillan, Bernard Girard sieur, *L'Histoire de France*, Paris, Pierre L'Huillier, 1576.

Du Lisdam, Henri, *Les Sainctes inconstances de Leopolde & de Lindarache. Où l'on voit une quantité de belles choses, dans la diversité de plusieurs fortunes arrivées dans la Turquie* (1619), Paris, Henri le Gras, 1632.

Du Périer, Antoine, *La Haine et l'amour d'Arnoul, et de Clairemonde*, Paris, Anthoine du Brueil, 1600.

Du Pont, P. Louis, (Luis de la Puente), *La Guide spirituelle*. Paris, R. Fouët, 1612.

Du Tronchet, Étienne, *Finances et thrésor de la plume françoise*, Paris, N. Du Chemin, 1572.

Estienne, Charles, et Liebault, Jean, *L'Agriculture et Maison rustique*, Paris, Jacques Du Puis, 1586.

Favyn, A., *Le Theatre d'Honneur et de Chevalerie*, Paris, J. Fouët, 1620.

Fouet, François de, *Floriane, son Amour, sa Penitence et sa mort*, Paris, Matthieu Guillemot, 1601.

FOUQUELIN, Antoine, *La rhetorique françoise*, Paris, Wechel, 1557.

FURETIÈRE, *Dictionnaire universel*, La Haye-Rotterdam, Arnout et Reinier Leers, 1690.

GARASSE, François, *La Doctrine curieuse des beaux esprits de ce temps*, Paris, Sebastien Chappelet, 1623.

GARSAULT, François Alexandre Pierre de, *Le Nouveau Parfait Maréchal*, Paris, Charles Leclerc, 1741.

GIL POLO, *Primera parte de Diana enamorada. Cinco libros que prosiguen los siete de la Diana de Jorge Monte Mayor. Compuestos por Gaspar Gil Polo...*, Paris, Robert Estevan, 1611.

GOMBERVILLE, Marin Le Roy de, *Discours des vertus et des vices de l'Histoire et la masniere de la bien escrire*, Paris, Toussainct du Bray, 1620.

GOMBERVILLE, Marin Le Roy de, *L'Exil de Polexandre et d'Ériclée*, Paris, Toussaint du Bray, 1619.

GOMBERVILLE, Marin Le Roy de, *L'Exil de Polexandre*, Paris, T. du Bray, 1629.

GOMBERVILLE, Marin Le Roy de, *Polexandre*, T. du Bray, 1632.

GOMBERVILLE, Marin Le Roy de, *Polexandre*, T. du Bray, 1641.

GOMBERVILLE, Marin Le Roy de, *La Jeune Alcidiane*, Paris, A. Courbé, 1651.

GOURNAY, Marie de, *Le Promenoir de Monsieur de Montaigne*, édition établie et annotée par Jean-Claude Arnould, Paris, H. Champion, 1996.

GOURNAY, Marie de, *Œuvres complètes* (éd J.-Cl. Arnould en collaboration avec M.-C. Bichard-Thomine, Cl. Blum, V. Worth-Stylianou, A. L. Franchetti et E. Berriot-Salvadore), Paris, Champion, 2002.

GRANDIN, F., *Destruction de l'orgueil mondain, ambition des habitz et autres inventions nouvelles*, Paris, Claude Fremy, 1558.

GRENADE, Louis de, *La Rhétorique de l'Eglise, ou l'Éloquence des Prédicateurs*, Paris, Jean Villette, 1698.

INTRAS DE BAZAS, Jean de, *Le Portraict de la vraye amante contenant les Estranges avantures de Calaris et la Parfaicte Constance de Lisbye*, Paris, R. Fouët, 1609.

JESÚS MARÍA, Juan, *L'Instruction des novices*, Paris, Robert Fouët, 1612.

JESÚS MARÍA, Juan, *L'Aiguillon de la componction*, Paris, Robert Fouët, 1612.

JESÚS MARÍA, Juan, *La Discipline claustrale*, Paris, Robert Fouët, 1612.

LA MARCHE, Olivier de, *Les Memoires de Messire Olivier de La Marche*, Gand, 1567.

LA MOTHE, Joseph de, *Discours sur la perfidie d'amour*, Lyon, Pierre Le Phenix, 1594.

LANCRE, Pierre de, L'Incrédulité et mescréance du sortilège plainement convaincue, Paris, Nicolas Buon, 1622.

LA NOUE, François de, *Discours politiques et militaires* (1588), éd. par F. E. Sutcliffe, Genève, Droz, 1967.

[*Lazarillo de Tormes*] *La Vida del Lazarillo de Tromes, y de sus fortunas y adversidades.*

La Vie de Lazarille de Tormes : et de ses fortunes & adversitez. Nouvelle traduction rapportee & conferee avec l'Espagnol Par M. P[aul] B[audouin] P[arisien], Paris, Adrian Tiffaine, 1616.

[*Lazarillo de Tormes*] *Vida de Lazarillo de Tormes. Corregida, y emendada por J. de Luna Castellaño, Interprete de la lengua Española*, Paris, Rolet Boutonné, 1620.

LE GRAS, *La rhetorique françoise ou Les préceptes de l'ancienne et vraye eloquence*, Antoine de Raffle, Paris, 1671.

L'ESTOILE, Pierre de, *Mémoires-Journaux*, *in* M. Petitot, *Mémoires relatifs à l'Histoire de France*, Paris, Foucault, 1825, vol. 4.

Les Lettres amoureuses et morales des beaux esprits de ce temps. [Recueil collectif] Paris, A. L'Angelier, 1612.

LEVER, Maurice (éd.), *Canards sanglants*, Paris, Fayard, 1993.

LUCRÈCE, *De Rerum Natura, De la Nature*, traduction de José Kany-Turpin, Paris, GF-Flammarion, 1993.

MAISONNEUFVE, E. de la, *Gériléon d'Angleterre*, Paris, Jean Borel, 1572.

MARGUERITE DE NAVARRE, *L'Heptaméron*, édition de Nicole Cazauran, Paris, Gallimard, 2000.

MAROLLES, M. de, *Mémoires*, Paris, 1656.

MAUGIN, J., *Le nouveau Tristan*, Paris, Veuve Maurice de La Porte, 1544.

MEDRANO, Julain de, *La silva curiosa*, Paris, Marc Orry, 1608.

MERSENNE, Marin, *L'Impiété des Deistes, Athees et libertins de ce temps*, Paris, Pierre Bilaine, 1624.

MONLUC, Adrien de, *Œuvres*, éd. Michael Kramer Paris, Honoré Champion, coll. « Sources classiques », 2007.

MONTAIGNE, Michel de, *Essais*, Ed. P. Villey et Saulnier, Verdun L., Paris, Presses Universitaires de France, 1965.

MONTAIGNE, Michel de, *Essais*, éd. J. Balsamo, M. Magnien et C. Magnien-Simonin, Paris, Gallimard, Bibliothèque de la Pléiade, 2007.

MONTALVO, R., *Amadís*, Zaragoza, Jorge Coci, 1508.

MONTALVO, R., *Premier livre d'Amadis de Gaule*, Anvers, Plantin, 1561.

MONTEMAYOR, Jorge de, *Los siete libros de la Diana de George de Montemayor. Où sous le nom de Bergers & Bergeres sont compris les amours des plus signalez d'Espagne. Traduicts d'Espagnol en François, & conferez és deux langues.* P[ar] S[imon] G[eorge] P[avillon] Et de nouveau, reveus & corrigez par le sieur I. D. Bertranet, Paris, Antoine du Breuil, 1611.

MONTEMAYOR, Jorge de, *La Diane de Georges de Montemayor nouvellement traduite en François* [par Antoine Vitray], Paris, Robert Fouet, 1623.

MONTEMAYOR, Jorge de, PÉREZ, Alonso, GIL POLO, Gaspar, *La Diane*, traduction d'Antoine Vitray, Paris, Robert Fouet, 1631.

MONTREUX, Nicolas de, *Le premier livre des Bergeries de Juliette*, Paris, Gilles Beys, 1585.

MONTREUX, Nicolas de, *Le second livre des Bergeries de Juliette*, Lyon, Jean Veyrat, 1592.

NAUDÉ, Gabriel, Apologie pour tous les grands hommes qui ont été accusés de magie [1625], La Haye, Adrian Viac, 1653.

NERVÈZE, Antoine de, *Les Amours d'Olimpe et de Birène à l'imitation de l'Arioste*, Paris, Antoine du Breuil, 1599.

NERVÈZE, Antoine de, *La Victoire de l'Amour divin. Soubs les Amours de Polidore et de Virginie*, Paris, Anthoine du Brueil et Toussainct du Bray, [1605].

NERVÈZE, Antoine de, *Advantures guerrières et amoureuses de Leandre*, Paris, Toussainct du Bray, 1608.

NERVÈZE, Antoine de, *Chastes et infortunées amours du Baron de l'Espine, et de Lucrece de la Prade, du pays de Gascongne* [1598], Rouen, Raphaël du Petit Val, 1610.

NERVÈZE, Antoine de, *Les Adventures de Lidior où sont representez ses faicts d'armes, et ses Amours*, Lyon, Barthelemy Ancelin, 1610.

NERVÈZE, Antoine de, *Histoire de la vie et trespas de tres-illustre, et excellent Prince, Charles de Lorraine, duc de Mayenne*, Paris, Toussainct du Bray, 1613.

NERVÈZE, Antoine de, *Amours diverses divisées en dix histoires*, Paris, Toussainct du Bray, 1617.

NERVÈZE, Antoine de, *L'Hermitage de l'Isle Saincte*, Paris, Anthoine du Brueil et Toussainct du Bray, 1632.

PALMA CAYET, Pierre-Victor, *L'Histoire prodigieuse et lamentable du docteur Fauste*, Paris, Binet, 1603.

PANTHEUS, Johannes Antonius, *Ars et theoria transmutationis metallicae cum Voarchadumia proportionibus, numeris, & iconibus rei accomodis illustrata* [1530], Paris, Vivant Gautherot, 1566.

PILOUST, Nicolas, *Le Chevalier enchanté*, Paris, David Gilles, 1618.

PLATON, *Le Banquet*, traduction par Luc Brisson, Paris, GF-Flammarion, 2005.

PUGET DE LA SERRE, Jean, *Le Secretaire de la cour. Ou la manière d'écrire selon le temps. Augmenté des Compliments de la langue Françoise*, n^lle^ éd., Paris, Nicolas et Jean de la Coste, 1656.

ROSSET, François de, *Les XII beautés de Phyllis*. Paris, A. L'Angelier, 1604.

ROSSET, François de, *Le romant des chevaliers de la gloire contenant plusieurs hautes et fameuses adventures des princes, et des chevaliers qui parurent aux courses faites à la Place Royale pour la feste des alliances de France et d'Espagne*, Paris, Veuve de Pierre Bertaud, 1612 (rééd. 1513, F. Huby et 1516 sous le titre *Le Palais de la Felicité*).

ROSSET, François de (traducteur), *Le Sainct, l'œcumenique et le general Concile de Trente*. Paris, Sébastien Cramoisy, 1615.

ROSSET, François de, *Histoires des Amants volages de ce temps*. Paris, A. Vitré, 1617.

ROSSET, François de, *Histoires tragiques de notre temps*, Paris, François Huby, 1623.

ROSSET, François de, *Les Histoires mémorables et tragiques de ce temps* (1619), éd. Anne de Vaucher-Gravili, Paris, Le Livre de poche, « Bibliothèque classique », 1994.

ROUSSEL, Michel, *Histoire de Cleophas et Sephora. Les adventures diverses de leur amitié, & leur fin glorieuse*, Paris, I. & P. Mettayer, 1601.

SAINCT-AMOUR, F. A. de, *L'Hermite pèlerin, et de sa pérégrination, périls, dangers et divers accidents, tant par Mer que par Terre. Ensemble de son voyage de Lorette, Mont-Serrat, Compostelle, et Hierusalem*, Lyon, Pierre Rigaud, 1616.

SOLLEYSEL, J. de, *Le Parfait Mareschal*, Paris, Pierre Emery et Claude-Marin Saugrain, 1723.

SOREL, Charles, *De la connoissance des bons livres*, Paris, A. Pralard, 1671.

SOREL, Charles, *Nouvelles françaises où se trouvent les divers effets de l'Amour et de la Fortune*, Genève, Slatkine Reprints, 2011 (réimpression de l'édition de Paris, 1623).

SUÁREZ DE FIGUEROA, Cristóbal, *La constante Amarilis, de Cristoval Suarez de Figueroa. Divisee en quatre Discours. Traduite d'Espagnol en François, par N[icolas] L[ancelot] Parisien*, Lyon, Claude Morillon, 1614.

TALLEMANT DES RÉAUX, *Historiettes*, édition établie et annotée par Antoine Adam, Paris, Gallimard, « La Pléiade », 1961 (2 vol.).

URFÉ, Honoré d', *L'Astrée de messire Honoré d'Urfé gentilhomme de la Chambre du Roy, Capitaine de cinquante hommes d'armes de ses ordonnances, Comte de Chasteauneuf, & Baron de Chasteaumorand, & c. où par plusieurs Histoires et sous personnes de bergers et d'autres, sont deduits les effets de l'honneste amitié*, Paris, Toussaincts du Bray, 1607.

URFÉ, Honoré d', *L'Astrée*, nouvelle édition publiée sous les auspices de la "Diana" par M. Hugues Vaganay, [Lyon, P. Masson, 1925-1928], Genève, Slatkine Reprints, 1966.

URFÉ, Honoré d', *L'Astrée*, première partie, édition publiée sous la direction de Delphine Denis, Paris, Honoré Champion, 2010.

VEGA, Felix Lope de, *Les Délices de la vie pastorale de l'Arcadie, traduction de Lopé de Vega, fameus autheur Espagnol.* Mis en François, par L[e] S[ieur] L[ancelot], Lyon, Pierre Rigaud, 1622.

VERSTEGAN, Richard, *Theatre des cruautez des hereticques de nostre temps*, Anvers, Adrien Hubert, 1588.

VERVILLE, Béroalde de, *Le Moyen de Parvenir*, [1616], Paris, Champion, 2004.

VERVILLE, Béroalde de, *Le Palais des curieux, auquel sont assemblés plusieurs diversitez pour le plaisir des doctes, et le bien de ceux qui désirent scavoir* [1612], éd. V. Luzel, Genève, Droz, 2012.

VERVILLE, Béroalde de, *Le Voyage des Princes fortunés* [1610], Albi, « Passages du Nord/Ouest », 2005.

VERVILLE, Béroalde de, *Le Tableau des riches inventions : couvertes du voile des feintes amoureuses qui sont représentées dans le Songe de Poliphile, dévoilées des ombres du songe et subtilement dévoilées*, Paris, Guillemot, 1600.

VERVILLE, Béroalde de, *Histoire d'Herodias*, Tours, Moulin, 1600.

VERVILLE, Béroalde de, *La Pucelle d'Orléans*, Paris, Guillemot, 1599.

VERVILLE, Béroalde de, *Le Cabinet de Minerve*, Rouen, G. Vidal, 1597.

VERVILLE, Béroalde de, *Théâtre des instruments mathématiques et mécaniques de Jacques Besson*, Lyon, Chouet, 1594.

VERVILLE, Béroalde de, *Les Aventures de Floride*, Tours, Metayer, 1592.

VERVILLE, Béroalde de, *Recherches de la pierre philosophale, Les Appréhensions spirituelles, Les Connaissances nécessaires*, Paris, Thimotée Loüan, 1584.

VERVILLE, Béroalde de, *L'Histoire des vers qui filent la soye* (1600), (éd. M. Renaud), Paris, H. Champion, 2001.

VIALART, Charles, *Tableau de l'éloquence françoise. Où se voit la maniere de bien escrire*, Paris, [sans nom], 1632.

VIGENÈRE, Blaise de, *Traicté des chiffres ou secretes manieres d'escrire*, Paris, A. L'Angelier, 1587.

VOYER, A. R., marquis de Paulmy d'Argenson et CONTANT D'ORVILLE, A. G., *Mélanges tirés d'une grande bibliothèque*, Paris, Moutard, 1779-1788.

ZECAIRE, Denis, *Opuscule tres-excellent, de la vraye philosophie naturelle des metaux*, Lyon, Rigaud, 1612.

SOURCES SECONDAIRES (TEXTES POSTÉRIEURS À 1800)

ADAM, Antoine, *Théophile de Viau et la libre pensée française en 1620*, Paris, Droz, 1935,

ADAM, Antoine, *Histoire de la littérature française au XVIIe siècle*, Paris, Domat, 1956.

ADAM, Véronique, « Portraits de l'alchimiste en savant : (dé)figurations d'un savoir (1588-1648) » in P. ALEXANDRE, Savoirs et savants, Paris, Garnier, « rencontres », 2010.

ADAM, Véronique, « L'automate des alchimistes, une machine naturelle », in V. ADAM, A. Caiozzo (dir.), *La Fabrique du corps humain : la machine modèle du vivant*, Presses de la MSH-Alpes, 2010.

ANDRIÈS, Lise, *La Bibliothèque bleue au dix-huitième siècle : une tradition éditoriale*, Oxford, The Voltaire foundation, 1989.

ANDRIÈS, Lise et BOLLÈME, Geneviève, *La bibliothèque bleue : littérature de colportage*, Paris, R. Laffont, 2003.

ARAGON, Élisabeth, « L'enchâssement dans l'*Astrée* d'Honoré d'Urfé », *Cahiers de Littérature du XVIIe siècle*, n° 3, 1981, p. 1-43.

ARIÈS, Philippe, *L'homme devant la mort*, Paris, Seuil, 1977.

ARNOULD, Jean-Claude, « De Pierre Boaituau à François de Belleforest. La rupture de la *Continuation* », dans RHR, n° 73, *Les Histoires tragiques*, 2011, p. 73-87.

AULOTTE, Robert, « La *Lucelle* de Louis Le Jars », *Mélanges R. Lebègue*, Paris, Nizet, 1969, p. 97-106.

AYZAC, Félicie d', *De la zoologie hybride dans la statuaire chrétienne*, Paris, 1847.

BAKHTINE, Mikhaïl, « Formes du temps et du chronotope », dans *Esthétique et théorie du roman*, Paris, Gallimard, coll. « Tel », 1978.

BARANTE, P. de, *Histoire des ducs de Bourgogne*, Paris, Dufêy éditeur, 1837.

BARNAVI, Élie et DESCIMON Robert, *La sainte Ligue, le juge et la potence. L'assassinat du président Brisson*, Paris, Hachette, 1985.

BARTHES, Roland, *Essais critiques*, Paris [1964], Seuil, Points, 1981.

BARTHES, Roland, *Comment vivre ensemble*, cours et séminaires au Collège de France, texte établi par Claude Coste, Paris, Seuil/Imec, 2002.

BAUDIÈRE, M., « La fortune gravée et imprimée du Carrousel de 1612 », in D. Morelon (dir.), *Chroniques de l'éphémère*, Paris, INHA, 2010, [En ligne], mis en ligne le 21 sept. 2010, consulté le 21 avril 2015. URL : http://inha.revues.org/2806

BAUDRIER, B., *Bibliographie lyonnaise. Recherches sur les imprimeurs, relieurs et fondeurs de lettres de Lyon au XVIe siècle* (Lyon-Paris, 12 vol., 1895-1921, réimpr. 1963, Tables par G. Tricou, Paris, 1965).

BERRIOT, François, *Athéisme et athéistes en France au XVIe siècle*, atelier national de reproduction des thèses (1976), Cerf, t. 2.

BERTAUD, Madeleine, "L'Astrée" et "Polexandre" *: du roman pastoral au roman héroïque*, Genève, Droz, 1986.

BIDEAUX, Michel, « La topique des lieux dans les premiers livres des *Amadis* », *Locus in fabula. La topique de l'espace dans les fictions d'Ancien-Régime*, N. Ferrand (dir.), Louvain, Paris, Dudley, MA, Éditions Peeters, 2004.

BLOM, Helwi, *« Vieux romans » et « Grand Siècle » ; éditions et réceptions de la littérature chevaleresque médiévale dans la France du dix-septième siècle*, thèse de doctorat inédite, Université d'Utrecht, 2012.

BONNET, Jacques, « Chronologie de L'Astrée », dans *La Symbolique de* L'Astrée, Roanne, J. Bonnet, 1981, p. 1-15.

BOUDOU, Bénédicte, « Le roi au bord du crime. Analyse de la première des *Histoires tragiques* », in *Juges et criminels dans la narration brève du XVIe siècle*,

Actes édités par Jean-Claude Arnould, Publications numériques du CÉRÉdI, n° 4, 2010, URL : http://ceredi.labos.univ-rouen.fr/public/?le-roi-au-bord-du-crime-analyse-de.html

BURY, Emmanuel et MORA, Francine (dir.), *Du Roman courtois au roman baroque*, dir. E. Bury et F. Mora, Paris, Les Belles Lettres, 2004.

CAIOZZO (dir.), *La Fabrique du corps humain : la machine modèle du vivant*, Presses de la MSH-Alpes, 2010.

CAMPANINI, Magda, « Actualité et fabrication du tragique chez François de Rosset : les variantes des deux premières éditions des *Histoires tragiques* » *RHR*, n° 73, *Les Histoires tragiques*, 2011, p. 143-161.

CAPPELLO, Sergio, « L'édition des romans médiévaux à Lyon dans la première moitié du XVIe siècle », *RHR* 71 (2011), p. 55-71.

CAPPELLO, Sergio, « Répertoire chronologique des premières éditions des romans médiévaux français aux XVe et XVIe siècles », dans *Studi in ricordo di Guido Barbina : Est Ovest. Lingue, Stili, Società*, (vol. II), a cura di Giampaolo Borghello, Udine, Forum, 2001, p. 167-186.

CASSAN, Michel, « Laïcs, ligue et Réforme catholique à Limoges », dans *Histoire, économie et société*, 1991, n° 2, p. 159-175.

CAVAILLÉ, Jean-Pierre, *Dis/simulations. Jules-César Vanini, François La Mothe Le Vayer, Gabriel Naudé, Louis Machon et Torquato Accetto, Religion, morale et politique au XVIIe siècle*, Paris, Honoré Champion, 2002.

CAVAILLÉ, Jean-Pierre, « Adrien de Monluc, dévot ou libertin ? » *Les Dossiers du Gribl* mis en ligne le 10 novembre 2011. URL : http://dossiersgrihl.revues.org/1362

CAVE, Terence, « Béroalde de Verville : le sujet au pays de l'anamorphose », *Pré-histoires : textes troublés au seuil de la modernité*, Genève, Droz, 1999.

CAZAURAN, Nicole, « Les Romans de chevalerie en France : entre exemple et récréation », *in Le Roman de chevalerie au temps de la Renaissance*, dir. M.-T. Hones-Davies, Paris, Touzot, 1987, p. 29-48.

CAZAURAN, Nicole, « *Artus de Bretaigne* : un succès de librairie au XVIe siècle », in Christine de Buzon (éd.), *Le roman à la Renaissance* [...], Lyon, *RHR*, 2012.

CHARBONNEAU-LASSAY, *Le Bestiaire du Christ*, Paris, Albin Michel, 2006.

CHARTIER, Roger, « La bibliothèque bleue en son histoire » dans Thierry Delcourt et Élisabeth Parinet (éd.), *La bibliothèque bleue & les littératures de colportage*, Paris/Troyes, École des chartes/Maison du boulanger, 2000.

CHEVALIER, Jean et GHEERBRANT, Alain, *Dictionnaire des Symboles*, Paris, Robert Laffont Bouquins, 1982.

CHUPEAU, Jacques, « Quelques formes caractéristiques de l'écriture romanesque à la fin du XVIe siècle et au début du XVIIe siècle », dans J. Lafond (dir.), *L'Automne de la Renaissance*, Paris, Vrin, 1981, p. 219-230.

CIORANESCU, Alexandre, *Le Masque et le Visage. Du baroque espagnol au classicisme français*, Genève, Droz, « Histoire des idées et critique littéraire » n° 210, 1983.

CIRLOT, V., « L'Amadís de Gaula espagnol », *Amadis de Gaule*. Livre I, éd. M. Bideaux, Paris, Champion, 2006, p. 10-41.

CLOSSON, Marianne, *L'Imaginaire démoniaque en France (1550-1650). Genèse de la littérature fantastique*, Genève, Droz, 2000.

COLLET SEDOLA, Sabina, *La connaissance de l'espagnol en France et les premières grammaires hispano-françaises (1550-1700)*, thèse de doctorat de 3e cycle, Université Paris-III, 1974 [non publiée].

COLLET SEDOLA, Sabina, « L'étude de l'espagnol en France à l'époque d'Anne d'Autriche », [*in*] *L'Âge d'or de l'influence espagnole. La France et l'Espagne à l'époque d'Anne d'Autriche 1615-1666* [*Actes du 20e Colloque du C.M.R.17 (Bordeaux, 25-28 janvier 1990)*], dir. Charles MAZOUER, Mont-de-Marsan, Éd. InterUniversitaires, 1991, p. 39-51.

COHN, Dorrit, *La Transparence intérieure*, Paris, Seuil, 1981.

COOPER, R., « Outline bibliography of works on Chivalry published in France before 1600 », in Renaissance Chivalry, ed. S. Anglo, Woodbridge 1990, p. 193-238.

COULET, Henri, *Le Roman jusqu'à la Révolution*, Paris, Armand Colin, 1991.

CROUZET, Denis, *Les Guerriers de Dieu. La violence au temps des troubles de religion vers 1525 – vers 1610*, Paris, Champ Vallon, 1990.

DARMON, P., *Mythologie de la femme dans l'Ancienne France*, Paris, Seuil, 1983.

DAUBRESSE, Sylvie et HAAN Bertrand éd., *Aux frontières de la Ligue. Engagements catholiques (1584-1598)*, Rennes, Presses universitaires de Rennes, *à paraître*.

DELOFFRE, Frédéric, *La nouvelle en France à l'Age classique*, Paris, Didier, 1967.

DELUMEAU, Jean, *La Peur en Occident*, Paris, Fayard, coll. « Pluriel », 1983

DESCIMON, Robert et JOUHAUD, Christian, *La France du premier XVIIe siècle (1594-1661)*, Paris, Belin, 1996.

DESCIMON, Robert et RUIZ IBAÑEZ, José Xavier, *Les Ligueurs de l'exil. Le refuge catholique français après 1594*, Seyssel, Champ Vallon, 2005.

DIONNE, Ugo, *La voie aux chapitres. Poétique de la disposition romanesque*, Paris, Seuil (coll. « Poétique »), 2008, p. 311-315.

DUCHALAIS, A., « Le Rat employé comme symbole dans la sculpture du Moyen-Âge », in *Bibliothèque de l'École des Chartes*, tome IV, 2e série, Paris, 1847-1848, p. 229-243.

DUCHÉ, Véronique, Si du mont Pyrenée / N'eussent passé le haut fais… *Les romans sentimentaux traduits de l'espagnol en France au XVIe siècle*, Paris, Champion, 2008.

ECO, Umberto, *Lector in fabula*, Paris, Le Livre de poche, 1989.

ECO, Umberto, *Six promenades dans les bois du roman et d'ailleurs*, Paris, Le livre de poche, 1996.

FOGEL, Michèle, *Marie de Gournay*, Paris, Fayard, 2004.

FOUCAULT, Didier, *Un Philosophe libertin dans l'Europe baroque. Giulio Cesare Vanini (1585-1619).* Paris, Honoré Champion, 2003.

FOUCAULT, Didier, « La première biographie de Vanini », *La Lettre clandestine*, n° 4, Presses Universitaires de la Sorbonne, 1995, p. 493-507.

FOUCAULT, Michel, « Des espaces autres », *Dits et écrits*, Paris, Gallimard, 1984, t. IV, p. 752-762.

FRAGONARD, Marie-Madeleine, « La survie des opinions ligueuses et les genres, après 1594 », dans *Discours politique et genres littéraires (XVIe-XVIIe siècles)*, études réunies par S. Gruffat et O. Leplatre, Genève, Droz, Cahier du Gadges, n° 6, 2008, p. 111-134.

FRAME, Donald, *Montaigne. Une vie, une œuvre. 1533-1592*, [1965], Paris, Champion, 1994.

GALLAND, Perrine, HALLYN, Fernand, *Poétiques de la Renaissance*, Genève, Droz, 2001, II, ch. III, p. 159-218.

GARCIN, Jean-Claude, *Pour une lecture historique des Mille et une nuits*, Actes Sud, 2013, p. 15-25.

GARRIGUES, Véronique, *Adrien de Monluc (1571-1646). D'encre et de* sang, Limoges, PULIM, 2006.

GAUDEMET, J., *Le Mariage en Occident*, Paris, Cerf, 2012.

GAUME, Maxime, *Les Inspirations et les sources de l'œuvre d'Urfé*, Saint-Étienne, Centre d'études foréziennes, 1977, p 255-272.

GIAVARINI, Laurence, *La distance pastorale. Usages politiques de la représentation des bergers (XVIe-XVIIe siècles)*, Paris, Vrin/EHESS (coll. « Contextes »), 2011.

GIMARET, Antoinette, *Extraordinaire et ordinaire des Croix : les représentations du corps souffrant (1580-1650)*, Paris, Champion, 2010.

GIRAUD, Yves, « Parlez-nous d'amour : roman et sentiment chez Nervèze », in *Travaux de Littérature*, vol. VI, 1993, p. 103-124.

GIRAUD, Yves, « L'insertion épistolaire dans le roman sentimental de Nervèze », dans Cl. Lachet (dir.), *Les Genres insérés dans le roman*, Lyon, CEDIC, Université Lyon 3, 1994, p. 113-126.

GIRAUD, Yves, « L'Arioste à la française : Les Amours d'Olimpe et de Birène, réécriture par Nervèze d'un épisode du Roland Furieux », in *Du Roman courtois au roman baroque*, sous la direction d'Emmanuel Bury et Francine Mora, Paris, Les Belles Lettres, 2004, p. 397-414.

GREINER, Frank, *Les Métamorphoses d'Hermès. Tradition alchimique et esthétique littéraire dans la France de l'âge baroque (1583-1646)*, Paris, Champion, 2000.

GREINER, Frank, « Fictions sentimentales et protestantisme de la huitième guerre de religion au début du règne de Louis XIII (1585-1630) », in *Revue d'Études Culturelles*, n° 1, printemps 2005, p. 107-119.

GREINER, Frank, « L'histoire d'amour au début des temps modernes : approche définitoire », in *Œuvres et critiques*, XXX, 1, 2005, p. 11-25.

GREINER, Frank, *Les Amours romanesques de la fin des guerres de religion au temps de* « L'Astrée » *(1585-1628) : fictions narratives et représentations culturelles*, Paris, Champion, 2008.

GREINER, Frank (dir.), *Fictions narratives en prose de l'âge baroque. Répertoire analytique (1585-1610)*, Paris, Champion, 2007.

GREINER, Frank (dir.), *Fictions narratives en prose de l'âge baroque – Répertoire analytique (1611-1623)*, Paris, Classiques Garnier, 2014.

GREINER, Frank, « L'alliance des contraires : les unions interconfessionnelles dans quelques romans du temps de l'édit de Nantes », in *Le mariage et la loi dans la fiction narrative avant 1800*, études éditées et présentées par Françoise Lavocat, avec la collaboration de Guiomar Hautcœur, Louvain, Peeters, 2014, p. 201-212.

GUILLERM, L., *Sujet de l'écriture et traduction autour de 1540*, Paris, Aux amateurs de livres, 1988.

GÜLTIGEN, S. von, *Bibliographie des livres imprimés à Lyon au* XVIe *siècle*, 9 vol. Baden-Baden Bouxwiller, V. Koerner, 1992-2004.

HABIB, Claude, *Galanterie française*, Paris, Gallimard, 2006.

HÉLOT, René, *La bibliothèque bleue en Normandie*, Rouen, A. Lainé, 1928.

HÉNEIN, Eglal, « Des Escuteaux et Cie, ou les victimes de la renommée », in *Littératures classiques*, n° 15, 1991, p. 15-28.

HOEFER, Ferdinand, *Histoire de la chimie. Depuis les temps les plus reculés jusqu'à notre époque*, Paris, 1842.

ILSLEY, Marjorie H., A Daughter of the Renaissance, *Marie Le Jars de Gournay, Her Life and Works*, Mouton, 1963.

KENNY, Neil, *The Palace of secrets*, Oxford, Clarendon Press, 1991, p. 194-195.

LAFAY, Henri, *La Poésie française du premier* XVIIe *siècle*, Paris, Nizet, 1975.

LAGET, Mireille, *Naissances. L'accouchement avant l'âge de la clinique*, Paris, Seuil, 1982.

LATREILLE, André, E. DELARUELLE et J. PALANQUE, *Histoire du catholicisme français*, Paris, Éditions Spes, 1962, tome 2.

LAUGAA, Maurice, « Structures ou personnages dans L'Astrée », *Études françaises*, n° 2, février 1967/1, p. 3-27.

LAVOCAT, Françoise, *Arcadies malheureuses, aux origines du roman moderne*, Paris, Champion, 2000.

LAVOCAT, Françoise, « Le temps des bergers », dans D. Maher (éd.), Tempus in fabula. *Topoï de la temporalité narrative dans la fiction d'Ancien régime*, Québec, Les Presses de l'Université Laval (coll. « Les collections de la République des Lettres – Symposiums »), 2006, p. 113-126.

LEBÈGUE, Raymond, « La femme qui mutile son visage (*Heptaméron* X) », in *Comptes-rendus des séances de l'Académie des Inscriptions et Belles-lettres*, 103e année, n° 2, 1959, p. 176-184.

LEBRUN, François, *La Vie conjugale sous l'Ancien régime*, Paris, Armand Colin, 1998.

LECLERC, Marie-Dominique, « Les mères douloureuses et les innocences persécutées dans l'imaginaire populaire. Essai d'analyse iconographique. *La belle Hélène de Constantinople* ou l'impossible représentation (1re partie) », *Le Vieux Papier*, 1995, n° 336, p. 79-87.

LEINER, Wolfang, « L'apostrophe à un destinataire fictif. De l'emploi d'un artifice rhétorique chez les auteurs du XVIIe siècle », dans Chr. Wentzlaff-Eggebert, *Le Langage littéraire au XVIIe siècle. De la rhétorique à la littérature*, Tübingen, Gunter Narr Verlag, 1991.

LEOPIZZI, Marcella, *Les Sources documentaires du courant libertin français : Giulio Cesare Vanini*, Paris, Presses Universitaires de la Sorbonne, 2002.

LEVER, Maurice, « De l'information à la nouvelle : les "canards" et les "Histoires tragiques" de François de Rosset », *Revue d'Histoire littéraire de la France*, Juillet-Août 1979, p. 577-593.

LIÈVRE, Auguste, *Histoire des protestants et des églises réformées du Poitou*, Paris, Grassart et J. Cherbuliez, 1856-1860 (3 vol.).

LINTVELT, Jaap, *Essai de typologie narrative. « Le point de vue ». Théorie et analyse.* Paris, José Corti, 1981.

LOSADA-GOYA, José Manuel, *Bibliographie critique de la littérature espagnole en France au XVIIe siècle. Présence et influence*, Genève, Droz, « Travaux du Grand Siècle » n° 9, 1999. XXII-670 p.

LOSADA-GOYA, José Manuel, « L'Espagne et *L'Astrée* », dans D. Denis (éd.), *Lire* L'Astrée, Paris, Presses de l'Université Paris-Sorbonne (coll. « Lettres Françaises »), 2008, p. 43-50.

MANDROU, Robert, *De la culture populaire aux 17e et 18e siècles ; la bibliothèque bleue de Troyes*, Paris, Stock, 1964.

MARTIN, Henri-Jean, *Livre, pouvoirs et société à Paris au XVIIe siècle*, Genève, Droz, 1999.

MATZAT, Wolfgang, « Tradition et invention dans L'Astrée d'Honoré d'Urfé », *XVIIe siècle*, n° 215, avril-juin 2002, 54e année/2, p. 199-207.

MAURI, Daniella, « La Pucelle d'Orléans et le Voyage des Princes fortunés : deux miroirs à facette », *Béroalde de Verville*, Cahiers, V. L. Saulnier n° 13, P. ENS, 1996, p. 141-155.

MAYEUR-JAOUEN, « Crocodiles et saints du Nil : du talisman au miracle », *Revue de l'histoire des Religions*, tome 17, n° 4, 2000, p. 733-760.

MELLOT, Jean-Dominique, *L'édition rouennaise et ses marchés*, Paris, École des chartes, 1998.

MÉNIEL, Bruno, « La disposition des *Amours diverses* d'Antoine de Nervèze », in *Le simple, le multiple : la disposition du recueil à la Renaissance*, sous la direction de Jean-Philippe Beaulieu, *Études françaises*, vol. 38, n° 3, 2002, p. 93-105.

MÉNIEL, Bruno, *Renaissance de l'épopée : la poésie épique en France de 1572 à 1623*, Genève, Droz, 2004.

MÉNIEL, Bruno,, « Les Amours de Nervèze ou l'apprentissage de la grâce », in *Œuvres et Critiques*, XXXI, 1, 2005, p. 85-98.

MERCIER, Alain, *La littérature facétieuse sous Louis XIII : 1610-1643 : une bibliographie critique*, Paris, Droz, 1991.

MILHE POUTINGON, Gérard, *Poétique du digressif. La digression dans la littérature de la Renaissance*, Paris, Classiques Garnier, 2102.

MILLET, Olivier, *La première réception des Essais de Montaigne (1580-1640)*, Paris, Champion, 1995.

MOLES, Abraham, *Psychologie du kitsch. L'art du bonheur*, Paris, Denoël, 1977.

MOLINIÉ, Georges, *Du roman grec au roman baroque*, Toulouse, Presses universitaires du Mirail (coll. « Champs du signe »), 1995.

MONTORSI, Francesco, « Un fatras de livres auquel l'enfance s'amuse : Lectures de jeunesse et romans de chevalerie », *Camenulae* n° 4 – février 2010 (http://www.paris-sorbonne.fr/IMG/pdf/Montorsi).

MONTORSI, Francesco, *Lectures croisées. Étude sur les traductions de récits chevaleresques entre Italie et France autour de 1500*, thèse dirigée par J. Cerquiglini-Toulet et R. Trachsler, Universités de Paris-Sorbonne et Göttingen, 2012.

MOREAU, B., *Inventaire chronologique des éditions parisiennes du XVIe siècle*, Paris, Imprimerie Municipale, 1972-1992.

MOREL-FATIO, Alfred, *Ambrosio de Salazar et l'étude de l'espagnol en France sous Louis XIII*, Paris, A. Picard et fils, « Bibliothèque espagnole » n° 1, 1900.

MORIER, Henri, *Dictionnaire de poétique et de rhétorique* [1961], Paris, PUF, 1989.

MOUNIER, Pascale, *Le Roman humaniste : un genre novateur français, 1532-1564*, Paris, Champion, 2007.

MULLER, Jean, *Dictionnaire abrégé des imprimeurs/éditeurs français du seizième siècle*, fascicule hors-série de Bibliotheca bibliographica Aureliana, XXX, Baden-Baden, Verlag Librairie, 1970.

ODDO, Nancy, « Antoine de Nervèze : pieux Protée ou caméléon mondain ? », *Littératures classiques*, n° 31, automne 1997, p. 39-62.

ODDO, Nancy, « L'émergence du roman dévot en France à la fin du XVIe siècle », dans Fr. Wild (dir.), *Genre et société*, Université de Nancy 2, 2000, t. I, p. 198-213.

ODDO, Nancy, « Le duc Henri de Joyeuse devenu "frère Ange" : une héroïsation entre histoire et fiction », *Seizième siècle*, 2008, n° 4, p. 237-253.

ODDO, Nancy, « Les îles de la dévotion dans le roman baroque », in *L'île au XVIIe siècle : jeux et enjeux*, sous la direction de Christian Zonza, Tübingen, Narr Verlag, 2010, p. 141-152.

PAGEAUX, Daniel-Henri (dir.), *Deux siècles de relations hispano-françaises. De Commynes à Madame d'Aulnoy* [Actes du colloque international du CRECIF [Centre de recherches et d'études comparatistes ibéro-francophones de la Sorbonne Nouvelle] (juin 1984)], Paris, L'Harmattan, « Récifs », 1987, p. 31-41.

PAIGE, Nicholas, « Grandeur et décadence des Grecs : roman et enchâssement au XVIIe siècle », *XVIIe siècle*, n° 258, janvier-mars 2013, 65e année/1, p. 85-94.

PALLIER, Denis, *Recherches sur l'imprimerie à Paris pendant la Ligue (1585-1594)*, Genève, Droz, 1975.

PALLIER, Denis, « Le livre et les propagandes religieuses. Les réponses catholiques », dans *Histoire de l'édition française*, R. Chartier et H.-J. Martin éd., Paris, Promodis, tome 1, 1983, p. 373-435.

PAVEL, Thomas, *Univers de la fiction*, Paris, Seuil, « Poétique », 1988.

PELCKMANS, Paul, *La sociabilité des cœurs. Pour une anthropologie du roman sentimental*, Amsterdam, Rodopi, 2013.

PÉROUSE, Gabriel-André, dans *Nouvelles françaises du XVIe siècle. Images de la vie du temps*, Droz, 1977.

PICKFORD, C., « Benoist Rigaud et le *Lancelot du Lac* de 1591 » dans *Mélanges J. Frappier*, Genève, 1970, t. II, p. 903-911.

PLAZENET, Laurence, *L'Ébahissement et la délectation*, Paris, Champion, collection « Lumières classiques », 1997.

POLIZZI, Gilles, « Les machines de la fée Romande : esthétique du roman vervilien, de la Floride au Cabinet de Minerve (1592-1596) », *Le Roman français au XVIe s.*, dir. M. Clément et P. Mounier, P.U. Strasbourg, 2005, p. 93-120.

QUIGNARD, Pascal, *Sur l'idée d'une communauté de solitaires*, Paris, Arléa, 2015.

READ, Kirk D., *Birthing Bodies in Early Modern France : Stories of Gender and Reproduction*, Ashgate Publishing, 2013.

REIFFENBERG, F. A. F. T. de, *Histoire de l'ordre de la Toison d'or*, Bruxelles, 1830.

RENAUD, Michel, « Notes sur l'esthétique romanesque de Béroalde de Verville » in *Mateo Alemán et les voies du roman au tournant des XVIe et XVIIe siècles* (actes du colloque CERES XVI-XVII, Poitiers 27-29 janvier 2000), Université de Poitiers, 2001.

REYNIER, Gustave, *Le Roman sentimental avant* L'Astrée, Paris, [1908], Armand Colin, 1971.

ROUX, Olivier, La « fonction d'écrivain » dans l'œuvre de Charles Sorel, Paris, Champion, 2012.

SAG, Mélanie, « Le *topos* du mariage à l'épreuve d'un point de vue protestant. Mariage et expérimentation romanesque dans *Le Ravissement de Clarinde* de Nicolas des Escuteaux », in *Le Mariage et la loi dans la littérature narrative avant 1800*, études éditées et présentées par Françoise Lavocat, avec la collaboration de Guiomar Hautcœur, Louvain, Peeters, 2014, p. 213-224.

SAINSAULIEU, Jean de, *Études sur la vie érémétique en France de la Contre-Réforme à la Restauration*, thèse présentée devant l'Université de Paris IV, le 28 juin 1973, Service de reproduction des thèses Université de Lille III, 1974.

SAINSAULIEU, Jean de, *Les Ermites français*, Paris, Cerf, 1974.

SCHAEFFER, Jean-Marie, *Qu'est-ce qu'un genre littéraire ?* Paris, Seuil, « Poétique », 1985.

SIMONIN, Michel, *François de Belleforest et l'« histoire tragique » en France au XVIe siècle*, thèse pour l'obtention du doctorat d'État, 1985, Paris-Créteil.

SIMONIN, Michel, « La disgrâce d'*Amadis* », *Studi Francese* 28, 1 (1984), p. 1-35. Repris in *L'encre & la lumière*, Genève, Droz, 2004, p. 189-234.

STEINBERG, Sylvie, *La Confusion des sexes. Le travestissement de la Renaissance à la Révolution*, Paris, Fayard, 2001.

SUTCLIFFE, F. E., *Le réalisme de Charles Sorel*, Paris Nizet, 1965.

TEXEIRA ANACLETO, Marta, *Infiltrations d'images. De la réécriture de la fiction pastorale ibérique en France (XVIe-XVIIIe siècles)*, Paris, Rodopi, coll. « Faux titre », 2009.

TISSIER, A., *Recueil de farces (1450-1550)*, Genève, Droz, 1986.

TOURNON, André, « Des puzzles à pièces erratiques », in *Béroalde de Verville. 1556-1626*. Cahiers V.-L. Saulnier n° 13, Paris, 1996, p. 201-212.

VAILLANCOURT, Luc, *La Lettre familière au XVIe siècle : rhétorique humaniste de l'épistolaire*, Paris, Champion, 2003.

VAUCHER-GRAVILI, Anne de, *Loi et transgression. Les histoires tragiques au XVIIe siècle*, Universita degli studi di Venezia, Millela-Lecce, 1982.

WENTZLAFF-EGGEBERT, Christian, « Structures narratives de la pastorale dans l'"Astrée" », *Cahiers de l'Association internationale des études françaises*, n° 39, année 1987/1, p. 63-78.

WINN, Mary Beth, VÉRARD, Anthoine, *Parisian publisher (1485-1512), prologues, poems and presentations*, Genève, Droz, 1997.

YATES, Frances A., « Des processions religieuses dans Paris 1583-1584 », dans *Astrée. Le symbolisme impérial au XVIe siècle* (1975), Paris, Belin, 1989, p. 359-395.

ZOTOS, Alexandre, « Gomberville et le démon de l'histoire », in *Prémices et Floraison de l'âge classique – Mélanges en l'honneur de Jean Jehasse*, Publications de l'Université de Saint-Étienne, 1995, p. 179-195.

ZUBER, Roger, « Grandeur et misère du style Nervèze », dans J. Lafond (dir.), *L'Automne de la Renaissance*, Vrin, 1981, repris dans *Les Émerveillements de la raison. Classicismes littéraires du XVIIe siècle français*, Paris, Kincksieck, 1997, p. 83-95.

INDEX

RÉSUMÉS/*ABSTRACTS*

Helwi Blom, « "Vieux romans" au "Grand Siècle". Au berceau de la "Bibliothèque bleue" »

Au tournant du XVIIe siècle les romans chevaleresques issus des fictions narratives du Moyen Âge commencent à devenir l'apanage des éditeurs de la « Bibliothèque bleue » de Troyes. Au lieu de constituer un corpus avec des traits bien définis témoignant de choix éditoriaux réalisés en vue d'un large public, les éditions bleues du début du XVIIe siècle semblent plutôt témoigner d'une certaine continuité dans la réception des « vieux romans » à l'époque d'Henri IV et de Marie de Médicis.

Véronique Duché, « Le roman de chevalerie espagnol sous Henri IV (1589-1610) »

Alors que l'heure de la disgrâce des *Amadis* a sonné depuis quelques années déjà au moment où Henri IV accède au trône, les romans de chevalerie demeurent malgré tout populaires sous le règne du bon roi. Cet article en dresse l'état des lieux en France et montre que si les récits d'aventure chevaleresques connaissent une forme de déclin, ils restent bien ancrés dans la culture et dans la langue.

Aurore Schoenecker, « Les succès du roman espagnol en France et l'attrait pour la langue espagnole dans les années 1610 »

La faveur que rencontre le roman espagnol auprès du lectorat français des années 1610 peut être mise en corrélation avec un puissant attrait pour l'espagnol. Rappelant que la didactique de cette langue connaît alors son apogée, l'article signale que les romans espagnols furent lus tant en traduction qu'en version originale, montre comment on tira argument de leur origine hispanique pour fonder leur succès, et questionne l'impact qu'eut cette ferveur hispanophile sur le travail des traducteurs.

Véronique ADAM, « La fiction dans *Le Voyage des Princes fortunés*, de Béroalde de Verville »

La fiction du *Voyage des Princes Fortunés* de Béroalde de Verville, élabore des cadres de référence reliant matérialité du livre, diégèse, sources et contexte historique immédiat. Cette combinaison traduit l'autoréférentialité du roman dont les objets sont des signes. Avec eux, l'énigme assure l'empilement des modes de fiction. Son évidente vocation narrative renverse l'usage des modèles, montrant la réversibilité de la fiction : en révélant son mystère, le roman élabore d'autres voiles.

Michel RENAUD, « La Pucelle d'Orléans à la billebaude. Glanes, errements, lectures de l'illisible »

Accumulant jusqu'à la caricature les faiblesses qu'on prête aux fictions de l'époque, *La Pucelle d'Orléans* de Béroalde de Verville, trop étrangère à l'horizon d'attente du lecteur d'aujourd'hui, paraît au premier abord illisible. Ce sont pourtant les défauts du livre qui le sauvent, suggèrent de nouvelles démarches herméneutiques. Une approche désinvolte et ironique du roman, repoussant les limites de l'interprétation, ouvre des pistes de lecture hétérodoxes, susceptibles de raviver le plaisir du texte.

Frédéric BRIOT, « Gomberville, *L'Exil de Polexandre et d'Ericlée* (1619), ou pourquoi Suresnes ? »

L'Exil de Polexandre et d'Ericlée de Gomberville, paru en 1619, est le prototype de la série des *Polexandre*. L'action promise par le titre est déçue par le roman, qui se clôt sur un curieux épisode, à Suresnes, où Polexandre se confesse à un ermite qui est en fait… sa mère, qu'il croyait morte. Ces révélations et résurrections semblent alors devoir relever d'une orthodoxie excentrique et excentrée, de l'esthétique romanesque, du contexte politique et des enjeux religieux du royaume d'après l'édit de Nantes.

Sophie HACHE, « L'apostrophe et le mouvement oratoire dans les romans de Nervèze »

L'impression d'uniformité formelle que procure la lecture des romans de Nervèze mérite un examen précis, interrogeant le dispositif énonciatif des discours : la figure de l'apostrophe offre alors un outil précieux dans la discrimination des modèles et le repérage des enjeux rhétoriques et stylistiques ; elle contribue à poser des distinctions de genre, en particulier entre discours oral et lettre, mais aussi à saisir les fonctions que remplit la voix narratoriale.

Mélanie SAG, « Des Escuteaux et le roman du temps d'Henri IV. Approche intertextuelle d'une œuvre à redécouvrir »

Si l'œuvre de Nicolas des Escuteaux illustre les tendances de la fiction narrative du temps d'Henri IV, deux de ses histoires se signalent par leur intertextualité créatrice : *Le Ravissement de Clarinde* utilise un épisode de *L'Astrée*, tandis que *Les Jaloux dédains de Chrysis* adapte un roman dévot de Nervèze. Ces emprunts révèlent comment Des Escuteaux se sert de la fiction sentimentale pour exercer une discrète critique à l'égard d'Henri IV et s'interroger sur la liberté religieuse et amoureuse.

Jean-Claude ARNOULD, « Marie de Gournay "invente" le Roman discourant »

Le Promenoir de Monsieur de Montaigne, publié pour la première fois en 1594 puis réédité à dix reprises jusqu'en 1641, est tardivement désigné par son auteur Marie de Gournay comme un « roman discourant ». Cette appellation revendique une innovation dont on doit reconnaître, après examen, qu'elle relève de l'illusion et s'inscrit dans une stratégie individuelle d'affirmation de la femme de lettres.

Alexandre De CRAIM, « Une nouvelle journée en Arcadie. Honoré d'Urfé et la scansion du roman pastoral »

Si certains romans pastoraux se caractérisent par la mise en œuvre d'une temporalité qui utilise la journée en tant qu'élément de structuration chapitrale, *L'Astrée* d'Honoré d'Urfé reconfigure cet héritage en plaçant au cœur de son intrigue les rapports qu'entretiennent ses personnages avec les journées de la tradition bucolique. Une étude comparée de romans pastoraux français et espagnols retrace l'évolution de cette structure temporelle dans les narrations pastorales des XVIe et XVIIe siècles.

Nancy ODDO, « L'imaginaire de la Ligue dans le roman dévot au temps d'Henri IV »

La Ligue n'a pas disparu instantanément après le sacre d'Henri IV en 1594 : elle continue de marquer discrètement de son empreinte certains romans dévots étudiés ici sous divers aspects : les pratiques éditoriales, le choix des dédicataires, le recours aux histoires insérées et à un imaginaire caractéristique.

Frank GREINER, « Un ermite peut en cacher un autre. Sur l'histoire d'Aquilin de Jean Pierre Camus »

L'histoire d'Aquilin se trouvant dans *Hermiante ou les deux hermites contraires* de Jean Pierre Camus reprend, adapte et parfois plagie *L'Hermite Pèlerin* de Saint Amour. La comparaison des deux textes permet de mettre en évidence les options sylistiques et idéologiques de l'évêque de Belley dans son travail de récriture.

Marianne CLOSSON, « Les "âmes endiablées" dans les *Histoires tragiques* de François de Rosset »

L'omniprésence du diable dans les *Histoires tragiques* n'est pas seulement un procédé visant à effrayer le lecteur ; elle est au service de l'apologétique chrétienne et de la lutte contre les libertins, comme l'atteste le rôle joué par Rosset dans l'affaire Vanini. C'est lui qui révèle, dans l'édition de 1619, l'identité du philosophe athée exécuté à Toulouse le 9 février, jetant ainsi en pâture au public les noms des grands seigneurs qui avaient côtoyé et probablement soutenu ce « suppôt de Satan ».

Alexander ROOSE, « *Les Histoires tragiques* de François de Rosset. Amour, galanterie, et péché originel »

Dans les *Histoires tragiques* Rosset relate faits divers terrifiants et moments décisifs de l'histoire de France. Plus que les émeutes politiques, la violence des émotions et de la passion amoureuse révèle la nature corrompue de l'âme humaine. La galanterie fondée sur la politesse, sur la liberté des femmes et l'égalité des sexes n'est que l'expression raffinée de cette déchéance. Par ailleurs, la philosophie antique éloigne l'homme du salut que seule la grâce divine peut apporter.

Paul PELCKMANS, « Les divers effets de la Fortune dans les *Nouvelles françaises* de Charles Sorel »

Les *Nouvelles françaises* consacrent des formules stéréotypées qui relèvent de toute évidence de la pensée toute faite. L'idée s'impose que ces notations sommaires transcrivent une manière d'évidence, dont Sorel pouvait faire état sans réfléchir au détail précis de ses formules. Ce qui signifie du coup qu'il vaut la peine, quatre siècles plus tard, d'y réfléchir de très près : ces propos incidents ont toutes chances de laisser entrevoir un très ancien Régime psychologique.

Virginie DANCOISNE, « Représentation du mariage dans *Les Caquets de l'accouchée*. La femme, entre culpabilité et innocence »

Les Caquets de l'accouchée, publiés pour la première fois en 1622, mettent en scène les conversations des femmes qui se regroupent autour du lit de l'accouchée. Le mariage y est évoqué de manière récurrente et la place de la femme au sein de cette institution y est particulièrement questionnée. Entre représentation misogyne de la mauvaise épouse et dénonciation de la soumission forcée dans laquelle elle est maintenue à l'égard de son mari, *Les Caquets de l'accouchée* témoignent d'une difficile émancipation.

TABLE DES MATIÈRES

DEUXIÈME PARTIE

UN GENRE NOUVEAU D'AVENTURES

TROISIÈME PARTIE

AMOURS TRAGIQUES

QUATRIÈME PARTIE

LA VEINE PASTORALE

CINQUIÈME PARTIE

LE ROMAN RELIGIEUX

SIXIÈME PARTIE

NOUVELLES, HISTOIRES TRAGIQUES ET « CAQUETS »

IMPRIM'VERT®

Achevé d'imprimer par Corlet Numérique,
à Condé-sur-Noireau (Calvados), en décembre 2016
N° d'impression : 134241 – Dépôt légal : décembre 2016
Imprimé en France